第五届
浙江省社会科学界学术年会
学术专场文集

数字政府与数字治理

浙江省社会科学界联合会　编

浙江工商大学出版社
ZHEJIANG GONGSHANG UNIVERSITY PRESS
·杭州·

图书在版编目(CIP)数据

第五届浙江省社会科学界学术年会学术专场文集.数字政府与数字治理 / 浙江省社会科学界联合会编. — 杭州:浙江工商大学出版社,2021.6
ISBN 978-7-5178-4464-8

Ⅰ.①第… Ⅱ.①浙… Ⅲ.①电子政务－浙江－文集
Ⅳ.①C53②D63－39

中国版本图书馆 CIP 数据核字(2021)第 078779 号

第五届浙江省社会科学界学术年会学术专场文集
数字政府与数字治理
DIWUJIE ZHEJIANGSHENG SHEHUI KEXUEJIE XUESHU NIANHUI XUESHU ZHUANCHANG WENJI
SHUZI ZHENGFU YU SHUZI ZHILI

浙江省社会科学界联合会 编

责任编辑　王　琼　王黎明
封面设计　尚阅文化
责任印制　包建辉
出版发行　浙江工商大学出版社
　　　　　(杭州市教工路 198 号　邮政编码 310012)
　　　　　(E-mail:zjgsupress@163.com)
　　　　　(网址:http://www.zjgsupress.com)
　　　　　电话:0571-88904980,88831806(传真)
排　　版　杭州朝曦图文设计有限公司
印　　刷　杭州高腾印务有限公司
开　　本　787mm×1092mm　1/16
印　　张　22.5
字　　数　378 千
版 印 次　2021 年 6 月第 1 版　2021 年 6 月第 1 次印刷
书　　号　ISBN 978-7-5178-4464-8
定　　价　78.00 元

序

浙江省社会科学界联合会党组书记、副主席　郭华巍

学术交流是学术繁荣的重要标志。通过学术交流中的切磋对话、互学互鉴,综合把脉特定时期的学术前沿和学术生态,归纳、提炼符合前景方向和实践趋势的学术理论,涵育、深化体现创新思维的原创性成果,不仅是构建具有共同价值取向和价值遵循的学术共同体的必由之路,也是全力打造与时俱进、立体多元、高度共享的平台矩阵的重要路径。这正是以学术交流为核心的学术年会的价值和意义所在。

围绕这一目标体系,从2012年开始,我们启动浙江省社会科学界学术年会,组织专家学者围绕我省社会经济发展中具有全局性、战略性、前瞻性的重大问题,以及社会各界普遍关注的热点、重点与难点问题,开展深入研讨,发布原创思想,推动理论创新,着力发挥社科界理论先导和思想引领作用。

2020年第五届浙江省社会科学界学术年会聚焦习近平新时代中国特色社会主义思想在浙江的生动实践,围绕"建设'重要窗口'、推进省域治理现代化"主题,组织"数字政府与数字治理""浙江'重要窗口'建设与城市治理创新""构建基层社会治理新格局""民营经济创新治理""长三角一体化与治理现代化"5个学术专场,并开设分论坛活动100余场,发布了"2020中国中小企业景气指数"和"长三角高质量一体化发展指数"等重要成果。呈现在读者面前的5个学术专场的优秀论文集,系统梳理了浙江数字政府整体智治的实践经验,集中展示了"治理体系和治理现代化"研究领域的原创成果,精准刻画了我省经济社会发展的趋势、规律和路径指向。这些优秀成果从经济、管理、政治、法律、社会等不同学科出发,以理论阐释与实践印证的多元视角,以趋势研判与策论分析的多重维度,对"建设'重要窗口'、推进省域治理现代化"这一主题进行深入解读和研究,着力为新时期我省争创社会

主义现代化先行省、全面展示建设"重要窗口"开辟理论与实践路径,提供思想引领与学理支撑。

8年来,从首届年会以"科学发展:转型中国与浙江实践"为主题,到此后的"全面深化改革:理论探索与浙江实践""创新话语体系,讲好浙江故事""改革开放40年:中国道路或中国方案",再到本届的"建设'重要窗口'、推进省域治理现代化",年会始终坚持在聚焦改革开放实践中提炼浙江经验,在回应新时期重大理论与现实问题关切中突出浙江特色,在构建中国特色哲学社会科学中体现浙江话语,引领我省广大哲学社会科学工作者立足学科前沿、开展问题研究、推动思想碰撞、集聚成果展示,取得了一大批具有重要学术价值、重大现实意义的研究成果。与此同时,年会的品牌效应与社会影响力也不断提升,成为我省社科界制度化、规范化、常态化的学术交流载体,受到学界、政界与社会各界的一致赞誉。

2020年9月,浙江省委书记袁家军在省社科联调研时高度肯定年会活动,认为年会"是一个很好的学术活动载体",指示"要将一些重要思想、重要成果在这个活动中发布"。这就要求浙江省社科界深刻领会时代赋予的新使命,瞄准历史标注的新方位,牢牢把握哲学社会科学工作的时与势,在组织开展好学术年会工作的同时,继续引领社科界拓宽学术视角,探源浙江实践,厚植理论基础,展示最新成果,策应战略大局,按照"国家所需、浙江所能、人民所盼、未来所向"的要求,高水平打造学术交流平台,努力交出忠实践行"八八战略"、奋力打造"重要窗口"的哲学社会科学高分报表。

最后,真诚感谢在年会工作中给予精心指导的省委宣传部,在具体组织与筹备中给予大力支持的省级社科类社会组织、各高校及科研院所;真诚感谢所有关心、支持和参与学术年会工作的领导和专家学者;真诚感谢浙江工商大学出版社为文集出版付出的辛勤劳动!

目 录

≈ ≈ ≈ ≈ ≈ ≈ ≈

数字时代的发展与治理

全国人大常委会委员，中国行政管理学会会长，

清华大学公共管理学院院长、教授　江小涓

　　党的十九届五中全会成体系地讨论了"加快数字化发展"，完整地提出了对数字经济、数字社会和数字治理的很高要求。　当前，我国数字经济发展迅速、地位重要。　数字经济一般包含数字产业化、产业数字化两种类型。其中，数字产业化是指数字技术创新和数字产品生产，主要包括电子信息制造业、信息通信业、互联网行业和软件服务业等。　产业数字化是指数字技术与其他产业融合应用，主要包括国民经济其他非数字产业部门使用数字技术、数字产品带来的产出增加和效率提升。　根据中国信息通信研究院的统计研究，我国数字经济增加值已由 2011 年的 9.5 万亿元增加到 2019 年的 35.8万亿元，占 GDP 比重从 20.3％提升到 36.2％，在全球数字经济高比重的经济体里面，中国已经进入前十，处于第二方阵。

　　在人工智能、大数据、云计算、物联网、先进机器人和增材制造等数字技术的支撑下，我国的数字经济将继续快速发展、全面发力，数字化消费、数字化生产、两业融合、数字化资源配置效率都会有显著提升，数字经济整体形态逐步显现、持续演进并产生深远的影响。　这些形态具体表现为数字化消费、数字化生产、数字化融合、数字化网链，以及数字全球化等。

　　第一是数字化消费。　大约是从 2017 年第四季度开始，数字经济的一些重要指标增长率出现了放缓的迹象，如国民线上总时间的增长已经停滞了半个季度。　一些人由此认为，数字化消费已经见顶。　这是不准确的。　数字化消费的增量空间并不必然建立在外延式扩消费量、扩线上时间的基础上，而

是可以提升单位时间的增加值。 数字化消费远未到顶，5G 技术的高通量、低延时可以实现万物互联，其支持的新消费空间巨大。 在 5G 等新技术的加持下，数字化消费将出现多个百亿级、千亿级的突破，数字教育、数字医疗、数字文化、数字传媒，以及智能家庭居住、智能个人穿戴、智能交通出行等，都将有较快发展。 如"5G＋"能够打通网络教育的"最后一公里"，形成以学生为中心的多种形式互动教学，更好地激发学生学习兴趣、提升教学质量，促进有质量的教育目标的实现。

第二是数字化生产，它可以提高效率和质量。 5G 技术和相应网链设备发展，使得物联网技术可以全面应用于生产领域，推动数字化生产成为数字经济新蓝海。 其中，智能制造系统依托传感器、工业软件、网络通信系统，形成新型物—物、人—人和人—机交互方式，实现人、设备、产品、服务等要素和资源的相互识别、实时联通，提升全链条资源配置效率。 在数字化生产中，建立在数字化协同能力基础上的生产制造平台，可以通过传感器将采集到的旋转类设备振动信号和温度信号传到现场数据采集站，再依托物联网将数据传至设备智能健康管理系统。 这些数据经过处理分析，可以帮助生产者诊断和判断设备运行情况，从而降低企业设备维护成本，有效预防 85％以上的非计划停机，显著提高工业效率。

第三是数字化融合，推动两业融合和跨界新形态。 以往，制造业和服务业谁应该优先发展，是一个频繁出现的问题。 在数字时代，制造业和服务业可以实现融合发展，三次产业由数字技术链接，实现相互内置，从而形成新的产业形态。 以往，融合发展的传统模式包含了制造服务化、服务制造化，以及剥离—专业服务提供等三种主要形态。 数字时代的两业融合则包含数字化生产运营控制、数字化专业服务提供和数字化资源要素配置平台三个大类九种形态的全新模式。 这些新形态的产生能够推动资源配置从以企业为中心回到以产品为中心。 科斯（Coase）曾经指出，交易成本使得经济体需要通过企业来组织生产。 然而，数字技术的发展降低了搜索成本、匹配成本、信任成本，由此催生了生产者服务的新形态，这也将成为未来的主流制造形态。

第四是数字化网链，它可以提高产业链的稳定性、安全性。 以往，产业链的形成需要较长时间，并花费相当大的精力维护。产业链中的企业都是单点联链，一旦某家企业出现问题，产业链中的其他企业就会受到影响。现在，数字化平台能结链成网，聚合产业链上多环节多种类企业和多种生产要素，为各方提供交互机会。单链条断裂后，企业可以自动接续到新的点上，由此提升了产业链、创新链的稳定性和安全性。在新冠肺炎疫情期间，一家青岛的企业就升级了一个"工业企业疫情防控复工达产服务平台"，为供应链或消费链断掉的企业寻找新的买家或卖家，在短短两天时间内为两万多家在链小企业接起了两千多条链，保障了危机时期的生产能力。

第五是数字全球化，它可以形成头部企业以引导全球分工链。数字全球化后，全球产业链、创新链发展非常迅速，中国在其中处于第一方阵这样一个有利地位。截至 2020 年 9 月，在以数字全球化形成的头部企业引导全球分工链上，54 家数字化"灯塔工厂"中，中国境内企业占比 30%，领先优势极为明显。在"十四五"时期，我们在数字制造领域还会出现全球性的头部企业。

数字社会如同农业社会、工业社会、信息社会，是一个整体的社会形态。因此，发展数字经济，构建智慧社会，建设数字中国，加快推进经济社会数字化转型，迫切需要构建适应数字社会形态的治理机制，更好地满足数字时代的治理需求。数字时代的公共治理理应包含以下三层含义。

第一是用数字来治理。数字技术对政府履行职能有多方面的积极影响，使得政府能够获得实时、结构化、颗粒化的多维多层数据，又能够形成数据交换共享平台，还能够感知群体对某项政策的关注程度和行为动向，并进行有效分类监管和服务，以较低成本提供差别化、个性化服务。举例来说，在新冠肺炎疫情发生后，我们对于复工复产的很多重要宏观数据都是通过人口流动、"挖掘机指数"等大数据得到的。

第二是对数字的治理。数字技术是把双刃剑。不少用数字技术开发的应用，只有开发者知道其功能，即使这种应用违背公众利益，也有可能很久都不被社会所知晓。大数据分析可以服务于资源配置等多种重要的目标，比如银行可以使用数据评价个人的风险等级，决定谁能获得贷款。当数据和算法与性别、年龄、收入、民族、区域等关联在一起时，往往会带来巨大的社

数字政府与数字治理

会问题，与公众的价值取向产生重大的冲突。然而，政府很难充分了解大的技术公司、平台等正在运用技术做些什么工作，如何监管数字平台就成了一个新的治理难题。技术规则的公开、透明，是外部监管有力、有效的基本条件。

第三是治理数字社会。在数字时代，随着社会资源配置及要素的改变，社会秩序也会相应调整，政府、市场、社会和公民之间的边界亦有变化，且会随着数字社会的发展演进迭代升级。因此，政府在治理数字社会时要把握好几个原则。一是要提高数字普惠，做到数字服务平等、公正，关注数字边缘人群。这些群体包括老人等技术使用能力较弱的人群，以及较难获得互联网接入的人群等。随着远程数字的用途越来越大，数字普惠的影响也会越来越显著，并且是长期性的。二是坚持包容审慎，坚持服务与监管并重，防止简单封杀或放任不管。三是推行敏捷治理。这是对政府能力的要求，意味着当一种新业态快速发展的时候，政府也需要快速提升自己的治理能力，实现政策快速形成并持续迭代，保障反应敏捷、有效。四是政府数据公开。以数据赋能企业组织和公民个人。同时，政府还要坚持共建、共治、共享，重新调整政府与市场、社会、公民的权利边界，加强顶层设计，明确主责部门，确保标准、程序、接口一致。目前，我们在数字治理方面相对做得比较好，对数字治理还在探索阶段。数字社会的治理涉及整体数字政府的建设，对政府的理念、架构、职能都是全新的要求，还有待进一步开拓。

网络时代的政府模式探究

北京大学政府管理学院常务副院长、长江学者特聘教授　燕继荣

在网络时代，我们每个人都是"网民"和"群众"，网络和数字不仅是我们的技术手段，而且成为我们的生存状态。在这种背景下，作为公共权力机构的政府，也会有新的存在方式和治理形态。从浙江、深圳等地数字政府建设探索的领先经验来看，数字政府是一种新型政府，改变了我们关于政府的传统观念和想象。以往，我们对政府的观念主要来自传统政治学、行政学的阐释，比如亚里士多德（Aristotle）的政治学、洛克（Locke）的政府学和密尔（Mill）的代议制政府等。那么，今天正在构建的数字政府还需要这些理论吗？我们需要一种怎样的理论依据和理论构建呢？

马克思主义理论认为，生产力决定生产关系，生产关系决定政治上层建筑。我们已经见过了游牧文明、农耕文明、工业文明之下的政府模式，但是对于网络时代的认识还不是十分清晰，对于网络时代的政府模式研究也才刚刚开始。在数字时代，网络成了生存、存在和交往的新方式，极大地改变了社会生活方式，数据也成了一种新的资源。我们可以肯定，数据生产力将带来新的治理需求，网络时代要求政府变革。

在新的技术条件下，数字技术的发展一方面为政府治理带来了挑战，另一方面也能够促进政府的转型。先看挑战。现代国家、现代政府与工业革命驱动的现代化紧密联系。现代化进程推动了城市化、市场化、流动性、统一性、均等化和专业化。当前，现代化的进程还远没有结束，它的持续发展挑战了国家治理的既有秩序，对政府建构提出了新的要求。第一，流动性挑战了属地化的管理，要求我们建立跨地区、跨部门、全国统一的甚至全球统

数字政府与数字治理

一的管理体系。 第二，复杂性挑战了科层制的管理，需要我们构建扁平化的管理结构。 第三，网络化挑战了人格化的管理，需要我们打造开放、平等、包容、便捷的治理体系。 换言之，我们需要在坚守专业型政府模式和建设智慧型政府模式之间进行选择。

更为严重的是，我们的政府还没有完全适应仍在进行中的现代化的新要求，或者说还没有完全调整好现代化的管理体系，网络时代或者数字时代的发展变化却已经到来，又给政府带来了全新挑战。 举例来说，财政是政府治理的重要手段，税收是现代政府的一个重要资源基础。 然而，基于网络私人定制化的生产方式正在挑战传统以企业为生产单位的模式，由此挑战了现代国家以企业为主要对象的财税体系。 金融体系面临挑战。 基于网络的新型交易系统、交易方式以及数字货币挑战了传统以银行为中介货币和信用卡结算单位的金融体系。 传统的管理模式面临挑战。 以网络平台为载体的供需双方直接交易模式，使得政府或者第三方中介机构变得多余，进而挑战了传统以政府或委托代理机构为基础的管理模式。 这些都表明传统的政府治理结构需要进行变革。

数字时代的到来，要求构建数字政府，它对政府治理提出了新的要求，但也为政府转型提供了新的机遇。 如果说专业化、部门化、层级化是传统科层制政府的特点和进步，那么其多头治理结构、结构性传导阻滞、沙漏型治理结构，在一定程度上导致治理责任制缺失或不完善，以及治理体系间的不协调，从而陷入条块分割困境和"治乱循环"的困局。 从中国几十年的实践经历来看，行政政治化、管理项目化、权力清单化、基层网格化是经常采用并且具有较好绩效的手段。 随着网络时代的到来，数字技术在重塑社会形态、经济运行模式，给公众生活带来便利的同时，也给传统的治理理念、治理模式、治理实践带来了新的变化和机遇。

数字政府包含平台化、智能化两个方面的要素。 其中，平台化是指按照一个平台来整合数据，智能化则是通过建立一个整合型的自动回应系统来实现政府的功能。 针对传统政府科层制组织条块分割、权责分离的弊病，在网络文明时代，平台化加智能化的数字政府形态，可通过其组织的扁平化、管理的平台化，实现"组织再造"和"流程再造"，从而在一定程度上弥合传统科层制的"裂隙"。当前，基于互联网、大数据、云计算的管理智能化（智能化治理）或管理平台化实验应运而生，中国政府正将网络和信息化建设作为国家基础工程，致力于"电子政务""数字政府"的打造。浙江的"最多跑一次"改革和深圳宝安区的"一网通办、一网统管"项目，都是其生动实践。新冠肺炎疫情防控期间，基层社会事务更多地被纳入平台化管理或智能化管理的流程中，形成了许多打破和超越传统政府部门界限的智能化管理方案。

不管是被迫还是主动，数字技术都会促成新的政府形态。在人类社会发展的不同时期，政府形态的不同实质上也是信息结构的不同。农业文明由于信息的垄断，形成了家长制式的统治；工业文明存在突出的信息不对称现象，催生了精英统治、代议制政府等；在网络时代，数据可以互证互联，信息在很大程度上更加对等了，就有可能催生网络平台式的新型政府形态。

聚焦平台式的数据整合和智能化的数据回应，当前数字政府建设之路可以简单分为"内向"和"外向"。所谓内向就是侧重以数字化来优化政府流程，包括数据共享、工作流程优化等；外向就是侧重以数字化、智能化提供公共产品，包括社会治理、公共服务等。内向方向比较前沿的议题就是政府即平台，或者平台型政府，政府通过职能转变，搭建并化身为一个类似淘宝的开放平台，让公众（类似网上购物者）和不同的社会组织及商业机构（类似入驻淘宝的电商）进驻，共同参与治理活动。外向方向比较前沿的议题如浙江"最多跑一次"改革，核心还是服务型政府理念，但是按照公众办理"一件事"而非政府办结"一件事"的流程进行政府重塑。当前，甚至有人提出建立一个网络电商式的开放平台，让公众以网上购物的方式获取服务，进驻平台的公共服务供给者共同参与治理活动。这些都代表了网络时代数字政府的一些可能形式。

方兴未艾的数字政府和智能化治理开启了一种全新的政府模式。从目前推出的"数字政府"或"智能化治理"平台来看，各地政府在互联网平台上集成了政府公共管理和公共服务的各项功能，将传统的条块型政府分解为"前端政府"和"后端政府"、线上政府和线下政府。这也向我们提出了值得思考的诸多新问题。首先，数字政府还是政府吗？在传统的政府理论

数字政府与数字治理

中，政府是一个公共机构，它的本意是代理机构，治理基础在于信息不对称。也正因此，经典理论把政府看作"必要的恶"。那么在网络时代，首先，我们是否还需要这样一个政府呢？在今天，我们讨论的数字政府是用工业化社会的概念、理念和经验去应对未来人工智能技术的发展问题。但人工智能技术的应用有着无限的空间，政府也有可能变成一个人工智能型的政府。如果政府完全智能化了，就不再存在传统的政府大院，也没有在大院里上班的政府官员。政府可能是由机房组成的，表现为城市大脑或数据中心，以及存在于我们每个人手机中的各类程序。这或许是未来政府的一种状态，为我们带来更大的想象空间。其次，在未来的数字政府中，谁是统治者？当前的政府类型主要基于传统的政体学说划分，其中明确区分了统治者、被统治者，政治合法性也因此成为公共管理的核心议题之一。当数字政府被普遍推广以后，我们还会存在统治者和被统治者的区分吗？在网络连接的驱动下，数字政府在全球范围内的推广是否会催生全球统一的政府？最后，政府的未来是什么？网络化的政府，数字政府就是无政府。这就要求我们重新思考马克思主义关于国家消亡、政府作用的经典理论。

数字治理的效度、温度与尺度

复旦大学数字与移动治理实验室主任、
国际关系与公共事务学院教授　郑　磊

　　在数字技术和政府治理的互动过程中，我们要思考和把握好三个问题。第一个是效度，数字技术到底能不能？ 它能做什么，不能做什么？ 第二个是温度，数字技术的服务或者管理的效果到底好不好？ 第三个是尺度，有些事情是不是可以做的？ 这样做到底可不可以？

　　首先是效度问题，即数字技术能不能。 数字技术有很大的赋能潜力。在政府管理层面，它能提高决策的科学精准度，推动跨边界数据共享和能力协同，实现管理手段、模式和理念创新，提升管理效率和效能。 这也是政府后台的提升，即政府运用数字技术实现官僚组织的转型提升。 在实践中，这种 G2G（政府到政府）的模式包含了政府的跨层级、跨部门或者跨地域协同，比如长三角一体化的协同发展等。 这一模式是中国等各个国家在电子政务或者说数字政府建设早期做得最多的事情。

　　光有自身转型还不够，因为政府还要服务社会，即在公共服务领域利用数字技术形成 G2B（政府向企业）、G2C（政府向公众）等模式，为企业和公众提供实用、便捷、多渠道、个性化的服务，从部门导向走向用户导向。 浙江的"最多跑一次"改革就是非常典型的用户导向，从公众获得感的角度来推进数据共享和体制机制重塑。 此外，还有公众参与，即运用数字技术构建 B2G（企业参与政府）、C2G（公众参与政府）的渠道。 政府需要坚持政务公开，让别人知道政府在做什么，构建透明政府、阳光政府，与公众开展互动，给予公众监督政府、开展网络问政的渠道，构建一个更加开放的回应性政府。 数字技术为政府实现这些目标带来了机遇。 总的来说，数字政府建设并不只是政府内部的事情，而是一个涉及多元主体的协同过程。

数字技术可以赋能政府，但上述可能性有时并不能够完全实现，一些地区在实践中还会走向反面。 在实践中，数字赋能也会面临一些相互冲突的目标。 举例来说，数字技术可以提高政府的回应性、问责性，同时也能够提升效能，包括效果和效率。 但这些目标有时候是冲突的。 比如为了提升问责性可能就会降低效率，一味追求效率可能就不是公众所需要的服务了。 现在很多地方提出秒办，但是公众真的在乎这一秒吗？ 我们不只要看效率，还要看效果。 数字政府建设需要在多重目标中保持平衡。

此外，我们应看到，数字技术本身也有局限性，有了数据不等于无所不知。 举例来说，数据显示，去电影院看《芳华》的观众比看《战狼》的观众更爱喝热饮，但前者是在冬天播放，后者是在夏天播放，所以仅仅依赖于数据的分析有时候就会误导我们。 数据可以看到表象，但有时候无法准确解读结果，有经验的技术工程师就需要结合人的基本常识去理解数据。 实际上，数据不等同于事实本身，数据可能不全面、不及时、不准确，数据分析的结果也可能被误读和被扭曲，算得更快、更多不一定就算得对。 "让数据自己说话"的理想离现实还有很大距离，技术不能也不应完全取代人的智慧和能力。

在数字时代，我们可以畅想数字时代的美好，但不能盲目迷信数字技术或陷入技术乌托邦主义，要注意防止"唯技术论""数据迷信"和"数字霸权"。 每一次新技术的出现都会赋予我们很多畅想，但公共管理理论已经指出，我们永远不可能做出最好的决策，不可能在短期内获得全部信息以开展决策。 即使我们拿到全部的信息，人的处理和分析能力也依旧是有限的，只能做出一个尽可能好的决定。 即便是有了大数据，我们也无法实现无限理性，仍然需要保持谦虚，对自己的局限性、对数据的有限性有充分的认知。"数字赋能"不等于"数字万能"。 在数字治理中，我们既需要专业的工程师，也需要具备行业知识的专家。 而且，越是在数字治理方面走在前列的地区，越是要强调避免"唯技术论"和"数据迷信"，开展一些反向的思考。技术执行理论区分了客观的技术和被使用的技术，指出技术在被组织采纳、利用的时候会受到组织形态的约束。 技术或许可以改变组织，但技术首先会被组织改变。 技术本身没有办法解决一切问题，只有当组织形态、技术形态转变了的时候，我们才有可能实现更好的治理目标。 总的来说，以数字技术赋能治理现代化，既需要技术的能力，也需要人的智慧，还需要由人来推动更好的制度安排和组织转型。

其次是温度问题，即数字治理的效果到底好不好。 即便是技术能够实现很多很好的目标，但利用技术的治理就一定是好的吗？ 在新冠肺炎疫情防控期间，我们注意到，如果一个人买不起手机、不会用手机，或者是手机没电了，他还能出门吗？ 没有支付宝，他可能连公交车都上不了。 数字化的快速推进导致不少人享受资源的权利被剥夺了。 在 20 年前，没有电脑就是数字鸿沟。 现在随着数字技术发展的速度持续加快，我们观察到，走在前列的人和相对落后的人之间依旧存在鸿沟。 而且，这种相对的数字鸿沟将长期存在，甚至有可能会持续扩大。那么，在数字政府一路高歌猛进的同时，我们如何对待"走得慢"的人？

数字鸿沟的长期存在，意味着对于普通公众，特别是弱势群体来说，有温度、有情感的线下服务不应退场。 数字治理的实际效果不能只看效率的提升，还要考虑人的心理感受和实际效果。 举例来说，不见面的服务一定是最好的服务吗？ 快的服务一定是更好的服务吗？ 实际上，人文关怀与技术赋能同等重要。 即使对非弱势群体来说，冰冷的屏幕也无法取代笑脸相迎，完全不见面、一次也不跑、全程数字化、没有人的服务不一定就是最好的服务。 如果一个业务很复杂，涉及多种政策，办事人在网上琢磨两个小时，还是跑到线下，去咨询熟悉情况的办事员，哪种体验更好？ 实际上，见面还是不见面，应该由用户来决定，要给公众选择不同服务方式和渠道的权利，使他们有选择传统线下服务方式的自由，有不"被数字化"的权利。 数字政府的建设目标也不是要建成一个找不到人的政府。 政府和公众的互动不能只是通过界面和屏幕实现。 数字政府建设需要从数字鸿沟走向数字包容，不仅注重效率，还注重人的感受，即人的获得感、满意感，兼顾技术赋能和人文关怀。 技术赋能于人，而不是取代人。 实际上，人最擅长的是创造力，有温度感，这些都是目前的技术所难以实现的。 即便技术能够实现，我们真的能够放心把人类社会的一切都交给机器吗？

最后是尺度问题，即数字治理到底可不可以。 就算技术是可能的、有温度的，这样做就一定可以吗？ 举例来说，健康码的颜色是如何计算得知的，公众是不是有权知道？ 在疫情期间，有人只是坐地铁经过了疫情高风险地，就被提醒需要隔离。 我们需要思考算法统治、算法霸权的问题。 另一个问题是隐私保护，这已经进入了立法范畴，包括《中华人民共和国个人信息保护法（草案）》《中华人民共和国数据安全法（草案）》等都有关注这一问题。 一些地方政府已经正式禁止小区未经业主同意装摄像头，开始规范人脸信息的采集行为。 公共空间的信息采集是分层面的，比如装在小区门口公众的接受度高，装到楼道里很多人就不同意了。 那么在电梯里是否能够接受？ 在家门口是否能够接受？ 什么是可以接受的、恰当的尺度呢？ 技术的发展使得我们在公共场所获得一个人的照片已经不需要经过当事人的同意。 在历史上，任何组织都未曾获得过这种能力。 这种技术能力的提升提高了公共安全水平，但在赋予政府基层公务人员这一能力的同时，我们也要追问：能否保证公务人员负责任地管理数据，不滥用、不泄露所获取的数据呢？

在数字时代，数据的使用授权要与责任相匹配。 党的十九届四中全会报告指出，要"建立健全运用互联网、大数据、人工智能等技术手段进行行政管理的制度规则""加强数据有序共享，依法保护个人信息"。 在数字治理过程中，一方面应做好数据开放和共享，充分释放数据的价值；另一方面要规范数据的采集和利用，保护个人信息不被泄露和滥用，守住法治底线，注重安全和适度，把握好数字治理的边界和尺度。 在采集和利用个人数据的过程中要保障公众的知情权和同意权，防止数据被滥用或过度使用，确保算法透明、公平，防止算法歧视，保障公众有不被暗中"算计"和"贴标签"的权利。 数字"赋能"要与数字"授权"和数字"负责"相匹配，从而让数字技术造福于人，而不是伤害人。

技术上可能的，不一定就是组织管理上可行的，也不一定就是社会公众可接受的。 数字治理不能只考虑"能不能"，还要考虑"好不好"和"可不可以"的问题，要把握好数字赋能与人本价值的关系，在技术、管理、法律、伦理四个维度的平衡与取舍中，提升人民在数字时代的获得感、幸福感和安全感。"让每一个数都有温度"，把技术和人文放在一起，才是一个更好的数字治理未来。

当代中国的数字治理

浙江工商大学校长,浙江大学公共管理学院院长、教授　郁建兴

　　浙江省委书记袁家军同志在省委党校 2020 年秋冬学期开学典礼上提出:"基于数字化的智慧化治理,更好运用云计算、大数据、物联网、人工智能等数字技术,加快形成即时感知、科学决策、主动服务、高效运行、智能监管的新型治理形态、治理模式,推动决策更加科学、治理更加精准、服务更加高效。"这是他在 2020 年 3 月提出"整体智治"现代政府新形态后的又一次升级,进一步突出了新型治理形态、治理模式。什么是数字治理? 如何理解"整体智治"? 它的未来发展前景如何呢?

　　先看数字治理。数字技术推动人类社会进入了一个全新世界,物联网就是感知系统,大数据就是存储系统,5G 就是神经系统,云计算就是加工系统,人工智能就是学习系统,区块链就是诚信系统、信用系统,智能装备就是执行系统。数字不只是指数据,数字技术是指能够将传统信息资源转化为计算机可读的二进制数字进行加工、存储等的技术。治理不同于管理,突出了多元治理主体的主动性、能动性以及它们之间的相互依赖关系。数字治理是指包括政府、企业、社会组织、民众等在内的多元主体依托数字技术共同开展公共治理。数字治理发展的第一个层次是主体驱动的治理行为,就是说数字技术只是公共治理的一种工具、手段,被多元化的各个治理主体应用于公共事务治理中的某个或者多个环节。第二个层次是数据驱动的治理行为,数字技术通过主动数据挖掘、机器学习、算法优化等方式能够监测治理实况,发现治理需求,预测治理问题,提供治理方案,监督推动治理主体及时做出有效的回应。目前我们的数字治理基本上处于"治理活动＋数字技术"

数字政府与数字治理

的阶段，远没有到"数字技术＋治理活动"的数据驱动的新的高级阶段。

数字治理能够发挥怎样的作用呢？ 第一，从实践应用中可以看出，数字治理可以减少治理供给和需求之间的信息不对称，最大限度地实现民众在公共服务过程中的偏好表达。 它能够显著改变政府与市场、社会以及民众之间的互动方式，促进信息交换，降低公共服务合作生产的成本。 数字治理也能够降低对治理主体的能力要求。 第二，针对标准化程度高的治理活动，我们可以运用数字技术开发通用平台，将这些活动所需的能力从对治理主体的能力要求中剥离出来，并由技术专家、治理专家、富有经验的实践者等共同生产一套基于数字的解决方案，由此为政府传统的治理难题提供有技术支撑的标准化解决方案。 第三，数字治理还可以进一步划分治理责任。 举例来说，我们可以精确计算公共服务使用者在特定场景中的许多行为，包括个人的医疗资源使用、家庭的公共教育资源消耗、企业的工业废水污染，以及国家的温室气体排放等。 由此，一些原本无法切割、计算的治理责任就会更加清楚，治理主体可以更加准确地匹配治理责任，激励或规制治理主体参与公共治理。

值得注意的是，将数字技术应用于公共治理也可能产生一定的负面影响。 一是目前存在并呈扩大趋势的"数字鸿沟"会带来治理回应不均衡。处于数字鸿沟两端的群体在需求表达和参与公共事务的治理方面会呈现出机会的不均等，进而带来公共资源分配的不均衡。 二是技术理性影响公共价值实现。 技术理性与公共价值所追求的均等化公共服务供给、弱势群体保护，以及公共治理中需要体现的人文关怀等存在天然的紧张关系。 三是数据安全隐患和个人权利侵犯之间存在张力。 如何保证数据安全仍然是各国推进数字治理中的难题。

在中国，数字治理前沿是"整体智治"。 当代中国的数字治理经历了政府信息化、电子政务、数字政府等发展阶段。 "整体智治"中的"整体"是指整体治理，突出了多元治理主体之间的有效协调，要求其共同开展公共事务治理。"智治"则是指智慧治理，是指治理主体广泛运用云计算、大数据、人工智能等数字技术，推动场景化、智能化的多部门、多业务协同，实现精准、高效的公共治理。 相应地，"整体智治"指的是传统手段和数据驱动相结合，识别、发掘公共治理需求；在此基础上，公共治理主体内部和治理主体之间广泛依托数字技术开展充分沟通、有效协调，形成整合与协作，共同开展公共事务治理，统一回应治理需求。

"整体智治"包含了三个关键元素：一是政府数字化转型，即政府利用电子化、数字化开展公共治理活动，进而推动政府职能转型；二是整体化的治理实践，治理主体作为一个整体回应公共治理需求；三是精准、高效的需求回应，公共治理行为及时准确地回应特定的公共治理需求。 浙江省"最多跑一次"改革就是"整体智治"的经典案例，其起点是站在群众角度界定"一件事"，工具是以"互联网＋"进行技术治理，实现服务供给与民众需求相匹配的改革目标，同时还在外部性功能拓展上"撬动"全面深化改革向纵深推进。 目前，数字治理的应用场景正变得越来越多元且多彩，并有效发挥了在经济调节、市场监管、公共服务、社会治理、应急管理等方面的效能与作用。

如何进一步开拓中国数字治理的未来？ 我们需要从组织保障、支撑体系、应用场景、目标要求等层面设定"整体智治"的现代治理体系。 第一，需要进一步优化前端感知、中端运输和后端存储运算设施。 各级政府需要加强对基础物联感知设施的统筹建设、资源整合，超前规划感知网络，超前建设集约共享的通信管道网络，构建覆盖城乡的数据存储空间，以及边缘计算、云计算、超算协同的多层次运算体系。

第二，加快数据立法，构建细化数据采集和运用的标准化体系。 政府应加快出台个人信息保护、数据安全等相关法律法规，遵循谁生产、谁所有的原则，规定数据权属、侵权责任和惩戒措施。 目前，浙江省已经发布了《浙江省公共数据开放与安全管理暂行办法》，深圳也发布了《深圳经济特区数据条例（草案）》等。 民众与公共部门共同生产的数据，归属民众和公共部门共同所有，任何一方需要使用相关数据时都需要得到对方的许可。 此外，政府也需要制定更为全面的数据治理技术标准规范，形成非公组织数据治理推荐标准，等等。

第三，构建具有全局性、通用性的数字治理基础平台。 数字治理基础平台是指我们可以对各地公共治理中共性的治理知识和治理能力进行封装，变

数字政府与数字治理

成标准化的模块，拉齐各地数字治理的基础能力和水平，提高共性治理知识和治理能力的可用性、通用性，提升数字治理对普遍性、基础型治理问题的响应能力。 基于数字政府的实践进展，数字治理基础平台的内容包括统一的数据交互标准、统一的基础数据库（如人口、地址、法人、公共信用等数据库）、逻辑一致的系统运行规则，以及内嵌于系统中的基础模块（包括公共支付功能、电子签章认证功能等）。 基于这些通用性的数字治理基础平台，行之有效且具有一定推广意义的数字治理创新能够没有技术障碍地得到推广、扩散和共享。 更进一步来看，数字治理基础平台可以形成自我更新的迭代升级机制。 一旦某种数字治理创新成了新的普遍化应用，就可以进一步被封装到基础平台之中，实现治理能力的标准化、共享和复用。 当前，我们可以运用试点的手段，选择具有一定基础平台建设条件的地方开展试点。

第四，联动多元治理主体，完善数字治理协同机制。 在政府内部，可以成立数字治理建设工作领导小组；在治理主体之间，可以成立数字治理建设联席会议，充分调动多元主体参与数字治理基础设施规划的制定、讨论跨主体数据治理标准，并代表企业、民众为前端场景应用提供意见与建议；同时，需要注重实践者、技术专家和公共治理专家共同参与参数选择、算法制定等，注重公共政策的公共价值导向，注重人文关怀。

以数字转型实现城市善治

上海交通大学中国城市治理研究院常务副院长、

长江学者特聘教授　吴建南

随着社会经济的发展，我国已经从"乡村中国"走入"城市中国"。自1949 年到 2019 年，我国人口城镇化率增长了 5.72 倍，从 10.6％增加到 60.6％，而城镇人口增长了 14.72 倍，从 5765 万人增加到 84843 万人。城市是人类最伟大的发明，为人类生活带来了诸多益处。与此同时，城市在建筑、交通、公共空间等方面也产生了一系列既复杂又多变的治理难题。城市治理就是指城市的政府、居民以及各种社会组织等利益相关方通过开放参与、平等协商、分工协作的方式达成城市公共事务的决策，以解决各种治理问题，实现城市公共利益的最大化。而善治被视为一种以人民为中心的参与式治理模式，号召代表人民执政的人，尽力为人民做好事，解决人民问题，使人民生活更为美好。因此，对于以为人民服务为宗旨的中国共产党而言，如何实现城市治理的善治成了国家治理中最为重要的课题。

此外，社会生活的数字化转型已经成为全球趋势，中国政府更是高度重视，制定了许多加快数字化发展的决策和规划，而建设数字政府、实现数字治理是其关键。在政府治理中引入数字技术能够推动公共管理的流程再造和结构优化，进而推动政府形态的变革，实现以人民为中心的城市善治。换句话说，借助数字治理的建设与发展能够推动城市的善治。在这方面，中国各个地方有诸多的相关实践和经验，上海的"一网通办"即是以数字转型推动城市善治的典型案例。

2018 年，上海市政府推出《全面推进"一网通办" 加快建设智慧政府工作方案》，并制定《上海市公共数据和一网通办管理办法》，正式提出"一网通办"的概念，即"依托全流程一体化在线政务服务平台和线下办事窗口，整合公共数据资源，加强业务协同办理，优化政务服务流程，推动群众和企业办事线上一个总门户、一次登录、全网通办，线下只进一扇门、最多跑一次"。 具体来说，"一"是指一个总门户、服务事项一口进出；"网"是指线上线下融合，服务事项全覆盖；"通"是指全市通办、全网通办、单窗通办；"办"是指只跑一次，一次办成。 随着相关建设的推动，"一网通办"已经融入上海市民的城市生活，为他们提供了便捷服务。 平台用户规模巨大，拥有 3547 万个人实名注册用户和 210 万法人用户。 另外，"一网通办"服务平台已经接入了 2519 项服务事项，其中 83.69% 具备全程网办能力，95.39% 具备"最多跑一次"能力，同时大数据资源平台对接全市 16 个区、56 个部门。 可以说，上海"一网通办"重构了政府部门业务流程，倒逼政府职能转变，驱动政府效能提升，让群众有了更多的便利度和获得感。

那么，作为数字转型的"一网通办"到底是如何实现的？ 它的本质是什么？ 到底是如何实现城市善治的呢？

实际上，"一网通办"在技术应用中推动了城市治理的流程再造与结构优化。 中国地方政府的创新一般可以分为以下五种：在组织内部的技术创新和管理创新，跨越组织边界的服务创新和合作创新，以及在组织边界之外的治理创新。 而"一网通办"是这一系列创新的集大成者。 第一，从技术创新来看，它的总门户、电子政务云、线上线下智能机器人和全市大数据资源平台应用了互联网、云计算、人工智能和大数据等诸多新技术。 第二，从管理创新来看，它通过设立领导小组、大数据中心和行政服务中心更新了管理架构，还通过线上线下的融合实现了流程的优化更新。 第三，在服务创新上，它通过一站式服务、不见面服务和线上线下整合完善了公共服务。 第四，它通过设立跨部门的协作网实现了合作创新。 第五，通过"一网通办"网络，民众对于每一次的政务服务都可以进行点评和反馈意见，这实际上改变了政府与社会、民众的互动模式，实现了治理创新。

"一网通办"的诸多创新本质上就是通过数字转型，利用新技术赋能政府治理和服务，在政府内部，以数据共享、合作协同形成了整体性政府；在政府和民众的关系方面，将公共服务的流程从以政府为中心转变为以民众为中心，进一步强化了以人民为中心的理念，真正走向了善治。比如，"一网通办"使"市民围着政府转"转变为"政府围着市民转"，无论是通过线上的门户、"随申通"App、支付宝和微信上的"一网通办"小程序，还是通过线下设置在商圈、社区或楼宇的终端，以及政府的行政服务中心，只要市民有需要，随时随地都可以接触到政府。另外，政府从市民视角出发，破除管理部门本位，把诸多民政或商事服务进行整合和流程再造，实现了"一件事一次办"。比如把"出生医学证明"签发、"预防接种证"发放及信息关联、出生登记、城乡居民基本医疗保险缴费及激活、城乡居民基本医疗保险参保登记以及生育保险待遇申领等十项与新生儿出生相关的事项都进行整合，降低了民众的办事难度。这种整合实际上是一种刀刃向内的自我革命，因为它涉及政府内部的多个部门。为了推动这一改革，上海市政府由相关副市长牵头领导，由市卫生健康委具体牵头推动，同时由市人社局、公安局、医保局，各社区事务受理中心、卫生服务中心和相关医疗机构等单位配合。在具体服务的实现上，"出生一件事"被接入总门户，并在门户上优化设计了统一的身份认证方式，加强了电子签名和电子印章应用，并对事项申请材料和婴儿信息等电子化数据实时流转，同时基于"出生医学证明"等证件形成电子证照。在流程上也实现了再造，把与新生儿相关的 7 张申请表整合为 1 张，即"上海市出生'一件事'办理登记表"，实现了"一表通用"，同时前置事项办理结果同步生成电子证照，作为下一事项办理的证明材料，实现了"一次提交、多次复用"。同样地，在"企业的出生"，即新企业的设立上，上海市也通过"一网通办"做好企业的"店小二"，实现了"一件事一次办"。根据世界银行《2020 年营商环境报告》，在上海开办企业的难度显著低于东亚和太平洋地区以及经合组织高收入国家。另外，"一网通办"让市民担任"打分人"，对政务服务进行好差评，然后政府会进行全面回应，并根据负面评论和反馈改进服务；也让市民担任"监督人"，通过在门户或App 相关模块中设立"我要找茬"模块给市民提供便捷的监督渠道，获得了市民的广泛参与，活动开展一个月就收到市民建议 4000 多条。而政府也给予及时反馈，一个工作日内就接收并回复，50% 以上的建议在一个月内被

数字政府与数字治理

解决。

可以说，"一网通办"实现了借助新技术形塑新政府，最后实现了新治理，即善治。 但是另一方面，就城市治理的数字转型来说，也存在数字技术应用上为了技术而技术的过度投入，以及因数字技术的应用而带来的个人隐私保护等问题，这些都需要进一步加强研究和改善。

基层治理数字化转型的逻辑

厦门大学公共事务学院党委书记、教授　黄新华

数字化治理既是基于数字的治理，也是对数字的治理。基层治理的数字化转型并非客观、独立地存在，而是有其缘起、发展、推进的现实逻辑的。在百年未有之大变局中，社会结构变迁、社会发展转轨、社会风险放大引致的治理能力不足困境，使数字化转型成为基层治理重要的纾困之策。但是，数字化转型是科层改革的组成部分，不可避免地受到科层制的规制，因此，技术逻辑只有与制度逻辑以及构成组织间网络的社会关系相联结，才能赋予基层治理数字化转型以合法遵从，推动其向纵深发展，并规避潜在风险。

一、治理困境：基层治理数字化转型的内生动力

在坚持和完善共建、共治、共享的社会治理制度，推动社会治理和服务向基层下移，把更多资源下沉到基层的进程中，社会结构变迁、社会发展转轨、社会风险放大引发了治理能力不足的困境。这一困境成了基层治理数字化转型的内生动力。

(一)社会结构变迁催生基层治理数字化转型

传统社会，基层以差序格局和伦理本位为核心，是一个相对封闭、内聚和紧密的功能性共同体，但随着现代化的发展，现今社会已经是一个流动化、多样化和分散化的"后乡土中国"，人们开始注重个人权益，重视价值追求，逐渐由主体缺位迈向治理在场，倒逼基层从管理转向治理。

治理虽与管理仅一字之差，但其内涵体现的却是系统治理、依法治理、

源头治理和综合施策。为了推进"一核多元"的治理，实现中国特色的"整合式共治"，社会结构变迁形塑的基层社会，亟须通过数字化转型更新治理理念，改善治理体制，优化治理机制，吸纳多主体有序加入，推动基层治理从行政主导走向社会建构。

(二)社会发展转轨推动基层治理数字化转型

改革开放以来，社会逐步由同质性向异质性转轨，在异质性社会里如何处理矛盾冲突与维护稳定成了基层治理中不可回避的问题。同时，我国社会主要矛盾已经转化为人民日益增长的美好生活需要和不平衡、不充分的发展之间的矛盾。而最大的发展不平衡是城乡发展不平衡，最大的发展不充分是农业农村发展不充分。

解决发展不平衡、不充分的社会矛盾，基层治理承载的要求和标准不断增多放大，引发了多重"复合性危机"。如果基层治理长期能力不足，治理现代化就不可能实现。因此，基层治理亟须吸纳新的技术、手段和工具，借助技术进步（尤其是数字技术）夯实基层治理体系和治理能力，提升治理效能。

(三)社会风险放大呼唤基层治理数字化转型

在任务与挑战不断累积甚至集中显露时期，经济发展中的收入分配差距、民生保障短板、利益冲突加剧引致的矛盾风险叠加共振，使得基层原子化、个体化的进程不断加速，多样化、碎片化的社会流动引发的"脱域化"现象，导致冲突与矛盾持续升级，放大了基层治理的风险。

社会风险的放大则呼唤基层治理的数字化转型，以互联网、区块链和人工智能等技术为载体，数字治理与社会治理深度融合有助于系统优化基层治理环节，提升基层治理社会化、法治化、智能化和专业化水平，增强基层治理动态监测、实时预警能力，为基层坚持关口前移、推进源头治理提供了新动能。

二、数字赋能：基层治理数字化转型的纾困之策

社会结构变迁、社会发展转轨、社会风险放大引致的基层治理数字化转

型,借助互联网、区块链、云计算、大(块)数据和人工智能等技术的嵌入,赋予了基层治理新动能,为基层应对困境、提升能力提供了新途径。

(一)数字赋能拓宽治理边界,扩大了基层公民参与广度

基层治理的数字化转型借助数字赋能拓宽了基层治理边界,增强了整合功能,扩大了公民参与广度。 这是因为数字赋能突破了地域和主体的限制,使得线下治理向线上线下共治转型,政府行政"独白"向多主体"在场"变迁。

作为一场平权运动,数字治理通过向社会和公众赋能,增加了民众表达交流和协商对话的机会,推进了基层治理由单向管理转向双向互动;通过向基层党政部门赋能,促进了社会和企业等"他者"的诉求转换为高精准的块数据资源,被基层治理主体实时感知并纳入决策参考。 换言之,数字赋能在权益整合、决策优化中推进了政治稳定和认同建构,推动了基层协商民主广泛、多层发展。

(二)数字赋能重塑治理流程,提升了基层治理能力效度

依托技术嵌入的基层治理数字化转型,数字赋能促使传统科层组织中的制度结构、工作结构和信息结构适度分离,构造以问题为中心和以信息共享为基础的新型工作结构,为基层治理创新提升创造了广阔空间。

一方面,以技术为媒介,数字聚类赋能,消解了"信息烟囱"和行政壁垒,增强了部门合作和数字融合,加速了基层协同合作和无缝治理;另一方面,以技术为载体,数字简政赋能,优化和再造了基层治理平台和服务流程。

(三)数字赋能优化治理工具,增大了基层风险防范力度

基层治理数字化转型借助大(块)数据、云计算、区块链等技术,显著提升了基层风险战略防范力和敏捷应对力。 一方面,数字计算、融合、关联分析等预判力的提升,将有助于基层形成快速、全面、有效治理的防范力;另一方面,以"大数据+循证决策"为突破点,以"灵敏度+科学决策"为

关键点，以"一盘棋＋系统决策"为着力点，数字赋能会革新和优化基层治理工具，有利于治理主体对社会态势和辖区情况等形成更为清晰的认知，进而提高基层风险治理的识别力、预警力和应对力。

三、制度供给：基层治理数字化转型的保障约束

数字赋能纾解基层治理之困，但数字治理并非完美无缺，数字赋能亦非尽善尽美。只有创造有保障性约束和结构性基础的制度供给，才能在充分挖掘数字治理价值的同时，有效规避基层治理数字化转型的潜在风险。

（一）制度供给赋予基层治理数字化转型合法遵从

为了确保基层治理数字化转型在法治的轨道上运行，有效的制度供给是不可或缺的。首先，作为人为设计的，形塑人们关系、思维和行动的社会博弈规则，以顶层设计和统筹规划为主的制度供给具有规范性和秩序性的功能，可以建构基层治理数字化转型的规范性和准则性。

其次，基层治理数字化转型较难高效推进，而配套保障和托底性的制度供给具有整合性、导向性和激励性功能，可以为基层施加改革魄力、执行动力和违规压力，确保基层治理数字化转型同中央顶层设计维持着必要的遵从性。

（二）制度供给推动基层治理数字化转型纵深发展

顶层设计通常缺乏充足的改革创新能力，但地方基于自主实验、创新的制度供给，进一步发挥了其整合性和协调性功能。从"浙江试验"到"湖北实践"，部分地区的先行先试丰富了实践经验，树立了基层治理变革的典型示范。

与此同时，其他地区在学习借鉴时因地制宜地优化了转型策略，制度供给规范与激励功能并行，为"中国之治"提供了丰富的地方范例和本土经验。尤其是中央对地方数字治理实践创新的引导助推和事后追认的相关制度供给，进一步提升了基层治理创新的能动性。

(三)制度供给规制基层治理数字化转型潜在风险

信息安全和算法歧视等数字强关联性风险引发的治理偏差和治理低效，"信息独角兽"和"数字利维坦"等政治强关联性风险导致的治理失序和治理失败表明，基层治理数字化转型必须通过制度供给规制风险。至关重要的是，基层数字治理中必须通过制度供给以"风险编排"的形式落实责任，预判风险，规避潜在风险的叠加放大，打造风险管控机制；在此基础上，完善与数字赋能相契合的基层治理结构，建立健全相关法律法规，提升基层抵御数字治理风险的韧度。

四、结语

中国的治理体系、治理能力建设，基础在基层。基础不牢，地动山摇。基层治理数字化转型拓宽了治理边界，重塑了治理流程，优化了治理工具。但是作为一项牵一发而动全身的系统性工程，基层治理数字化转型是一个持续推进的进程，数字赋能对基层治理变革的影响尚需更全面的观察和更深入的研究。为确保基层数字治理在法治轨道上展开，发扬数字赋能的强劲优势，挖掘数字赋能的潜在价值，防范数字治理的风险与危害，有效的制度供给是进一步推进基层治理数字化转型的应有之义。只有在理论与实践的互动中探索具有中国特色、时代特征、地域特点的基层数字治理模式，才能在推进基层治理现代化的进程中，夯实国家治理体系和治理能力现代化的基础。

安全治理视域下的数字政府建设

华中科技大学教授、湖北省政治学会副会长　　徐晓林

推进数字政府建设是党的十九届四中全会确立的国家重大战略部署。 而安全是数字政府的根基，也是最基本的公共物品与公共服务。 没有这个根基，数字政府的任何工作都无从谈起。 只有依托完善的安全治理体系，切实增强数字政府的安全治理能力，保障数字政府的安全，才能确保数字政府长久、健康和繁荣发展。

现实中，数字政府建设正面临着前所未有的安全威胁和挑战。 一方面，数字政府的安全建设极为重要和紧迫。 因为，数字政府已经成为政府治理、经济运行、公共服务和社会治理的重要支撑平台，一旦出现重大安全问题，将会引发一连串的非传统安全问题，严重威胁国家安全和公共利益。 另一方面，数字政府的安全治理中充满了各种问题：首先，数字政府安全体系建设缺少顶层设计和理论研究；其次，数字政府的基础设施常常遭受攻击，严重威胁数字政府的正常运用和使用；再次，数字政府的数据泄露事件频发，严重威胁国家的数据安全和总体安全；最后，数字政府建设中新一代信息技术的采用可能带来全新的安全挑战和威胁。

因此，如何构建有效的安全治理体系以应对上述的重大威胁和挑战成了我国数字政府建设的重大课题。 习近平总书记在中央网络安全和信息化领导小组第一次会议上指出，"网络安全和信息化是一体之两翼、驱动之双轮，必须统一谋划、统一部署、统一推进、统一实施"。 数字政府建设是一项整体性、复杂性的系统工程，包含政府体制深化改革、新一代信息网络建设与运维、全域智能化应用系统建设与运维等多方面内容。 因此，数字政府的建

设、运维、管理、监管等全域、全程、全时各环节，在谋划、部署、推进、实施的各个步骤中都必须充分考虑安全隐患的治理问题。

立足新技术环境下数字政府系统复杂、安全隐患排查难、安全风险易耦合连锁叠加、后果难控制等特点，在安全治理体系的构建上应当集中关注四个关键问题：第一是安全治理视角下的数字政府内涵与理论基础问题。即数字政府的对象、范围等核心概念如何界定？数字政府的体系架构和运行模式是什么？如何分析和研判数字政府的特征？另外，要对数字政府风险的来源进行分析，需要明了数字政府的作用机理是什么，如何利用大数据等新技术进行风险研判，以"全国政务一张网"为代表的数字政府的总体安全态势该如何评估。

第二是数字政府信息基础设施安全治理的问题。即云计算、5G、物联网等新技术在数字政府运用中的主要风险是什么？具体而言，指的是政务云共享的安全问题、政务人工智能开源平台安全问题、区块链中公有链节点安全监管问题和5G网络生态安全治理问题。另外，数字政府信息基础设施的防护体制机制如何设计与协同？如何确保每项重要设备都得到防护？如何及时、智能地知晓外来风险？如何配置不同设备的防护资源？具体而言，指的是数字政府信息基础设施安全管理责任体系、数字政府信息基础设施安全管理协调机制和数字政府信息基础设施安全防护规制体系以及数字政府信息基础设施安全智能监测机制的设计。监测机制的设计应当包括以下研究：数字政府信息基础设施安全监测规范研究、数字政府信息基础设施风险识别研究、数字政府信息基础设施安全披露与通报机制研究。同时，数字政府信息基础设施安全防护标准体系则需要从以下几个方面展开探讨：数字政府信息基础设施安全分类标准研究、防护标准研究和数字政府信息基础设施的监测信息共享标准研究。

第三是数字政府数据安全如何防护的问题。具体来说又可以分为以下三个方面：第一个是数字政府数据权属管理机制，主要是指政务数据共享现状问题、政务数据共享中的权属关系，以及基于明确权属的政务数据共享机制创新；第二个是数字政府数据安全保障体制机制研究，主要是指政务数据的安全需求分析、政务数据安全保障体制、政务数据安全保障机制、政务数据安全保障技术工具；第三个是基于数据生命安全周期的数据安全防护能力体系，主要是指数据生命周期各阶段数据安全过程域构建，数据安全防护能力模型、数据安全防护能力成熟度计算方法、数据安全防护能力的评估与改进。

第四是数字政府应急管理体系如何构建的问题。即如何运用区块链技术设计应急预案库以达到提前防范、有备无患的效果？如何利用人工智能技术前瞻性地就风险威胁适时做出预警？如何设计各部门、多主体的联动机制，调动各方力量共同参与的应急工作？如何通过仿真方法检验应急工作体系的有效性？具体来说也包括以下三个部分：第一个是基于区块链技术的数字政府安全应急预案库的设计、数字政府安全协同治理应急预案库的基本架构的研究、应急预案库功能设计研究以及应急预案响应平台设计研究；第二个是基于人工智能技术的数字政府安全预警体系，具体来说又包含数字政府安全协同预警分级分类标准、预警指标体系研究、数字政府协同预警体系组织设计和数字政府安全协同预警的运行模式；第三个是实体政府数字孪生应急联动机制设计，具体又包含基于电子决策剧场的数字政府安全协同治理仿真演练、基于电子决策剧场的数字政府安全研究平台体系设计、数字政府安全仿真推演流程设计、数字政府安全应急管理可视，以及基于案例的数字政府安全应急管理仿真推演验证。

数字政府的安全问题是国家治理体系和治理能力现代化的重要挑战之一。保障数字政府安全既是完善国家安全体系的重要内容，也是国家安全体系和国家安全治理能力的有力支撑。因此，要切实加强从安全治理的视角出发，推动数字政府建设的研究和实践。

构建"整体智治"的现代政府

浙江财经大学公共管理学院院长、教授　郭剑鸣

政府数字化转型是应用新技术赋能的全球性政府改革浪潮，目标是改造政府以提供良善、便利和令人满意的公共服务。 英国是西方发达国家中较早推动数字政府转型并取得阶段性成果的国家，从 2012 年颁布《政府数字化战略》到 2017 年出台《政府转型战略（2017—2020）》，提出了"全政府"转型的新思维，可以说已经临近数字政府 4.0 的入口。 但政府数字化转型是国家治理体系现代化的议程，受政党、议会、选举和国家结构制度的约束，西方国家的政府数字化转型大多只能囿于政府内部。 打造数字政府 4.0，构建"整体智治"现代政府正是凸显中国特色社会主义制度优越性的突破口。

一、数字政府 4.0 及其战略愿景

从政府与公众能否基于数字政府充分互动达成良治战略目标的逻辑出发，在国际上，一般把政府数字化转型的过程分为四个阶段，也就是数字政府 1.0 到数字政府 4.0。 数字政府 1.0 是电子政府的早期阶段，信息技术只是提升政府效率的一个技术手段；数字政府 2.0 是电子政府的高级阶段，但它以政府为中心，所有的公共服务几乎都被分割在各个部门的政府网站上呈现，公民的用户体验很差；进入数字政府 3.0 时代，用户成为数字化战略的核心，用户体验和参与成为驱动政府数字化转型的基本力量，但碎片化的用户意向使政府数字化的"整体智治"结构与功能难以形成；数字政府 4.0 是现代政府的发展方向，是"用户满意"和"改造政府"的"双轮驱动"，在"必要满足"与"可以满足"的深度互动融合中实现良治。 将发达国家向数

字政府转型的经验与我国制度优势和浙江省情结合起来，打造"整体智治"数字政府4.0需要达成三个层面的战略愿景。

（一）构建"数字政府即平台"的政府与社会交互创新体系

数字政府4.0将从顶层的政府价值层面改造传统政府"以权力为核心"和"以政府为中心"的垂直行动模式，将政府转换成"统一入口和职责整合的用户价值网络"，能动、即时和完整地连接平台开发者、政府监管者、服务提供者和服务消费者，强化技术、用户、决策者和其他参与者的相互作用与赋能，形成基于整体政府数字平台的交互式、低延时创新范式。 一句话，数字政府4.0是基于用户需求的促进政府、应用供应商与用户合作创新的"孵化器"。

（二）创新"需求导向"与"供给改革"融合的无限循环政府流程优化机制

"整体智治"是数字政府4.0的核心要素。 迄今的数字政府建设大多在"政府中心"与"用户中心"之间摇摆，其结果要么是用户需要的服务政府难以达成，要么是政府提供的服务用户不满意。 构建"整体智治"的现代政府既需要用户需求的赋能，也需要政府供给改革的赋能。 在数字政府模式下，政府平台一方面对来自不同用户的碎片化需求进行聚类整合，找出具有最大公约数的需求导向；另一方面采用矩阵制方式在线调配各政府部门协同组建满足用户需求的"任务中心"，并根据线上政府整合的经验，引导、驱动政府各部门的线下实体重组，使政府逐步转型为能即时满足用户需求的服务供给平台。 一句话，数字政府4.0就是在充分的数据共享和交互参与中，优化政府整体应对用户需求流程的"整流器"。

（三）实现"良治""便利"和"令人满意"的现代政府结构与功能

成功构建"整体智治"现代政府的关键是数字政府输出"智治"的功能。 也就是基于智慧治理"新理念—新模式—新技术"驱动传统政府从以机构并联为特征的"大部制"模式向以风险并联为特征的"大平台"模式转型，打破传统的分领域、分行业、分部门、分层次管理和服务的传统思维，建立与智慧社会相适应的政府结构横向集成化、纵向扁平化、组织线上线下混合化，在功能上体现服务精准化、过程非现场化和回应即时化的特征，从而全方位减少服务响应层级、压缩行政成本和增强公众获得感。 一句话，数字政府 4.0 就是提升政府综合效能的"倍增器"。

二、浙江省打造"整体智治"数字政府需要突破的主要瓶颈

"数字政府即平台"听起来似乎很简单，因为，移动应用程序、开放数据、社交媒体等在政府中的嵌入并不必然会增加用户价值和驱动政府转型。浙江省虽然有数字经济、信息技术的先发优势，但打造"整体智治"的数字政府 4.0 仍然面临政府理念、组织规则、部门标准和管理能力等方面的创新压力。

（一）突破对政府数字化转型认知不一的困境

与数字政府 4.0 的战略目标相比，当前不少地方政府关于数字政府的认识还不全面，或者说尚处于初级阶段。 一是将数字政府等同于数字化、信息公开，甚至停留在电子政务层面。 比如，浙江省大数据局 2019 年检查考核地方政府网站的合格门槛仅为两周内是否有信息更新和网站名称是否规范。二是"唯数字化"现象比较严重。 有不少政府的数字化并不是为了实现"便民"目的，而是为了达成数字化程度的考核目标。 比如，一些地方政府和部门为了树立数字化的形象，纷纷推出各自的政务 App，然而由于脱离公众的现实需求，用户使用率低，沦为"僵尸"应用。 在基层和一些农村地区，向公职人员和用户推广的政务 App 多达数十个，徒增困扰，不增效能。 因此，有必要站在现代政府构建的高度，对政府全员进行数字政府 4.0 共识培育。

（二）突破平台数据共享壁垒困境

信息孤岛化和离散化现象不仅在政府部门间依然明显，在信息共享服务供应商之间也十分明显。 当前开展跨政府部门、层级、区域以及不同应用供应商之间的数据共享还面临重重壁垒。 一是权力部门化和部门利益化积淀下的所谓职责专业化壁垒，二是由考核评比等横向竞争机制形成的地方保护性

壁垒,三是应用开发商之间的商业秘密壁垒。 这三重壁垒容易造成人为的数据标准、数据归集和共享流程的复杂化,使得数据共享困难重重。 即便得到共享的一些数据也常常存在重复、重叠和相互矛盾等问题,数据共享成本高而质量却很低。 比如,在调查中发现,民众真正能在线完成的服务需求多属利益关联微小的事项,绝大多数的复杂事项仍然要依赖诸如"市民中心"这样的线上线下混合体系来解决。 这正是数据共享壁垒限制了数字政府具备和发挥"整体智治"功能的体现。

(三)突破对部门和大数据企业设置的专业化依赖困境

一是部门标准绑架政府标准。 职能部门的业务流程和职能的专业性及其各自的法律法规和行政规章,往往过于强调部门和行业自身的立法渊源、职业标准和业务关系,使政府在数字化转型中常常出现部门间不兼容问题,政府数据通常仅在收集它的组织机构内部使用或认可,很难实现共享。 二是应用供应商之间的数据标准和接入壁垒也很严重。 当前在政府数据共享平台和组件、源代码开放、模式创新等方面都未能充分接入更多有创意的数据应用供应商,严重制约了政府平台的开放性和创新潜能。 而各数据供应商之间基于利益分置自主开放应用接口和保障信息安全的动力又不强,导致政府在数据共享方面只能高度依赖少数大数据企业,政府平台存量的职能部门和应用企业大多只能以"菜单式"服务来供给用户,难以整合多部门、多供应商即时响应用户"订单式"的服务需求。

(四)突破对数字政府运维外包的依赖困境

打造数字政府4.0,是一项全政府、全要素、全开放的创新工程,需要一支兼谐政府价值、职责体系和数字技术规律的营运、管理和应急处置队伍。在当前的政府体系内,有不少专业性的管理职位,比如总会计师、总经济师和总规划师等,但并没有专司数据管理的岗位。 可以说,政府内部存量的数据技术人才是奇缺的,也缺乏将高素质数据分析与管理人才留在政府内的文化氛围和薪酬机制。 这使得已有的政府数字化工作大多数是采用服务外包的模式解决的。 但从"数字政府即平台"的建设目标着眼,作为一项全政府的

"整体智治"工程,外包服务商只能参与其中的一部分工作,大部分还需要政府自己来主导营运。 因此,加快政府部门自身的数据分析、运营和管理队伍建设,跳出外包依赖困境已迫在眉睫。

三、构建"整体智治"数字政府的可行路径

(一)从战略层面建立以"创造用户价值"为核心的政府、应用供应商和用户交互创新数字平台的共识

创造用户价值是未来数字政府的生命线,以全球表现最为卓越的英国数字政府为例,其连续实施的数字政府提升战略非常清晰地呈现了"公民即用户"的导向。 在美国的政府数字化战略中, "以用户为中心"也是四个核心原则之一。 应将"让更多直至全政府服务能在线提供""让政府数字化服务给用户带来更多的获得感""让数字政府成为整合社会创新动能的中心平台"确定为政府数字化转型的战略共识,而不是"让政府网站有更多更新但不为用户所乐意使用",并以此统一政府全员、应用供应商和用户参与政府数字化转型的思想,纠正政府数字化转型中形形色色的认知误区和盲区。

(二)从结构层面以"跨界共享"为行动逻辑推动数字政府全要素整合

一是制定和颁布组件、平台以及与功能相关的技术标准和实施指南,并通过不断更新技术实施准则和其他应用标准指南以替代原来落后的技术方案,降低平台在政府公共部门复用的门槛,消除组件、平台和功能重复运用的障碍,构建统一的数字服务标准。 二是强化并运用人民政府门户网站的智治功能来实现跨政府部门边界的服务,包括第三方提供的服务、地方政府服务或者外包服务。 要求所有地方政府和行业部门向政府门户网站开放更多可重复使用的共享组件和平台,使其能为所有接受政府服务的用户提供统一的使用体验。 比如当前浙江省政府门户网站有"看""办""督"和"问"四大功能,但唯独缺乏"整体智治"数字政府最核心的"应"(即时回应)功能。 其根本原因就在于平台接入的创新元素还不充分。 三是减少与大型、单一的应用供应商的合作,代之以激励和反垄断结合的管制政策,促进大型

应用供应商开放共享组件和平台，并采用竞争模式，吸收、整合更多小微应用供应商的创新元素，增强平台的创新活力，减少依赖垄断性大数据企业的惰性，避免数据安全陷阱。

（三）从流程层面优化数字政府的治理体系，提升用户体验和政府效能

一是构建监测、评估政府数字化转型进程的方法，建立跨政府部门的合作机制，以形成共同的语言、工具和技术体系，确保用户（包括公务人员）能够跨政府部门边界运行项目，享有更加灵活的在线服务，从而在根本上改善政府数字服务的用户体验。二是通过优化政府采购、协同治理、案例分析、人力配置、使用通用技术等措施，创建、运营、迭代和嵌入共享平台，增强政府、供应商和老用户群共同回应新用户需求的能力，逐步实现从"菜单服务"向"订单服务"的升级。三是梳理、编辑公务员常用的通用数字技术、业务方案管理、内部控制流程、支持快速决策、政府商业采购、服务质量控制、服务保障措施、服务价值转化等应用型流程的经典案例，并使之一般化为标准的政府业务流程和通用数字工具，使所有政府部门都能管理、支持和有效运营包括跨部门服务在内的各种数字服务。

（四）从管理层面强化政府满足数字化转型需求的队伍与能力建设

一是培养优良的政府数字文化。通过与公务员培训计划合作，确保当前和未来的政府领导者接受数字项目管理培训，从而有效管理数字时代的政府组织，全面提升政府人员的数字技能，在让数字技术专家理解政府业务的同时，确保其他专业领域的公务员能够支持政府数字化转型。二是打造政府数字化专业人才。在政府部门中提供数字、数据和技术职业机会，建立良好的数据职业发展道路和奖励机制，建立政府数据科学应用能力考核体系，使政府成为对数字、数据和技术人才最具吸引力的理想工作场所。三是在县级及以上机构设置政府首席数据官，设立政府数字化转型的推进机构，统筹协调域内政府数字化工作，提升政府建立和扩展数据科学分析能力，更好地运用数据来支持决策、管理和评估。

（五）从保障层面完善政府数字化转型的软硬环境

一是通过关于数据共享的地方性"政府数字化法案"和政府数字化政策体系，消除政府各部门有效使用数据的政策障碍。 二是规制信息技术应用可能产生的破坏作用，协调大型数字企业与数字创业企业之间的竞争关系，为建立统一数字市场制定规则并进行谈判，保障数据产业结构合理调整和有序发展。 三是建立省级数据基础设施登记注册制度，确保数据基础设施能够安全、可靠运行。

从数字浙江透视网络社会治理的路径依赖：
主要特性、适用范围及优化选择

杨　飞　钟坚龙

习近平同志在浙江工作期间，部署了"八八战略"，提出建设"数字浙江"，为浙江经济社会发展、网络社会治理装上信息化发展引擎。当今社会已经全面进入网络时代，网络社会治理体系和治理能力现代化成为国家治理体系和治理能力现代化的重要组成部分。《中共中央关于坚持和完善中国特色社会主义制度　推进国家治理体系和治理能力现代化若干重大问题的决定》提出，建立健全网络综合治理体系，全面提高网络治理能力。在网络社会治理日益受到重视的背景下，对实现治理目标的治理手段进行研究具有十分重要的意义。"现代政府诸多失灵之处，不在目的而在于手段。"[1]网络社会治理手段的类型众多、特性不一，用不同的治理手段对待同一问题会取得截然不同的治理效果。治理手段的选择是否合理、运用是否得当，直接关系网络社会治理效能和治理现代化。

治理手段的优化选择是一个复杂、动态的过程，治理手段的分类、特性及优劣性虽然是影响网络社会治理手段选择的诸多因素之一，却是网络社会治理手段选择的基础和前提。只有对网络社会治理手段的这些基本属性有清楚的了解，我们才能在日益复杂多元的经济社会条件下有效应对同样复杂多元的网络社会治理问题。因此，本文将立足于推进网络社会治理体系和治理能力现代化的现实背景，结合近年来网络社会治理实践，重点探讨网络社会治理手段的类型、作用机理、优劣性以及适用条件，从而为网络社会治理手段的设计和优化选择提供一定的参考。

一、网络社会治理的主要手段及具体形式

治理手段是指政府为了解决公共问题而采用的可辨别的集体行动机制，其核心在于如何将政策意图转变为管理行为，将政策理想转变为政策现实。[2] 在具体实践中，不同领域以及同一领域在不同时期，所采用的具体手段都有所不同。治理手段的分类素来是研究的重点。早在 20 世纪 60 年代早期，荷兰经济学家科臣（Kirschen）就尝试将政策手段分类，随后许多学者依据政策目标、资源配置方式等不同的标准提出不同的分类方式，在城市治理、社会治安治理、环境治理等特定领域也都形成了种类繁多的分类。

在很长一段时期，我国在网络社会治理领域实行的是"政府主导的传统权威管理模式"，主要的管理手段是网络立法和行政监管。这种单一的治理手段在一定时期内能够适应网络社会治理的需求，但随着互联网的快速发展，网络空间日益复杂多元，治理的敏感度、复杂性和难度系数与日俱增[3]，网络社会治理手段单一、效果欠缺等问题日益突出。为了应对和解决网络社会治理中的难题，我国逐步将综合治理方针从社会治安领域引入网络社会治理领域中，探索在网络社会治理中综合运用多种手段。从现有研究来看，学者们研究的重点在于分析采用多种手段治理网络的必要性，以及分析提升某种或多种治理手段运用能力的路径，对于我国网络社会治理手段的类型、具体形式，则缺乏相应的研究。

2018 年，中央召开首次全国网信工作会议，习近平总书记指出，"要提高网络综合治理能力，形成党委领导、政府管理、企业履责、社会监督、网民自律等多主体参与，经济、法律、技术等多种手段相结合的综合治网格局"[4]。经济手段、法律手段、技术手段作为网络社会治理的三大主要手段得到确立，用好这些手段也是当前各级政府在治理网络方面努力的方向。网络社会治理问题归根到底是实践问题，因此，这里主要基于党和政府的重要文献表述，将网络社会治理的主要手段分为经济手段、法律手段、技术手段。这三类治理手段都有多种具体形式。

（一）经济手段

经济手段就是管理部门利用经济刺激措施，对目标群体行为进行指导和规范，从而达到治理目标。主要包括以下具体形式。

1. 正向激励措施

正向激励措施主要有拨款、补贴、优惠等。政府部门向互联网特定行业或符合条件的互联网企业实行财政拨款、转移支付、提供直接或间接补贴、在税收方面给予优惠等措施，以此倡导和鼓励目标群体开展其所期望的行为。比如，我国为鼓励网络动漫产业发展，先后出台《关于扶持动漫产业发展有关税收政策问题的通知》《财政部、国家税务总局关于扶持动漫产业发展增值税营业税政策的通知》（现已废止），给予网络动漫企业较大的税收优惠力度。

2. 负面激励措施

负面激励措施主要有收费、增税、罚款等。政府部门对特定行为征收税费，或者开展特定行为的主体罚款等措施，对其行为实施限制或控制，以规范网络空间秩序、实现网络社会治理所期望达到的目标。比如，法国从 2019 年开始对谷歌、亚马逊等 30 多家互联网巨头开征数字税。随着超大网络平台的快速崛起，反垄断成为一种重要的经济手段。比如，2019 年 7 月，美国众议院司法委员会反垄断小组启动了对亚马逊、苹果、谷歌和脸书四大互联网企业的调查。

（二）法律手段

法律手段就是通过制定和实施法律法规，对目标群体的行为进行指导和规范，从而实现治理目标。主要包括以下具体形式。

1. 禁止、规定或鼓励行为

通过颁布法律法规和规范性文件，禁止网络社会治理目标群体采取某种行为，或者强制规定目标群体必须采取某种行为，如互联网信息服务中的"九不准""七条底线"就是禁止性行为。近几年，网络社会治理不再一味禁止和规定某些行为，而是有选择地鼓励行为主体采取特定行为。比如，2019 年底制定的《网络信息内容生态治理规定》鼓励内容生产者传播 7 类正能量内容。

2. 监督检查和行政处罚

监督检查是指政府部门指导、督促特定治理对象采取或者纠正某种行为，以及定期或不定期检查治理对象的行为情况。行政处罚是指对于做出禁止性行为或未履行规定行为的特定主体进行制裁。在治理实践中，监督检查和行政处罚通常结合起来使用，最典型的体现就是专项整治行动。专项整治行动可以快速集中动员相关资源和力量,并在短期内见效,适用于发生重大问题或社会影响较大的事件时。因此,政府部门经常会采用专项整治行动。

3.资质许可

资质许可就是要求从事某些业务活动必须符合特定标准和条件,并经过主管部门的审批,获得相应的执照或者证明。通过这种手段,政府部门可以限制特定行为及其产生的后果的范围。比如,从事互联网新闻信息服务,必须向网信部门申请获得互联网新闻信息服务许可。

(三)技术手段

技术手段就是运用网络信息技术来治理网络空间,通过一定的技术设置和架构设计,对网络内容或目标群体的行为进行限定,从而实现治理目标。主要包括以下具体形式。

1.屏蔽和过滤

屏蔽和过滤即借助专门的系统和软件,使用黑名单、关键词和简单模板相结合的方式,对网络信息内容进行审核,把被认定为不适宜的网络信息内容和网站过滤掉,防止其在网络上传输。由此,既可以阻止有害信息进入网络空间,维护意识形态安全,也可以规范用户的网络活动行为。

2.网络实名制

网络实名制又称"网络身份证制度",要求网络行为主体在从事网络活动时提供有效的个人信息和接受身份认证,从而使相关主体掌握网络行为主体的具体相关信息。对于一般用户而言,体现为通过真实身份信息认证并开通注册账号后,才能使用某些网络服务功能;对于网络信息服务主体而言,网站备案和域名注册必须提供有效证件信息。这种手段既有助于网络社会"脱虚向实",实现对特定行为的事后追踪溯源,也有助于规范网络运营者和普通用户的行为,以及网民权益的事后救济。

3.内容分级

内容分级即依据一定的分级标准,把网络信息的内容属性或其他特征分门别类地识别出来,实施差异化的治理策略。[5]通过网络内容分级,将网络信息类型化,有利于在保护特定群体合法权益的同时,最大限度地保护一般网民的网络使用权利。比如,网络直播和视频平台"青少年防沉迷系统"识别出用户为青少年后,将提供青少年专属内容,并对使用时长、服务功能、内容等进行限制。

当然,除了经济、法律、技术手段外,网络社会治理还有其他一些手段,比如通过广泛的宣传教育,改变人们的思想观念,从而影响人们的行为。又如,通过将特定主体"正面"或"负面"的行为公布于众的方式,传递政府部门的治理决心,促使有关主体采取监管部门期望的行为。

二、网络社会治理不同手段的作用机理和效果比较

治理手段的优化选择一直是理论研究的热点问题,也是治理实践中难以界定的难题。治理手段的特性对于治理手段的选择和实施都有重要的影响。为了实现治理目标,必须了解可能采取的政策工具的范围,同时也需要了解可供选择的不同治理手段在作用机理和政策产出之间存在的差异。[6]

经济手段、法律手段、技术手段的作用机理不同。其中,经济手段是依据经济规律,通过市场传递信号,对特定群体的利益关系进行调控,促使其采取治理主体期望的行为,或者促使其不再从事某些行为,从而达到治理目标。法律手段是先确定一个治理目标,然后对治理目标群体强制或直接施加影响,使其采取或者不得采取特定行为,从而实现治理目标。技术手段则依靠的是对网络信息技术的掌握和运用。

网络社会治理手段的作用机理不同,导致其治理效果也不同。对于上述三类网络社会治理手段的特性,主要从效果确定性、效果时效性和效果持续性三个维度进行审视,从工具理性的视角为网络社会治理手段的设计和优化选择提供一定的参考。

(一)效果确定性

网络社会治理手段的效果确定性,指的是每种治理手段能够实现特定网络社会治理目标的程度。[7]法律手段发挥作用的主体是政府,通常是在明确的网络社会治理目标指导下,在国家强制力的严格监控下实施,治理对象无法做出自主选择而必须无条件服从,治理对象的行为以及带来的结果是可以操作和控制的。比如,《互联网信息服务管理办法》对网络运营者提出了一系列要求,政府部门可以通过

行政手段迫使网络运营者执行某些措施,从而有效实现网络社会治理的目标。因此,法律手段的效果确定性最强。经济手段则是通过改变市场信号来调整目标群体的行为,发挥作用的主体是市场和互联网企业。由于互联网企业可以根据自身的情况和市场信号对自己的压力,在权衡利弊的情况下做出利益最大化的选择,加上政府部门难以确定经济刺激的程度,因此,市场信号调整的程度是否适当、目标群体是否会根据市场信号的改变而采取治理目标所期待的行为以及行为改变的强弱,都是无法确定的。对于技术手段内部而言,国家网络关防、网络实名制是国家强制实施的,网络空间所有主体都没有选择权,效果的确定性可以比肩法律手段。另外一些依靠互联网企业和行业组织自律完成、政府一般不强制要求的具体方式,比如未成年人分级分类保护、有害信息的屏蔽等,主要取决于这些主体的自发性,而且需要政府完善一系列相应配套措施进行保障,因此,这些治理手段的效果确定性程度是最低的。

(二)效果时效性

治理手段的效果时效性,指的是一种治理手段从具体实施到预期治理目标的实现所需时间的长短。法律手段有国家强制力的保障,并且有严格的运行程序,一旦付诸实施,其指向的目标群体就需要在规定的期限内做出相应的反应,因此,法律手段的时效性是最强的。技术手段的实施需要一定时间的前期建设,比如特定系统或软件的开发。然而技术手段一旦投入使用,就可以取得立竿见影的效果。当然,也有一些技术手段,比如主要由互联网企业自主推进的未成年人内容保护,则取决于社会压力的传导和企业自律意识的提升。与前两者相比,经济手段见效相对较慢,从政府部门采取相应的措施,到市场信号的改变,再到目标群体根据市场信号做出相应的反应,需要一个较长的时间过程。特别是正向激励手段,由于不具有强制性,互联网企业通常要经过一段时间的观望、权衡,只有确认了与维持现状相比,接受这些拨款、补贴、优惠等可以获取更大的经济效益,才会调整自己的行为。

(三)效果持续性

治理手段的效果持续性,指的是一种治理工具在较长时期内发挥作用和实现治理目标的程度。技术手段作为一种长效机制,能够长期促使网络空间秩序的优化,同时随着时间的推移,还有助于公众习惯的养成。比如网络实名制实施以来,公众逐步改变了网络虚拟世界不受约束的观念,能够更加自觉地规范自己的言行。相比而言,经济手段给予互联网企业一定的自主选择权,通过市场调节为互联网企业提供改进的经济动力。如果经济手段运用得好,就能够持续引导或促使互联网企业不断采取治理目标所期待的行为。因为企业越是改善自己的行为,能够获得的经济利益就越大。具有扩散的导向作用和持续激励是经济手段超越法律手段的显著特征。但同时,经济手段依赖于经济利益的驱动,当企业的改善行为带来的利益相对减弱时,治理手段发挥的作用就会随之削弱,因此,经济手段的治理持续性低于技术手段。对于法律手段而言,特定目标群体会根据要求改变自己的行为,但他们的行动仅限于此,不会去进一步改善行为,加上法律手段发挥作用的基础在于政府强制性,一旦强制性弱化,则其作用很可能不再发挥。我国每年开展的各类大规模的网络专项整治行动,在短时间内可以取得明显成效,但整治行动结束后各种乱象的反弹也随之而来,原因就在于法律手段的持续性不足。

三、不同治理手段的优缺点和适用范围

治理手段的运用得当与否直接关系网络社会治理的政策产出和现代化程度。网络社会治理不同手段的特性和效果不同,治理手段的优缺点和适用范围也不同。"橘生淮南则为橘,生于淮北则为枳,叶徒相似,其实味不同。所以然者何?水土异也。"每种治理手段都有其适应范围,能够解决不同的问题,既有其价值,也有其局限性,不能包治百病。[8]选择网络社会治理手段时应当将其优缺点都考虑在内,以避免手段的错用或滥用。

(一)经济手段的优缺点和适用范围

20世纪80年代后期,越来越多的学者主张采用经济激励的方式,原因在于经济手段具有成本低、灵活性强、有柔性等优点。第一,经济手段利用经济利益调节、规范治理对象的行为,给互联网企业留有一定的自主选择空间。互联网企业可以根据自身实际情况做出最理性的选择,即经济学者所谓的用经济人属性来达到公共目标。第二,对于政府部门而言,调整某种收费标准或者补贴程度,要比修改和制定法律容易得多,因此,经济手段可以提供管理上的灵活性。第三,对于网络舆

论和意识形态领域，采取行政管制容易引发干预言论自由的质疑；采用经济处罚等方式，可以避免将网络社会治理政治化、意识形态化，而又对治理对象实现了实质性的管制。[9]第四，对企业特定行为的拨款、补贴和优惠可以对互联网企业和社会的技术革新起到激励作用。

当然，经济手段也有明显的缺陷。体现在：过于强调经济理性，削弱了某些互联网企业维护网络环境的自觉性；同时，经济手段依靠市场机制发挥作用，时效性不足。另外，如果缺乏完善的公共财政制度和监督制度来规范政府行为，有些部门就可以通过经济手段为自己谋取利益，若不能打消政府部门的这种动机，则经济手段不仅不能取得预期的治理效果，反而会产生更坏的影响。

因此，经济手段适用于治理目标群体数量较多，所要解决的问题不是很紧迫的情形。为了提高经济手段的政策产出，还应当具备以下条件：市场体系比较健全，比如市场竞争充分、价格形成机制灵敏等；政府能力较强、效率较高，管理方式符合市场经济要求；政府的财政制度和监督制度比较完善。

（二）法律手段的优缺点和适用范围

法律手段的作用机理和特性使其具有以下优势：第一，法律手段有较高的强制性，目标群体必须无条件服从监管的基本要求，使得治理目标的实现具有很强的确定性；第二，资质许可将相关事项前置，有利于从源头上保证可控性和准确性；第三，法律手段可以在短期内见效，在处理影响范围广、社会关注度高的网络事件方面，具有经济手段和技术手段无法比拟的优势；第四，20世纪80年代以前，普遍认为法律手段的一个内生缺陷是缺乏对技术进步的激励与促进作用，然而近几年不断有学者提出，法律手段有时候可以迫使企业发展新技术，以突破法律的禁止。[10]

同时，法律手段的局限性也是明显的。第一，法律手段的实施需要大量的人力、物力加以保障，管理成本较高。如果治理对象的数量过于庞杂，法律手段往往显得无能为力，比如面对数千万规模的自媒体，法律手段的使用效果就不明显。第二，法律手段通常需要通过严谨而漫长的程序来确定，不能轻易更改，有时候即使明知某类法规不合理，也得按其行事。第三，可能存在"政府失效"现象，即由于"寻租"等原因导致的腐败和官僚主义，使得治理效果被削弱。第四，在新闻传媒和意识形态领域，法律手段往往无能为力，而且因强制手段使用过多、柔性手段使用少[11]，容易引发社会的质疑，社会矛盾可能会集中于政府。

综上所述,针对社会影响大、需要短时间内见效的情形,适合使用法律手段;处置重大突发事件、危机事件时,采用法律手段也能够取得较好的成效;在政策目标群体数量较少、容易监管的情况下,也适合采用法律手段。此外,法律手段的有效实施应当具备以下条件:相关法律法规比较完善;相关政府部门的权威性较强,执行效率高;政府内部具有完善的监督机构和制度,能够有效防止"寻租"行为。

(三)技术手段的优缺点和适用范围

技术手段是最早的网络社会治理方式,至今依然是全球网络社会治理的重要手段。技术手段的优越性在于,第一,能够"以子之矛攻子之盾"。随着互联网新技术、新运用、新业态的不断涌现,出现了许多从未有过的治理问题。面对这些情形,法律手段的使用必须以完善的立法为前提,需要较为漫长的程序,同时新领域的市场机制尚不成熟,经济手段难以发挥作用。相比之下,技术手段可以通过对新技术的掌握和运用实现对新问题的治理。例如,网络直播行业爆发之初,缺乏相应的法律法规,经济手段也难以实施,技术手段在应对大量低俗内容方面起到了重要作用。第二,网络的联结是网络空间活动的前提,在极端情况下,采取诸如关停网站、断开链接、关停上传功能、永久封号等手段进行处置,能够取到立竿见影的效果。第三,对于一些影响公众日常使用网络而程度比较轻微的问题,如果使用法律手段或经济手段,则成本过高,且效率极低,有"高射炮打蚊子"之嫌,这时候使用技术手段则能起到明显的效果。第四,网络信息内容分级、违法信息屏蔽等手段,基本由互联网企业和行业组织作为责任主体推行,政府主要发挥指导作用,既能够发挥多元主体的作用,也有助于消解社会对网络言论自由限制的疑虑。[12]

技术手段也有缺陷。首先,技术本身的无倾向性决定了技术手段本身所具有的缺陷[13],屏蔽、过滤等方式通常用于批量处理网络信息内容,如果一个网站含有敏感字眼,无论是出于何种原因,基于技术限制只能简单粗暴地将其屏蔽了事,容易造成"误杀"。其次,技术手段作用的发挥依赖于对网络信息技术的掌握和运用,一旦跟不上网络信息技术的发展,就会造成治理手段的失效,而且治理对象本身也有突破技术限制的动力。因此,技术手段必须紧跟最新技术的发展及时维护和升级。最后,内容过滤和内容分级管理离不开互联网企业和行业组织的参与,互联网企业首先考虑的是盈利问题,而不是网络社会治理,因此出于经济利益考虑,经常有互联网企业默许、放纵甚至鼓励一些低俗色情内容的传播,使得技术手段的实际效果大打折扣。

因此，技术手段适用于三类情形：一是在极端情况下，采用技术手段可以在最短时间内见效；二是应对新技术运用带来的治理问题；三是治理对象规模巨大、分布广泛，所针对的问题比较微观，其影响涉及公众日常生活。技术手段的有效使用需要具备以下条件：政府部门有充足的技术和人才储备，有较强的技术运用能力；互联网企业和行业组织的自律意识和参与意识较强。

四、结论和进一步思考

治理方式从"单一"到"多样"的转变，是改革开放以来我国社会治理的重要趋势。[14]网络社会治理涉及不同的对象和领域，包括五花八门的内容，"需要通过经济、法律、技术等多样化手段来实现其综合格局的建构，确保网络社会治理工作扎实稳步地有效开展"[15]。基于以上的比较分析可以发现，经济手段、法律手段、技术手段这三类主要的网络社会治理手段有着各自的作用机理和区别于他者的特征，各有其优越性和局限性，有着各自的适用范围，其使用需要具备不同的条件。在网络社会治理实践中，我们不能偏爱某一类治理手段，更不能寄希望于某类治理手段可以"包治百病"，而必须根据具体条件和情况在比较选择的基础上，选择合适的治理手段用于解决不同的问题。

这几年，随着网络综合治理体系构建的推进和完善，各级党政部门日益重视多样化手段在网络社会治理中的运用。总体而言，当前我国网络社会治理依然以法律手段为主，尤其是行政管控手段，管理主义色彩非常明显。这固然是因为受长期计划经济体制的影响，政府部门习惯采用行政命令方式管控社会主体的行为，更重要的原因是，要将多种手段运用于网络社会治理实践中，需要有足够的知识、经验和能力来支撑，政府部门显然还存在较大不足。新技术、新运用、新业态带来了新的治理问题，政府部门没能及早发现，或者受传统手段限制而没能采取有效措施，只有出现较大问题甚至是引发社会不满时才制定政策加以解决。"一放就乱，一管就死"的困境由此而来。

与过分依赖法律手段相对应的，则是对经济手段的过高期待和过分推崇。这几年，传统行政管控手段的缺陷不断暴露出来。随着我国市场经济体制的不断完善，以及经济手段在欧美国家网络社会治理中的广泛运用，各级政府使用经济手段的热情日益高涨。从对网络社会治理手段的特性分析中可以看到,虽然经济手段在灵活性和经济效益上具有优势,但其对政府治理能力和外部制度环境都提出了更高的要求。如果不顾经济手段的运用条件,"对经济激励抱有一般的但天真的热情,导致经济激励手段应用到不合适的地方"[16],其结果很可能就会适得其反。实际上,即便如美国这种市场制度比较完善的国家,经济手段在网络社会治理领域也没有得到完全运用。经济手段在网络社会治理中的运用尚处于探索阶段,远未形成一套成熟的工具体系和运用方式。从现阶段而言,无论是试图用经济手段取代其他手段,还是过度推崇经济手段在网络社会治理中的作用,都是不现实的。

另一个需要关注的问题是,把技术手段简单地当作信息系统的建设和使用。技术手段在网络社会治理领域有其特性:一方面,信息技术是网络社会治理的重要手段,网络空间的诞生和发展都与技术有直接关系,任何互联网新运用、新业态的治理都需要从技术本身进行审视;另一方面,信息技术是网络空间一切新运用、新业态得以存在的前提,也是许多问题一时难以治理的原因,因而信息技术也是网络社会治理的重要对象。在传统社会治理中,信息技术和方法主要作为其他治理手段的支撑和保障。在网络社会治理实践中,应当避免将技术手段与传统社会治理中的技术手段等同视之。

网络社会治理手段的选择绝不是简单地在经济手段、法律手段与技术手段之间进行非此即彼的选择。网络社会治理往往同时涉及伦理道德、法律法规、经济利益以及信息技术等方面的问题。相比较而言,法律、经济、技术等手段相互之间的混合或交叉使用能够带来更好的网络社会治理效果。这是未来网络社会治理手段运用的一个显著趋势,也是网络综合治理体系构建的题中之义。例如,网络信息内容分级管理有助于提高互联网企业的自律意识,降低使用其他手段的管理成本;持续有效的管制压力能够使分级管理的效果更加显著。因此,网络社会治理手段选择和运用的有效路径如下:要坚持"因时因地制宜"原则,优化和提升法律手段,更新和升级技术手段,探索和发展经济手段;同时,更加注重不同网络社会治理手段之间的协同和配合,逐步构建起与互联网发展以及网络空间变化相适应的网络社会治理手段体系,为完善和提高网络社会治理体系和治理能力提供精准、有力的工具。

参考文献：

[1] 奥斯本·盖布勒.政府改革手段：战略与工具[M].上海：上海译文出版社，2006.

[2] 陈振明，薛澜.中国公共管理理论研究的重点领域和主题[J].中国社会科学，2007(3)：140-206.

[3] 韩志明，刘文龙.从分散到综合：网络综合治理的机制及其限度[J].理论探讨，2019(6)：30-38.

[4] 习近平.在全国网络安全和信息化工作会议上的讲话[EB/OL].(2018-04-21).http://www.cac.gov.cn/2018-04/21/c_1122719824.htm.

[5] 尹建国.网络信息内容分级机制研究[J].中国行政管理，2016(10)：122-127.

[6] 顾建光.公共政策工具研究的意义、基础与层面[J].公共管理学报，2006(4)：58-61.

[7] 毛万磊.环境治理的政策工具研究：分类、特性与选择[J].山东行政学院学报，2014(4)：23-28.

[8] 陈振明.政策科学——公共政策分析导论[M].北京：中国人民大学出版社，2016：193-198.

[9] 房宁.国外社会治理经验值得借鉴[J].红旗文稿，2015(2)：15-17.

[10] HEMMELSKAMP J. Environmental policy instruments and their effects on innovation[J]. European Planning Studies，2007，5(2)：177-194.

[11] 尹建国.网络信息内容分级机制研究[J].中国行政管理，2016(10)：122-127.

[12] 尹建国.我国网络信息的政府治理机制研究[J].中国法学，2015(1)：134-151.

[13] 何精华.网络空间的政府治理——电子治理前沿问题研究[M].上海：上海社会科学院出版社，2006：66-74.

[14] 苏长枫.从"管控"到"治理"：社会治理研究回顾与前瞻[J].党政干部论坛，2019(3)：31-36.

[15] 张卓.网络综合治理的"五大主体"与"三种手段"——新时代网络社会治理综合格局的意义阐释[J].人民论坛，2018(13)：34-35.

[16] RUSSELL C S，POWELL P T. Choosing environmental policy tools：theoretical cautions and practical considerations[R]. Inter-American Development Bank，1996：2.

本文为浙江省哲学社会科学规划课题成果，发表在《浙江社会科学》2020年第1期。

【作者】

杨飞，中共绍兴市柯桥区委党校教务科四级主任科员

钟坚龙，绍兴市人大常委会研究室调研处四级主任科员

地方政府的社交媒体意义建构与抗"疫"中的公众行为促进

——以新冠肺炎疫情中的地方政府新闻办微博为分析对象

钟伟军

一、问题的提出

新冠肺炎疫情暴发以来,根据世界卫生组织(WHO)的报告,截至笔者撰稿时的 2020 年 8 月 31 日,全球累计确诊病例超过 2500 万例,死亡病例超过 83 万人[1],在一些国家,新冠肺炎疫情依然没有任何缓和的迹象。在这场严重的公共卫生危机中,中国政府的表现用"惊艳"一词来概括并不为过:仅仅在两个月的时间里,中国就成功地控制住了疫情。在全世界疫情日益严峻和蔓延的背景下,中国有序地复工复产复学,经济社会活动基本恢复正常。当然,毫无疑问,其中的根本原因是我国的制度优势,在于我国制度体系下强大的组织化资源聚集能力[2]、协同能力[3]和执行能力[4]。然而,有一个现象似乎被大家忽视了,那就是在整个疫情期间,中国普通民众总体上表现得非常"淡定",并没有明显的惊慌,大家听从指挥,对政府的各项抗"疫"措施表现出了充分理解、支持和配合,在某些行业几乎全面停摆的情况下,没有出现明显的纷争和不满。不可否认的是,危机中的公众行为与各国的制度和文化有关,但是,也与危机意义建构——"人们获得各种信息,并评估潜在的反应,通过观察、解释这些观察并采取行动来建立对意外或混乱情况的理解"[5]密切相关。正如 Babrow 和 Kline 所言,当人们在自己的知识或认知状态下感到不安全时,就可能产生恐慌、混乱,会愤怒、不满和失去耐心,甚至产生极端行为。[6]

与过去不同,对于 2020 年的新冠肺炎疫情来说,意义建构面临新的挑战,那就是全新的社交媒体环境。相比 2003 年的 SARS 疫情时期,今天公众获得信息的渠道与模式发生了巨大的变化。当年只能通过手机短信传播的消息,今天在社交媒体中从四面八方涌过来。[7] 在无处不在的 WiFi 世界里,人们通过今日头条、微信、抖音、微博等社交媒体了解、交流疫情的最新信息。"一个新的信息领域与新的技术领域一起出现了,变革了我们对世界的看法,也改变了我们连接世界的能力。"[8] 社交媒体强大的信息分享和跟随能力、去中心化的互动模式、即时性和交互性的反馈机制改变了传统媒体的信息传播模式,已经成为危机沟通的最前沿的驱动力。[9] 对于公众来说,在社交媒体的环境中,面对多元化的甚至混乱的信息来源,增加了对风险和危机的理解难度,导致不知道该如何采取有效的行为应对危机。对于政府来说,如何在"众声喧哗"的社交媒体中发出自己的声音,从而被广大公众所关注、理解并支配自身的行为,同样是一件相对困难的事情。我们想要探讨的是,在疫情期间,地方政府的社交媒体意义建构呈现怎样的特征,各级政府又是如何通过社交媒体实现意义建构以消除不确定性,从而有效地促进公众在抗"疫"中的行为的。

二、文献综述:公共卫生危机中的社交媒体意义建构

公共卫生危机中的社交媒体意义建构问题引起了不少学者的关注。在学者们看来,突发公共卫生危机,尤其是不明疫情大暴发的公共卫生危机,不确定性程度往往令人更加恐慌。如 Kelly 等人以 2015—2016 年巴西兹卡(Zika)病毒疫情为例,认为突发公共卫生危机的决定性特征就不确定,全球健康不确定性、公共健康不确定性和临床不确定性在危机初期难以厘清,而且很快,每一种不确定性都开始沿着不同的轨迹发展。[10] 相对于传统媒介,社交媒体对于公共卫生危机中的意义建构有着独特的优势,在舒缓公众紧张情绪、满足公众对危机信息需求等方面有积极作用。[11] 在学者们看来,社交媒体的优势主要体现在以下几个方面:一是意义建构目标指向的精准性。意义建构中的关键目标、关键群体(如受害者)对于危机的理解至关重要,社交媒体的去介质化特征可以帮助公共卫生专业人员在紧急情况下与目标人群接触,许多公共卫生部门都有专门和活跃的社交媒体,可以利用这些媒体与目标人群进行交流,实现面对面的直接的意义建构过程。[12] 社交媒体可以向传统媒体渠道接触不到的人(如年轻人)和特殊的群体定制信息和材料,让人们

按需获取信息,从而精准地影响不同目标群体的危机认知。[13]二是意义建构过程的交互性。社交媒体有利于不同群体之间的信息交流和互动,在意义交互和竞争中实现对所处危机的一致性的理解。Smith 以 2009 年的 H1N1 危机为例,分析了在众多人群和组织,尤其是有影响力的社交媒体用户中,社交媒体是如何有效地实现意义交互并促进信息和指导的一致性的。[14]三是意义建构方式的场景化。社交媒体可以实现危机场景的再现,以看得见摸得着的方式(如图像和视频)强烈地影响公众的认知,建构危机的真实感观。当熟悉公众的医疗机构使用社交媒体信息,以基于风险传播原则(如基于解决方案的信息传递、整合视觉图像)的战略使用时,社交媒体意义建构可能最为有效。[15]尽管现有的研究比较丰富,但是学者们更多的是把这种意义建构视为多中心无差别的交互过程,过于强调意义建构互动过程本身,而忽略了这种互动的质量,忽视了这种互动过程中可能面临的各种错误信息的误导,忽略了政府在其中扮演的重要角色。

三、分析框架:意义建构中的政府信息与公众行为促进

在意义建构理论看来,意义建构的核心在于"连接线索和框架,以创建一个正在发生的事情的说明",是一种制造、辨别、定位、确定的过程。它使"主观的某物更加有形",是"关于人们产生他们所理解的东西的方式"[16]。危机发生后,公众需要搞清楚到底发生了什么事情,以及这件事情对自身到底意味着什么,不断得到并确认这些问题的答案。人们对危机的意义建构是框架和获得的数据之间相互影响和作用的结果。在 Maitlis 和 Sonenshein 看来,一个人对危机情况的反应是已知和接受的知识与通过感知或交流输入的新信息之间的持续振荡,导致接受为知识的内容发生变化,从而驱动个人行动或反应。[17]在这种意义建构中,如果被错误信息所误导,人们就无法准确理解发生在他们周围的事情,最终不能做出充分的反应,甚至在这个过程中失去他们的生命。[18]政府作为公共部门,掌握着权威的信息资源,在信息杂乱的社交媒体环境中,在这种意义建构中,无疑扮演着关键性角色。实际上,在危机中,政府部门的社交媒体信息是最受欢迎的信息参考源[19],公众对于政府部门的信息有更强的信任度,政府部门有责任更好地运用社交媒体满足公众对信息的强烈需求[20]。因此,在公共卫生危机中,政府必须迅速地了解危机,澄清对危机的认识,并实现内部的一致性认知,在此基础上制定战略,通过社交媒

准确描述风险并传播信息[21],通过有效的信息供给影响公众的"框架"形成,使其产生正确的认知,对其行为产生更加有意义的影响。

在公共卫生危机中,政府到底应该提供怎样的信息以有效地帮助公众建构对危机的理解,并促进公众采取有效的行为? 健康信念模型(HBM)指出,一个人的健康行为受一系列信念的影响,这些信念包括:他们是否易患疾病或有患病风险、疾病的严重性、采取行动的难易程度、行动的帮助程度,以及他们是否能够成功地执行推荐的健康行为。[22]政府应该通过信息传播帮助公众建立这种健康信念。这主要涉及两个层面的问题:一是政府应该提供哪些类型的信息;二是在不同的危机阶段,政府信息应该呈现怎样的差异。 就政府信息类型来说,Vaughan 和 Tinker认为,在公共卫生危机中,政府必须提供应对危机的指导信息、自我保护信息,更新风险信息,建立对官员的信任和辟谣。[23]2011 年秋,由一些专业的卫生危机沟通实践者和学者专家参加的小组会议,在审查和综合了一系列关于公共卫生危机沟通情况的出版物和总结实践经验的基础上,认为为了实现有效的意义建构,政府在公共卫生危机中应该重点提供七个方面的信息[24]:解释事件对人类健康的影响;解释目前尚不清楚的对人类健康的威胁;解释事件是如何发生的或为什么发生;鼓励读者或观众采取行动,减少人身威胁;表达对人类健康威胁的同情;表达问责;表达承诺。 就不同阶段的政府信息差异来说,"危机和应急风险沟通"模型(CERC)对这一问题进行了较为详细的阐述。 在危机前阶段,应该强调风险提示信息、警告信息和危机准备方面的信息;在危机初始阶段,应该强调自我效能感信息,解释危机,表达共情,描述(已有)行动,承诺(将来)行动;在危机持续阶段,应该提供背景信息,解释危机演变情况,规避和应对谣言方面的信息;在危机平息阶段,应该强调提醒防范、评估改进方面的信息。[25]本文同样从以上两个层面来分析新冠肺炎疫情中政府在社交媒体意义建构中的信息供给,结合意义建构的逻辑,建构分析框架。 具体如图 1 所示。

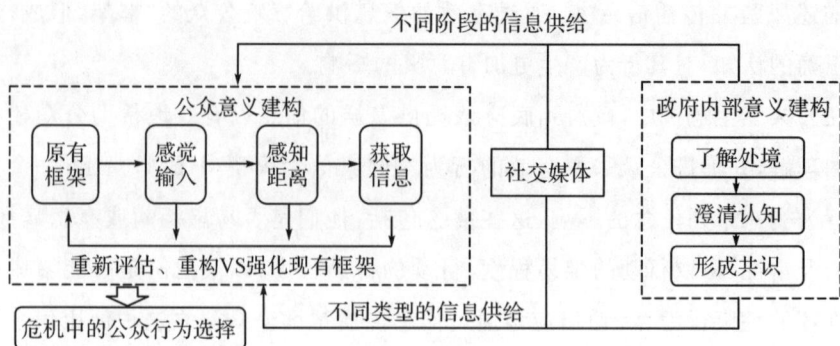

图1　意义建构中的政府信息供给与公众行为选择

四、案例分析：新冠肺炎疫情中地方政府的社交媒体意义建构

(一)资料来源

本研究以疫情期间地方政府新闻办新浪官方微博为分析对象。之所以选择微博，是因为在公共危机期间，微博成为政府对外信息发布的主要平台，政府微博发展最早、建设最完善，是政府最仰赖的社交媒体平台。而新闻办在公共危机期间是权威的对外信息沟通机构。依照疫情地图抽样，以累计确诊病例数量体现的疫情严重程度排名为依据，从第1位开始，每间隔5位抽出1个省级政府，然后进入选中的样本省。考虑到工作量和样本的代表性，研究以省内疫情严重程度排名为依据，在排名前5的名单和排名后5的名单中分别随机抽取1个地级市。一共抽取出6个省级政府新闻办和10个地级市政府新闻办的微博（青海省出现确诊病例的西宁和海北两个地级市新闻办均没有开通微博）。以2019年12月1日到2020年3月31日整整4个月期间所发布的微博为分析对象。在剔除了不相关的微博以后，一共获得14110条有效信息。具体情况如表1所示。

表1　本研究的样本情况

省级政府 新闻办微博	粉丝数/个	疫情 微博数/条	地级市政府 新闻办微博	粉丝数/个	疫情 微博数/条
湖北发布	1870425	1651	武汉发布	3807196	2121
			十堰发布	120230	98

省级政府 新闻办微博	粉丝数/个	疫情 微博数/条	地级市政府 新闻办微博	粉丝数/个	疫情 微博数/条
江西发布	83875	1318	南昌发布	1212308	625
			赣州发布	115422	787
四川发布	6466109	1107	微甘孜	15713	153
			绵阳发布	10662	812
云南发布	5136673	1689	昆明发布	761778	1281
			丽江发布	64639	24
山西发布	345085	1261	晋中发布	265284	499
			临汾发布	63274	290
青海发布	887446	394			

(二)研究方法

本研究采用内容分析法,通过分析疫情期间样本新闻办所发布微博的内容来呈现地方政府在运用社交媒体进行公共危机意义建构方面的表现。基于前面提到的分析框架,本研究从意义建构的角度对微博的内容进行类目创建。从危机意义建构的角度看,"问题""原因"和"方案"是三个核心点,政府对这三个核心点的定义和解释对于影响公共认知、掌握危机事态具有关键性的作用。[26]"问题"就是告诉公众到底发生了什么事情,"方案"就是政府采取了或将采取什么措施加以应对。Jori 把两者分别称为"情景意义建构"和"以行动为导向的意义建构"。[27]"原因"则是解释为什么会导致危机产生,我们可以称为"责任归因的意义建构"。除此之外,著名危机管理学者斯格等人(Seeger et al.)认为,在高度不确定性的危机环境中,减轻危害的行为建议、减少风险和重建安全所需措施的信息对于构建公众的行为选择有重要的影响[28],尤其是在突发公共卫生危机中一直强调公众采取行动方面的建议的意义建构价值,我们称之为"行为促进的意义建构"。此外,正如侯光辉等人所认为的那样,情感是理解政治传播的重要视角,在获得社会支持和动员方面效能显著,把情感和认知维度共同纳入是非常必要的。[29]参照公共卫生"危机和应急风险沟通"模型和公共卫生危机沟通中的"最佳实践"建议,结合前期测试编码中发现的问题,我们对类目进行了修订,最终把微博信息内容分为六类:危机情境类、责任归因类、政府行为类、行为指导类、精神感召类和其他,具体如表2所示。

表 2　基于意义建构的微博内容类目创建

类目名称	类别解释	举例
危机情境类 (到底发生了什么)	当前危机的程度、对健康和社会的危害	"情况通报"武汉市新冠肺炎疫情动态;本地每天可供应 N95 口罩 30 万只,保障 6 万多医护人员的防护需要;针对医学观察期一些人可能有虚弱、乏力、腹泻、腹胀甚至自觉发热等症状的建议
责任归因类 (为什么会发生)	解释已经发生的事情及其原因和责任	关于××小区疫情防控不力的有关情况的说明;刑释新冠肺炎确诊人员离汉抵京问题调查
政府行为类 (政府做了和将会做什么)	政府已经采取或将要采取的措施,政府的态度、决心和部署,政府的责任和担当	商务厅近日采取四项保供举措,规范市场秩序,稳住武汉市民的"菜篮子""米袋子";近期将给困难群众再增发价格补贴;决不能拖泥带水、犹豫不决,坚决果断遏制特殊场所疫情
行为指导类 (公众应该怎样做)	公众如何保护自己,怎样调整生活工作方式;个人和组织如何配合疫情防控工作。包括正面的指导和反面惩戒	专家介绍正确的口罩佩戴方法,你做对了吗?《抗击新型冠状病毒肺炎公众健康管理手册》线上免费看;武汉最全社区团购攻略来了;向这三类违法行为说 NO
精神感召类 (以什么样的心态和精神面对)	抗"疫"中的感人故事,积极、乐观、向上的精神面貌;对受疫情影响的个人和组织表示心理上的理解、慰问与支持等	感动,这群厦门"白衣天使"对病人像亲人;硬核鼓励,武汉舰官兵为武汉加油;外卖小哥、小学教师……是最闪亮的明星
其他	上面 5 种类型之外的信息	今天下午 1:30 将举行新闻发布会;疫情期间天气预报

另外,为了考察地方政府公共卫生危机中信息供给的连续性和动态性表现,更好地呈现不同危机阶段的信息,参照斯特奇斯(Sturges)的危机三阶段划分方法,把 2019 年 12 月 1 日到 2020 年 1 月 19 日划分为危机潜伏期。2020 年 1 月 20 日,钟南山院士在接受媒体采访时表示,病毒存在人传人的现象。从意义建构的角度来说,这标志着一场公共危机被正式确认,各级政府开始严阵以待。在此之前更多的只是一些非正式的消息传闻,因此把该日之前视为危机的潜伏期。把 2020 年 1 月 20 日到 2 月 17 日划分为危机发展和爆发期(演化期,根据相关数据统计,现有

病例数在 2 月 17 日达到峰值之后开始减少,疫情开始缓慢消退)。2020 年 2 月 18 日到 3 月 31 日为危机消退期。同时,为了分析意义建构的模式,把所有微博都划分为"单向性信息"和"回应性信息"两类;并依照信息来源,把所有微博划分为"原创"和"转发"。两类编码工作是由两位行政管理专业的硕士生经过培训之后采用人工编码的方式完成的。在正式编码之前,我们抽取了样本之外的内容进行编码检测,两位编码员在编码的一致性方面达到了 90.2%,一些分歧的地方进行了讨论沟通并达成共识,所有数据导入 SPSS 软件。

(三)分析结果

总体来说,在疫情期间,地方政府积极运用社交媒体发布相关信息,省级政府新闻办平均发布微博 1236.33 条,以 120 天计算,平均每天发布数量超过 13.7 条;地级市政府新闻办平均发布微博 669 条,平均每天发布数量超过 7.4 条。在疫情关键时期,地方政府新闻办发布的微博数量明显增加,大部分新闻办发布的微博数量平均每天超过 30 条。当然,不管是省级政府还是地级市政府新闻办,所发微博的数量都呈现出非常大的离散性。省级政府新闻办所发微博数量最多的达到 1689 条,最少的 400 条不到;地级市政府新闻办所发微博数量最多的达 2121 条,最少的只有二十几条。

1. 社交媒体意义建构的基本情况

表 3 中简单呈现了新冠肺炎疫情中地方政府在微博中的信息。从表中可以看出,危机情境类信息在所有信息中所占比例最大,高达 51.8%。地方政府通过大量的信息呈现试图告知公众到底发生了什么,强调事件性质与量级的辨识。面对在此前流传的各种不确定性信息带来的猜疑和一定程度的恐慌,自 2020 年 1 月 20 日开始,各地政府新闻办微博中有关新冠肺炎疫情的信息集中、大规模呈现,主要包括以下方面:一是疫情发展的基本情况。几乎每天都在不断刷新关于本地新增确诊病例、累计确诊病例、疑似病例、危重症病例、死亡病例和治愈病例的数据,以及集中隔离观察、解除隔离观察、追踪密切接触者等情况,对确诊病例的行动路线、活动范围进行梳理。二是新冠病毒的危害。包括对人体的危害(如引发肺炎、死亡等)、易感染人群、症状表现(发烧、咳嗽、胸闷)、病毒的特性、生存环境、发病病理、受疫情影响的经济社会以及生活、生产的相关情况,等等。三是相关资源的分布和

数字政府与数字治理

准备情况。包括本地定点收治医院、定点隔离机构名单、相关的联系方式和交通方式，口罩、防护服、测温仪等医用应急物资筹集情况和缺口，基本生活物资的相关情况，各地专业医疗队伍的基本情况等。超过半数比例的危机情境类信息不断强化和刺激着公众对危机的认知和理解，地方政府很显然采取了一种构建严重性的策略，也就是有意识地强调当前所面临的巨大风险，从而让更多的人重视并参与进来。[30]

表 3　疫情期间微博信息类型基本情况

类目名称	微博数/条	百分比/%	有效百分比/%	累积百分比/%
危机情境类	7302	51.8	51.8	51.8
行为指导类	2702	19.1	19.1	70.9
责任归因类	277	1.9	1.9	72.8
政府行为类	2017	14.3	14.3	87.1
精神感召类	1440	10.3	10.3	97.4
其他	372	2.6	2.6	100.0
合计	14110	100.0	100.0	—

行为指导类的信息数量仅次于危机情境类信息，占比 19.1%。地方政府提供了大量有关公众和组织行为方面的指导和建议，具体包括以下方面：一是个人防范建议。政府提示和指导人们如何采取有效的措施保护自己的安全，以及遇到某些具体的情况后应该采取怎样的应对措施。疾控中心、医学专家以及一线的防疫抗"疫"医生通过大量生动的漫画、视频、图片和现身说法，告诉公众佩戴口罩的重要性，如何选用合适的口罩，以及如何正确佩戴口罩。日常生活和工作中如何安全做好基本的卫生防疫，如何在公共场所保持安全的行为模式，这些都通过朗朗上口的顺口溜在微博中不断地呈现。二是针对特殊人群的行为指导。这些特殊人群包括疑似病例患者、易感人群等如何就医，如何进行自我判断，如何进行特殊的防护。三是对各项防护措施和制度的服从提示。有相当一部分的微博是政府、社区和相关的机构所发布的各类抗"疫"措施以及公众应该注意和配合的各项事项，如疫情期间火车站、机场、农贸市场等公共场所的体温监测和佩戴口罩的要求，社会交往方面的新的规范要求（如禁止聚集、访亲拜友）以及居家隔离要求，等等。对于一些违反相关规定的行为，相关的惩罚信息也起到了警示、促进行为规范的作用。四是

疫情期间生活和工作方式的行为指导。包括居家隔离期间的心情调整、居家锻炼、居家购物等。特别是不少政府机构和与公众日常生活密切相关的组织也发布了不少业务办理方式的调整和指导信息。除此之外,一些微博还对学校、社区、企业等组织在疫情期间的行为进行了规范和指导,如如何进行消毒、组织体温监测、复工复产;学校在疫情期间如何强化对学生的管理,如何组织网课;等等。

与不少危机意义建构所倡导的应该将"为什么发生"视为核心问题不同的是,在新冠肺炎疫情中,地方政府在社交媒体中并没有把其作为一个重要的问题来看待。统计表明,责任归因类的信息只有 1.9%,少数责任归因类的信息仅仅只是对当地疫情防控中出现的问题进行了简单的说明。政府行为类的信息占比 14.3%,政府在抗"疫"中的责任、担当在微博中得到了充分呈现。大量微博以新闻报道的形式,图文并茂地呈现了本级政府或上级政府在疫情防控方面的负责任的态度、高效的行动能力和强有力的决心,包括政府对未来疫情防控以及经济社会等各方面将采取的措施和承诺,如对受到疫情影响的中小企业的税收调整、政策帮扶,对相关规定期限的后延,等等。精神感召类的信息占比 10.3%,不少新闻办微博中有相当比例的信息呈现了抗"疫"期间各类感人事迹、感人瞬间。如抗"疫"一线医务人员忘我、不畏牺牲的抗"疫"故事,一线社区抗"疫"人员、警察、党员干部等在抗"疫"中的使命担当,默默奉献、积极配合参与抗"疫"的普通民众的感人故事,还有一些令人热血沸腾的主题歌曲,等等。以上五种类型的信息占比之和为 97.4%,剩下的一些信息主要是新闻办所发布的活动预告类信息,如新闻发布会的时间、邀请专家的信息等,但是占比只有 2.6%。

表 4 是省级政府新闻办和地级市政府新闻办不同微博信息类型的比较。危机情境类、行为指导类、责任归因类、政府行为类、精神感召类、其他这六类信息在地级市政府新闻办微博中的比例分别是 50.7%、19.2%、1.3%、15.5%、11.5% 和 1.8%,在省级政府新闻办微博中的比例则分别是 52.6%、19.1%、2.5%、13.4%、9.2% 和 3.2%。相对来说,省级政府新闻办微博中危机情境类信息的比例比地级市政府新闻办要高,而地级市政府新闻办微博中的政府行为类和精神感召类信息的比例比省级政府新闻办要高。但是几种类型的信息比例分布情况在两个层级的政府新闻办微博中呈现出较强的一致性。

表4 不同层级政府新闻办与信息类型的交叉情况

政府层级		信息类型						合计
		危机情境类	行为指导类	责任归因类	政府行为类	精神感召类	其他	
地级市	计数	3112	1176	79	951	706	113	6137
	百分比	50.7%	19.2%	1.3%	15.5%	11.5%	1.8%	100.0%
省级	计数	4190	1526	198	1066	734	259	7973
	百分比	52.6%	19.1%	2.5%	13.4%	9.2%	3.2%	100.0%
合计	计数	7302	2702	277	2017	1440	372	14110
	百分比	51.8%	19.1%	1.9%	14.3%	10.3%	2.6%	100.0%

注:df=6 x^2=34.540,P=0.000。

2.不同危机阶段的社交媒体意义建构

从信息总量上来说,在2020年1月20日之前,地方政府发布的相关的信息量与后面的两个阶段差距非常大,一共只有64条微博,全部集中在处于"疫中"的"湖北发布"和"武汉发布"两个微博账户中。最早的有关疫情的微博发布于2019年12月31日,两条微博同时发布了关于国家卫健委专家组抵达武汉,就出现的不明原因肺炎展开调查的信息,同一天发布了调查结果的信息通报。此后到2020年1月20日,两个微博陆续发布了相关信息,其中大部分为危机情境类信息,主要是新型肺炎调查进展情况,包括所发现的疑似新型肺炎患者的确诊数量、症状表现、治疗效果、病例来源背景、传染性特征等。这一类信息占这一阶段总数的81.3%。另外是行为指导类信息,包括如何佩戴口罩,如何采取防范措施,以及对相关疑问的解释,这类信息占12.5%。但在2020年1月20日之前,有关新型肺炎的风险并没有得到地方政府足够的重视。2020年1月20日,国家卫健委党组召开会议,传达学习贯彻习近平总书记关于新型冠状病毒感染的肺炎疫情的重要指示精神和李克强总理批示要求,贯彻落实国务院防控工作有关会议决策部署,研究落实工作。此后,疫情信息成为各地方政府新闻办微博中的主要内容,在疫情比较严重的地区和时期,几乎所有的信息都是有关疫情方面的。

为了更好地呈现疫情期间地方政府社交媒体不同类型信息的变化情况,我们以一周为时间单位,以可视化的图形进行了进一步的展示,如图2所示。可以看出,在三个阶段中,危机情境类、行为指导类的信息占据主导地位。在演化期,危机情境类、行为指导类的信息比例比相应的消退期要高,危机情境类信息高 5 个百分点左右,行为指导类信息高 3 个百分点。相反,政府行为类和精神感召类信息则是消退期比演化期要高,分别高出 2.8% 和 1.8%。不同类型的信息的变化趋势存在着差异。危机情境类的信息量进入演化期后迅速出现飙升趋势,到 2 月中旬达到顶峰,此后呈现明显的下降趋势,但依然成为比例最高的信息类型。行为指导类的信息增长和下降趋势总体都比较平缓。这种演化趋势可以用突发公共卫生危机意义建构中公众的信息需求加以解释。突发公共卫生危机发生后,公众最关心的是两个方面:一是到底发生了什么,二是我该怎么办。公众需要清晰地了解当前的局势,面对未知的新病毒,迫切地想要知道新的病毒所带来的危害和所面临的风险,以及面对这种风险应该采取怎样的有效行为以免受到伤害。公众对危机情境类和行为指导类的信息有着强烈的需求,政府必须及时提供准确的信息,以使公众了解事情的真相,并指导公众采取预防措施或避免可能使他们处于危险中的行为,有效避免因为信息不透明产生的恐慌情绪。[31] 随着危机进入消退期,之所以行为指导类信息的下降趋势变得相对平缓,是因为随着疫情得到基本控制并明显好转,公众对如复工复产、工作、生活和学习方面的行动指导同样有着较强的需求。

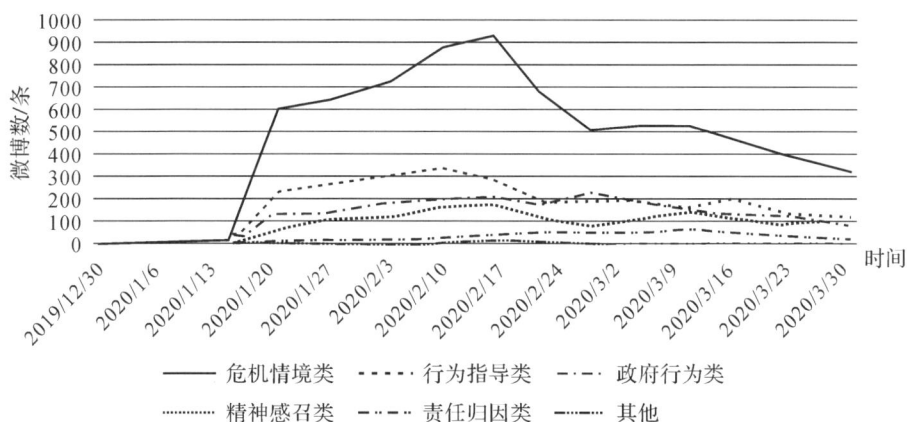

图 2 疫情期间不同类型信息变化趋势

相比较而言,随着疫情危机进入消退期,政府行为类和精神感召类的信息并没有呈现明显下降的趋势。实际上,随着各地疫情逐渐得到控制,一些地方甚至在 2020 年 2 月初本地确诊病例就已经清零,也无新增确诊病例,公众对疫情本身基本不太担心,但是新的问题依然摆在面前,那就是未来工作、生活、学习安排因为受到疫情影响可能面临的困境,对于疫情管控措施何时结束等问题依然充满着焦虑和担忧。因此,在疫情消退期,不少关于情感支持和责任承诺内容的信息都是针对这些焦虑和担忧而发布的。正能量类的信息呈现小幅上扬,因为进入 2020 年 2 月中期以来,各地援鄂医疗队由于疫情压力大大缓解,纷纷回到当地,有关医疗队凯旋的感人内容明显增多。

3. 意义建构中政府信息的权威性与回应性

在突发公共卫生危机期间,信息的权威性、可靠性对于意义建构意义重大。社交媒体作为一个互动性的、分享性的媒介工具,在实现多元化的信息来源和有效的信息跟随的同时,也带来了权威性、可靠性方面的困境。官方的社交媒体信息成为公众仰赖的重要的信息来源,最主要的原因就是其权威性和准确性。因此,政府应该检查所发布的社交媒体信息的准确性,诚实回答问题;与可靠的消息来源分享信息。在危机中,检查所有信息的准确性尤其重要,因为共享和转发不准确信息不仅使组织看起来不专业,而且可能损害用户的声誉,并在危机期间造成健康、安全和环境损害。[32]这种信息的权威性可以从新冠肺炎疫情期间地方新闻办所发布的微博的来源上得到很好的体现。分析结果显示,不管是省级还是地级市政府新闻办,都有 60% 以上的信息是转发的。原创性的微博主要是本级政府新闻发布会的内容,或本地疫情发展的相关数据以及相关公告。由于这些信息都是直接来源于本级政府官方部门的权威资料,可靠性自然比较高。

对于转发性微博,从信息来源上总体可以分为几类:一是政府内部信息,大约占 55%,包括本级政府和不同部门,如交通管理部门、卫健委、公安局、教育局、民政局等,主要是不同部门在疫情期间的有关措施以及相关工作调整等;也包括上级政府及相关部门,如省级政府或国务院及其相关部门,主要内容是有关疫情的情况通报和抗"疫"工作部署,很多疫情通报是直接转发各所辖县、市政府微博的。二是大众媒体的官方微博或网页链接,这一来源的信息占比 41.5%,不少新闻办的微博内容直接转发报纸、电视台的官方微博,或者提供电视、报纸相关内容的视频、网页链接。这些微博的内容主要涉及疫情新闻报道、专家采访、励志的歌曲和短视频。三是事业单位和公益性组织发布的信息,占比较低,为 3.5%。事业单位主要是疾控中心和医院,疾控中心的微博主要涉及有关疫情的指导性建议和对病毒的认知、解释。一些定点医院如湖北的武汉市中心医院、武汉协和医院,四川的四川大学华西医院等在疫情期间所发布的患者收治、医疗队援助等情况也成为政府新闻办微博转载的来源之一。典型的是武汉协和医院在 2020 年 1 月 31 日发布的"协和医院西院自制口罩及塑料袋充作防护服"的辟谣微博,被广为转发。在这几种信息来源之外,其他来源的信息非常少,尤其是几乎没有来自社会微博的信息。这在较大程度上保证了信息的可靠性和权威性。

理想情况下,政府在公共危机阶段使用社交媒体可以促进在线对话和协调降低风险活动。政府机构在危机中同样可以使用社交媒体寻求直接与公众和其他机构接触的机会,是危机中政府机构征求公众意见以及其他资源寻求帮助来解决问题的一种实践。[33] 然而,在新冠肺炎疫情中,统计表明,政府新闻办微博信息从方向的角度来说,97.3%的信息都属于单向性信息,也就是属于传统大众媒体时代政府对受众的以我为主的信息传递方式,只有 2.7%的信息属于回应性信息。针对疫情期间公众的疑问和关心的问题,一些新闻办以新闻媒体和其他机构微博的形式,就相关的报道进行回应。社交媒体在危机意义建构中的众包功能并没有得到充分的体现。在新冠肺炎疫情中,地方政府主要通过新闻发布会的形式,就公众关心的一些问题和疑问邀请相关人员进行集体回应。

五、管理不确定性:地方政府意义建构与公众行为促进

在意义建构理论看来,当危机出现时,人们对事件的属性会产生期望,当这种期望与先前的看法一致时,人们会感到安全,并能控制局面;然而,当情况与先前的假设不一致时,他们会试图缓解这种不一致,希望在模棱两可的现实中创造稳定,从而形成一个更有序的环境。[34] 很显然,在新冠肺炎疫情中,政府在帮助人们创造这种稳定和有序的环境上是非常成功的。在整个疫情期间,地方政府通过微博这一社交媒体平台,不遗余力地传递大量有关当前危机境况,指导人们如何进行有效防护和行为调整方面的信息。不管是在危机的演化阶段还是危机的消退期,政府在抗"疫"方面的责任、担当被充分地呈现出来,加上一些积极向上、感人至深的抗"疫"故事,这些信息强有力地建构着公众对危机的认知理解和行为选择。

(一)权威式的意义给赋和公众期待满足

地方政府新闻办在疫情期间的微博信息呈现出明显的以政府为中心的权威式

的意义给赋特征,其目的是"影响他人的意义表达和意义构建,使之朝着组织现实的首选定义发展"[35],也就是地方政府有效地输出自身对危机的定义和理解。在新冠肺炎疫情期间,政务微博并不是以交互性的平台角色出现的,更多的是承担政府权威信息的单向发布功能。地方政府通过社交媒体实现对公众的强大的意义给赋。在危机时期,拥有权威资源的组织在意义建构中扮演着重要的意义给赋角色,从而有效地创造一个克服不稳定的愿景,这对于澄清混乱和创造一个更连贯的现实是必不可少的。[36]政府需要做的是危机发生后在尽量短的时间内了解并确认到底发生了什么事情,实现内部的意义建构。2020年1月20日之前基本上属于政府内部的意义建构过程,这一过程中的微博内容主要是,地方政府、地方卫健委、疾控部门、医院和上级主管部门、高级别专家组围绕新出现的肺炎病毒进行不断的沟通、鉴定和深化认知,最终对其危害、传染性、传染途径、发病症状等加以确认并形成统一的认知。政府不断地从情境或环境的信号中提取意义和解释,从而完成了内部意义建构过程。之后,政府迅速地实现了对公众的意义给赋的角色转换。地方政府借助微博这一平台,有效地满足了公众的信息期待,传递着政府对这一危机的理解和定义,牵引着社会对这一问题的意义建构过程。在这种以政府为中心的单向意义给赋模式中,政府内化了意义构建的社会化互动,从而在最短的时间内实现了意义建构过程,避免了危机建构中由于复杂的、持续性的交互所付出的时间成本。当然,这种政府单向的意义给赋模式在危机中存在一定的风险,即如果政府意义建构出现了问题,那么可能导致相反的效果。

(二)清晰化的情境定义与公众风险识别

从意义建构过程来说,信号提高了公众对风险增加的存在的意识。这些信号可以表现为新闻报道、来自科学家的警告、活动人士的参与、政府监管机构或与同龄人、家人之间的其他交流。[37]如果公众注意到并理解了风险信号,建立明确而清晰的危机情境定义,可能会促使组织采取纠正措施。识别和响应风险信号的能力对于寻求维持或恢复组织正常功能的危机和战略沟通者来说是至关重要的。但是,通常这些信号很弱,很难被注意到,也很难解释。[38]面对新的未知的病毒,由于信息的有限性、对信息确认过程的渐进性以及不同机构之间内在沟通和协调的复杂性,涉及专业知识上的判断和科学的认证,很难在短时间内形成明确统一的认知。从时间维度来看,地方政府在社交媒体上就新冠病毒对公众的意义建构早在

2019年12月31日就开始了,作为我国最早发现疫情的地方,湖北省的两个官方微博"武汉发布"和"湖北发布"就连续发布了相关信息。地方政府通过引用专家和专门组织的建议,不断强调病毒的后果、损害范围和严重程度,以及公众采取个人防范的重要性,不断发布有关口罩佩戴、居家隔离、物理安全距离、出行安全的建议信息。在整个疫情期间,有关危机情境的信息一直占据主导地位。地方政府通过社交媒体非常清晰地定义了所处的危机情境,这对突发公共危机期间,尤其是在早期处于恐慌状态的公众来说尤为重要。这种清晰而明确的意义建构使得公众对病毒和当前危机的状态有了非常具体、确定的认知。这种清晰的、明确的情境定义对于引导公众的行为起到了积极的作用。公众可以在第一时间从政府部门获得确切的信息,了解病毒的危害和特性,并得到具体的行动指导,积极做好各项防护措施。

(三)全景式的责任呈现与公众危机感知

组织本身的行动信息是呈现某种意识的一种手段。人们倾向于在态度和行为之间强加一种一致性。如果态度和实际行为之间不一致,人们往往会感到精神上的不适。[39]从公众的角度来说,政府对危机的意义建构不仅仅体现在对危机状态语言的描述和解释,还在于政府在危机发生后所采取的措施和态度。从某种意义上来说,在危机应对中表现出来的负责的态度和有力的措施可以强化政府自身对危机的意义建构。比如,在危机中,对所处的危机描述得非常严重,但是在行动方面的表现却让人感觉无所谓或十分迟缓、应对敷衍,这会让人产生错误的认知。而很多时候,做什么比说什么更能传递出强烈的信息。"危机后的受众可能需要听到,有一个权威和控制系统正在采取适当的行动。"[40]同时,政府在危机中不断凸显的自身责任和在危机应对方面的行动力能够更加有效地给公众传递信心与希望。在新冠肺炎疫情的应对中,政府新闻办微博上呈现的很多有关政府负责任的形象以及迅速、果断和强有力的应对措施无疑强化了公众对当前危机的感知。地方政府在抗"疫"方面的强有力的应对行为主要包括:第一时间成立以行政首长为组长的疫情应对指挥部,连夜召开专题会议,全体动员,全面部署各项防控管制措施,各级领导亲临疫情防控第一线,问责防控不力的干部,等等。所有这些信息都在微博上被充分地呈现出来。这种政府行为的展示与政府对危机的解释和当前情势的描述相互呼应,强化了公众对危机的理解。

(四)组织化的社会动员与公众行为选择

意义建构中的信息来源往往是多元化的,不同的主体面对未知的不确定状态往往会产生相互矛盾或不一致的认知以及在此基础上的差异化的行为指导建议。这种不一致可能会导致危机形势下对信息解释的歪曲,有时甚至会导致灾难性的后果。[41]因此,公共危机中需要一个非常强烈的信号或多种信号的组合,才能使公众重新调整对情况的判断,并采取适当的行为。一旦公众平静下来,即使发出警报并意识到应采取预防行动,也不会导致对局势的评估或行为的任何改变。[42]疫情期间,地方政府在社交媒体上的信息呈现出明显的组织化动员特征,信息之间呈现出高度的一致性和互补性。来自上级政府、不同政府部门以及疾控中心和医院等事业组织的信息相互印证、相互补充、相互强化,提供有关种种公众在疫情期间应该做什么和不应该做什么的信息。上级政府和不同政府部门针对广大公众发布了各种应对公告、管控措施及规范公众行为的权威声明,来自医院和疾控中心专业的医学建议,督促公众应该采取怎样的保护措施。而其中关于疫情期间不遵守管控措施的各类行为,如因暴力殴打防控人员、大规模聚集、隐瞒情况故意传播病毒、散布谣言等而受到惩处的相关信息则向公众传达出了强烈的行为规范倾向。除此之外,政府微博有意识地呈现一系列令人感动和积极向上的正能量信息。这种积极的精神感召能够激活个体在特定情境中瞬间的思想和行为指令系统,强化公众某些特定的行为或行为倾向。[43]这种组织化的政府动员是建立在清晰的、一致性的危机意义建构基础之上的,表现出高度的协同性特征,能够有效地指导、促进和规范公众在疫情期间的行为选择。

六、结论

本研究以新冠肺炎疫情期间地方政府新闻办微博为分析对象,剖析了突发公共卫生危机中地方政府运用社交媒体进行意义建构的方式与特征,并从这一角度解释新冠肺炎疫情中的公众行为表现和我国抗"疫"取得成功的内在逻辑。研究表明,地方政府在疫情期间把社交媒体视为单向的信息发布平台而不是交互性的沟通平台。面对高度的不确定性,通过微博这一平台,地方政府扮演了强有力的意义给赋角色,持续性地发布了与疫情相关的危机情境类、行为指导类、责任归因类、政府行为类和精神感召类的信息。在危机一开始,地方政府就清晰、明确地定义了危机情境,通过系统、具体和一致性的强有力的信息刺激,不断构建、强化公众对危机的认知框架,并通过组织化的动员促进公众的行为安排。这种意义建构的模式使得地方政府能够在最短的时间内有效地管理不确定性,帮助公众更好地认知风险和深刻地理解所处的危机,在此基础上做出符合抗"疫"期待的行为选择,积极地配合政府的各项防疫措施并参与到抗"疫"过程中来。从类型上来说,这属于引导型意义建构模式。引导型意义建构模式可以实现可控性、稳定性、达成一致性的理解和行动方案,形成持续性的行动。[44]地方政府基于权威性知识和信息的优势,发挥强大的意义给赋功能,对于意义建构无疑有积极的意义。但是,政府在危机中意义给赋的权威边界到底在哪里,尤其是,在特定的情形下,当政府和公众发生明显的框架冲突的时候,如何建立政府与公众之间的互动性意义建构机制是一个有待深入研究的问题。

参考文献:

[1] World Health Organization. Coronavirus disease(COVID-19) weekly epidemiological update [R]. Geneva:WHO,2020.

[2] 刘佳."国家—社会"共同在场:突发公共卫生事件中的全民动员和治理成长[J].武汉大学学报(哲学社会科学版),2020(3):15-22.

[3] 唐皇凤,吴瑞.新冠肺炎疫情的整体性治理:现实考验与优化路径[J].湖北大学学报(哲学社会科学版),2020(3):1-13,172.

[4] 赵秀玲.公共危机治理中的干部任免——以新冠肺炎疫情防控为例[J].江苏社会科学,2020(3):23-30.

[5] MUHREN W J, VAN DE WALLE B. Sense-making and information management in emergency response [J]. Bulletin of the American Society for Information Science and Technology,2010,36(5):30-33.

[6] BABROW A S, KLINE K N. From 'reducing' to 'managing' uncertainty:reconceptualizing the central challenge in breast self-exams [J]. Social Science and Medicine, 2000, 51(12):1805-1816.

[7] 彭兰.我们需要建构什么样的公共信息传播?——对新冠疫情期间新媒体传播的反思[J].新闻界,2020(5):36-43.

[8] 阿尔温·托夫勒. 第三次浪潮[M]. 朱志焱,潘琪,张焱,译. 北京:生活·读书·新知三联书店,1983.

[9] COOMBS W T. Applied crisis communication and crisis management:cases and exercises [M]. New York:SAGE Publications Ltd. Thousand Oaks,CA,2014.

[10] KELLY A H,LEZAUN J,LOWY I,et al. Uncertainty in times of medical emergency: knowledge gaps and structural ignorance during the Brazilian Zika crisis[J]. Social Science & Medicine,2020,246(7):1-8.

[11] 于燕枝. 公共卫生危机中的博客传播研究——以甲型 H1N1 流感事件为例[J]. 新闻知识,2011(12):17-19.

[12] THACKERAY R,NEIGER B L,SMITH A K,et al. Adoption and use of social media among public health departments[J]. BMC Public Health,2012,12(1):242.

[13] VIJAYKUMAR S,JIN Y,NOWAK G J. Social media and the virality of risk:the risk amplification through media spread(RAMS) model[J]. Homeland Security & Emergency Management,2015,12(3):1-25.

[14] SMITH F. Using social media to meet CDC's mission:H1N1 flu response[J/OL]. (2014-08-28). http://av. conferencearchives. com/pdfs/091105/604. 2. pdf.

[15] FREBERG K,PALENCHAR M J,VEIL S R. Managing and sharing H1N1 crisis information using social media bookmarking services[J]. Public Relations Review,2013,39 (3):178-184.

[16] WEICK K E. The collapse of sensemaking in organizations:the Mann Gulch disaster[J]. Administrative Science Quarterly,1993,38(4):628-652.

[17] MAITLIS S,LAWRENCE T B. Triggers and enablers of sensegiving in organizations[J]. Academy of Management Journal,2007,50(1):57-84.

[18] WEICK K E. Enacted sensemaking in crisis situations[J]. Journal of Management Studies,1988,25(4):305-317.

[19] FREBERG K,PALENCHAR M J,VEIL S R. Managing and sharing H1N1 crisis information using social media bookmarking services[J]. Public Relations Review,2013,39 (3):178-184.

[20] FREBERG K. Intention to comply with crisis messages communicated via social media[J]. Public Relations Review,2012,38(3):416-421.

[21] GUIDRY J P D,JIN Y,ORR C A,et al. Ebola on Instagram and Twitter:how health organizations address the health crisis in their social media engagement[J]. Public Relations

Review,2017,43(3):477-486.

[22] MEADOWS C Z, TANG LU, LIU WENLIN. Twitter message types, health beliefs, and vaccine attitudes during the 2015 measles outbreak in California[J]. American Journal of Infection Control,2019,47(11):1314-1318.

[23] VAUGHAN E, TINKER T. Effective health risk communication about pandemic influenza for vulnerable populations[J]. American Journal of Public Health,2009,99(S2):324-332.

[24] PARMER J, BAUR C, EROGLU D, et al. Crisis and emergency risk messaging in mass media news stories: is the public getting the information they need to protect their health? [J]. Health Communication,2016,31(10):1-8.

[25] CDC. Crisis and Emergency Risk Communications introduction[R/OL]. (2018-01-23). https://emergency.cdc.gov/cerc/ppt/CERC_Introduction.pdf.

[26] 刘一弘.危机管理的意义建构——基于"甲流"事件的政府话语分析[J].公共管理学报, 2017(4):118-128.

[27] KALKMAN J P. Sensemaking questions in crisis response teams[J]. Disaster Prevention & Management,2019,28(5):649-660.

[28] SEEGER M, VENETTE S, ULMER R R, et al. Media use, information seeking, and reported needs in post crisis contexts[M]//GREENBERG B S. Communication and Terrorism. Public and Media Responses to 9/11. Cresskill, N. J. : Hampton Press,2002:53-63.

[29] 侯光辉,陈通,傅安国,等. 框架、情感与归责:焦点事件在政治话语中的意义建构[J]. 公共管理学报,2019(3):73-85.

[30] ROCHEFORT D A, COBB R W. The politics of problem definition: shaping the policy agenda[M]. Lawrence: University Press of Kansas,1994.

[31] QUINN P. Crisis communication in public health emergencies: the limits of 'legal control' and the risks for harmful outcomes in a digital age[J]. Life Sciences, Society and Policy, 2018,14(4):1-40.

[32] VEIL S, BUEHNER T, PALENCHAR M J. A work-in-process literature review: incorporating social media in risk and crisis communication[J]. Journal of Contingencies and Crisis Management,2011,19(2):110-122.

[33] BRABHAM D C. The four urbcxan governance problem types suitable for crowdsourcing citizen participation [M]//SILVA C N. Citizen e-participation in urban governance: crowdsourcing and collaborative creativity. IGI Global, Hershey, PA,2013:50-55.

[34] MAITLIS S, CHRISTIANSON M K. Sensemaking in organizations: taking stock and

moving forward[J]. The Academy of Management Annals,2014,8(1):57-125.

[35] GIOIA D A, CHITTIPEDDI K. Sensemaking and sensegiving in strategic change initiation [J]. Strategic Management Journal,1991,12(6):433-448.

[36] KLEIN G, ECKHAUS E. Sensemaking and sensegiving as predicting organizational crisis [J]. Risk Management,2017,19(3):225-244.

[37] KASPERSON R E, RENN O, SLOVIC P, et al. The social amplification of risk: a conceptual framework[J]. Risk Analysis,1988,8(2):177-187.

[38] NOWLING W D, SEEGER M W. Sensemaking and crisis revisited: the failure of sensemaking during the Flint water crisis[J]. Journal of Applied Communication Research, 2020,48(2):1-20.

[39] METZGER M J, HARTSELL E H, FLANAGIN A J. Cognitive dissonance or credibility? A comparison of two theoretical explanations for selective exposure to partisan news[J]. Communication Research online publication,2015,47(1):3-28.

[40] VIGSØ O, ODÉN T. The dynamics of sensemaking and information seeking in a crisis situation[J]. Nordicom Review,2016,37(1):71-84.

[41] 阿金·伯恩,保罗·特哈特,埃瑞克·斯特恩,等.危机管理政治学——压力之下的公共领导能力[M].赵凤萍,胡杨,樊红敏,译.郑州:河南人民出版社,2010.

[42] VIGSØ O, ODÉN T. The dynamics of sensemaking and information seeking in a crisis situation[J]. Nordicom Review,2016,37(1):71-84.

[43] FREDICSON B L, BRANICAN C. Postive emotions broaden the scope of attention and thought-action repertoires[J]. Cognition and Emotion,2005,19(3):313-332.

[44] 林海芬,苏敬勤.基于不同组织情境的意义建构研究评述[J].管理学报,2013(11):1710-1716.

基金项目:国家社科基金规划项目"基于政务新媒体应用规范化的基层政府减负机制研究"(编号:20BZZ088)。

【作者】

钟伟军,浙江财经大学公共管理学院教授

市域社会治理现代化视角下基层矛盾纠纷化解模式研究

——以永康市"一警情三推送"为例

蒋国勇　嵇丽艳

党的十九届五中全会提出,要加强和创新社会治理,"完善社会治理体系,健全党组织领导的自治、法治、德治相结合的城乡基层治理体系,完善基层民主协商制度,实现社会治理同社会调节、居民自治良性互动,建设人人有责、人人尽责、人人享有的社会治理共同体""完善各类调解联动工作体系,构建源头防控、排查梳理、纠纷化解、应急处置的社会矛盾综合治理机制""完善共建共治共享的社会治理制度"。市域社会治理现代化是国家治理体系和治理能力现代化赋予时代的崭新命题,旨在最有效、最直接地将风险隐患在萌芽时期化解、在基层解决。一个国家治理体系和治理能力的现代化水平在很大程度上体现在基层中,因此,基层社会矛盾纠纷的有效化解是推进市域治理现代化的重要基石。

一、新挑战推动新模式的产生

随着市场竞争的日益激烈,利益相关者在竞争过程中的不断分化,以及社会、市场、政府等利益相关主体之间的活动和互动,会发生利益共存和利益排斥,尤其是民众法律意识日渐完善,只要有"利益差异"就会有"内部矛盾"。加之我国正处于社会转型时期,基层社会矛盾纠纷涉及更多方面,呈现爆炸式增长且激化突发性态势。永康市属于浙江省金华市县级市,毗邻义乌市、东阳市,是全国闻名的"五金之都",吸引了众多外来人口前往工作,这必然会引发各式各样的矛盾纠纷。此外,"送法下乡"等"励讼"的宣传使人们的法律意识不断增强,出于对派出所的信任,基层在面对纠纷时更多地倾向于选择通过"报警"手段来解决,这就造成了社会治安新现象:公安部门案件类警情降低,但是纠纷类警情却在增加且化解难度增大,特别是由于各类矛盾纠纷激化引发的"民转刑"恶性案件多发,已成为影响社会稳定的主要因素。基于此,2019 年 8 月,永康市公安局深入贯彻落实党的号召,抓住当前推行的市域社会治理现代化的有利时机,将大数据、人工智能等现代科技与社会治理相融合,贯通公安机关"110"接处警平台与综治部门的"四平台",打造数据驱动、人机协同、跨界融合、共建共治的"一警情三推送"纠纷化解创新模式,推动纠纷类警情快速处置、分级推送、联调化解,将"最多跑一次"改革方法、理念向社会治理领域延伸,为建设平安基层社会创建了良好的环境。

二、"一警情三推送"模式的制度建构

(一)突出技术平台的核心作用

作为一种解决公共问题的治理手段,现代信息技术的应用和普及给市域社会治理带来了巨大的变革。永康市"一警情三推送"模式坚持科技引领,突出自主研发的"警云平台"的核心作用,一手抓数据融合,构建多维感知模型;一手抓信息联通,着力打破数据壁垒,形成共享共治格局。通过数字技术把下沉在基层的各种治理主体及其职能整合起来,形成治理的合力。首先是"标签化"管理,率先创新实施全量警情数据"标签化"管理,通过深入调研制定了"八类四级",明确操作规范,对2017 年以来的 40 万条有效警情进行"标签化"工作、"思维导图"式展示,为研判分析提供了强大数据支撑。其次是"智能化"分析,以海量警情标签为基础,搭建纠纷类警情的多维感知模型,通过将警情、环境、人物多维交叉碰撞,秒级生成研判分析报告,实现对纠纷矛盾可能发生的时间、地点的提前预测、预警,对已经发生的矛盾纠纷的风险评估,对矛盾成因、发展趋势等要素的智能分析。最后,通过该技术平台实现纠纷类警情的全链条智能化推送,打通综合指挥中心和公安警情中心的数据壁垒,实现各个治理主体间的信息共享,通过数据赋能有效地将制度优势转化为治理能力。

1.数据效能最大化

"一警情三推送"机制转变了思想理念,一改从前大量重复性、低效率的矛盾纠纷"大呼隆"式排查活动,将警情作为"送上门"的矛盾纠纷线索,以警情"颗粒化"管

理为基础,通过打通壁垒、搭建模型,实现对社会矛盾纠纷的精准感知、预测、预警、风险评估,并智能形成分析报告,推送到一线民警和综治中心,达到精准施策的目的,使警情"变废为宝"。如 2019 年底,通过智能分析,预估永康市人民医院一起医疗事故纠纷有进一步激化的可能,市公安局会同相关部门提前介入,成功化解,及时消除隐患。

2.平台效能最大化

平台效能最大化,解纷"化繁为简"。将"一警情三推送"作为撬动"基层治理四平台"做实做细的支点,为其注入源头活水,使资源统筹能力得以充分发挥,有效破解以往治理手段单一、部门各自为政等问题。如 2019 年 9 月,永康市一小区因劳资纠纷问题,几名员工多次拉横幅聚集闹事,辖区派出所先后接报警情 4 次,在了解到该事件涉及员工 40 多人后,第一时间将事件情况推送给综合指挥中心,并会同人社、建设等部门对建筑商和开发公司进行约谈,成功化解一起聚集讨薪风险事件。

(二)制度运转的流程

永康市"一警情三推送",顾名思义,就是对纠纷类警情依次进行"一推送""二推送"和"三推送"处理。主要流程如下。

"一推送"至处警民警,力争现场调处完结。面对基层大量的情感、土地、经济、劳资等纠纷,永康公安在接到"110"纠纷类警情后,不再是传统的接受并发布指令,而是运用通过科技手段自主研发的"警云平台"对纠纷类警情的风险等级、报警人和当事人的相关信息进行智能分析,根据研判的风险等级立即通过网络推送至一线处警民警,各派出所值班领导以及指挥中心为处警民警化解矛盾纠纷提供辅助预判;同时根据不同的纠纷类别,判断是否需要同相关职能部门联动化解,有针对性,并有效提高现场化解效率。

例如 2019 年 10 月,永康市某派出所接到辖区有两兄弟与另一位男子发生争执的警情,值班民警迅速带队赶往现场了解详情,力争现场化解。民警根据自主研发的"警云平台"提供的分析数据提示,发现这并不是他们第一次报警,在短短几天的时间里,3 人连续 4 次报警。民警了解到,他们 3 人是生意上的合伙人,共同经营着一家工厂,因此,分析判断双方极有可能存在较大的经济纠纷。为避免 3 人之间不断被激化的矛盾导致更严重的后果,当天下午,民警在获取相关信息并经过进一步调查后,与相关专业人士一起对这 3 人开展矛盾调解工作,使双方都得到满意的结果并现场签下调解协议,顺利达成和解。

"二推送"至辖区责任民警跟踪化解。基层矛盾纠纷问题有时候看似简单易化解,实际上涉及范围广,牵涉因素复杂多变,很多都超出了民警的能力范围,常常使民警难以在现场就地化解。因此,永康公安规定,对于处警民警现场不能化解,将警情带回派出所仍不能当天化解的,或者是虽已化解但经过分析判断仍具有一定的安全隐患的纠纷类警情,各派出所要将情况反映给综合指挥中心,由综合指挥中心进行每日汇总,并派单给警情所在的责任辖区民警和领导,进行跟踪落实化解。

由于每个辖区的特点、事因、人员构成等实际情况具有不同的特性,永康市各派出所据此主动探索社区自治、小区自治、企业自治等众多"一核多元"微自治模式,形成了"辣妈调解""乡音调解""1+3+N"大调解等"一所一特色"的纠纷调解品牌。例如,小姜和小刘在永康工作时相识,交往数月中因感情原因经常闹矛盾。2019 年 10 月,两人再次发生肢体冲突,其亲友担心事态升级,于是向永康市当地派出所报警求助。考虑到双方来自同一个地方,为了更好更快地将矛盾化解,值班民警联系了"家人调解室"的两名同籍贯的工作人员到场协助。通过一个多小时,工作人员及民警用家乡话、老乡情、"法理情"等方面的协调开导,双方达成和解。

"三推送"至"基层治理四平台"。永康市在全省率先试点了派出所所长进乡镇班子并兼任政法委副书记的机制,推动各派出所将超越派出所化解范围一时不能化解,或者存在较大风险的纠纷类警情形成分析报告推送至"基层治理四平台",通过"基层治理四平台"将矛盾纠纷按责任主体推送到各职能部门,落实职能单位源头化解责任,形成跨部门工作合力,努力从源头上化解矛盾纠纷。对可能引发群体性事件或具有"民转刑"风险的纠纷类警情,派出所通过"基层治理四平台"推送的同时报公安局指挥中心,及时推送到市委政法委,协调相关职能单位介入,明确源头化解责任,形成多部门协同化解的工作合力。公安内部警情流转过程中出现故意推诿、不作为或其他失职行为等情况的,由永康市公安局负责协调落实和问责;公安机关以外单位出现以上情况的,由市委政法委负责协调落实和问责。

"要是警察后面不管了,事情搞不好会闹更大!"市民周女士回想起不久前的一起纠纷,感慨地说。原来,在 2019 年 12 月的一天晚上,周女士因为一件衣服被染了色而将其送去一家洗衣店,待其去取衣服时发现,不但染的色没有洗去,而且褪了色。气急之下,她与店家发生了争吵,双方争执不下就报了警。当地派出所民警到场调解,双方依旧争执不休,店家不肯按照周女士的要求赔偿其损失。由于该警情涉及市场监管相关事务,随后就被推送至"基层治理四平台",由市场监管分局的工作人员一同参与调解,最终促成店家同意赔偿周女士损失,双方达成和解,避免了纠纷进一步扩大。

(三)制度运转的组织架构

制度的有效运转离不开分工明确又相互协同的组织架构。除了由工作专班总体负责与推动之外,"一警情三推送"模式在推出与优化的过程中明确了组成机构的具体职责。

"一警情三推送"制度运转起来的关键之一是警情信息的整合与传送。因此,在制度创建之初,永康市公安指挥中心进行了重组,主要负责警情资源整合,明确推送警情类型、范围,负责"第一次推送"环节的跟踪与监督;会同科技信息化部门牵头开展信息平台建设与模型研发,实现与综治平台数据互通,以及联动指挥调度等。

为了让警情纠纷在萌芽阶段就得到遏制,在设置"一警情三推送"制度时,明确由治安部门负责组织全市矛盾纠纷排查化解等工作;同时由这一部门深入研究、指导科学设置"一警情三推送"的工作流程,落实"第二次推送""第三次推送"环节的跟踪和考评。这一部门还需要对接政法委综治办,研究、落实将矛盾纠纷警情处置化解工作列入综治考核等。为了使警情纠纷的化解合乎法律规范,实施依法治理,在这一制度的运转过程中专门由法制部门负责提供相关法律指导,参与研究多发警情法治治理,同时监督纠纷警情依法依规调解处置。

纠纷类警情中还有一部分涉及影响基层稳定的群体性事件。为了应对这一类警情,在"一警情三推送"制度创设过程中,专门明确由信访部门负责涉访纠纷类警情的调处指导评估,使得涉访纠纷类警情因此得到更专业的处理。

(四)建立四项保障机制

一项制度及其相关举措的落实必须要有一整套管用且高效的保障机制。永康市在推行"一警情三推送"的过程中,牢牢把握问题导向、目标导向以及效果导向,把制度的执行和监督贯穿区域治理、行业治理、部门治理、基层治理全过程,注重顶层设计,统筹解纷资源,奖惩跟进、考核倒逼,促使"可调可不调"变为"必须调",着力构建出一套科学、合理并行之有效的保障机制。

首先,为了保障"一警情三推送"模式高效运转,永康市建立了会商会诊机制。在公安局、镇(街道、区)党(工)委政法委员会两个层面上,建立每日、每周、每月联席会商制度,重大疑难矛盾纠纷提交市委政法委专题会诊,由矛盾纠纷多元化解中心兜底、法庭断后,真正实现了共商共治,有效预防民事纠纷激化为恶性案件。

其次,实施了闭环管理机制。根据警情特点,建立健全矛盾化解、应急处理、咨询服务、消费投诉处置等配套机制,完善镇街综合信息指挥协调体系,加强全流程管控,明确责任归属,实现信息接收、分流交办、执行处理、督办交办、信息反馈、督查考核六位一体闭环管理。

再次,建立了双推双清机制。为了规范推送流程,永康市专门制定"第三推"操作规范,对3大类17个小项进行明确。一方面,派出所要严格控制需要推送的警情,提出化解意见,并全程参与纠纷解决;另一方面,其他部门在日常工作中,也要将排摸到的违法犯罪等相关情况推送到公安机关处,确保隐患"双清零"。

最后,实施奖惩考评机制。将参与"一警情三推送"的部门派驻机构人员纳入镇街日常管理,充分考虑办理数量、办结质量、满意率等情况,建立奖优惩劣、问责追责体系,并与评优评先、奖金发放相挂钩,倒逼责任落地。如古山镇将每年3万元的派驻部门人员考核奖金,拿出1万元专门用于"一警情三推送"考核奖励。

三、永康市"一警情三推送"模式治理成效

自2019年11月"一警情三推送"模式运行以来,通过纠纷警情预警模型向"基层治理四平台"累计推送1205起,化解1194起,化解率达99%;职能部门参与化解矛盾纠纷效能稳步提升,如妇联参与化解了家庭婚姻情感纠纷256起,劳动监察部门参与化解了劳动纠纷172起,市场监管部门参与化解了矛盾纠纷133起,综治办参与化解了矛盾纠纷237起,行政执法局联合清理了530辆僵尸车,使停车纠纷警情下降71%;全市纠纷化解率从92%提高到99%,纠纷警情同比下降13.93%,"民转刑"案件同比下降53.6%,纠纷引发的越级上访零发生。

如古山派出所接到一起纠纷警情。"多亏了咱们派出所的同志还有一系列的体制制度啊,换成以前,什么也不懂的老百姓还要自己跑来跑去,事情也不一定会解决,我买口罩被骗的钱也不会这么快回来啊!"钱先生感叹道。原来,钱先生在新冠肺炎疫情期间,意欲购买口罩捐献给前线工作人员,在微信朋友圈得知夏某帅正

在销售民用口罩,为确认口罩质量,钱先生在付款前曾派人前往验货(本人没到场),验货后就用微信向夏某帅购买了7314个口罩。不料,在口罩到货后,钱先生发现口罩质量并不符合医用一次性口罩要求,就要求退货退款。买卖双方态度强硬,意见始终无法统一,继而引发经济纠纷,钱先生选择报警。

接到报警后,古山所李民警立即出警到达报警地点,因该警情属于疫情期间敏感警情,古山所综合指挥室立即将该警情进行"二推"处理。因为此前出现过贩卖口罩的诈骗案件,综合指挥室将该警情推送给当天的办案民警进行关注。经调查,卖方夏某帅在微信朋友圈销售口罩时已表明该口罩为民用口罩,且二层、三层的口罩混搭售卖,排除诈骗的嫌疑。因该警情牵涉卖方是否具有销售口罩的资质,当日古山所综合指挥室将该警情进行了"三推",通过"基层治理四平台"推送给市场监管部门。为了提高办事效率,综合指挥室立即将该事件详细报告通过办公软件直接推送给市场监管部门办理人员。古山所值班领导组织召集了市场监管相关部门人员,将买卖双方带回所里进行联动化解。买方钱先生表示,购买口罩是为了捐献给前线工作人员,只要对方允许退货并全额退款就不再追究其他法律责任。在市场监管部门政策宣讲下,卖方夏某帅同意退货退款。当天,卖方夏某帅拿回货物并退还了买方钱先生全额货款。至此,该起因买卖口罩而引发的经济纠纷警情快速得到了成功化解。在该事件中,派出所快速反应,职能部门联动化解,纠纷得到了迅速、妥善解决,在疫情期间,最大幅度地降低了事件的影响范围。

四、"一警情三推送"模式化解基层纠纷分析

(一)从被动式治理到主动式治理

近年来,由于社会经济的发展,人们生活水平得到了有效的改善,但是矛盾纠纷也呈现明显上升趋势。各种利益引发各式各样的矛盾。只要有利益,就会有矛盾纠纷。在接到纠纷类警情时,派出所民警就需要花时间、精力去调解,但是很多时候调解并不成功,反而会使纠纷升级。现实中,一些基层民警也许存在这样一种想法:现在在基层有关纠纷化解部门和人员配备上,村一级有村委会、治保会,乡镇有司法所、综治调解中心,法院有基层法庭等,调解纠纷类警情并不是派出所的主要业务,派出所应该把纠纷调解工作从繁重的警务工作中剥离出去,由上述部门和人员去做;派出所警力不足、精力有限,无暇顾及涉及方方面面的基层矛盾纠纷,在

面对情感问题或经济纠纷时,公安机关介入调解依法无据;另外,调解纠纷不能收费,如果没有使民众得到满意结果甚至会被投诉,因此得不偿失。

在永康市"一警情三推送"实施初期,各个派出所民警也会有这样的想法,这无疑是增加了民警的工作量,纠纷化解了又不收费,民警在接到纠纷类警情的时候,只是被动地去执行任务,积极性不高。工作人员中存在应付的现象,在接警处系统中"接收"和"结案"两个程序按钮一起点。同时,其他职能部门也会认为这不是它该负责的事情,负责办事的人原本就有其他事情要做,将纠纷类警情推送给他们是在增加他们的工作量和责任。因此,永康市实施了切实有效的奖惩考评机制。将绩效考核与奖金挂钩,这进一步促使了无论是派出所民警还是部门派驻人员,都从被动地调解纠纷类警情转变为主动地参与到"一警情三推送"中去。

(二)从一主体治理到多主体治理

派出所在基层社会矛盾纠纷化解中始终扮演着重要的角色。近年来,由于"励讼"等法治在基层的宣传以及基层对公安部门的信任,在遇到矛盾纠纷时,人们更倾向于通过"报警"来解决。由于永康市外来人口多、历史性遗留问题多,治安形势较复杂,加之社会经济发展处于转型升级的关键阶段,矛盾风险更为突出。在"一警情三推送"机制实施之前,由派出所一头治理显然增加了派出所的工作量且效果不佳。同时,由于基层矛盾纠纷往往涉及家庭感情、环境卫生、民政管理、物业服务、流动人口权益保障等方方面面,公安机关是没有行政执法权和行政裁量权的,因此,当事人发生矛盾纠纷并选择报警后,公安机关只能劝告当事人寻求法律途径进行解决或者找寻其他相关职能部门的帮助,这也可能会浪费当事人的财力和精力,并对治安防控和社会治理失去热情和信心。

基层社会矛盾纠纷的多元化决定了纠纷化解主体的多元化。"一警情三推送"实现了从一主体治理向多主体治理的转变,面对一些矛盾纠纷类警情涉及的社会关系错综复杂到已经超越了公安机关的职权范围的时候,永康市借此形成分析报告并将其推送至"基层治理四平台",通过"基层治理四平台"将矛盾纠纷按责任主体推送到各职能部门,落实职能单位源头化解责任,形成跨部门工作合力,努力从根源上解决矛盾纠纷。"一警情三推送"模式建立了党建引领,各个职能部门、社会组织、公民等多中心主体参与基层矛盾纠纷化解的同心圆,不仅提高了纠纷化解能力,还共同推进了市域社会治理现代化的进程。

(三)从碎片化治理到整体性治理

"一警情三推送"机制实施之初也暴露出了一定的碎片化问题。例如,参与主体协调困难的碎片化,参与"一警情三推送"的相关部门与相关人员缺乏整体性协同意识,导致派出所与镇沟通难,各个办理中心认同难,认为警情就是派出所的事情,矛盾纠纷的化解也应该是派出所的责任;制度建设的碎片化,由于保障制度建设的不完善,相关人员参与积极性不高,面对矛盾纠纷,"能解决最好,不能解决也就这样吧""可调可不调"的心理偏多等,实施结果不尽如人意。因此,永康市实施了切实有效的奖惩考评机制,同时形成跨部门工作合力,努力从根源上解决矛盾纠纷。纠纷类警情不再是各个主体碎片化治理,而是派出所联合各个职能部门实现整体性治理,有效破解以往治理手段单一、部门各自为政等问题。

五、"一警情三推送"模式优化路径

(一)改变传统思想

在"一警情三推送"的实施中最难的关键点是,参与人员的整体性思想不到位,部分值班民警未深刻认识到其意义和作用,沿用老思维,局限于现场平息事态而不是彻底化解矛盾,电话回访发现,部分民警对一些该推送的矛盾纠纷未上报综合指挥中心推送;另外,参与"一警情三推送"的相关部门与相关人员缺乏整体性协同意识。因此,最重要的就是转变参与"一警情三推送"人员的传统思想。公安机关作为政府部门,要在坚持为人民服务的宗旨的基础上,形成整体性治理理念并注重源头治理;其他治理主体应该树立整体性协同思想,充分认识到自己的责任;同时加强宣传,提升群众参与治理的积极性,使多主体在纠纷调解过程中拥有基本的信任,在良好信任的环境中展开基层社会纠纷调解活动。只有多主体之间实现真正的协同,才能形成基层社会的治理合力。

(二)完善大数据应用平台

公安机关承担着维护国家安全和社会稳定的重要使命。在基层矛盾纠纷化解中,派出所更是承担着重要角色。大数据在给公安机关提高警务纠纷化解能力的同时,也会倒逼公安机关创新警务纠纷化解的治理模式。"一警情三推送"模式要取得成功,就要顺应大数据时代的潮流,不断提升科技应用水平,实现科学技术与纠纷化解和市域社会治理的深度融合。在建立了警务平台这个大数据应用平台后,可以再建设在线多元解纷平台,以互联网为基础,大力推进建立全方位、立体化、开放式、模块化、一体化的矛盾纠纷在线解决平台,实现案件信息和调解资源跨区域、跨领域的共建共享,促进各类纠纷解决机制的跨界融合,加强对矛盾纠纷的源头治理。结合 2020 年新冠肺炎疫情的特殊情况,可以推广新时代网上"枫桥经验",运用"网上调解""视频调解""微信调解"等方式,将线下调解搬到线上,使纠纷当事人不出面也能化解矛盾、解决问题,提供线上纠纷化解的一站式服务,真正实现"最多跑一次、最好不用跑"的目标。

(三)构建共治共建共享格局

基层社会治理存在碎片化问题。在矛盾纠纷化解方面,碎片化问题更是凸显。因此,如何解决碎片化问题,实现共治共建共享格局,是社会治理亟待解决的问题。"一警情三推送"模式能否顺利开展的关键在于,各个治理主体能否建立整体协同治理的思想,克服多元主体之间协同的障碍,在矛盾纠纷化解时进行共商共治,而不是认为纠纷类警情的调解仅仅是派出所的任务。为此,各个治理主体要达成共识,朝着为人民服务、为人民群众化解纠纷、实现基层安全和社会有效治理的共同目标出发,打破传统的各部门之间较多强调本部门利益、各自为政的局面,同时明确自身的定位和责任,使"三推"之间,特别是"第三推"派出所与"基层治理四平台"之间衔接、对接更加顺畅,充分发挥各自的作用,进一步加强联动协调机制,努力打造共治共建共享格局。

六、总结

"一警情三推送"是推进社会治理现代化、警务模式现代化的一项重要抓手,是探索将"最多跑一次"改革方法、理念向社会治理领域延伸,实现接警即办、矛盾纠纷全流程一次不用跑的有效尝试。金华市公安局已在 2020 年 4 月底前在全市完成推广"一警情三推送"模式,最大限度地统筹各方力量协调行动,完善机制,优化流程,紧扣时间节点,落实各项措施。同时,永康市下一步还将继续健全长效机制,完善矛盾纠纷排查化解和纠纷类警情处置化解相关工作机制,为市域社会治理现代化金华样板贡献永康力量,提升治安管理水平,推动平安永康创建,增强群众的获得感、幸福感和满意度。

参考文献:

[1] 陈彩娟.数据赋能全链条治理:市域社会治理现代化的路径选择[J].中共杭州市委党校学报,2020(5):45-53.

[2] 程琥.在线纠纷解决机制与我国矛盾纠纷多元化解机制的衔接[J].法律适用,2016(2):55-62.

[3] 程昆.新时代中国基层社会矛盾化解机制探究[J].河南社会科学,2018(6):24-28.

[4] 李春根,陈起风.完善矛盾化解机制 开创基层社会治理新局面[J].中国行政管理,2019(4):14-15.

[5] 陆益龙.社会主要矛盾的转变与基层纠纷的风险[J].学术研究,2018(6):45-52.

[6] 陆益龙.乡村民间纠纷的异化及其治理路径[J].中国社会科学,2019(10):184-203.

[7] 彭辉.市域社会治理主体多元化路径探索[C]//《上海法学研究》集刊——中共上海市长宁区委政法委文集.上海:上海市法学会,2020,4:16-22.

[8] 杨立华.多元协作性治理:以草原为例的博弈模型构建和实证研究[J].中国行政管理,2011(4):119-124.

[9] 杨敏,陆益龙.法治意识、纠纷及其解决机制的选择——基于2005 CGSS的法社会学分析[J].江苏社会科学,2011(3):29-35.

[10] 张忠德.探索"警务+律师+调解"的有益模式[N].中山日报,2017-08-25(7).

[11] 赵赟,张蛟.关于构建多元化纠纷解决机制问题的探讨[J].理论探讨,2017(5):46-50.

[12] 左文君,张竞匀.构建矛盾纠纷多元化解机制——新时代"枫桥经验"解析[J].长江论坛,2019(5):83-89.

【作者】

蒋国勇,浙江师范大学图文信息中心研究员,硕士生导师

嵇丽艳,浙江师范大学2019级公共管理专业硕士研究生

数字治理与新冠肺炎疫情防控：
困境与路径优化

聂爱云　　江英奇

新型冠状病毒肺炎疫情暴发后，全国各省区市迅速启动重大突发公共卫生事件一级响应，积极应对并取得较大成效。但疫情防控关键在于人的防控，我国目前人口流动量已接近 2003 年"非典"时期的四倍，各地面临疫情防控与复工复产双重压力，传统政府治理模式难以应对这一严峻考验。在党的十八届五中全会提出"国家大数据战略"以来，我国地方政府数字治理取得阶段性成就，为 2020 年的新冠肺炎疫情防控提供了强有力的支撑。以浙江等地为代表的地方政府，依靠数字治理手段在精准防控新冠肺炎疫情及复工复产方面提供了不少有益经验。但总体来看，许多地方政府仍表征出数字治理的诸多短板与不足，亟待从传统治理模式走向数字治理，实现数字治理转型。

数字时代对国家治理思维和治理能力提出了更高的要求。党的十九届四中全会明确提出"建立健全运用互联网、大数据、人工智能等技术手段进行行政管理的制度规则""加快推进数字政府建设"[1]。在大力推进数字政府建设背景下，地方政府应顺势而为，把精准防控疫情与复工复产作为建设数字政府的一次"大练兵"，以此为契机，全面提升政府数字治理能力，实现数字治理转型，推动国家治理体系和治理能力现代化。

一、数字治理内涵及理论

（一）数字治理内涵

当前，数字治理已成为公共管理领域研究与实践的潮流。[2]以大数据为代表的新一代信息通信技术引领着数字时代的潮流,引发了生产力与生产关系的急剧变革,进而引发国家和政府治理形态的变革。[3]数字治理中的"数字"指的不是传统计数上的含义,而是智能化设备运行过程中呈现的一种数字逻辑,并在这种逻辑支配下演变而成的一种数字化状态。[4]20世纪末,随着新公共管理运动的式微、治理理论的产生[5],以及信息技术的飞速发展,产生了一般意义上的数字治理,即电子政务。此时的"电子政务""网上政府"还只是停留在政府单向的有限信息公开,并没有变革传统的政府治理形态。随着数字信息技术的迅猛发展,尤其深受治理理论多中心、多元化和分权化核心思想的影响,数字治理取代了一般意义上的电子政务。政府更加注重与多元治理主体的双向互动,并不断提高社会公众参与度,传统政府治理形态的根基已然发生改变。可见,数字治理是数字信息技术与治理理论融合的产物。国外学者对此研究较早,如麦金塔(Macintosh)[6]、罗伯逊(Robertson)[7]和贾诺夫斯基(Janowski)[8]等集中探讨了数字时代下政府治理变革将走向何处(数字政府),以及数字政府的发展阶段、建设路径等。梅格尔(Mergel)等探讨了公共事务领域如何应对大数据革命。[9]

数字治理在强调数字化的同时还要求治理主体扮演好治理者的角色,它的核心是以人为本,实现价值理性与工具理性的融合,推动传统政府治理模式下的"以政府为中心"向"以人民为中心"转变。信息及通信技术的发展加快了知识社会的形成,为公众参与提供了更广阔的渠道,从而促进政府治理向更具有回应性和以人为本的治理结构转变。数字治理作为改进公共服务供给和提高公众参与度的新型治理模式,既包括数字政府——提供公共服务,也包括数字民主——公民参与治理。一方面,数字技术"赋能"政府实现公共事务治理的智能化,优化公共服务供给,提高行政效能;另一方面,数字技术"赋权"社会公众,拓宽其政治参与渠道,增强在线上线下两方面的积极性。

(二)数字时代治理理论

治理理论主要来源于西方。二十世纪八九十年代以来,西方世界曾经风靡一时的新公共管理运动在应对效率与公平等价值冲突时饱受诟病。由于它没能处理好工具理性与价值理性之间的冲突,治理理论应运而生。治理理论是在克服新公共服务理论空中楼阁的缺陷的基础上进一步发展起来的,它所构建的服务主导理论和方法以公共政策的制定、执行和公共服务的提供为中心。[10]进入21世纪,治理理论迅速发展,从公司治理到政府治理、社会治理和地方治理等多个领域,多中心治理、整体性治理、协同治理、网络治理和元治理等新的治理流派也不断产生。

数字时代治理理论属于公共治理的理论范式,本质上体现了治理理念与信息技术的深度融合。数字治理理论的创立者帕特里克·敦利威(Patrick Dunleavy)等认为,该理论关注的重点如下:一是重新整合,主要包括政府领域职能的重新整合;二是以需求为基础的整体主义,即采用整体主义和需求导向的治理结构;三是数字化过程,通过数字技术的应用不断推动行政数字化进程。[11] 这三者之间的关系密不可分,以需求为基础的整体主义需要重新整合,而前两者共同推动数字化变革。该理论在强调数字化的同时重视治理的作用,只有将数字化与治理相结合,才能推动政府数字治理转型。

数字时代治理理论虽然产生于西方,但对我国政府治理变革极具启示意义。数字时代治理理论的核心内涵与我国建设数字政府的需求和"以人民为中心"的宗旨相契合,也与新时代的人民民主有着相同的价值诉求。[12] 当前新一代信息通信技术迅猛发展,在推进政府治理体系和治理能力现代化建设的进程中,我国传统电子政务亟须向数字治理转型。

二、新冠肺炎疫情防控中的数字治理实践

近几年来,我国一些地方的数字治理体系构建取得阶段性成就,学术界开始注重总结、推广我国地方政府的先进治理经验,以提升我国政府整体性数字治理水平。如刘淑春基于浙江"最多跑一次"改革实践构建出我国政府数字治理转型的实践路径[13],吴克昌等基于广东省的数字治理实践探讨新型政府治理模式下公共服务供给的优化路径[14]。不可否认的是,在 2020 年的新冠肺炎疫情大考中,全国许多地方政府交出了令人满意的答卷,其中浙江省表现得尤为出众。

(一)数字治理实践的浙江经验

凭借近年来数字治理能力的提高,浙江省成功探索出诸多数字治理的有益经验,如"最多跑一次"改革实践。正是基于这些成功的数字治理实践基础,浙江省在新冠肺炎疫情防控过程中,以大数据赋能政府提前预警、协调联动、科学防治和精准施策,从而实现对疫情的精准防控。具体来说,浙江经验主要体现在以下方面。

1."大数据＋网格化"管理，提升防疫实效

新冠肺炎疫情暴发后，浙江省运用大数据分析出自鄂来浙人员众多，疫情在本省有进一步扩大的风险后，当即在全省启动重大突发公共卫生事件一级响应，这比疫情的中心地湖北还要早，应急响应速度不可谓不快。浙江省在实行网格化管理的同时，让大数据走在前面，找出隐性传染源，锁定敏感传染源，从而进行精准隔离，大大缓解了基层防疫工作人员的压力，既为基层人员减负，又提升了防疫效率。

2.基于数据平台的部门协调联动

通过搭建统一的政务服务平台，实现信息的实时共享，形成跨层级、多部门的协调联动机制，真正落实联防联控、群防群治的防疫要求。如杭州市基于前期构建的新型城市治理平台"城市大脑"搭建了"卫健警务——新型冠状病毒防控系统"，收集、整理、分析和共享各部门实时数据信息，建立跨层级、多部门的快速联动响应机制，为疫情精准防控提供了基础支撑。

3.政企合作推出健康码以便利群众出行

杭州市凭借地域优势，与阿里巴巴达成战略合作，共同建设一个信息数据库，并于 2020 年 2 月 11 日在全国率先推出健康码。由绿、黄、红三色组成的健康码通过群众自行上报个人健康信息与大数据分析共同判定健康码颜色，实时动态调整。此举充分便利了群众的出行需求和对复工人员的管理，随后在全国有条件的城市中迅速推广。面对人员跨省流动，各省之间健康码不识别的问题，部分省份开始达成信息数据共享合作，建立人员健康情况检测互相识别机制，从而实现"一码通行"。

4.五色图助力防控、复工两手抓

2020 年 2 月 12 日召开的中共中央政治局常务委员会会议指出，非疫情防控重点地区要以实行分区分级精准防控为抓手，统筹疫情防控与经济社会秩序恢复。要按照科学防治、精准施策原则……制定差异化防控策略。复工复产需要有充分的数据作为决策支撑，这对地方政府的数字治理能力同样是一大考验。浙江省通过数据挖掘整合分析，在全国率先推出"疫情五色图"和"复工率五色图"，建立起覆盖全省的复工复产监测体系，为科学精准施策和全面实时掌握全省疫情动态提供数据支撑，从而实现疫情防控和复工复产两手抓。

（二）其他地方的数字治理实践

事实上，除浙江外，全国其他地方如上海、北京、山东、广东、四川、河南等多地在新冠肺炎疫情防控中都展现了政府数字治理的良好效果，如表1所示。通过总结这些地方在疫情防控中的典型数字治理实践，可以看出它们普遍注重积极发挥政府主体作用，通过数字技术赋能，搭建数据一体化平台，实现数据共享和信息及时公开，同时与多元化治理主体实时互动，建立协调联动机制，真正落实了对疫情的"联防联控、群防群治"，取得了较好成效。

表 1　典型数字治理实践

名称	地区	主要内容	主要成效
一体化疫情防控数据平台	郑州	搭建发热门诊登记系统、钉钉疫情统计摸排上报系统、疫情态势分析系统、智能外呼系统及来郑人员健康登记系统	形成各部门数据打通的横向闭环，排查人员落实、信息录入的纵向闭环，实现数字化疫情防控
疫情防控统计分析系统	北京	与科技企业达成战略合作，研发疫情防控系统	大大提升疫情防控甄别精度处置效率
智慧工地	汕头	将人员、机械、物料、质量、安全等施工全过程的数据进行自行采集、智能分析及智能预警	实现管理智慧化、生产智慧化、监控智慧化和服务智慧化，助力复工复产
依托公共数据开放网的网上办事	山东	梳理2000余项数据资源，综合分析各地区各行业复工复产情况，完善政务服务一体化服务平台，简化办事流程，推动网上办事	为各级各部门制订有针对性的措施提供参考，助力企业复工复产
公共场所出入登记系统	威海	社区及公共场所出入开启云上登记，人员信息可溯源	为疫情防控指挥调度提供了有力的数据支撑
"大数据＋担保"融资模式	上海	大数据中心提供公共数据，作为银行评价授信客户的基础，再由基金管理中心对拟授信客户予以担保，支持银行加大信贷投放	缓解中小微企业的资金压力
四川群防快线	四川	作为直接面向群众服务的疫情防控专用平台，群众在家就能自测问诊，并能提供重要疫情线索和进行违规举报	实现群众诉求"一网响应"，通过大数据分析进行查漏补缺

三、新冠肺炎疫情下地方政府数字治理限度

(一)地方政府数字治理实践限度表征

尽管以浙江为代表的地方政府在疫情防控实践中探索出不少数字治理的成功经验,但就全国而言,我国地方政府数字治理实践目前仍存在诸多不足。本文着重讨论疫情期间政府数字治理限度备受人们关注的四个方面,并剖析其成因。

1. 缺乏有效的数据共享机制

在2020年2月3日召开的中共中央政治局常务委员会会议上,习近平总书记强调,"要坚决反对形式主义、官僚主义,让基层干部把更多精力投入到疫情防控第一线"。在疫情防控期间,部分地方政府给基层防疫工作人员带来了繁重的填表任务,并且上级部门下发表格内容大致相同,基层防疫工作人员的精力被大量浪费在填写重复、烦琐的表格上,从而使疫情防控工作成效大打折扣,疫情防控也变异成了"表格抗疫"。在这一充满形式主义的现象背后,反映出部分地方政府仍然缺乏有效的数据共享机制。实现对疫情的精准防控需要大量的数据支撑,而基层对信息的实时上报则是获取数据的重要环节,目的是好的,但实际运行过程则出现了偏差。由于我国电子政务建设长时间基于条块分割的政府组织架构,"条条""块块"所带来的"信息孤岛"、数据垄断等难题无法在短时间内予以克服,而当前地方政府数字体系建构过程中又有新的问题产生,从而导致有效互联互通的数据共享机制的建立出现滞后现象。

2. 缺乏有效的合作协调机制

在疫情期间,由于医用护目镜、口罩和防护服等防疫物资具有需求量大、消耗量大和短时间生产不足等特点,因此面临巨大的供需差额。在"全国一盘棋"的部署下,国家优先保障一线医护人员的物资需求,尤其是湖北地区。但即使如此,物资仍然供不应求,社会捐赠因此成为物资来源的又一重要渠道。湖北省红十字会作为其中一家单位,受民政部指定在当地扮演公益救助的牵头人角色,负责接受社会组织和个人为湖北省疫情防控工作募集捐赠的财物。但令人们困惑的是,在疫情初期,为什么全国乃至全球捐赠物资蜂拥而至,武汉市各医院防疫物资却还是接连告急?最后经调查发现,由于物流周转人手不够、相关技术人才缺乏和往来物资量巨大等,当地政府没能建立有效的合作协调机制,仅凭几家牵头单位不能满足防疫物资及时调配的需求,从而造成一线物资吃紧、后方物资调拨缓慢的局面。最

终,在武汉城投、九州通医药物流和武汉市统计局等多部门的合作协助下,问题才得以解决,在统一的协调机制下充分发挥各部门之所长。

3.缺乏有效的整合联通机制

当前全球处于风险社会之中,其风险具有跨域性和广泛性的特征,单个主体无法应对风险的冲击。数字时代治理强调,重新整合政府职能和采用整体主义与需求导向的治理结构,主要表现为逆部门化和碎片化的互联互通机制。如新冠肺炎疫情具有明显的跨域性、跨界性和复杂性,传统的条块分割式的常态化治理机制无法实现对疫情的有效防控,必然需要一种跨主体、跨部门、跨系统、跨地域的整合联通机制,从而走向联防联控、群防群治。但在疫情防控初期,湖北省政府及武汉地方政府并未建立起有效的整合联通机制,不同部门间、主体间数据协调不畅,数据壁垒、"信息孤岛"等难题无法破解。如在防疫物资储备上,医院和政府部门公布的信息出现明显分歧,存在数据"打架"现象,极大地降低了防疫物资调配效率。

4.缺乏有效的数据利用机制

从数据采集到数据整合分析是实现数据价值的过程,缺乏对数据的有效利用则无法释放数据的内在价值,尤其是大数据兼具容量高密度与价值低密度的双重特性,更需要有效的数据利用机制来挖掘数据的价值。自从我国推进数字政府建设以来,各地就不断有形式数字化、表面数字化、"数字工程"等问题出现,反映出地方政府在数字治理转型过程中并没能建立有效的数据利用机制。在新冠肺炎疫情防控中,这一问题仍然存在,如在疫情大规模暴发前,武汉市及湖北省政府在收到各地上报相关病例信息后没能引起足够的重视,缺乏对其关联深度分析,无法提前发布预警信息,从而错过疫情防控的最佳时机。据翁士洪等学者的实证研究发现,疫情期间政府网站公开的信息极少形成可直接利用的数据集格式,这在无形中制约着公众、企业、社会组织等多主体对其进行二次开发和利用。[15]政府部门拥有比其他部门容量更大的数据信息,政府信息公开是国家治理现代化的重要内容,如何做好政府数据开放工作,体现着政府数字治理能力。

(二)数字治理实践限度的成因分析

新冠肺炎疫情期间,地方政府在数字治理实践上产生上述的种种不足,其原因是多方面的。本文主要根据上述的实践限度表征着重探讨以下几点成因。

1.重数据而轻治理

当前随着新一代信息通信技术广泛应用于政府治理领域,部分地方政府在数字治理转型过程中极易步入重数据而轻治理的怪圈,出现表面数字化、形式数字化、一味追求数字信息等现象。重数据而轻治理说到底还是政府治理理念未完全革新的问题,虽然一只脚已经踏上了数字化转型进程,但治理理念还未完全从传统政府治理模式下转变过来。数据固然重要,但它终究还是为治理服务的。释放数据的价值,需要经历从数据收集到数据开放、共享和利用的数据治理过程;同时,只有充分调动多治理主体的积极性,发挥其作用,再与数字信息相结合,才能发挥事半功倍的效果。

2.大数据平台仍不完善

基于大数据平台的数据收集、整理、分析、共享和利用,为政府治理提供强大的智力支撑,实现政府间跨层级、跨部门和跨地区的合理分工和资源优化配置;同时,统一、开放的大数据施政平台也为数据开放利用与协同整合机制的建立提供基础设施保障。在疫情防控中,要实现"联防联控、群防群治"的治理格局,信息的实时共享是摆在首位的,缺乏完善、统一、开放的大数据施政平台,则信息数据共享机制无法建立或不能发挥应有的作用。如果政府间的信息隔阂仍然存在,缺乏有效的信息数据共享机制,那么像"表格抗疫"这样的现象就会屡见不鲜。

3.社会公众参与治理力度不够

信息技术的发展为社会公众参与治理提供了平台;同时,不断扩大治理主体的多元化,增强企业、社会组织和公众参与治理的能力,是建设"以人民为中心"的数字政府的必然要求。在疫情防控前期,武汉市政府调配捐赠物资仅仅依靠红十字会等几家牵头单位,没有充分发挥企业、社会组织和其他部门的多主体作用,从而导致资源配置效率低下。面对风险社会中公共问题日益碎片化,基于需求的整体主义强调治理主体的多元化、协同化,走向合作治理的新格局。疫情防控中形成的"联防联控、群防群治"机制,正是在政府领导下的企事业单位、社会组织和公众共同参与形成的。

4.制度执行力有待提升

中国特色社会主义制度是战胜新冠肺炎疫情的制胜法宝,但同时也要看到部分地方政府在这次疫情中存在片面执行、变相执行和过度执行等问题。要最大限度地把我国的制度优势转化为国家治理效能，关键还要看制度执行力。政府在实现数字治理转型过程中要充分认识到数字技术只是工具，通过其赋能后增强自身治理能力。为吸收"非典"时期信息不畅通带来的教训，我国建立了从中央到地方政府的"传染病疫情和突发公共卫生事件网络直报系统"。随着数字技术的发展，这一系统运行更为完备，覆盖面也更广。然而在疫情暴发之前，由于武汉市政府过多地行政干预，当地没有及时连续地上报相关病例信息，且政府信息公开渠道较闭塞，从而贻误时机，错过疫情防控的最佳时间。

四、地方政府数字治理优化路径

如上所述，在新冠肺炎疫情下地方政府数字治理实践仍存在一定的限度，这是建设数字政府，实现地方政府数字治理转型，从而推动政府治理体系和治理能力现代化所必须克服的。针对当前表征出的治理限度，结合浙江等地的有益经验，本文认为应该从以下四个方面优化地方政府数字治理，以推动数字政府建设。

(一)加快政府治理理念变革，切实提升数字治理能力

地方政府在实现数字治理转型的过程中要加快从传统政府治理模式向数字时代治理的理念变革。在追求数字化变革的同时，切实发挥好政府治理的主体作用，不断增强数字治理能力，做到数字化与治理并重。尤其在进行基于数据分析的决策时，如何解决数据来源的公平和信任问题，以及由于大数据时代存在着"无用数据"爆炸和"有用数据"短缺的现象，如何获取更好的数据而不是一味追求更多的数据，对政府的数字治理能力提出了更高的要求。因此，政府应加快治理理念变革，履行治理主体职责，切实提升数字治理能力。一方面，地方政府及行政人员应积极树立数字治理理念，在政府部门内部及全社会形成数字治理文化，充分发挥数字治理理念的引领作用；另一方面，理念与实践相结合，政府部门应在发现、分析、利用大数据的过程中实现数字治理理念的革新，以增强自身数字治理能力。

(二)完善大数据平台，推动数据共享和信息公开

由于现有政府组织架构是一种条块分割结构，过去基于此建立的各部门独立的数据系统在一定程度上阻碍了数据资源的互联互通。而依靠大数据和人工智能

等信息技术可以实现数据管理方式的变革,跨部门、跨层级和跨地区的数据统一开放平台的建设也成为可能。应总结新冠肺炎疫情中全国政务一体化平台的运作经验,整合各部门、各地区数据平台,在保证数据安全性的同时消除数据隔阂,对内实现数据共享,自觉树立"公开是常态,不公开是例外"的意识,对外及时公开信息。数据共享和信息公开不仅是检验政府数字治理能力的重要途径,也是数字政府建设的必然要求。对于当前数据开放共享面临的体制障碍与机制梗阻,加快建立并完善统一协调的大数据施政平台是关键。一方面要建立政府部门内部的统一大数据平台,构建跨部门、跨地区和跨层级的数据共享平台,破除数据壁垒,实现数据资源在政府部门内部安全、有序流动,释放大数据在政府治理变革中的驱动力;另一方面要构建跨主体的数据开放共享平台,实行"负面清单"制度,在保证数据安全的前提下,实现数据资源在政府部门与公众、企业和社会组织等非政府部门主体之间开放共享。

(三)加强社会公众参与,形成多元、有序的参与格局

数字时代,社会公众已成为数据信息流中的重要一环。政府治理不再是政府单打独斗,而是通过数据平台形成政府主导,企业、社会组织和公众多元参与的治理格局。政府要与社会实时互动,吸收社会有益经验,广泛汇集民智,收集民意,形成公共事务治理合力,最终实现"善治"。不断提高社会公众参与度是政府数字化转型过程中从"以政府为中心"向"以人民为中心"治理理念转变的内在要求,政府部门与非政府部门(包括企业、社会组织和公众等)不是相互对立的关系,而是相互增益的关系,政府在发挥好自身治理主体作用的同时,广泛吸纳社会公众参与,互补所短,各取所长,从而实现社会公共事务的有效治理。为加快形成多元、有序的参与格局,首先,拓宽社会公众参与渠道,通过大数据平台降低公众参与成本,增强线上线下两方面积极性;其次,政府信息有序公开,保障公众知情权,为社会公众参与治理提供信息基础;最后,培育发展各类社会组织,充分发挥其在社会治理中的独特作用。

(四)提升制度执行力,为政府数字治理保驾护航

制度执行是把我国制度优势转化为国家治理效能的突破口。政府作为主要的制度执行主体,执行力的高低决定着数字治理转型的成功与否。当前,仍有部分地方政府制度执行力不够。为提升制度执行力,首先,应建立健全政府治理大数据平台,完善现有的制度体系,填补制度体系的空白与漏洞,尤其当前涉及数据的权利、使用、保护以及数据的隐私与开放等问题，需相关立法跟进；其次，我国的制度建设经过几十年的发展已经形成了较完备的体系，执行好已有的制度要着重解决好有法不依、执法不严和违法不纠等问题，从而激发制度体系的活力；再次，强化制度执行的配套监督体系，充分利用数字技术，实现制度出台到执行的"全生命周期"监督，发挥社会公众外部主体监督作用；最后，打造制度执行的人才队伍，尤其是当前地方政府专业的数据人才队伍匮乏，应通过将人才引进与人才培育相结合，优化数据人才队伍结构。

五、结语

以大数据为代表的新一代信息通信技术在打赢这场疫情防控阻击战中发挥了至关重要的作用。政府数字化治理不仅是疫情防控的必然选择，也是实现公共事务治理智能化的有效路径。当前，地方政府应以疫情防控为契机，针对疫情防控中数字治理能力表征出的不足，抓紧时间补短板，以实现数字治理转型，推动政府治理体系和治理能力现代化。我们有理由相信，经过这次疫情，地方政府的数字治理能力将会有一个质的提升。地方政府数字治理转型不是一蹴而就的，而是螺旋式上升的过程。因此，学术界在做好理论研究的同时，还需要持续地开展相关实践研究，与地方政府数字治理实践相互补充，尤其是采用实证分析研究政府数字治理成效，目前我国这一方面的研究成果还极为匮乏。同时，数据权利的归属与保护、国家安全与个人隐私、政府的权力边界等一系列难题，还有待进一步研究。

参考文献：

[1] 新华网. 中共中央关于坚持和完善中国特色社会主义制度 推进国家治理体系和治理能力现代化若干重大问题的决定[EB/OL]. (2019-11-05)[2020-06-18]. http://www. xinhuanet. com/politics/2019-11/05/c_1125195786. htm.

[2] 王洛忠，闫倩倩，陈宇. 数字治理研究十五年：从概念体系到治理实践——基于 CiteSpace 的可视化分析[J]. 电子政务，2018(4)：66-77.

[3] 陈振明. 政府治理变革的技术基础——大数据与智能化时代的政府改革述评[J]. 行政论坛，2015(6)：1-8.

[4] 颜佳华，王张华. 数字治理、数据治理、智能治理与智慧治理概念及其关系辨析[J]. 湘潭大学

学报（哲学社会科学版），2019（5）：25-30.

[5] 翁士洪.数字时代治理理论——西方政府治理的新回应及其启示[J].经济社会体制比较，2019（4）：138-147.

[6] MACINTOSH A. The emergence of digital governance[J]. Significance,2008,5(4):176-178.

[7] ROBERTSON S P, VATRAPU R K. Digital government[J]. Annual Review of Information Science and Technology,2010,44(1):317-364.

[8] JANOWSKI T. Digital government evolution：from transformation to contextualization[J]. Government Information Quarterly,2015,32(3):221-236.

[9] MERGEL I, RETHEMEYER R K, ISETT K. Big data in public affairs[J]. Public Administration Review,2016,76(6):928-937.

[10] 竺乾威.新公共治理:新的治理模式？[J].中国行政管理,2016(7):132-139.

[11] DUNLEAVY P, MARGETTS H, BASTOW S, et al. New public management is dead—long live digital-era governance[J]. Journal of public administration research and theory,2006,16(3):467-494.

[12] 马振江.新时代国家治理现代化的制度供给与人民民主的实践指向[J].江西财经大学学报,2019(4):3-9.

[13] 刘淑春.数字政府战略意蕴、技术构架与路径设计——基于浙江改革的实践与探索[J].中国行政管理,2018(9):37-45.

[14] 吴克昌,闫心瑶.数字治理驱动与公共服务供给模式变革——基于广东省的实践[J].电子政务,2020(1):76-83.

[15] 翁士洪,林晨晖,早克然·库地热提.突发事件政府数据开放质量评估研究:新冠病毒疫情的全国样本实证分析[J].电子政务,2020(5):1-13.

本文得到国家自然科学基金项目（71663033）、中国博士后科学基金面上项目（2018M640601）资助。

【作者】

聂爱云,博士,江西师范大学政法学院副教授,硕士生导师

江英奇,江西师范大学政法学院硕士研究生

乡村振兴背景下乡村治理法治化路径研究

——以浙江省乡村为例

罗德富

为满足人民日益增长的物质文化需求,全面建成小康社会,我国大力发展新农村建设。乡村振兴战略的实施离不开法治建设的支持,也是新农村建设的必然要求。新时代,党和国家对我国的发展做出完整规划。规划明确指出,我国改革开放进程要以国家治理现代化作为战略发展目标,以全面推进依法治国为重要举措。我国乡村人口众多、地域辽阔,乡村治理法治化基础薄弱,全面建成法治乡村社会依然是我国发展的主要目标,也是新时代我国开展实施振兴乡村战略和全面实现依法治国的重要内容。加快健全完善政府法治体系,对于坚持和完善中国特色社会主义行政体制,推进政府治理体系和治理能力现代化,具有鲜明的时代价值和深远的历史意义。

一、研究背景

当前我国乡村振兴法治化建设过程中存在较多的问题,主要表现为村民法治观念淡薄、乡村政府法律体系缺失、治理措施不合理。经验表明,乡村振兴法治化离不开民主决策、科学决策、程序决策的支持和保障,三大决策也是地方政府治理法治化的必要前提和基础保证。我国乡村法治化建设工作开展较晚、基础薄弱。在乡村振兴战略背景下,乡村法律法规不够健全、完善,造成乡村干部法治思维严重欠缺,基层政府维持乡村社会稳定与团结面临较大的压力,存在"村霸"横行现象。[1]同时,中国乡村在很长一段时间内都没有一套完整、成熟的法治体系,乡村政府法治思维形成定式,农村居民法治观念落后、缺失,农村干部对于推进乡村社治理法治化的意识不强,造成乡村振兴法治化建设进程受阻。建立健全乡村法治规范体系是实现我国乡村振兴法治化的制度保障,理顺基层三大组织在乡村法治建设中的关系为实现乡村振兴提供了组织保障,群众保障必须通过提高村民的自治意识和法治意识实现。制度保障、组织保障以及群众保障是实现乡村振兴法治化的重要途径。基层干部在开展乡村法治化建设工作时要始终坚持行政的重要工作原则。我国政府法治理论体系形成较晚,因此政府开展实施乡村振兴战略时要建立健全考核制度,提升考核监督能力,严格规范基层政府的工作。此外,随着科学能力和经济水平的发展,大数据技术在我国应用广泛。因此,在我国乡村振兴政府法治建设中,大数据技术的应用是必然途径,对于提升基层政府行政科学性具有重要的指导意义。

相比于国内乡村法治建设基础薄弱,国外对政府法治建设的研究由来已久,指出政府提供社会服务工作中法律和社会价值的重要作用,法律和社会价值协调配合可保证社会服务的质量和范围。随着互联网技术的迅速发展,大数据融入人们的日常生活,其发展也衍生出较多的问题,尤其是数据安全问题,对于公民的隐私、生活具有重要的意义,因此,各国政府都加大了立法和执法力度,通过建立网格化的法律法规体系保障数据信息安全。

二、乡村治理法治化建设的重要意义

乡村振兴是中国特色社会主义发展的重要内容。随着乡村振兴战略的实施,我国的乡村建设在乡村治理、乡村社会和乡村经济发展三方面取得了显著的成果,但对于乡村治理法治化的管理和研究工作进度依旧缓慢。首先,应结合我国乡村振兴发展战略的政策背景,研究乡村治理工作中政府部门的法治作用,深化政府乡村治理的法治途径,构建乡村法治化和政府行政现代化乡村发展理论体系,为我国乡村法治治理提供理论基础。其次,结合乡村振兴发展战略的政策背景,以及我国乡村发展实际情况,汲取当前有利因素,为今后乡村振兴发展道路提供新的思路和研究方向。[2]

我国人口众多,其中乡村人口是我国总人口的重要组成部分。对政府乡村治理法治化进行研究,可深化当前我国政府乡村治理的法治途径,有利于促进我国政府乡村治理法治化,促进政府依法行政、科学行政,规范政府的行政行为,提升政府治理能力,促进行政现代化建设。乡村是我国的重要组成部分,乡村的发展和稳定关系着我国发展是否平稳、有序。乡村治理法治化有利于促进我国乡村社会经济、政治、文化及生态的发展,对于提高乡村人民生活水平,实现乡村振兴具有十分重要的推动作用。

三、浙江省乡村治理法治化工作开展情况

近年来,浙江省为适应开展实施乡村振兴战略出现的各种情况及问题,满足乡村居民的要求和期待,在浙江省政府的领导下,各级农村基层组织的机构部门、职能范围、作用机制得到改进和完善,党组织的政治引领作用在乡村治理法治化的推进工作中得到了充分发挥,浙江省乡村基层治理工作取得显著效果。[3]

(一)提升党员干部综合素质,发挥其核心领导作用

在乡村振兴战略背景下,浙江省政府高度重视乡村党组织建设工作,坚持乡村振兴建设与农村基层组织建设同步走的原则,强调党员干部服务意识的培养和服务能力的提高,建立健全农村党员干部培养体系,深化党员人才培养工程,扎实提高基层干部的能力和素质。以浙江省湖州市为例,湖州市委每年多次组织党员学习专题活动,以开展基层党建工作、加强党组织建设为主题开展现场会、座谈会,充分发挥了湖州市基层党组织的核心领导作用。

(二)建立民主法治村,落实村民自治制度

在浙江省政府的领导下,浙江省各乡镇党组织制定、实施村民公约及社区规定,严格约束乡镇居民行为,加强村民自我教育、自我管理、自我服务意识。从省级到乡镇各级,全省各级政府部门工作重点转移至基层组织建设,加大财政、资源投入,强化基层保障工作。以浙江省湖州市为例,全市先进民主法治村(社区)达673个,其中包括8个国家级和68个省级民主法治示范村,基本实现乡村法治全覆盖。

(三)密切党群干群关系,促进和谐社会建设

村民矛盾纠纷是乡村常见问题。在解决各类村级纠纷问题过程中,浙江省各地区结合地区实际情况,敢于创新,勇于实践,充分发挥地区优势,形成具有地区特

色的村民纠纷解决办法。"大东坝石仓片联防联调自治""枫坪乡农村联合调解""斋坛乡花田垄村民间承包"等村民纠纷解决模式是浙江省丽水市在基层保障工作开展过程中形成的特色模式,落实了村民自治制度,有效化解了各类村级矛盾纠纷,密切了党群干群关系,促进了社会和谐发展。

四、存在问题

在乡村振兴背景下,浙江省乡村治理法治化工作开展多年,农村基层治理法治化取得了显著效果,但也衍生出较多的问题。主要表现在以下几个方面。

(一)村级基层干部群众法治意识淡薄

与城市相比,我国农村发展水平普遍落后,有些农村基层干部在开展工作的过程中还存在较严重的官本位和人治思想,重视人际关系、金钱和权力,忽略法律、能力及正常程序对于基层工作开展的重要性。某些基层干部习惯"讲人情"的工作方式,仅仅凭着自己的想法和经验就武断地做出决定,因此决策中往往会存在较多问题。[4]基层干部对法治意识的不重视更是造成普通群众法律意识淡薄,没有浓厚的懂法、用法、守法氛围,村民之间出现矛盾纠纷往往通过家族势力或地方习惯解决,没有将走法律程序作为第一选择,因此违法维权现象十分普遍。

(二)民主选举制度落实不规范

《中华人民共和国村民委员会组织法》明确规定,村民委员会主任、副主任、委员,由村民直接选举产生。任何组织或者个人不得指定、委派或者撤换村民委员会成员。然而在现实中,随着经济水平的提高和我国社会的发展,农村居民选择外出务工人数逐年增长,乡村民主选举制度很难落实。大量的流动从业人员导致选民很难拥有实实在在的选举权利,无形中增加了乡村选举组织难度。此外,在基层干部选举过程中,家族选举、拉票贿选现象普遍存在,但由于农村大多处于偏远地区,且不良竞争手段隐蔽,给取证、查处工作带来了很多困难。

(三)基层组织管理法治化程度低

调查研究结果表明,在大部分村庄尤其是经济发达的地区,担任村镇支部书记的干部均为当地的"能人",这些人具有较强的经济实力和社会活动能力,因此在当地具有较高的威信,但由于其没有接受过系统的政治和法治教育,在乡村治理工作中更多依靠个人的权威开展工作,没有将法律和国家政策作为开展工作的原则,常常导致全村兴衰系于一人之身。以浙江省水坑村、应村乡应村、息塘村为例。[5]这些村镇支部书记任职均已超过20年,由于乡村工作长期以来一直依赖这些"能人"治理,也就意味着只有选好接班人才能做好乡村治理工作。因此,这类村庄基层干部接班人十分难选。

村经济合作社、村民委员会、村务监督委员会以及村党支部是我国乡村四大基层法定组织。由于基层组织管理法治化程度低,组织成员往往交叉任职,更有些背景深厚的人身兼数职,这也造成了农村基层组织权力过于集中。此外,基层干部中还存在着"身在政府,心在创业"的不良现象,在金钱利益的驱使下,这些干部将更多的精力用于外出创业,对村公共事务处理投入较少,履职意识不强,导致乡镇管理弱化。

(四)基层组织管理制度不够完善

2006年起,我国全面取消农业税费、农村劳动两工制度以及村集体土地调整权,乡镇财政成为空壳,乡村集体所拥有的可配置性资源不断流失。村主任与村支书之间职权和分工界限不够明确,工作配合往往通过个人情感维持,这主要是由于基层干部对于乡村工作运行机制了解不够透彻,两者之间没有明确的约束关系,同时也是矛盾产生的主要原因。基层组织内部约束尚且如此,更不用说村民群众,部分村民在涉及自身利益问题时,常常表现为不服从组织管理,村民之间矛盾较多,使得村庄陷入治而不理的困境。[6]例如在处理农村林权、地权等涉及村民切身利益的问题时常常会产生较多的纠纷,严重阻碍乡村公共事务处理工作。

五、对策研究

我国是一个农业大国,民主法治建设的一项工作重点就是加强农村基层治理,促进我国社会主义民主政治的有序发展。为实现城乡一体化的发展目标,要创新乡村社会管理方式,加强乡村基层民主政治建设,推进乡村社会治理法治化,强调党和法律在乡村治理工作中的主导地位,确保农村社会的和谐和稳定。

(一)打破传统人情社会,提升村民法治意识

制定法律的目的不是利用冰冷的制度来约束公民,而是通过法律给公民的行为设立一个规范,让每一位公民真正做到知法、懂法、守法和用法。我国农村法治现状不容乐观,人情社会问题比较严重,应通过多种方式加强农村法治宣传教育,提升村民的法治观念,引导村民走向守法、用法的道路,促进乡村治理法治化建设。

县区及乡镇司法部门具有专业的法治理论知识。这些司法部门可借助报纸、电视、互联网等平台以演讲、案例分析的形式深入农村内部进行法治宣传教育,提升村民法治观念。政府部门要组织专业的法律人士定期对基层干部和调解人员进行法律理论知识培训,严格要求基层组织在处理村级事务和民间纠纷问题时合理使用法律手段,实现乡村治理法治化。选择具有代表性的案例,可将案件庭审公开化,现场办案,让每位公民都切身参与到案件的审理过程中,让法治意识深入百姓内心。

(二)完善基层组织建设,明确权力职责范围

农村经济建设、社会发展离不开基层组织的工作支持,不同部门的职责不同,发挥的作用也不同。基层民主政治建设离不开党的领导,村党支部和村委会的设立体现了领导与被领导的关系,无论在什么情况下,都要坚持党支部的领导地位,明确党支部与村委会的职责范围。村党支部是乡村政府部门的领导核心,因此,应当承担起更多的领导职责,规范引导村委会开展工作时正确使用其职权,有效履行其职能,协调基层组织各部门之间的关系,提升工作效率。村委会是实现乡村自治的工作机构,经办村级一切日常事务,更多担任政策执行者的角色。为提升基层组织工作效率和保障村民合法权益,要建立健全基层组织各部门协调机制,尤其是村委会和党支部的协调工作,既要防止两者领导互相推诿,也要避免一方过于强势而产生矛盾,出现两委变一委的现象。

此外,经济合作社具有经济职能,以及依法独立进行经济活动的自主权。村委会作为基层群众自治组织要保障和支持经济合作社依法独立进行村集体经营活动,坚持政企分开的原则,大力发展乡村经济。只有在没有设立村经济合作社类的集体经济组织时,村委会才应该承担起经营管理集体资产的责任。村务监督委员会在村党支部的领导下,独立行使监督权,具有依法行使村务公开和财务活动管理监督的权力。实际上,大部分乡镇监督部门仅仅监督财务活动,其他方面的监督工

作并没有过多地参与。村务监督部门要本着对全体村民负责的原则,严格审查村务公开内容的真实性、规范性、有效性和全面性,对村集体财务活动进行监督管理,杜绝一切不合理财务活动的开展。

因此,实现乡村村民自治要坚持村党支部的核心领导地位,以村民委员会为执行主体,村民代表大会为决策主体,村务监督委员会为监督主体,建立完整的农村基层治理体系。

(三)依法选举乡镇领导,完善乡镇选举制度

我国农村普遍存在当地德高望重者管理村务的现象,"能人"治村模式虽然合理,但是带来了一定的局限性,权力过于集中就是一个主要问题,对实现乡村村民自治产生了负面作用。因此,为响应国家乡村振兴战略,实现乡村治理法治化,必须严格规范基层干部选举制度,杜绝"能人"治村现象。

我国法律明确规定,包括村基层干部在内的各级政府领导均应由选举产生,全体村民均依法享有选举权和被选举权,因此要完善候选人和自荐人的产生机制,制定严格的资格标准,强化参选机制。建立健全基层组织各项制度,充分调动村民参与村公共事务处理的积极性,强化法律对于乡村的选举监督和约束作用,确保村民自治的权利。

(四)建立惩戒制度,规范村民行为

当前我国乡村基层组织制度呈现出行为模式与惩戒手段脱节的现象,注重奖励和规范,忽略惩戒制度对于约束组织干部行为的重要意义。如果仅仅规定组织干部应当做什么,而未明确没有履行该义务将受到何种惩罚,这在一定程度上会加剧令而不行、禁而不止行为的发生。因此,在乡村治理法治化推进过程中要建立相应的惩戒制度,强调责任追究,明确处罚措施。

监督、约束基层组织干部最有效、最直接的方式便是罢免权的行使。《中华人民共和国村民委员会组织法》明确规定了村民具有罢免村委会成员的权利,却未明确行使罢免权时相应的制度安排和规定,外加乡村宗族势力等不良因素的影响,存在"当选容易罢选难"现象。因此,今后乡村治理法治化建设要明确罢免程序、罢免范围、罢免机构和裁决规则等,充分发挥罢免权的威慑作用,防止基层组织干部不作为或违法乱纪。

六、结语

针对我国浙江省乡村治理法治化开展过程中出现的问题及不足,应加强基层组织建设,提高政府行政能力,有效推动依法治国和政府行政能力现代化进程,促进乡村振兴战略下政府工作的改进和提升,真正做到便民利民,为人民服务,促进乡村建设,推动乡村社会、经济、政治、文化及生态等方面的发展与进步。

参考文献:

[1] 穆怀彬,王建英,戴雅婷,等.浅析农村生态文明法治建设在乡村振兴中的重要作用[J].山西农经,2019(16):25-26.

[2] 汪恭礼.乡村振兴背景下法治乡村建设研究[J].廊坊师范学院学报(社会科学版),2019(4):104-111.

[3] 沈月娣,罗景华,李官金.农村基层治理法治化建设研究——以浙江省湖州市、丽水市为例[J].浙江师范大学学报(社会科学版),2017(1):59-65.

[4] 刘贞伟.乡村治理法治化的困境分析[J].山西农经,2020(9):138-139.

[5] 孟莉.乡村治理法治化建设的现实困境与路径[J].领导科学,2019(24):108-110.

[6] 党敏.农村振兴背景下乡村社会治理法制化建设策略研究[J].湖北开放职业学院学报,2019(10):117-118.

【作者】
罗德富,台州市路桥区人大常委会研究室副研究员

乡村治理数字化的现实限度与优化路径

——以德清县五四村"一图感知五四"数字化平台为例

付翠莲　张　慧

　　"治理有效"是乡村振兴的重要抓手,也是实现国家治理现代化的重要目标。信息时代到来,大数据、区块链、云计算、人工智能等数字化手段被广泛应用于治理领域,"数字治理""智能治理"已然成为一种全新的公共治理范式。乡村振兴视域下,实现乡村有效治理更离不开数字化治理技术的应用,"数字乡村"成为实施乡村振兴战略过程中的高频词。同时,受新冠肺炎疫情影响,数字动能在我国乡村社会治理和数字经济方面优势凸显,乡村治理数字化得到理论界、实务界重点关注。一方面,党和国家高度重视乡村治理数字化,党的十九大报告提出建设"科技强国、网络强国、数字中国、智慧社会"[1]等发展目标,为数字化技术应用于治理领域指明了方向。近年来,相关部委针对数字乡村建设发展出台了一系列相关政策文件。例如,2019 年 5 月发布的《数字乡村发展战略纲要》指出,"着力发挥信息化在推进乡村治理体系和治理能力现代化中的基础支撑作用,繁荣发展乡村网络文化,构建乡村数字治理新体系"[2]。这一纲要成为乡村治理数字化建设的纲领性文件,推动了乡村治理数字化的发展进程。2020 年 1 月 20 日,农业农村部、中央网络安全和信息化委员会办公室制定了《数字农业农村发展规划(2019—2025 年)》,明确将"建设乡村数字治理体系"作为推进管理服务数字化转型的五大目标之一,使乡村治理数字化成为国家智治的重要组成部分。另一方面,后农业税时代,乡村治理面临着实践层面的技术困境,村级治理场域普遍存在治理人才缺位、信息化建设滞后等困境,智能化程度、治理民主化程度不高,迫切需要在新的治理技术嵌入下推动乡村治理向数字化转型,以破除当下乡村治理困境。乡村治理数字化能否成为破局的关键,成为学术界近期关注的热点。由此,乡村治理数字化的内蕴是什么?怎样认识乡村治理数字化带来的"常"与"变"？乡村治理数字化转型过程中面临何种现实困境？乡村治理转向数字化突破路径何在？本文以"一图感知五四"乡村治理数字化平台为研究案例，透视我国乡村治理数字化转型过程的理论与实践路径，并尝试对上述问题做出回应。

一、相关文献回顾与述评

20世纪70年代以来，人类社会进入信息时代。1995年，美国未来学家尼葛洛庞帝(Negroponte)出版了《数字化生存》(Being Digital)一书，引发社会各界对数字科技的广泛关注。"数字治理"这一术语最早出现在2001年伦敦举办的"数字治理：数字档案、数字图书馆和科研信息化"研讨会上，代指"数字化环境中的治理行为"以及"数字化环境中对数字信息的治理"。伴随着治理理论在全球范围内的兴起，"数字治理"受到了国内外学者的广泛关注。数字治理理论的代表人物、英国学者帕特里克·敦利威基于新公共管理运动的衰微，认为"数字治理的核心是创建共同参与的决策方式"[3]，其本质是一种具有互补关系的社会治理模式。近年来，随着数字化建设进程的推进与对"数字治理"研究的深入，在"数字中国""智慧社会""数字乡村"的建设背景下，数字治理与乡村治理的融合经历了从概念体系的引介到治理实践的应用转化过程。数字治理由单纯作用于政府管理创新向基层社会治理各领域渗透[4]，诸多信息技术手段被运用于乡村治理领域，为数字乡村建设发展奠定了技术基础。

乡村治理数字化作为新兴研究领域，研究者基于不同学科，从不同角度、不同层次展开研究，在强调现代化数字技术在乡村治理中的重要性方面已达成共识，但现有研究对于"乡村治理数字化"的概念界定还存在一定分歧。研究者指出，乡村治理数字化是数字治理理论或数字化智能治理在乡村社会治理中的扩展与应用，主要通过构建完备的数字化基础设施与技术规则，充分利用大数据、云计算、人工智能等数字化工具推动乡村治理主体、治理过程、治理内容等治理要素数字化。[5]随着数字化治理技术的迭代升级，乡村治理数字化已成为一种数字生产过程和智能治理过程。在这一过程中，乡村治理数字化通过数字化乡村治理的政务组织行为体系，构建数字化、信息化、网络化和智能化的新科技设施与技术规则，以推进乡村数字经济社会建设，实现村民数字化美好生活的新型智能治理活动。[6]基于数字

数字政府与数字治理

化技术与乡村治理相结合所产生的巨大合力,在乡村公共事务治理、乡村公共服务供给、乡村公共安全治理等领域生发出诸多具体应用场景。当前乡村治理数字化的主要表现形式有"互联网＋乡村政务服务"[7]"互联网＋乡村党建"[8]"乡村治理体系网络化建设"[9]"电子村务"[10]"数字乡村＋公共服务"[11]等。

在实践层面,我国的乡村治理数字化呈现出"实践先于理论"[12]的特征,数字化技术嵌入乡村治理实践,使得村级治理场域呈现出全新的图景;同时,乡村治理数字化在进入实际操作阶段后引起学术界关注。刘俊祥、曾森选取了浙江、湖北和贵州三地的典型案例,代表我国东、中、西部在乡村治理数字化中的探索与实践。[13]胡琦以"重庆群工系统"为观察对象,发现乡村治理数字化平台"有利于优化政府流程,保障村民参与权利,推动政府和社会共同治理,破除乡村治理行政壁垒"[14]。此外,有研究者发现,一些典型示范村依托乡村"党群微信群",实现了微交往和微自治,以及乡村社会公共性再塑。[15]还有的乡村利用微博平台搭建新型乡村治理网络,村民通过投票、接触、投诉活动等多种形式实现政治参与。[16]诸多实践案例显示,乡村治理数字化,打造"电子村务平台",有助于实现农村政治生态的良性循环,推动村民自治的健康发展。[17]

数字化技术赋能乡村治理,突破了乡村治理原有的诸多弊端,乡村治理数字化转型迸发出勃勃生机。一方面,互联网对乡村治理影响甚大,使乡村治理变得更加方便、快捷、高效,有助于真正克服城乡一体化中的瓶颈问题,突破乡村治理的局限,成为人民群众积极参与乡村治理的有效路径。[18]另一方面,当前数字化技术运用于乡村治理并不是一剂包治百病的神药,乡村治理数字化仍存在不可回避的现实困境。例如,互联网在乡村治理中会存在信息失真、信息遗漏等问题,过于迷信网络技术容易走入形式主义或技术主义的歧途。[19]张春华也认为,"大数据促进乡村治理民主性发展、科学化决策的同时,也面临着传统数据思维束缚、有限的数据驾驭能力、滞后的数据进程和巨大的信息安全挑战"[20]。为此,有研究者认为,要建立"用数据说话、管理、决策、创新"的管理体制,构建省、市、县、乡村统一管理的大数据综合平台,在建立科学、有效的数据决策模式和培养数据人才[21]的同时,"制定乡村网络治理行为规则并构建乡村网络治理考评系统"[22],才能突破技术手段本身的固有缺陷,强化乡村治理信息的安全保护。

当前,乡村治理数字化正成为"数字中国""智慧社会""智慧乡村"的重要驱动力。纵观国内现有研究成果,将数字化治理技术与乡村治理相结合的乡村治理数字化已受到学术界的广泛关注。但是,研究者更多突出数字化治理技术的重要性,在看到现代化数字技术解决乡村治理困境、赋能乡村治理的同时,容易忽视技术手段本身的固有缺陷以及传统乡村治理中存在的"顽疾",致使乡村治理数字化的现实限度未引起足够的重视,由此,提出的对策建议缺乏实操性。本文以"一图感知五四"乡村治理数字化平台为考察窗口,通过"理念—制度—技术"三维分析框架,试图分析乡村治理数字化的现实限度,助力我国乡村治理数字化平台建设范围拓展,促进乡村治理数字化水平再提升。

二、"一图感知五四"乡村治理数字化平台

在"数字中国""数字乡村"的建设背景下,浙江省作为探索"乡村智治"的排头兵,积极尝试将数字化治理技术运用于乡村治理并产生诸多应用成果,成为展示建设"数字中国"的重要窗口。"一图感知五四"乡村治理数字化平台既是近年来浙江省"数字乡村"建设的重要成果,又是探索乡村数字治理的新模式。

(一)五四村概览

五四村位于浙江省湖州市德清县莫干山麓,因"五四宪法"修订会议在杭州召开时,国家重要领导人赴莫干山考察时途经此地,故得名五四村,由此可见五四村承载着一定的政治意义。五四村曾先后获得全国文明村、全国美丽宜居示范村、全国绿色小康村等荣誉。该村在转型发展前,农业是支柱产业,其区位优势与资源优势并不明显。得益于农村土地流转等新政策的影响,近年来,五四村生态观光休闲农业逐渐发展,村集体收入大幅增长,村民收入持续增加。村集体收入的增长为五四村搭建乡村治理数字化平台提供了财政支持,村民个人可支配收入的增加为其购置智能移动终端提供了物质保障,更便于村民参与公共事务。通过探索发展休闲农业和美丽乡村相融合的模式,五四村一跃化身为"网红村"。德清县加大了对五四村基础设施的建设投入,为五四"网红村"的发展提供了更好的服务体验,如村庄网络设施大大改善,无线网络实现全村覆盖。由此,五四村成为浙江省内乡村治理的典范,凭借良好的政策试验环境,承担起各类乡村治理的试点工作。在"数字乡村"建设背景下,五四村在原有发展基础上率先使用数字化平台开展乡村治理工作,在德清县大数据管理局指导下打造了"一图感知五四"可视化乡村治理数字化

平台。由于乡村治理数字化平台建设取得了良好成效,2020 年,五四村荣获全国乡村治理示范村镇。

(二)"一图感知五四"乡村治理数字化平台概述

德清县以五四村为试点,在全省率先探索以"一图全面感知"的方式,打造实时掌握乡村生产、生活、生态变化的"乡村智治"新模式。[23]该平台由德清县大数据管理局下辖的德清大数据营运公司作为开发运营主体,以地理信息技术和数据智能运营模式为技术支撑。"一图感知五四"乡村治理数字化平台实现了 360°全景实景三维展示,结合图片、文字、音频、视频等呈现出多种内容,能直观体现五四村的山、水、林、田、湖和乡村整体概况。通过乡村物联网感知数据,五四村的"一图感知五四"平台实现了可视化生态管理,为实现"自治、共治、他治、民治、智治"提供助力[24],以引领基层治理模式变革,推进基层治理现代化。"一图感知五四"乡村治理数字化平台涵盖了乡村规划、乡村经营、乡村环境、乡村服务、乡村治理等五方面内容,可以通过信息数据的实时更新掌握乡村的生产、生态、生活发展态势。依托该平台,每个人都化身"网格员",实现了"小事不出网格,大事不出村"的治理目标,促进了乡村公共事务治理和乡村服务供给,有效化解了基层矛盾纠纷。据有关统计数据显示,"'一图感知五四'乡村数字化治理平台启用三个多月来,已有效处理违法建筑、邻里纠纷、公共设施损坏等问题近 300 个,平均用时从以往 5 个工作日缩至 3 个小时"[25]。"一图感知五四"乡村治理数字化平台得到浙江省委书记袁家军点赞,他指出,五四村是"数字乡村的典范"[26]。目前,五四村的乡村治理数字化平台已在德清县内所有乡村全面铺开,在浙江省内积极推广。

(三)"一图感知五四"乡村治理数字化平台重塑乡村治理新业态

1.数字治理,完善乡村治理理念数字化

理念是行动的先导,要运用数字化治理手段必须树立数字化治理理念。有人将今天形容为大数据时代,海量数据的产生使我们进入一个数据爆炸的时代,依靠传统、常规的治理手段进行治理实践将严重影响现今的治理绩效。大数据时代在带来风险挑战的同时也孕育着机会,数据的大规模聚集、流动及其构成的复杂的相互连接关系蕴含着巨大能量。[27]全新的治理环境要求理论研究者与实务者不断革

新原有的治理理念。互联网、大数据等现代信息技术在乡村治理领域的应用极大地推动了乡村治理体系与治理能力现代化。五四村通过"一图感知五四"乡村治理数字化平台集聚了乡村的人、地、财等要素,村庄的海量信息都汇聚于此。未经筛选、开发和利用的数据只是一堆冰冷的数字,永远潜藏在存储系统的角落之中,而"一图感知五四"乡村治理数字化平台通过后台将海量信息进行分析处理后输出至公共数据平台,让基层部门以及村"两委"依靠数据做事、凭数据说话,通过这一数字化平台认识、分析和解决问题,增强了数据信息多维度的关联,改变了传统乡村治理中"拍脑袋"决策、"经验决策"的弊端,增强了决策的科学性。此外,传统乡村治理数据收集过程中出现的数据分散、数据开放共享程度较低对乡村有效治理造成极大阻碍。"一图感知五四"平台以遥感影像、三维实景地图等空间数据为基底,叠加自然资源、农业、水利、交通运输等部门多个图层百余类数据,制定了数据归集目录,各部门可依据管理权限全面地掌握相关信息,强化了数字化治理理念。

2. 信息共享,实现乡村治理主体多元化

获取真实、全面的信息是各类主体正确、有序参与乡村治理的关键前提。"一图感知五四"乡村治理数字化平台通过聚焦乡村规划、乡村经营、乡村环境、乡村治理、乡村服务等五大板块,实时感知全村 5.61 平方千米内生产、生活、生态的动态详情以形成三维实景图,集"智慧安防""智慧安全监管""智慧旅游管理""智慧乡村治理"等功能于一体。[28]基层政府部门和村"两委"可依据管理权限在平台上查找所需信息,实时查看问题处理进展情况,在村一级统一、及时地处理、化解各类矛盾纠纷,极大地提升了工作效率。对于村民而言,传统乡村治理模式以村"两委"为治理主体,很多时候村民被排除在决策之外,更多是听从村"两委"安排而非自身主动参与。但五四村数字化平台一方面使村民可以通过 App、微信小程序等端口知晓更多政务服务信息,全面获取村庄相关信息,办理相关便民服务事项;另一方面,村民可以通过线上意见表达影响公共决策,增强决策民主性。社会组织、企事业单位可以直接通过平台获取或发布相关信息来开展和完善自身工作。例如,通过了解相关优惠政策,吸引项目进村,助力乡村经济发展。综上,"一图感知五四"乡村治理数字化平台的建立促进了信息共通共享,让多方治理主体便捷、有效地参与乡村治理,有效避免"权力上移、事务下移"的行政化倾向,产生"1+1>2"的协同效应。

3. 资源整合,推动乡村治理内容精细化

"大数据可以有效提升乡村治理的精细化水平"[29],"一图感知五四"乡村治理数字化平台让粗放型乡村治理向精细化乡村治理转变。过去的乡村治理主要以自上而下的外部性治理为主，自下而上的村民自治程度较低，即"信息与政策在政府与民众之间的流通一直是单向度的，来自民众的信息反馈要进入公共议程的难度较大，即使幸运地进入公共议程，也不具备时效性与全面性"[30]。此外，传统的上下整齐划一的"一刀切"式公共服务供给方式也导致村民的个性化需求难以得到满足。为此，"一图感知五四"乡村治理数字化平台一方面通过地理信息、遥感测绘等多种方式获取村民的多样化信息，提取共性问题与个性需求，并将相关服务信息及受众群体进行分类，从而划定服务内容；另一方面，运用大数据技术对信息进行分析并预测村民需求，为精细化的公共服务供给提供数据支撑。村民可以随时在平台上表达自身需求，提出意见及建议，后台也时刻在收集村民的诉求信息等，经过筛选与处理过后提供给基层政府部门和村"两委"，有助于实时处置村内紧急情况、基础设施故障等问题。此外，村民还可通过数字化平台获取自身所需信息，如务工人员通过平台上的"村民一生事"板块获取招聘信息。"一图感知五四"平台使自上而下的政府供给与自下而上的村民需求紧密结合，推动乡村公共服务精准化，提高了乡村治理精细化水平。

4.动态监测，打造乡村治理手段科学化

当前乡村公共事务不断增多且更具复杂性，治理难度显著提升。传统乡村治理手段以经验性治理为主体，数据只是发挥比较次要的辅助作用[31]，实现乡村有效治理必须依托科学化治理手段。"一图感知五四"平台通过动态监测将各类数据信息上传至平台，以数据决策取代经验决策，以源头治理取代事后治理，为科学决策、精准施策提供了重要支撑。例如，数字化平台中的农村环境卫生全域整治智能监管系统，通过无人机定期巡飞回传图像和智能感知设备实时上传数据，保持数据动态更新，经后台处理后形成数据与图像，连同具体点位呈现在平台大屏幕上，当检测到某区域出现垃圾堆积等问题时便会有网格员介入并安排清理工作。该系统还会在地图上显示"蓝、橙、黄、红、绿"五色小圆点，分别对应"待确认、待处理、待审批、驳回待处理、结案"五个环节。系统实时跟进各点位的处置进度，让每一个点位实时更新现有状态，确保治理过程全流转。此外，平台还能对数据进行综合分析与预判，将事后处置变为事前预控。例如，乡村旅游管理人员通过平台的人群分析功能，预测村庄热门景点的游客量，并及时发布预警，让交通运输部门与旅游部门提前做好游客疏导工作,在给予游客更好的观光体验的同时降低了对村民日常生活的影响。由此,以"发现问题智能化、处理过程自动化、事件管理全流程"为核心的乡村治理数字化平台推动了五四村以科学化治理手段治理乡村公共事务,助力乡村振兴。

三、当前乡村治理数字化的现实限度

伴随着互联网、大数据等信息技术在乡村治理领域的广泛应用,乡村公共空间透明度逐渐提高,各治理主体拥有更多的信息获取渠道和更多参与乡村治理的机会。在数字化赋能乡村治理的同时,各参与主体的治理理念滞后、各主体治理水平未能跟上技术的发展、信息安全等诸多问题,导致硬件基础设施建设与软性治理能力之间产生现实鸿沟,制约着乡村治理水平的进一步提升。

(一)数据(技术)万能思维与人本治理理念之间的现实矛盾

大数据应用于乡村治理做到用数据说话,依靠数据进行科学决策,实现治理个性化、精细化,使数据治理思维与乡村治理数字化发展相匹配,对乡村治理"拍脑袋"式、经验式、片面化传统治理思维形成了挑战。[32] 在数据治理思维占据乡村治理主流思维的过程中,治理主体需思考数字化治理为谁而治、由谁而治,避免在乡村治理向数字化转型过程中走向数据(技术)万能的误区。一方面,数据(技术)万能思维与人本治理理念之间存在矛盾。凭数据说话、靠数据做事的思维方式使得各类决策和行动都更为科学化、规范化。不少基层干部在工作中存在过度依赖网络来处理乡村事务,避免甚至不愿面对面同村民直接沟通交流来解决问题。数字化治理的终极目标是服务于人,人始终是治理的主体,乡村治理数字化的出发点是为了实现和满足村民的利益与需求。另一方面,数据(技术)万能思维使得各类决策和行动缺乏弹性,容易异化成为技术服务而不是为村民服务。事实上,推动乡村治理数字化需要谋求技术与人的和谐发展。为此,乡村治理数字化在推动传统治理理念转换的同时,必须牢固树立"以人为本"的治理理念,拒绝纯数据化、浮于表面、形式化的乡村治理。

(二)多元主体共治下村级主体理性参与及作用发挥受限

在传统社会治理中,村民在"命令—服从"的传统治理框架下居于服从者的角色。就如美国耶鲁大学教授詹姆斯·斯科特(James Scott)所言,"农民只是作为征召、粮食生产、税收等方面的匿名'贡献者'出现在统计数字中"[33]。参与渠道不通畅影响村民主体作用的发挥,使其被排斥在治理领域之外,使"参与乡村治理的每个个体和群体都没有办法合理定位自己的角色和地位,导致乡村治理效率低下"[34]。乡村治理强调多元主体参与以提高决策民主性和政策认同度,但"并非所有的农村公共决策都需要农民的参与"[35],有些村民受限于自身学识与认知能力等问题,在表达自身意见之时呈现出非理性、激进化等特征,过度参与或参与度较低都不利于推进乡村治理。"一图感知五四"乡村治理数字化平台作为开放平台,个人在享有表达自由的同时也容易导致过度参与的负面效应,如信息筛选困难、劣质话语挤出优质话语[36]等问题凸显。此外,"一图感知五四"乡村治理数字化平台是一项政府自上而下推动、具有鲜明政治性的政策试点活动,一切服务于"数字浙江"的大局,实践中更多体现上级县、乡等政府部门的意志。在县、乡政府的主导下推进乡村治理数字化,打造"一图感知五四"数字化平台,容易产生"大包大揽"的现象,村"两委"基层治理主体在建设过程中参与度不高。

(三)硬件基础设施建设与软性治理能力之间的现实鸿沟

在乡村振兴战略视域下,"数字中国""数字乡村"建设不断推进,数字化基础设施和信息平台等硬件设备建设日趋完善。然而,在乡村治理数字化的硬件基础设施不断改善的同时,驾驭技术的软性治理能力却未能及时跟上,出现了"现实中政府过度注重乡村现代技术的传播应用,而对相应配套的制度机制创新不足"[37]的困境,导致"乡村治理数字化项目数据更新慢、群众线上诉求反馈不及时、数字化设备闲置等问题时常发生"[38]。治理技术的更新迭代速度远超治理主体治理能力的提升速度,不同治理主体的治理能力也存在差异。第45次《中国互联网络发展状况统计报告》显示,"使用技能缺乏、文化程度限制和年龄因素是农村地区非网民不上网的主要原因"[39]。"一图感知五四"乡村治理数字化平台以打造数据网上全流转、信息网上全发布、操作网上全留痕为目标,在推动乡村治理数字化的同时也产生了诸多数字鸿沟。乡村中青年群体与老年人群体之间一直存在的信息鸿沟随着乡村治理数字化的不断发展而进一步扩大,信息两极分化更为突出;村民运用网络能力较差,难以及时、恰当地获取和应用治理主体提供的具有价值的信息;老年人对于智能设备的不熟悉,使得依托电子产品进行信息发布的乡村治理数字化平台容易产生"挤出效应",大量农村老年人成为"数字遗民"。

(四)信息互通共享与信息安全规范之间的现实挑战

推进乡村治理数字化需要打破数据壁垒,实现信息互通共享和上下联动。信息互通共享为治理主体参与乡村治理提供了重要保障。然而,信息技术的"两面性"使人们必须重视信息安全问题。"在大数据时代,无论是我们在公共领域留下的数据,还是在私人领域留下的数据,都将成为隐私泄露的重要线索。"[40]"一图感知五四"乡村治理数字化平台的正常运转需要大量数据的支撑,基于大数据基础上进行决策。该平台要打通部门之间的信息壁垒,并收集大量有关个人和村庄生产、生活等多方面的数据。但是,从信息收集、信息储存、信息使用到信息更新、反馈,都存在信息泄露或利用不当的可能,信息互通共享与安全保护之间存在现实挑战。一是信息收集。一方面,作为信息收集主体的政府未对信息进行分级分类,采取"一刀切"的方式进行数据收集,存在侵犯数据隐私的风险;另一方面,数据的真实性受挑战,工作人员在数据采集过程中存在篡改数据、数据造假等可能,进而误导乡村治理决策。二是信息储存。信息数据需要良好储存与保密,受技术缺陷、保密系统不健全和信息管理人员受利益驱动等因素的影响,政府数据、个人信息时常被泄露。三是信息使用。因缺乏大数据思维,大多数部门对数据的使用不规范,缘于信息使用标准和规范不健全、缺乏统一的信息使用标准。基层政府对数据的处理能力较弱,导致信息的利用率不高。四是信息更新、反馈。大数据时代,信息的及时更新是科学决策采取快速行动的关键,以过时的信息为决策依据将会产生决策风险。此外,村民在拥有更多途径获取信息的同时,大量错误或虚假信息也在产生,信息辨别能力低下的村民容易受到不良信息的侵蚀,还会对传播不良信息起推波助澜的作用,导致公共信息安全受威胁。因此,在强化信息互通共享的同时,更应建立健全数据风险防范机制,确保数据安全。

四、乡村治理数字化的优化路径

由于互联网信息技术嵌入乡村治理领域已成为数字化治理时代的根本趋势,针对当前乡村治理数字化面临的现实困境,应在"理念—制度—技术"三维分析框架下,用数字化治理理念引领乡村治理,打造信息共享的乡村治理数字化平台,构建乡村治理数字化保障体系,为实现乡村全面振兴提供有力支撑。

(一)理念先行,优化乡村治理数字化治理理念

各治理主体应从传统管理思维转向数据治理思维,形成"用数据来说话、用数据来管理、用数据来决策、用数据来创新"的治理理念。[41]一是打破部门间的数据壁垒,树立数据开放共享理念。数据开放共享是数字化治理的前提和基础,数据分类不清晰、整合困难等问题仍然存在,"信息孤岛"亟待打破。一方面要树立整体性数据思维,由少数服从多数原则转变为从多角度、多层次视角考虑问题;另一方面,要树立数据开放思维,打破部门间数据壁垒,实现信息共享与沟通。要有计划地逐步推进乡村信息整合共享规划,实现信息畅通共享,使各治理主体拥有平等对话的权利,更好地参与乡村治理。二是强化培训学习,提升数据辨别应用意识。大数据等信息技术应用于乡村治理领域,在一定程度上打破了政府的主导地位,村民及其他治理主体能够更多地参与乡村公共事务和公共决策。为了更好地参与乡村治理,村民与其他治理主体要优化数字化治理理念。一方面,通过与科研机构、高校合作举办数字化治理培训班或培训讲座,转变村"两委"治理主体的理念,有效提升基层治理效能;另一方面,村民应强化自身学习,提高信息辨别能力,提升乡村治理数字化参与能力。三是狠抓重点,稳固以人为本的核心理念。乡村治理数字化必须服务于村民,不能越俎代庖。在保障数字化治理平台平稳运行的同时,确保以人为本的治理理念是乡村治理数字化的核心思想。在落实具体决策时,要从维护村民利益的视角出发,使用其能接受的沟通交流方式来开展工作。

(二)技术支撑,强化乡村治理数字化平台建设

数据是乡村治理数字化平台的运作基础,缺乏信息支撑的数字化平台就是一具空壳。为此,需要进一步完善信息采集、管理和使用等环节和流程,打造信息共享的乡村治理数字化平台。第一,设定标准,确保信息采集标准化。建立统一的信息收集标准体系,对乡村数据进行分类、编码,"统一数据采集储存、处理应用、开放共享、技术接口、交换接口、访问接口、安全保密等关键共性标准"[42],设立信息采集部门,合理分配工作量,并制定规范化操作细则。在尊重统一标准的前提下,根据具体情况建立起统一、多样的乡村信息收集标准。第二,细化规则,助力信息管理有序化。针对采集完成的信息,信息处理部门要将信息进行分类管理,建立基础

数据库;强化数据安全保障,提高基础数据库的安全性;设置风险保护等级,设立风险评估、监测、预警机制。第三,科学使用,推进信息使用规范化。信息高效收集、安全管理的最终目的是数据的规范使用。将已有的信息和数据之间构建起关联,发现数据间潜藏的规律,为乡村治理提供决策依据。第四,实现信息共享扩大化。信息数据开放共享打破了原有的信息壁垒,信息共享的深度与广度是检验数字化治理平台是否完善的标准之一。要明确各级政府和各部门之间的信息共享边界与使用办法,在此基础上完善各类数据信息;建立健全沟通协调机制,深入推动信息共享;设立多样化、简易化的信息共享获取渠道,除微信群、QQ群、钉钉群外,还可依托专门的 App、网站、乡村治理数字化中心等获取信息。

(三)保障托底,推动构建乡村治理数字化保障体系

乡村治理数字化不仅需要加强数字化治理平台的建设,而且需要建立相应的保障体系。一是加大财政资金投入,强化数字化治理保障。财政资金的投入是乡村治理数字化发展的重要保障。应加大乡村数字化基础设施建设,加快 4G 网络、5G 网络在乡村全覆盖;设立乡村治理数字化技术研发专项资金,推动有实力、有情怀的专业公司、人才等参与平台开发设计;借助高校和科研机构的知识优势、人才优势和经验优势,完善乡村治理数字化平台;通过宽带补贴、流量补助等方式减轻村民的负担,推动乡村普及数字化治理平台。二是培育专业人才队伍,提升数字化治理能力。乡村治理需要人才支撑,推进乡村治理数字化更是如此。一方面,要建立专业的数字化治理人才队伍,加强人才引进,公开选聘有计算机知识背景的毕业生,聘用专业人士专家顾问,还可与高校、科研院校或技术型企业达成合作,定期开展培训;另一方面,要打造专业培训师团队,将不会使用平台的村民作为培训对象进行分班教学,还要对基层干部中的技术人员与管理人员进行针对性的培训与指导。三是健全相关法律法规,规范数字化治理主体。通过强化现有法律对个人数据的保障作用,界定政府信息和个人信息的采集边界与应用边界,制定信息公开与共享的范围与边界,针对越界的部门与个人要采取相应惩治措施;通过制定信息应用规则,明确信息使用方式、途径以及使用者的权利和义务,强化问责机制的作用;规范多元主体的参与限度,完善多元主体的沟通、协调与监督机制;在建立健全相应法律法规的过程中,重视道德、理性等软性约束力的重要作用。

参考文献：

[1] 习近平.决胜全面建成小康社会 夺取新时代中国特色社会主义伟大胜利——在中国共产党第十九次全国代表大会上的报告(2017年10月18号)[M].北京:人民出版社,2017.

[2] 新华社.中共中央办公厅、国务院办公厅印发《数字乡村发展战略纲要》[EB/OL].(2019-05-16).http://www.gov.cn/zhengce/2019-05/16/content_5392269.htm.

[3] DUNLEAVY P. New public management is dead-long live the digital era governance[J]. Public Administration Research and Theory,2006,16(3):467-494.

[4] 冯献,李瑾,崔凯.乡村治理数字化:现状、需求与对策研究[J].电子政务,2020(6):73-85.

[5] 冯献,李瑾,崔凯.乡村治理数字化:现状、需求与对策研究[J].电子政务,2020(6):73-85.

[6] 刘俊祥,曾森.中国乡村数字治理的智理属性、顶层设计与探索实践[J].兰州大学学报(社会科学版),2020(1):64-71.

[7] 马亮.中国农村的"互联网＋政务服务":现状、问题与前景[J].电子政务,2018(5):74-84.

[8] 宗成峰,朱启臻."互联网＋党建"引领乡村治理机制创新——基于新时代"枫桥经验"的探讨[J].西北农林科技大学学报(社会科学版),2020(5):1-8.

[9] 何阳,汤志伟.互联网驱动的"三治合一"乡村治理体系网络化建设[J].中国行政管理,2019(11):69-74.

[10] 周敏,张锐昕.电子村务:超越×镇村务公开模式的探讨[J].电子政务,2017(8):75-83.

[11] 方堃,李帆,金铭.基于整体性治理的数字乡村公共服务体系研究[J].电子政务,2019(11):72-81.

[12] 冯献,李瑾,崔凯.乡村治理数字化:现状、需求与对策研究[J].电子政务,2020(6):73-85.

[13] 刘俊祥,曾森.中国乡村数字治理的智理属性、顶层设计与探索实践[J].兰州大学学报(社会科学版),2020(1):64-71.

[14] 胡琦.信息共享与技术赋权:乡村治理中行政壁垒的破除路径[J].探索,2016(5):86-90.

[15] 徐琴."微交往"与"微自治":现代乡村社会治理的空间延展及其效应[J].华中农业大学学报(社会科学版),2020(3):129-137.

[16] 詹骞.乡村治理视野下的乡镇政务微博研究——以甘肃陇南成县12镇5乡政务微博为例[J].当代传播,2016(2):90-93.

[17] 胡琦.信息共享与技术赋权:乡村治理中行政壁垒的破除路径[J].探索,2016(5):86-90.

[18] 赵秀玲.乡村互联网治理的兴起与制度变迁[J].河南大学学报(社会科学版),2019(2):33-40.

[19] 赵秀玲.乡村互联网治理的兴起与制度变迁[J].河南大学学报(社会科学版),2019(2):33-40.

[20] 张春华.大数据时代的乡村治理转型与创新[J].重庆社会科学,2017(6):25-31.

[21] 王欣亮,魏露静,刘飞.大数据驱动新时代乡村治理的路径建构[J].中国行政管理,2018

(11):50-55.

[22] 方堃,李帆,金铭.基于整体性治理的数字乡村公共服务体系研究[J].电子政务,2019(11):72-81.

[23] 孟琳,王卓丞.德清:乡村治理装上"最强大脑"[N].浙江日报,2020-01-07(4).

[24] 王小川,赵宇恒.数字乡村重塑乡土中国[N].农民日报,2020-05-25(3).

[25] 德清县人民政府.五四村探索乡村"智"治新模式[EB/OL].(2019-12-20).http://www.deqing.gov.cn/art/2019/12/20/art_1229212604_55232859.html.

[26] 翁宇菲.国内城市大数据运营价值链正式发布[EB/OL].(2019-10-30).http://www.myzaker.com/article/5db976c28e9f0971ba517b35.

[27] 赵丽涛.大数据时代的关系赋权与社会公正[J].探索与争鸣,2018(10):101-105.

[28] 德清县人民政府.五四村探索乡村"智"治新模式[EB/OL].(2019-12-20).http://www.deqing.gov.cn/art/2019/12/20/art_1229212604_55232859.html.

[29] 赵秀玲.乡村互联网治理的兴起与制度变迁[J].河南大学学报(社会科学版),2019(2):33-40.

[30] 陈潭.大数据驱动社会治理的创新转向[J].行政论坛,2016(6):1-5.

[31] 谭九生,任蓉.大数据嵌入乡村治理的路径创新[J].吉首大学学报(社会科学版),2017(6):30-37.

[32] 张春华.大数据时代的乡村治理审视与现代化转型[J].探索,2016(6):130-135.

[33] 詹姆斯·斯科特.弱者的武器[M].郑广怀,张敏,何江穗,译.上海:译林出版社,2011.

[34] 殷民娥.多元与协同:构建新型乡村治理主体关系的路径选择[J].江淮论坛,2016(6):46-50.

[35] 胡卫卫,辛璟怡,于水.技术赋权下的乡村公共能量场:情景、风险与建构[J].电子政务,2019(10):117-124.

[36] 胡卫卫,辛璟怡,于水.技术赋权下的乡村公共能量场:情景、风险与建构[J].电子政务,2019(10):117-124.

[37] 沈费伟.乡村技术赋能:实现乡村有效治理的策略选择[J].南京农业大学学报(社会科学版),2020(2):1-12.

[38] 冯献,李瑾,崔凯.乡村治理数字化:现状、需求与对策研究[J].电子政务,2020(6):73-85.

[39] 中国互联网络信息中心.第45次《中国互联网络发展状况统计报告》[EB/Ol].(2020-04-28).http://www.cnnic.net.cn/hlwfzyj/hlwxzbg/hlwtjbg/202004/t20200428_70974.htm.

[40] 陈仕伟,黄欣荣.大数据时代隐私保护的伦理治理[J].学术界,2016(1):85-95.

[41] 陈仕伟,黄欣荣.大数据时代隐私保护的伦理治理[J].学术界,2016(1):85-95.

[42] 殷民娥.多元与协同:构建新型乡村治理主体关系的路径选择[J].江淮论坛,2016(6):46-50.

本文系国家社科基金项目"基于利益博弈的农民集体行动及乡村治理研究"（批准号：15BSH072）阶段性成果。

【作者】

　　付翠莲,女,政治学博士,温州大学法学院教授,硕士生导师

　　张慧,女,温州大学马克思主义学院 2019 级硕士研究生

高水平推进省域治理现代化的一般理论分析

林　婷

　　党的十九届四中全会审议通过了《中共中央关于坚持和完善中国特色社会主义制度　推进国家治理体系和治理能力现代化若干重大问题的决定》（以下简称《决定》），提出"构建基层社会治理新格局"。这为我国加快推进省域治理体系和治理能力现代化提供了"线路图"和"任务书"。[1]通过党的十九届四中全会，各省区市进一步明确了自己的战略目标。本文作者进行了相关方面的调查和研究，探讨在省域治理现代化中出现的问题，并总结出具有普适性的一般对策。该项研究具有多重意义，一方面，可以加快省域治理现代化的推进与实施；另一方面，可以根据省域治理现代化中出现的问题制定针对性的解决方法，达到事半功倍的效果。

一、浙江优势

　　浙江的优势之处在于城乡的活力，在于经济发展和产业结构的创新，在于社会自身的发育，在于政府与社会治理的创新。对照《决定》，不难发现，浙江具有一系列的优势。浙江是中国改革开放先行地，率先推进市场取向改革，形成了国有经济和民营经济相得益彰的先发性优势，尤其是民营经济得到了快速、有效的发展（见图1、图2）。

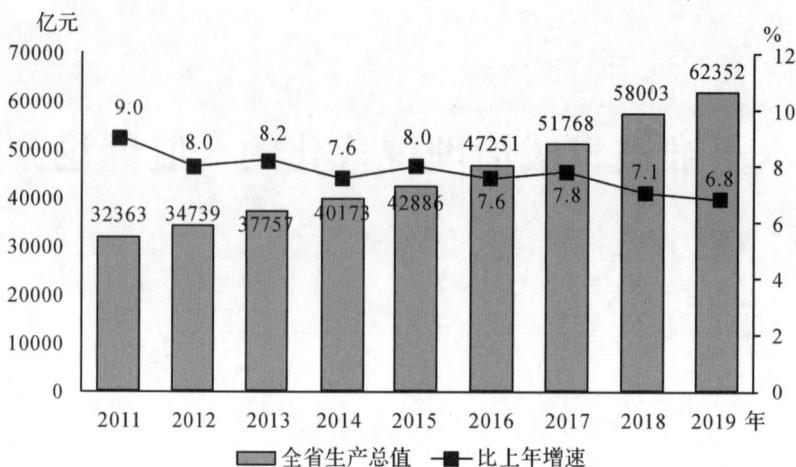

图 1   2011—2019 年浙江省生产总值及增长速度

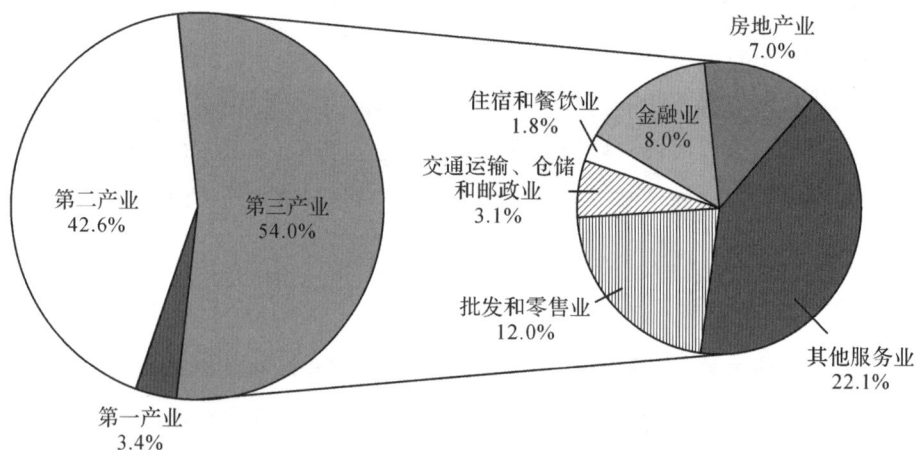

图 2   2019 年各产业增加值占浙江省生产总值比重

浙江以占全国 1.05359% 的国土面积、5737 万的人口（2018 年的数据）和 5.6 万亿元的经济总量（2019 年的数据），成为中国最具创新力、活动力和成长性的区域之一，为治理提供了坚实的经济基础与物质保障。根据城乡一体化住户调查，2019 年全省居民人均可支配收入为 49899 元，比上年增长 8.9%，扣除价格因素增长 5.8%。按常住地分，城镇和农村居民人均可支配收入分别为 60182 和 29876 元，增长 8.3% 和 9.4%，扣除价格因素分别增长 5.4% 和 6.0%。全省居民人均可支配收入中位数为 44176 元，比上年增加 4091 元，增长 10.2%。低收入农户人均可支配收入增长 13.1%（见表 1）。

表 1　2019 年浙江省居民人均收支主要指标

指标	全省居民		城镇常住居民		农村常住居民	
	绝对数/元	比上年增长/%	绝对数/元	比上年增长/%	绝对数/元	比上年增长/%
人均可支配收入	49899	8.9	60182	8.3	29876	9.4
1.工资性收入	28511	8.6	33663	8.1	18480	9.4
2.经营净收入	8498	9.6	9115	9.6	7296	9.3
3.财产净收入	5708	8.8	8202	8.1	852	8.6
4.转移净收入	7182	8.8	9202	8.0	3248	10.4
人均生活消费支出	32026	8.7	37508	8.4	21352	8.3

注：数据来自浙江省统计局。

事实上，浙江在基本现代化方面或者说经济层面的现代化已经实现了。经济上的优势有双重意义。这种经济上的优势为浙江率先实现治理体系和治理能力现代化提供了物质层面的保障。但是，这不仅仅是物质的层面，因为经济与政治、社会层面的因素紧密关联在一起。经济的现代化需要一个法治与高效的现代行政体系以及社会体系，反过来，经济的发展促使政府、社会体系和法治走向更高水平的现代化。

坚持以人民为中心的发展思想，不断保障和改善民生，增进人民福祉，走共同富裕道路，是我国国家制度和国家治理体系的显著优势之一。这种优势同样在浙江体现得特别明显与充分。与全国其他区域相比，浙江区域内的差异较小而发展各有特色与优势，因此应逐步打破城乡和地区分割局面，率先推动区域统筹发展，实现城乡、区域间平衡协调发展。

二、浙江省域治理现代化存在的问题

虽然加快推进省域治理现代化是各省区市战略工作的重点，各省区市也为此做出了针对性的方案，全面发展省区市经济，并积极贯彻落实中共中央的这一决策，促进各政府的能力提高[2]，但结合大局来看，浙江省域治理现代化中还是存在一些问题。

（一）政府职能出现定位不清问题

经过研究发现,目前,政府和市场之间、政府和社会之间以及政府与各大企业和事业单位之间的职能界限比较模糊。最主要的表现就是,当因为资本市场本身的问题导致群众受到利益上的损害时,大部分群众的第一反应是找当地的市长解决问题。或者会出现这样的情况,当群众遇到社会矛盾或财产纠纷等问题时,第一反应仍然是去当地的政府大厅反映情况,而不是按照正确的流程走法律程序。诚然,政府公信力的完全体现对于政府来说是工作优秀的反映,但群众对政府职能的不完全了解导致大部分群众存在一种惯性思想,即"出事找政府"。这给政府带来了极大的工作压力,而原本在政府职能范围内的事情却得不到良好的解决,反而降低了政府的工作效率,也是较大的问题。

除此之外,在行政部门中,会有一些干部存在争权避责的现象,即着急掌控权力,而当群众反映问题时则互相推脱责任。这是比较严重的问题,使得在行政中,责不达位的现象时有发生。并且,政府的职能发挥得并不理想。最典型的体现就是,机构总数量大幅度减少,而财政供养人员不断增多。这种问题明显违背了我国改革开放的目的,以及中央省域现代化治理的决策,使得政府的服务遭到各界各方的质疑。

（二）出现体制机制的改革困难

省域治理现代化的重中之重就是要制度化、法制化以及现代化。[3]只有具有科学系统的体制加持,才能更好地推进省域治理现代化进程。众所周知,体制是治理的基础。目前,与省域现代化治理有关的体制制度正在建设和构造当中。据研究,有些省区市开展了创新性的体制,正在小范围内试验,但目前为止,可以在全省域中推行并贯彻实施的有效的体制机制依然不多,并且存在一些问题。例如,浙江省社会组织的发展与经济社会的整体发展还不相适应。虽然浙江省的社会组织在总量上位居全国前列,但还无法满足社会的需求,尤其是在公益性社会组织方面。此外,对社会组织的管理引导体制还有待加强。在近十年间,浙江省的社会组织总量增加了 10 倍,尽管非公企业党建走在全国前列,但管理引导的机构力量还较薄弱。

（三）民生所求待有效解决

一直以来,政府努力为人民群众解决其就业、教育、住房、医疗、交通等社会问题,但随着时代的不断发展,城市发展越来越迅速,人们的收入水平水涨船高,需求也变得不同,开始与日俱增。例如,经常被关注的外来务工人员子女的教育问题。以杭州市为例,外来务工人员子女入学手续十分烦琐,采取积分制,按积分高低排序来入学;同时,要求外来务工人员必须与用人单位签订无中断的务工合同,其子女才能满足入学条件。除此之外,一些条件、资源较好的学校不会招收外来务工人员的子女,这就使得教育水平无法达到公平公正。因此,在民生教育问题上,更多的人期盼能够拥有更加公平的公共服务。

（四）基层干部的治理能力有待提升

调查显示,浙江省的政府人事制度得到了较好的改革,逐渐深化,干部们得到了很好的锻炼,其整体能力和素质得到了很大的提升。浙江省委书记袁家军提出,要推进浙江省政府的数字化转型,持续深化"最多跑一次"改革。但是依然有一些干部对国家深化改革、推进省域治理现代化的理念理解不够深刻,无法很好地把握全省的战略导向。更有甚者,一些干部虽身处基层,却对基层群众的需求不甚了解,没有深入群众中去,这就影响了省域治理现代化的推进。因为群众是省域治理的基石,若想加快推进省域治理现代化,必然离不开群众的支持与合作。因此,加强基层干部的职业素质与对党的精神理念的深刻理解是刻不容缓的。

三、相关解决对策

针对上述问题,有如下解决对策。

首先,厘清政府职能边界,实现政府职能新转变。党的十八届三中全会已清晰界定了政府的职能,即宏观调控、市场监管、公共服务、社会管理、保护环境等。因此,应积极地向各市、各直属县的群众普及政府的职能,使其进一步认清政府职能的边界,知道哪些是在政府职能范围内的,哪些属于其他部门。只有群众充分了解,才能更好地解决问题。政府应将各部门的职责与权力进一步细化,帮助群众区分政府与企业等的不同,这样就可以先从管理范围这一角度,将政府进行职能转变,即从全方位、多职能的政府变为具有针对性职能的政府。[4]坚持继续推进"网上办""跑零次""掌上办"等特色平台和"一证通办""一网通办",利用大数据时代的数字技术帮助政府提高办事效率,更好地服务民众。有数据显示,"浙里办"实名注册用户超过 3000 万,政务服务事项网上可办率达到 100%,掌上可办比例达到73.5%。由此可见,政府数字化转型能极大地提高办事效率,将政府的作用最大化,更好地为人民服务。

其次,针对体制改革的问题,应全面加强和健全市场调控体系。在加强政府职能及市场、建设规划的同时,政府逐渐降低对微观事业的控制[5],为企业和事业单位创造良好的政策环境。在资源配置与基础建设方面,政府应设置合理的方案,支持基础建设,并将权力下放给市场,充分发挥市场的决定性作用,使得公共资源与基础设施相辅相成,逐渐走向市场化,不断地优化、完善社会管理。浙江省将社会管理创新纳入各地经济社会发展的总体规划,完成了综治委更名工作,省综治委成员单位调整充实为 60 个部门,设立了 10 个专项组。特别是在 2020 年的疫情期间,虽然浙江省的传统制造业、服务业受到较大冲击,但是随着智能化、数字化改革的推进,智能制造、在线办公、无接触配送、线上消费、互联网医疗等新兴产业快速"补位",为广大民众提供了更方便、快捷的生活。除了合理运用数字化进行省域治理之外,浙江省政府还应充分利用互联网大数据建立新的透明化机制,让市民能够随时浏览以判断政府的决策是否正确,是否保障了企业和群众的根本利益。以数字化机制代替传统的办事大厅,既可以解决政府人员和民众的时间浪费问题,还能让政府更加快捷地知晓民意。

再次,对于民生问题,政府应让群众自治功能得到充分的发挥,激发群众对基层经济社会的治理创新活力,坚持做到民事民办。同时,政府应充分发挥党建的统领作用,把基层党建贯穿于基层社会治理的全过程和各方面。党建统领是我国基层社会治理的最大政治优势。尤其是在如今的大数据时代,浙江省应积极将数字化技术应用于扶贫、医疗、教育、旅游、养老等民生问题上。目前,在"互联网+医疗"方面,浙江已有 110 万民众领取了电子"健康医保卡",互联网医院平台已有 343家医院接入,真正实现了用一个码解决群众就医"一件事"。由此可见,省域治理现代化的关键不仅在于充分发挥我国基层干部及党组织的作用,还要与数字化治理相结合,同时端正基层态度,才能让省域治理更加高效、具有针对性。正如在 2020年的疫情期间,浙江省充分利用大数据、人工智能、云计算等数字技术,在疫情监测分析、病毒溯源、防控救治、资源调配等方面发挥了重要的支撑作用。这些数字化技术与基层医务人员的工作相辅相成,使得浙江省在防控疫情方面取得了较大的成效。

除此之外,省域治理现代化在法制方面也应与数字化相结合。浙江省应积极完善网格化基层政府和社会组织依法治理的具体工作方式和机制,充分发挥网格化政府和社会组织在依法治理工作过程中的作用。尤其是在互联网立法方面,浙江省应坚持运用互联网大数据技术,不断完善"依法管网、以网管网、协同管网、信用管网"的监管机制,强化网络视听行业监管;同时,在线下立法工作中,浙江省政府应健全和完善以新农村党组织为基层工作核心,村民自治和村务人员监督组织工作为治理基础,驻村工作单位和农村居民广泛参与的社会主义基层党组织治理工作机制,把党组织的基层服务和管理的触角逐步延伸到中国特色社会主义基层治理每个环节的末梢。线上数字化与线下基础化立法相互结合,才能更好地推进浙江省域现代化治理立法工作的开展。

最后,针对基层干部能力和专业素质的问题,需要进一步提升基层党员干部积极参与推进基层经济社会组织依法治理的意识和能力。

一是要紧紧抓住"关键少数"。浙江省要通过集中专题法治课辅导、学习专题讲座等多种形式深入开展基层领导干部的学法培训工作,党组法律理论学习中心组每年至少应开展一次集中专题学法培训活动。二是要抓好基层领导干部任前法律理论基础知识的考试制度,做到任前逢提必考,不断提高基层领导干部通过运用传统法治理论思维和开展法治实践等方式深化改革、推动可持续发展、化解矛盾、维护稳定的意识和能力。三是要进一步创新、深化中国特色社会主义治理方式和思维。坚持分学科层次、分专业类别、多渠道、多工种形式地组织开展对党员的基本社会经济治理的理论培训,以及我国基层经济综合治理的一些先进经验,用系统化的思维开展工作。四是要进一步夯实普法基础工作。全面落实谁负责执法、谁普法的责任制,制定责任落实清单并开展专项督查,推动各级有关执法部门和司法机关积极进学校、进农村、进社区广泛开展普法和宣传活动,增强普法宣传工作的政治针对性和实效性,提高基层政府部门依法决策、依法管理、依法行政的工作水平。

四、总结

总的来说,要推进省域治理现代化的发展,应做到以下几点。

首先,浙江省要不断加强对城乡基层党组织的治理,进一步坚持党建政治引领,把党的建设精神贯穿城乡基层党组织治理的全过程、各个方面,发挥城乡基层党组织的凝聚作用,履行服务群众的职责,将城乡基层党组织的政治优势、组织治理优势有效转化为党组织治理的优势。同时,坚持推进省域治理数字化进程,将所有城乡政府的工作人员信息录入互联网中,定期进行工作审核,审核情况所有政府人员可见,可以极好地督促城乡政府人员更好地开展工作。

其次,浙江省政府应按照"中国特色社会主义治理的核心优势是人、重心在服务城乡社区、关键在体制改革和机制创新"的总体要求,推进城乡街道公共服务管理体制的改革,将更多公共资源、管理权限和民生公共服务资源直接下放到城乡基层,利用云端技术、大数据技术等设置云医疗、云服务等数字化服务,推动城乡管理,更好地解决民生问题,真正做到街道群众围着城乡社区街道转、社区围着城乡居民群众转。

最后,加强对城乡社区基层党组织的治理,做强重点街镇,夯实重点社区。基层是城市社区"联防联控、群防群治"的第一线,也是基层社会综合治理的第一线。通过进一步调整和优化重点街道的机构和队伍设置,实行街道职责准入制度,推动重点街道把党组织工作的重心和精力转移到城乡社区基层党组织的建设工作上来,转移注意力到公共服务、公共管理和社会公共安全工作上来,转移到为经济社会的发展建设营造良好环境上来。

加强浙江省域治理现代化的进程需要从政府到社区,再到基层干部的共同努力,解决浙江省政府职能边界的问题,并注重各市民生问题的解决,走到群众中去,倾听群众的声音。除此之外,推进省域治理现代化还要与时代相结合,学会运用数字化技术来辅助政府工作,运用大数据时代的便利更好地监督工作人员、知晓民意。

总的来说,在现在大数据时代背景下,利用数字化技术打造"未来政府"是省域治理现代化的重要一步。这就要求浙江省不断创新,以打破"信息孤岛"、实现数据共享为重要目的,通过政府数字化转型有力推进"最多跑一次"改革向各领域覆盖深化[6]，并且主动顺应数字化时代大势，以现代信息技术为支撑，对政府职能进行系统性、数字化重塑，推进政府部门工作流程再造，更好地服务人民。

浙江省委决定，在未来几年，要坚持以"八八战略"统领推进省域治理现代化。只有进一步推进城乡基层治理体系和治理能力现代化，将具有中国特色社会主义的制度优势转化为治理效能，并合理运用大数据技术，推进政府数字化转型，才能不断地开创省域党组织治理的现代化发展新局面。[7]

参考文献：

［1］西安日报社评论员.加快推进市域治理能力和治理水平现代化［N］.西安日报,2020-01-14(3).

［2］何丽君.从治理现代化视角理解县域治理实践［J］.群众,2019(24):34-35.

［3］黄志平.推进自然资源"四大转型" 争当部门治理现代化排头兵［J］.政策瞭望,2020(1):24-26.

［4］李玉梅.高水平推进省域治理现代化［N］.学习时报,2020-02-21(1).

［5］门保彬.学深悟透笃行党的十九届四中全会精神 努力把制度优势转化为基层治理效能［N］.衡水日报,2020-07-16(A2).

［6］史凯强.以"标准化＋"推动市域治理现代化［N］.衢州日报,2020-01-04(3).

［7］支斌.以党的十九届四中全会精神为指引推进新时代民政事业改革发展［N］.衡水日报,2020-07-03(A2).

【作者】

林婷,横店影视职业技术学院教师

技术—制度—行为的互嵌赋能：
浙江省数字政府建设的经验和启示

汤 武

　　经济基础决定上层建筑，生产方式和生活样态的变迁也带来了社会治理模式的变革。近几十年来，信息和通信技术（ICT）的发展使人类社会走向一个以网络和数据资源为基础，以大数据、人工智能、物联网和云计算等技术为支撑的信息时代。根据不同生产关系下社会互动频率的强弱和信息交换方式的不同，人类社会发展的历史可以分为农业社会、工业社会和信息社会三种不同的形态，这三种社会形态决定着三种不同的治理模式，即单向控制、代议互动与数字协商，而信息革命下社会发展的内在需求则要求构建数字政府的治理体系。[1]

　　实际上，自 1969 年互联网启用以来，信息技术革命就在全球范围内相继展开，信息化建设持续推进，各国政府相继开展行政改革以回应技术革命的冲击。1993年，作为信息技术起源地的美国推出了"国家信息基础设施"行动计划，推进"信息高速公路"和电子政府的建设。其后，世界各国都认识到互联网应用和电子政务建设对推进政府管理改革、提升政府效能、推动社会经济发展和提升国家竞争力的重要作用，相继制定各自的国家战略来推动信息革命。到了 21 世纪，随着大数据、人工智能和云计算等信息技术的进一步发展，数字时代和智慧社会的前景清晰地展示在人们眼前，各国也进一步推出相关战略，促进数字政府的建设。比如 2012 年，美国发布数字政府战略，旨在为美国公民提供更优质的公共服务。英国自 2012 年以来先后颁布了《政府数字化战略》（2012）、《政府数字包容战略》（2014）、《政府转型战略（2017—2020）》（2017），并在 2015 年启动了"政府即平台计划"。同样地，在这期间，日本、韩国、德国和新加坡等发达国家都先后启动了数字化政府的发展规划。

　　换句话说，政府的数字化转型是各国面对信息革命的国家战略和切实行动。我国尽管起步稍晚，但是发展很快，并且在各个时期都有相应部署。2002 年党的十六大和 2007 年党的十七大的会议报告里都提出要推行电子政务。从 2012 年党的十八大以来,党中央和习近平总书记对于网络强国等有一系列论述和部署,并且国家针对智慧城市、大数据、"互联网十"、人工智能和数字政府等密集出台了一系列政策和文件。2019 年,党的十九届四中全会审议通过的《中共中央关于坚持和完善中国特色社会主义制度 推进国家治理体系和治理能力现代化若干重大问题的决定》更是明确提出,要"创新行政管理和服务方式,加快推进全国一体化政务服务平台建设""建立健全运用互联网、大数据、人工智能等技术手段进行行政管理的制度规则。推进数字政府建设,加强数据有序共享"。会议决定中的这一表述全面地回答了数字社会形态下国家治理体系和治理能力现代化建设的核心任务和主要内涵。换言之,在以数字化为主要特征的信息技术革命背景下,推进数字政府建设,实现数字治理体系和治理能力现代化是国家治理体系和治理能力现代化的主要任务和核心动力。[2]

在国家的这些顶层设计之下,近 20 年来,我国各地方政府积极推进数字政府建设,形成了许多数字建设的地方品牌,如上海的"一网通办"、江苏的"不见面审批"和贵州的"集成套餐服务"等。浙江作为全国首个信息经济示范区,并且作为国内唯一同时承担数字政府领域三个国家级试点任务,即国家电子政务综合试点、公共信息资源开放试点、政务信息系统整合共享试点的省份,在数字政府建设上有许多创新性的做法和经验。比如在全国首创"最多跑一次"改革,率先建成了省级政务云服务体系和政务服务"一张网",率先编制了《数字政府建设总体方案》,实施了全国第一部公共数据和电子政务政府规章。从 2015 年开始,国家行政学院电子政务研究中心接受国务院办公厅的委托,每年开展省级政府网上政务服务能力评估,浙江在 2015、2016、2017 和 2019 年都位居第一,只有 2018 年位居第三。可见,浙江在数字政府建设方面取得了极为出色的成绩,因此以浙江为样本深入考察其数字政府建设的历程,探析其建设路径和经验,对全国推进政府数字化转型具有重要的参照价值和借鉴意义。

一、关于我国数字政府建设的研究

随着国内各地在数字政府建设实践上的积极开展,学术界对于数字政府的研究也越来越多。这些研究可以分为以下三类。第一类是对数字政府治理的理论性思考。比如有学者从技术规制和法律调控方面论述了数字政府的概念、技术规制的特点、法律建设的特征等内容。[3] 但是作为相对早期的研究,其尚缺乏对于近年来大数据和人工智能等新型信息技术影响下的政府治理图景的认识,更多地关注作为价值中立的技术手段的数字政府之于预防腐败等的意义。而近几年的研究认为,数字政府治理是信息时代的治理模式,不同于农业社会和工业社会强调的统计管理,更加注重用数据融通以人民为中心的"智慧服务",而且面对日趋"网络化"和"数据化"的"数字地球",数字政府治理体系的建构不仅响应了信息革命下社会发展的内在需求,也与全球治理体制变革具有密切的关联性与同构性。[4] 还有学者阐述了数字政府治理的理论逻辑与实践路径,认为数字政府治理将数据驱动和智能化应用的重点投向经济增长和社会价值的创造,为解决技术逻辑与公共治理中的行政生态、制度惯性之间的冲突提供了新的途径。[5] 也有学者从公共管理或治理理论的脉络探讨数字治理理论及其对数字政府建设的意义。[6] 有的学者从"公民即用户"这一理念出发,探讨了政府数字化转型的逻辑和路径,并对此做了反思。[7] 也有学者通过梳理西方学界对于数字政府的研究,来探讨数字政府的内涵、特征、基本原则、价值意涵和治理框架等。[8]

就数字政府的概念而言,吉尔·加西亚(Gil-Garcia)等主要从过程角度出发,提出数字政府是公共部门使用信息和通信技术,旨在改善信息和服务供给,鼓励公民参与决策的过程。[9] 更多的学者则认为数字政府是一种新的治理模式。在帕特里克·敦利威看来,数字时代的政府具有集"技术""组织""权威"于一身的复合特征:作为"技术",数字政府能实现对线下传统政府的升级;作为"组织",数字政府可以撬动政府向内的力量整合以及向外的资源获取;作为"权威",数字政府可以使政府继续在信息网络中成为关键节点,以此维持其对企业和社会组织的影响力。[10] 无论是作为过程还是新的政府治理模式,数字政府都努力地促成政府与数字技术的发展与融合,促进数据的横向及纵向流动与整合。由此,政府的治理结构就有可能从"碎片"走向"整体",治理方式更加数字化、智能化,治理过程更加开放、透明和高效,从而提升政府的治理水平与治理绩效。本文即采用这一定义,把数字政府视为融合了数字技术和政府组织架构的一种新的治理模式。

我国学术界关于数字政府的第二类研究主要是对国外数字政府的治理经验及发展趋势等进行分析和推介。比如有学者通过理论预判和分析引领,对国际上数字政府治理的新趋势进行了提炼和总结。[11] 有些学者则对英、美等发达国家政府数字化转型战略或数据治理的政策与结构,及其对我国可能的借鉴意义等进行了分析与探讨。[12—14]

第三类研究则是对于国内地方政府数字化建设实践经验的介绍和探析。有学者立足于广东"数字政府"的实践，从加强数据资源建设、注重智慧服务体验、构建协同治理环境、探索数据决策新方式、建设整体运行新模式来分析如何完善数字政府的建设。[15] 也有学者同样通过分析广东省数字政府建设的实践，发现数字政府通过优化运营模式、转化服务思维、提供精准服务、再造服务流程、转变评价标准等方式，优化了公共服务的供给。[16] 此外，有学者以上海市"一网通办"的探索为基点，分析了数字政府建设的内涵和路径。[17] 而由于浙江数字政府建设的先行和典范效应，特别是"最多跑一次"改革的重大影响力，对浙江数字政府建设实践的研究尤其多。

比如基于浙江数字政府的实践和探索，刘淑春认为，数字政府是"治理理念创新＋数字技术创新＋政务流程创新＋体制机制创新"的系统性、协同式变革，需要系统推进政府职能的数字化转型，构建纵向贯通、横向协同的数字政府。[18] 有些学者认为，浙江"最多跑一次"改革扭转了以往政府中心主义的改革逻辑，使其得以实质性地推进简政放权，是一场以人民为中心的整体性政府改革。[19] 有些学者认为，这是政府承诺和技术倒逼下的"放管服"改革，有助于推动政府的数字化转型。[20] 也有学者基于该改革探讨了数字政府建设的内涵与路径，认为传统政府应转型升级为以"小前端＋大平台＋富生态＋共治理"为目标模式、多主体网络协同治理、"O2O"线上线下一体化的数字政府架构体系。[21] 同样基于该改革，有些学者认为其是"互联网＋政务服务"的流程再造与数据共享，尽管继承了以往政府改革的优点，但是从路径依赖视角来看，仍有体制滞后与跨部门协调障碍等问题。[22]

总之，一方面，上述关于浙江数字政府建设的研究多侧重于个案，时间跨度上缺乏相对长程的分析视角；另一方面，这些研究往往基于技术和制度互动的视角，对于行为层的关注不够。信息时代的技术进步为业态创新提供了可能性空间，进而推动个体行为发生诸多变化并引发诸如网络犯罪、网络侵害等治理挑战，如何构建新的治理规则以引导、规范个体行为，需要作为社会秩序维护者的政府在数字化转型中积极面对和发挥相应职能。浙江的数字政府建设在规制社会组织和个体行为方面也有许多创举。因此，本文试图从较为长程的视角，以及技术、制度、行为三个维度来探讨浙江的数字政府建设。

二、浙江省数字政府建设的历程

就数字治理（或者说智慧治理）而言，一般认为存在着两条路径：一是技术主义的,强调新的技术在追求(城市、区域或者国家)治理效率方面的绝对价值;二是人文主义的,认为智慧是人类特有的综合应用知识的能力,建立在对自然和社会规律的深刻洞察之上,因而智慧治理也应是对公共生活富有洞察力的治理。[23]对于政府数字化转型的演进规律,现有研究也是从这两个方向来探讨的。有学者以技术手段为主来划分,认为"数字政府的发展经历了四个阶段:公告板阶段、部分服务供给阶段、系统服务的门户网站阶段、互动式民主阶段"[24]。有的学者从制度角度,即基于人的智慧构建的组织规则和机制角度出发,认为"以数字政府系统为基础的协同型政府建设将会经历'火炉管'式组织、整合化、全国性入口、组织间整合以及需求驱动的协同型政府五个发展阶段"[25]。有学者根据重要政策的节点把中国政府运用现代技术的发展过程分为三个阶段:第一个阶段是 20 世纪 70 年代后期到 2002 年的政府信息化阶段,即政府主要进行政府信息系统的立项和建设;第二个阶段是 2003—2017 年的电子政务阶段,即主要推动各个电子政务工程和系统的建设;第三个阶段是 2018 年以来的数字政府阶段,即主要推动大数据国家战略,利用大数据技术建设数字政府,提升国家治理能力现代化水平。[26]从这三个阶段可知,中国政府的数字化转型实际上是在技术现实和治理理论两个层面不断交织行进的迭代升级过程。作为我国数字化转型的示范地区,浙江省的数字政府建设自然也是制度和技术交织的过程。

(一)行政审批制度改革视角下的浙江数字政府建设

行政审批制度是一个最能体现浙江省数字化转型中制度变革的领域。因为该制度是计划经济的象征,对其的改革贯穿着 40 多年来中国政府改革的全过程,更是中国经济社会快速发展的重要原因和解释变量。随着信息技术的发展,浙江省行政审批制度的改革从主要表现为组织和权力的重构,转向以信息技术支撑下的组织和权力重构为特征。根据郁建兴等的研究,浙江省行政审批制度改革的历程可以分为以下五个阶段:第一个阶段是在 1992—1998 年,表现为从强县扩权到扩权强县,重构纵向政府间的行政权力。所谓强县扩权指的是高层级政府将一部分原本属于省级或设区市政府的行政审批权限以委托交办的形式下放给县级政府,实现纵向政府间行政审批权力的重构。扩权强县指的是浙江省不再只是选取部分经济发达区域的县级政府作为扩权对象,而是开始将扩权本身作为工具来推动县域经济的发展。第二个阶段是在 1999—2005 年,表现为组建行政服务中心,进行集中审批的地方探索。第三个阶段是在 2006—2012 年,表现为通过职能整合与流程再造来推进行政审批制度的改革。在这一阶段,相应改革借助信息通信技术推动网上审批和模拟审批等审批方式的创新,以求提高行政服务的效率。第四个阶段是在 2013—2016 年,进行了以地方政府的自我限权为核心的"四张清单一张网"(即权力清单、责任清单、企业投资负面清单、财政专项资金管理清单和政务服务网)改革,浙江省政务服务网的开发实际上代表着浙江正式启动了省级政府的电子政务建设。第五个阶段为 2017 年至今,表现为从"以政府为中心"到"以人民为中心"转变的"最多跑一次"改革。如前述相关研究所表明的那样,"最多跑一次"是组织与权力架构调整和诸多最新信息技术相融合的新改革。[27]

(二)数字化转型视角下的浙江数字政府建设

从政府出台相关文件和政策来推动新型技术的使用和数字政府的建设出发,相关学者把浙江省数字化建设分为基础建设、体系建设、高水平建设、"一体化"标准建设这样螺旋式上升的四个阶段。[28] 在 2003—2012 年的基础建设阶段,时任浙江省委书记习近平提出"推进'数字浙江'建设",并主持制定和实施《数字浙江建设规划纲要(2003—2007 年)》,加快了电子政务的建设。在 2013—2016 年的体系建设阶段,浙江省开启政务服务"一张网"建设,并建成了国内首个省市县一体化建设与管理的"互联网＋政务服务"云平台,实现了政务服务的线上运行。在 2017—2018 年 6 月的高水平建设阶段,浙江省大力推进"最多跑一次"改革,并围绕相关办事事项打通"数据孤岛",结构性地优化了数字化的公共服务体系,推进了"政府数字化转型"行动,实现相关事项"一窗受理、一网通办、一证通办、一次办成"的全覆盖,以及掌上办事"浙里办"和掌上办公"浙政钉"的快速推进。在 2018 年 7 月以来的"一体化"标准建设阶段,针对省内各地政府在数字政府建设上出现的创新有余而标准化不足等情况,浙江省创新政策工具,向全省印发《浙江省数字化转型标准化建设方案(2018—2020 年)》,明确提出要"全面实施标准化战略,深化国家标准化综合改革试点,以标准化支撑数字化转型",在目标设定上定点指向夯实政府数字化转型标准体系框架基础、增强政府数字领域标准话语权竞争力、释放政府数字化转型标准的规范和引领效应。政府数字化转型开始进入以构建具备地方特色的"一体化"数字政府建设标准体系为导向的新阶段。

综上,无论是从行政审批制度改革还是从数字化转型的视角来看浙江的数字政府建设,其都是以组织和权力结构的变革与技术手段的融合为特征的。也就是说,浙江的数字政府建设是一种技术和组织密切结合,并以此强化相应政府职责和效能的新的治理模式。

三、浙江省数字政府建设的经验和启示:技术一制度一行为的互嵌赋能

数字政府的建设,或者说数字治理体系的构建是需要从技术、行为、组织三个层面着眼的。[29]技术层聚焦数字社会形态下基础设施的治理问题,为社会形态的变迁创造新的空间和可能性。组织层聚焦集体行动以及组织形态变迁,谋求形成稳定的制度框架以调整不同主体的组织内及组织间关系。行为层重点关注数字社会形态下个体行为的治理,特别是如何构建新的行为规则。因为技术进步为业态创新提供了可能性空间,进而推动个体行为发生诸多变化,并引发了诸如网络犯罪、网络侵害等治理挑战,如何构建新的治理规则以引导、规范个体行为,便成为行为层数字治理体系建设的主要议题。正如习近平总书记所强调的,"自由是秩序的目的,秩序是自由的保障"。因此,将网络行为纳入治理范畴,构建数字世界的行为规则,进而引导、规范个体行为,成为数字治理体系现代化建设的又一核心组成部分。

除了上述技术和制度层面的数字政府建设之外,浙江省也致力于在行为层面构建数字时代的相应规范。这主要体现在两个方面。第一个是全链条闭环的"互联网＋监管"。浙江省建立了全省横向到边、纵向到底的统一行政执法监管平台,并使它与国家平台完成对接。该平台覆盖了省市县三级 3563 个执法部门,开通执法人员账号 6.5 万个,实现掌上执法率达 99％,对于国家平台下发的风险事件线索反馈率高达 91％。另外,建成了全省统一的处罚办案系统,行政检查事项全部接入统一平台,实现了从行政检查到处罚办案的监管闭环;综合运用大数据、物联网、人工智能等技术来发挥政府的监管职责,对于重点营运车辆、污染源、非接触式医疗废物、药品、教育培训机构的资金、食品安全、邮政快递业 7 个重点领域形成了有力监管;通过"浙里督"智慧督查平台,推进重点督查、惠企减负、绩效考评、数据监测一体化运作等工作,形成了全省智慧督查的一体化平台。

第二个方面是通过"信用＋联动场景"实现信用生态的重建。浙江省凭借优良的数字政府转型政策环境,坚持以制度功效突破"信用壁垒",以数字技术设计、维

护和管理社会信用体系,系统性地创新和发展了信用制度及信用的社会运用模式,使得数字化信用建设深入应用到行政、社会和市场等领域,同时在自治性、开放性、可追溯性、智能合约和共识机制等方面赋能数字信用体系,在数字化征信方面获得了十分显著的效果。具体表现在以下几个信用管理"公链"新模式的应用上。第一,"信用+审批服务"新模式的运行。第二,"信用+执法监管"新模式的运行。推行信用体系与统一行政执法平台对接,通过事前查询,根据不同主体信用状况实施分类监管。第三,"信用+公共服务"新模式的运行。各级政府对公共服务领域中的信用优秀服务对象,采取便利化的办理优先等激励措施。比如杭州等市加快推进了信用的社会化应用,杭州推出的"钱江分"个人信用指数,在扫码乘车信用付、免押办理图书馆借阅证等 8 个方面享有优惠便利。第四,"信用+公共资源交易"新模式的运行。第五,"信用+政务事务"新模式的运行。"浙政钉"和省公共信用信息平台的查询功能开通后,直接向各单位用户提供信用查询服务,并以此作为公务员、事业单位人员招考任用、评优评先等的重要参考。此外,在风险监控、融资服务、行业监管、社会治理、政府自身建设等领域,信用模式都实现了推广与应用。

信用在各联动场景里的应用实际上给个体提供了相应规范,也引导和约束了他们的行为。个人为了获得良好的信用,以期享有数字治理体系下的便利,就会严格地遵循相应的行为规范。对于政府而言,也借此实现了对于个人和其他主体的网络或现实行为的有效规制。

如前一部分所述,一方面,浙江省在推进数字政府建设时,信息技术和组织层面的制度本就相互嵌入各自之中,并且相互促进,真正推动政府的数字化转型,提升其效能;另一方面,浙江省在推动数字政府建设时,也利用组织和技术来强化政府的监管职责,并推动信用社会的建设,这两者又给予个人或其他主体的行为以约束和规范。换言之,这使得技术、制度、行为三者相互嵌入,互相支撑和赋能,并真正有效地推动了政府的数字化转型。这正是浙江省数字政府建设的经验和启示。

四、结论

随着信息时代的来临,构建数字政府的治理体系不仅是社会发展的内在需求,也是我国推进治理体系和治理能力现代化的重要路径。浙江省作为我国数字政府建设的先发和具有示范意义的地区,对其数字政府建设的历程进行考察,并总结其经验和启示具有重要意义。

浙江省的数字政府建设既注重技术层面的使用和发展,也强调组织层面的制度改革和建设,并且以有效的监管和信用建设来规范个人或其他主体的行为,真正地做到了技术—制度—行为的互嵌赋能,因此才有效地推动了政府的数字化转型。

参考文献:

[1] 戴长征,鲍静.数字政府治理——基于社会形态演变进程的考察[J].中国行政管理,2017(9):21-27.

[2] 鲍静,贾开.数字治理体系和治理能力现代化研究:原则、框架与要素[J].政治学研究,2019(3):23-32.

[3] 梁木生.略论"数字政府"运行的技术规制[J].中国行政管理,2001(6):20-21.

[4] 戴长征,鲍静.数字政府治理——基于社会形态演变进程的考察[J].中国行政管理,2017(9):21-27.

[5] 杨国栋.数字政府治理的理论逻辑与实践路径[J].长白学刊,2018(6):73-79.

[6] 翁士洪.数字时代治理理论——西方政府治理的新回应及其启示[J].经济社会体制比较,2019(4):138-147.

[7] 钟伟军.公民即用户:政府数字化转型的逻辑、路径与反思[J].中国行政管理,2019(10):51-55.

[8] 蒋敏娟,黄璜.数字政府:概念界说、价值蕴含与治理框架——基于西方国家的文献与经验[J].当代世界与社会主义,2020(3):175-182.

[9] GIL-GARCIA J R, DAWES S S, PARDO T A. Digital government and public management research: finding the crossroads[J]. Public Management Review, 2018, 20(5): 633-646.

[10] DUNLEAVY P, MARGETTS H, BASTOW S, et al. New public management is dead: long live digital-era governance[J]. Journal of Public Administration Research and Theory, 2006, 16(3): 467-494.

[11] 孙志建.数字政府发展的国际新趋势:理论预判和评估引领的综合[J].甘肃行政学院学报,2011(3):32-42.

[12] 黄璜.美国联邦政府数据治理:政策与结构[J].中国行政管理,2017(8):47-56.

[13] 李重照,黄璜.英国政府数据治理的政策与治理结构[J].电子政务,2019(1):20-31.

[14] 张晓,鲍静.数字政府即平台:英国政府数字化转型战略研究及其启示[J].中国行政管理,2018(3):27-32.

［15］逯峰.广东"数字政府"的实践与探索［J］.行政管理改革，2018(11)：55-58.

［16］吴克昌，闫心瑶.数字治理驱动与公共服务供给模式变革——基于广东省的实践［J］.电子政务，2020(1)：76-83.

［17］谭必勇，刘芮.数字政府建设的理论逻辑与结构要素——基于上海市"一网通办"的实践与探索［J］.电子政务，2020(8)：60-70.

［18］刘淑春.数字政府战略意蕴、技术构架与路径设计——基于浙江改革的实践与探索［J］.中国行政管理，2018(9)：37-45.

［19］郁建兴，高翔.浙江省"最多跑一次"改革的基本经验与未来［J］.浙江社会科学，2018(4)：76-85.

［20］赵光勇，辛斯童，罗梁波."放管服"改革：政府承诺与技术倒逼——浙江"最多跑一次"改革的考察［J］.甘肃行政学院学报，2018(3)：35-46.

［21］何圣东，杨大鹏.数字政府建设的内涵及路径——基于浙江"最多跑一次"改革的经验分析［J］.浙江学刊，2018(5)：45-53.

［22］朱璐霞，杨磊."互联网＋政务服务"的流程再造与数据共享——基于浙江"最多跑一次"改革的考察［J］.安徽行政学院学报，2020(4)：41-48.

［23］黄璜.智慧治理的两种进路［J］.智慧城市评论，2017(2)：6-7.

［24］达雷尔 o 韦斯特.数字政府：技术与公共领域绩效［M］.郑钟扬，译.北京：科学出版社，2011.

［25］BRAM K，MARIJN J. Realizing joined up government dynamic capabilities and stage models for transformation［J］. Government Information Quarterly，2009，26(2)：275-284.

［26］黄璜.数字政府：政策、特征与概念［J］.治理研究，2020(3)：5-15.

［27］郁建兴，等."最多跑一次"改革：浙江经验，中国方案［M］北京：中国人民大学出版社，2019.

［28］许峰.地方政府数字化转型机理阐释——基于政务改革"浙江经验"的分析［J］.电子政务，2020(10)：2-19.

［29］鲍静，贾开.数字治理体系和治理能力现代化研究：原则、框架与要素［J］.政治学研究，2019(3)：23-32.

【作者】

汤武,博士,浙江财经大学公共管理学院教师

深化科技经费领域"最多跑一次"
改革的调查与思考

陈庆忠　桂春荣　王　婷　任伟莲　陈怡璇

习近平总书记指出,"科技领域是最需要不断改革的领域"。在高质量发展阶段,科技领域比任何领域都更加需要解放思想、持续改革。"最多跑一次"作为浙江省全面深化各领域改革的"先手棋",也是破解科技领域各种"痛点""堵点"的利器,对推进浙江省数字化转型,促进科技强省,推进省域治理现代化具有深远意义。

2019 年下半年,浙江省审计学会课题组结合近几年对科技经费领域的审计情况,聚焦科技经费"放管服"改革,先后走访了企业、高校、科技局机关等十几家单位,并采用网络问卷形式向省内高等院校、科研院所、医院等单位约 500 名在职人员开展了调研,力求反映浙江在科技领域"最多跑一次"改革中存在的薄弱环节和深层次问题,并提出完善的对策建议。调研报告如下。

一、对科技领域"最多跑一次"改革的再认识

近年来,我国科技领域事业快速发展。中央多次出台科研经费"放管服"政策,旨在进一步深化科技体制改革,激发科技创新活力,但科技经费管理仍未能完全适应科技创新活动的特点与规律。浙江省以"最多跑一次"改革作为撬动各领域改革的突破口,当前推动深化科技领域改革亟须再认识、再深化、再出发。

(一)对改革理念的再认识:从数量速度到质量效益

申报材料精简了多少、填报内容减少了多少、评审时间压缩了多少、行政审批

事项下放了多少,这是总结近几年科技领域"放管服"改革时经常提及的成绩单和成效图。在这一阶段,我们更多关注的是改了没有和改了多少问题,以数量速度来衡量、评判改革力度。下一阶段,应该重点考量改革的质和效。改革的速度和数量不错,质量和效益的空间依然很大,仍然存在放权不到位、监管有缺位、服务常错位和改革红利未充分释放等一系列问题。质量和效益的要求也是改革理念的全面展现,需要超越简单的数量和速度逻辑,坚持以质量和效益的价值取向,在管理体制、运行机制、技术平台、人才管理、成果评价等各领域注入质量和效益的理念与要求。

(二)对改革进程的再认识:从"建章立制"到"落地实施"

近年来,中央及我省多次出台科研经费"最多跑一次"政策措施,旨在进一步深化科技体制改革,激发科技创新活力。当前,改革虽然已经破题,理念先进,方法也可行,但由于体制、法制和运行机制的惯性,落地还缺乏相关配套举措,距离目标仍有一定差距。部分科技监管改革停留在政策层面,面临更多的是难啃的"硬骨头",制度性惯性仍然没有得到根本扭转,横亘在办事流程中的"中梗阻"仍然存在,"信息孤岛"问题没有彻底解决,管理流程优化还有大量的工作要做,改善政府服务还有不少的潜力可挖,更加精准、持续推进"最多跑一次"改革向纵深前行仍然任重道远。如何超越政策层面,对各项改革政策内容进行深入论证和细化,促使改革措施落地是接下去要面临的问题,这也标志着科技体制改革从"建章立制"进入"落地实施"的新阶段。

(三)对推进机制的再认识:从碎片化改革走向整体推进

"最多跑一次"改革是系统工程,不是简单的部门政策文件的物理相加,而是要使各种制度产生"化学反应"。长期以来,科技领域涉及部门多,在上下沟通和左右协调方面遇到很多障碍,即便是同一部门,不同业务单元信息也未能做到完全协同共享。政策法规、权力下放、联合监管、信息共享、中介组织、诚信体系建设等方面都存在着中梗阻问题,不系统、不协同、不深入、不落地等现象较为普遍。推进这些系统整合融通,不仅是技术问题,还要突破部门利益和行为习惯进行顶层谋划。因此,改革推进机制必须进行整体谋划,跳出部门立场和思维习惯,加强各领域改革的联动和集成,使原来分散在不同层级和不同部门的事务得以重新梳理,用制度建设提升和巩固"放管服"改革的成果,进一步推动从"各自为政"向"系统集成"提升,以发挥系统集成效应。

二、当前深化浙江省科技经费领域"最多跑一次"改革存在的主要问题

目前,我省科技经费管理还不能完全适应科技创新活动的特点与规律,依然存在放权接权难、管理较粗放、服务优化不够等问题,制约着改革进程和科技发展。

(一)放权接权运行机制不畅,政策红利未充分传导到基层

1. 放权不彻底,"该放没有放"

我省高校及科研行政单位普遍套用三公经费和行政管理有关规定管理科技经费和科研活动,导致在经费使用报销、技术路线调整、设备耗材采购等科研事务中存在自主权不够、审批环节复杂、流程烦琐等问题。如目前我省高校还普遍存在设备、耗材和办公用品纳入"政采云"网上超市统一采购的现象;科研人员普遍反映采购时间长、限制多,采购常用的小设备如路由器、U 盘、鼠标等也要经过审批,采购笔记本电脑一般需要大半年的时间才能到位。某学校 2016 年底引进院士申请采购的设备,至 2019 年 6 月还没有全部到位。

2. 上下级、部门之间政策统筹衔接不畅,"你放我不放"

科技领域涉及部门多,出台文件较分散,业务信息共享不足,存在部门之间政策执行进度不同步、措施不一致,甚至相互冲突的情况。某些权限和程序科技部门已下放或简化,具体管理和执行部门、单位并不知晓,或对政策理解不一致,相关部门没有及时修订相关制度规定,仍按照老办法来操作。如我国教育部与科技部联合印发的《关于加强高等学校科技成果转移转化工作的若干意见》已明确,科研单位转化科技成果不需要审批备案,但财政部《国有资产评估项目备案管理办法》仍规定要向其主管部门备案。兰溪市在省高新技术认定标准上附加社保参保率前置条件。

3. 实施细则不明确或缺乏配套制度,"想放不敢放"

大多数政策只是出台了一个框架性的文件,没有明确、具体的实施细则和配套制度,且文件中存在一些诸如"重大""可以"等模糊、不准确的措辞,导致科研机构

主管部门和具体落地人员在执行时把握不准、担心承担责任,不敢大胆放权。如部分高校在经费调剂使用、仪器设备采购、科技成果转化等科研活动中,因担心涉及"三重一大"责任,未按省文件规定直接下放权力到科研团队,仍需要院、校领导逐级审批。

4. 接权能力不匹配,"放了接不住"

一些初衷和效果较好的政策虽然出台了,管理部门也放权了,但接权部门受制于管理能力或实际情况没有深入研究消化,且没有相应的案例可供借鉴参考,拿不出务实落地举措,只是以文件落实上级文件。如实行效果较好的财务助理制度,受制于编制、经费、人员流动性等方面的现实问题,在各高校中实际推行度并不高。

(二)经费管理配置不完全适应科技创新活动特点和规律,管理创新亟须进一步优化

1. 科技经费配置小、散,聚焦重大政策战略不足

在科技项目和经费配置上,存在资金分散"撒胡椒面"的现象,难以集中资源聚焦省委、省政府重大战略实施高能级项目。如针对省委、省政府已明确作为"一号工程"的数字经济领域,在 2019 年数字经济专项审计调查中发现,审计范围内 5000 多笔补助资金中,30%的项目金额小于 1 万元,单笔金额小于 50 万元的占比 85%以上。与此同时,由于经费投入管理主体多头管理,各部门间信息共享不畅,部门间科技投入信息共享平台缺乏统筹,某些科技项目从立项申报开始,就存在部门分割、多头管理的问题,造成资源低水平重复配置。

2. 科研资源配置"马太效应",不利于培养新生力量

目前,科技项目面向学校、医院等机构的较多,企业能申报、专门针对企业申报的项目较少。同时,由于分类评审评价不足,中小企业与大型国企科研机构、青年人才与学术资源丰富的专家学者在同一层面竞争,致使中小企业和青年科研人才等新生创新力量在需要扶持的阶段却难以立项,也造成高级人才重复享受、学术资源集中在少数人手中等问题。这对持续培育新生创新力量产生了不利影响,制约了原创能力和科研质量的提升。

3. 科研经费使用"重物轻人",知识价值导向仍不足

习近平总书记强调指出,创新驱动实质上是人才驱动。党的十八大以来,为激活"人"这个关键要素,相关部门出台了一系列人才激励的改革举措,但科研人员的获得感仍然不足。如在经费使用上长期"重物轻人",导致仪器设备重复购置、浪费严重,科研人员的脑力劳动价值得不到相应体现。特别是一些人文社科类研究,项目的最大成本是专家的智力成本,但目前政策只承认其他成本,对专家的智力支出没有进行成本考虑,专家花费几个月的研究时间,但没有报支的路径。制度设计中更强调的是设备、耗材、资料、会议、差旅等直接经费,虽然也体现了智力付出的激励费,但比例仍相对较少,目前最高 30% 的绩效发放激励仍不足以构成对科研人员智力付出的合理回报。

(三)服务理念不能适应新形势,科技服务尚处在较低水平

1. 科技领域"信息孤岛"问题突出,资源共享机制未形成

当前,科技、财政、经信、街道、统计、人社、税务等有关管理部门数据信息多,且没有统一的信息采集和共享途径,信息资源壁垒严重。一家单位需要对接各个部门乃至同一部门的多个处(科)室。虽然浙江省科学技术厅着眼于推动科技信息资源共享,主导建设"科技大脑",但其办事大厅板块覆盖面仅仅在科技系统内部,且滞后于其网站信息;政策法规板块归集的科技相关政策不全面且滞后严重;创新资源板块目前只是对创新机构、仪器设备总量及分布的罗列,更深层次、更高层面的信息共享有待开发。浙江省在总体上未能打通全省科技信息资源,距离"一网式"覆盖、服务、管理还有一定距离。

2. 科技中介服务行业作用有待发挥,管理亟待加强

总体上看,高质量中介机构较缺乏,科技中介服务行业作用发挥与浙江省经济总体发展水平不相适应。浙江省自 2010 年 5 月发布《浙江省重点科技中介服务机构培育管理办法(试行)》后,近几年未出台相关管理文件。企业反映部分科技中介机构依托其信息优势,在项目申报、评估等环节中扰乱市场环境。在某市市本级科技资金专项审计调查中发现,某科技企业服务机构享受经营场地减免房租等政策优惠,负责对入孵企业开展创业培训、辅导,而其实际业务偏离创业创新政策导向。

3.基层科技服务保障能力不能适应新形势,改革创新的动力机制仍显不足

县(市、区)基层科技机关存在专业化队伍缺乏、人员编制紧张、人才结构老化等问题,在管理理念、能力方面难以适应新形势。如某市科学技术局干部平均年龄达 51 岁,局高新技术科共 3 人,除科长外其他 2 人为编外人员,要负责对接 500 多家企业。基层面临来自上级各部门的考核较多,市里还按照省里考核指标层层加码计划任务,干部疲于应付压力大,创新的主动性和积极性不足,甚至存在为完成任务而将原本不符合"高新技术"条件的企业进行包装的情况。

三、持续推进科技经费领域"最多跑一次"改革的建议

在当前起点上,深化"最多跑一次"改革是一场牵一发而动全身的深刻变革,需坚持需求导向、问题导向、服务导向,深化重点领域和关键环节改革,推出更加务实有效的改革举措。

(一)改革进程再深化,从"建章立制"到"落地实施",推动政策红利层层传导到基层

1.强化政策梳理和落实

全面梳理科技领域相关政策存量,及时清理有违创新规律的政策条款,该废则废、当改则改,并根据企业、高校、科研机构分类归集形成汇编和清单。加强已出台政策的落实配套、宣传解读和普及推广,必要时出台相应实施细则和配套机制。注重总结各地创新经验举措,对于实施效果好的经验及时在全省推广,解决在政策措施落地过程中面临的实际问题。

2.更大力度精准放权、赋权

以"最多跑一次"为目标,推行科技经费与行政经费分类管理,按照能放尽放、能简则简、能减则减的原则,简化流程,砍掉不必要的报销单据。放宽对科研会议、设备耗材采购、租车定点的严格控制。依法赋予科研人员更大的人财物支配权、技术路线调整决定权、支出预算调剂权、仪器设备采购管理权。

3.探索科技经费"负面清单"管理

以信任为前提,以监督为底线,在完善科研诚信体系建设的基础上,针对科研

诚信好、绩效高的企业和单位,选取部分领域,探索经费使用"负面清单"管理,以清单形式明确不予使用、不允许的事项,清单以外的则充分开放,既明确"底线",又赋予"自由",放开前门,管住后门,相向而行,形成合力。

(二)改革机制再推进,从碎片化政策向整体联动,推动形成部门合力

1.加强科技领域各部门的联动协同

加强科技部门与财政、税务、产业、知识产权、社保等部门的工作联动,强化政策、法规和措施之间的统筹协调。通过建立统筹协调与决策机制,加强各部门间对科技工作重大问题的沟通与协调。

2.加强科技部门在科技计划中的牵头作用

由科技部门牵头,统一协调全省财政科技资金设置、项目布局、资金分配等事项,全面掌握并统筹好财政资金投入的合力。

3.加大对重点领域的投入引导,优化科技资源配置

加强对立项项目的统筹和引导,通过联合发布重大战略需求指南,针对重大政策领域、全省产业布局产业链关键环节、"卡脖子"问题等设立专项财政支持等,促进财政资金配置更加聚焦省委、省政府重大战略布局,经济社会发展重大需求,重大共性关键技术和浙江省发展优势特色领域。

(三)管理理念再升级,从强化监管到多元激励,激活"人"的创新活力

1.推行分类评价评审,加大中小企业和青年人才支持力度

按照《关于深化项目评审、人才评价、机构评估改革的意见》的要求落实实施意见,优化科研项目评审评估制度。推进高等学校和科研院所、企业技术人员分类立项和评价。对从事应用研究和技术开发的技术人员注重市场检验和科技成果应用。针对中小企业和青年科研骨干人才设置独立项目,加大其项目资金支持力度。畅通中小企业人才申报项目、参加职称评审的渠道。

2.在制度设计时尊重智力劳动价值,大幅提高激励费比例上限

提高重大、重点类科研项目的激励费比例上限。对一般的人文社科类项目和金额较小的自然科学研究类项目试行经费"包干制"。

3.提升科技管理专业化水平,强化各级科技管理干部的使命担当

加大科技培训力度,不断更新知识,切实提升政府科技管理人才的专业化水平和精准服务水平。聚焦提升科技创新能力,突出考核重点,实事求是地设定考核目标。推行科技领域针对性的容错免责机制,激发干部担当作为的积极性。

(四)服务能力再优化,从业务流到价值链,提供全链条服务支持

1.升级优化"科技大脑",建立科研服务信息平台和智慧决策支撑系统

把"科技大脑"建设工作与政府数字化转型工作相结合。做到全省科技管理政府部门、企业和科研机构信息资源的全覆盖,推动平台资源整合和协同共享,实现申报、评审、验收及成果转化等全链条科技信息一网覆盖、全程智能推送,切实解决科技领域"信息孤岛"问题。加快开发"科技大脑"智慧决策支撑系统,除提供各类创新资源的实时查询之外,在设备共享、成果转化、产学研需求对接方面提供更高层次的智力支撑服务。

2.优化服务机制,大力实施精准服务

推行各地科技部门与当地科技企业"一对一""一站式"精准服务机制,及时提供政策咨询和答疑解惑。畅通企业、高校和政府决策部门对接通道。为高新技术企业和高校分层级、常态化、多形式举办产学研合作对接会,促进各类创新主体形成长期、稳定的合作关系。

3.积极培育高质量中介机构,规范科技服务行业管理

充分发挥中介机构的桥梁纽带作用,大力发展科技服务。采取多种方式对符合条件的科技服务企业予以支持,以政府购买服务、创新券、后补助等方式支持科技服务发展,引导科技服务机构为创新创业企业提供高质量服务。此外,为适应新形势制定出台中介机构管理办法,按照行业分类的原则,强化以信用和自律建设为重点的监管体制,维护中介服务市场秩序。

参考文献:

[1] 习近平.在中国科学院第十九次院士大会、中国工程院第十四次院士大会上的讲话[N].解放军报,2018-05-29(2).

[2] 李克强.在全国深化"放管服"改革,转变政府职能电视电话会议上的讲话[N].人民日报,
2018-07-13(3).

[3] 车俊.坚持以人民为中心的发展思想 将"最多跑一次"改革进行到底[J].求是,2017(20):
10-13.

【作者】

陈庆忠,浙江省审计厅党组成员、副厅长

桂春荣,浙江省审计科研所科研部主任兼省审计学会秘书处主任

王婷、任伟莲、陈怡璇,浙江省审计学会

数字限权:信息技术在纵向政府间
治理中的作用机制研究

——基于浙江省企业投资项目审批改革的研究

谈 捷 高 翔

数字技术业已成为中国政府治理体系与治理能力现代化的关键力量。2016年,国务院发布《关于加快推进"互联网＋政务服务"工作的指导意见》,明确要求各级政府运用数字技术推动政府职能转变与管理创新。2016 年 12 月,浙江省率先提出"最多跑一次"改革,开始探索运用数字技术提升政务服务效率与质量的可能途径。各地陆续启动了运用数字技术提升政府治理水平的地方实践,如上海市"一网通办"、江苏省"不见面审批"、广东省"粤省事"、湖北省武汉市"三办改革",以及陕西省西安市"行政效能革命"等。中央政府"互联网＋政务服务"的政策纲领,以及各地政府数字化转型的鲜活实践,向我们提出了深入研究数字技术在政府治理变革中的作用及其实现机制的重大议题。

以中国的数字政府实践为研究对象,已有研究指出,数字技术能够较好地提升政府回应性,并促进整体性政府建设。第一,数字技术为政府与公民沟通提供了新的途径。互联网增加了公民获取信息的途径,拓宽了公民参与公共事务的渠道。[1-2]各级政府也建立了获取民意的在线平台,更加重视将民众纳入公共事务治理范畴。[3-4]研究表明,数字技术提高了政府回应性,推进了更具包容性的公共政策制定。[5-7]第二,数字技术促进了整体性政府的建设。以"最多跑一次"改革为研究对象,郁建兴等呈现了地方政府运用数字技术推动组织内部业务流程再造、数据共享的实现路径。[8-9]其中,数字技术降低了组织内部的协调成本,为市民、企业等提供了更具整体性的政务服务,显著提高了行政效率。[10]

当前,中国的数字政府研究较少考察数字技术在规范行政权力中的积极作用。

相比之下,数字限权一直都是国外数字政府研究中的重要议题。数字限权指行政机构运用数字技术减少一线行政人员的自由裁量权,实现电子监督,从而规范行政权力行使的实践。[11]在中国,纪检部门已经注意到了数字技术在规范行政权力中的潜力。如贵阳市在 2015 年后启动了"数据铁笼"工程,要求运用大数据实现对行政权力的实时监控和全程监督。2017 年,该项目进一步升格为贵州省省级纪委工程。然而,只有少量关于中国数字政府的研究涉及了数字限权的议题。如米加宁指出,数字技术具备规范地方政府权力的潜力[12],Schlæger 和 Wang 则考察了电子监督在反腐败工作中的作用[13]。总的来说,已有研究尚未能够系统呈现各级政府运用数字技术规范行政权力的过程及其作用机制。

为了弥补中国数字政府实践与数字限权等相关研究之间的理论鸿沟,本项研究追踪了 2018—2020 年企业投资项目线上审批平台的改革历程,采用单案例研究和问卷分析相结合的混合研究方法,细致考察了省级政府运用数字技术规范地方行政机构权力的作用机制。在"互联网+政务服务"提出后,浙江省启动了"最多跑一次"改革,要求各级政府运用数字技术推动便民服务、商事制度和企业投资项目等领域的治理变革。从 2018 年开始,浙江省专门针对企业投资项目审批提出了"最多 100 天"的改革议程,并启动了企业投资项目在线审批系统的建设。与便民服务等相比,企业投资项目审批是政府行政权力较集中、涉及较大经济利益的关键领域,为我们深入考察数字技术在权力约束中的作用提供了一个合适的研究对象。[14]在研究中,本文不仅呈现了省级政府运用数字技术限制地方行政机构权力的实践过程,也通过企业家调查问卷证实了省级政府可以通过数字限权实现优化营商环境等政策目标。

一、数字技术驱动的现代政府治理变革:研究述评

数字技术将如何重塑现代政府治理形态?有关中国的数字政府研究着重围绕数字治理、整体性政府等议题展开,认为数字技术能够增进政民互动,推动碎片化行政体系的内部协调,形成更具回应性、整体性的政府治理新形态。国外数字政府研究的相关文献呼应了数字治理、整体性政府的总体趋势,但同时突出了电子监督等对限制行政机构自由裁量权、规范行政权力行使的作用。

有关数字治理的研究重视考察数字技术在增进政民互动、提高政府回应性中的积极作用。早期研究刻画了政务热线、政府网站等在线政民沟通的形态[15],新近研

究则考察了电子公告板、智慧城市、政务微博等更加多样化的数字化政民沟通渠道[16]。研究者指出,政府通过建立政府网站等方式增加了面向公众的信息发布,提高了政务透明度,通过互联网搜集、回应民意等提高了公共政策的包容性。研究表明,尽管民众的诉求类型和负责回应的主体性质会影响政府的回应行为和回应质量[17],但数字技术的确能够提高政府的回应性。在技术应用更为广泛的地区,政府对民众需求的回应性更强,也会在教育和健康等民生领域投入更多财政资源。[18]此外,政府可以运用数字技术构建公民参与治理的渠道,促进政府和公民在政策执行中的合作。

有关中国数字政府的另一个热门议题是整体性政府,这一研究突出了数字技术在改善组织内部协调、提升组织运行效率方面的潜力。整体性政府的概念最早起源于英国布莱尔政府,它是指政府达成"横向、纵向的协同决策与协同行动"[19],对应了"一站式"服务的经典形态。2015年以来,中国各地涌现了以"最多跑一次"等为代表的改革实践,表现为政府建立集中办事的行政服务大厅和线上虚拟行政服务大厅。[20—21]以方便群众办事的需求导向为原则,各级政府提出了以整体性政府的思路优化政务流程。[22—23]政府一方面依托互联网连接了碎片化的职能部门和区域政府[24];另一方面则致力于推动数据共享,提升公民的行政办事效率[25—26]。研究表明,政府运用数字技术能够较好地推进整体性政府改革,提高行政审批的效率。[27]

值得注意的是,有关中国数字政府的研究较少关注数字限权。在有限的讨论中,米加宁等明确指出了数字技术具备规范地方政府权力的潜在作用,但鲜有围绕这一议题的实证研究。相比之下,国外的数字政府研究已经围绕数字限权开展了深入讨论。研究者指出,数字技术为限制行政机构特别是一线行政人员,即街头官僚的自由裁量权提供了新的工具。[28]数字技术至少可以通过两种机制规范街头官僚的行政行为。第一,运用数字技术减少或取代街头官僚的决策。政府可以运用数字技术建立刚性的信息系统,从而使"屏幕官僚""信息系统官僚"取代街头官僚。[29]在这一新模式下,数字技术限制了街头官僚篡改系统信息的能力,减少了街头官僚和公民的接触,在一些情况下甚至取代了街头官僚开展自动处置,从而压缩、消除了街头官僚在政策执行中的任意性。[30]第二,建立电子监督系统实时掌握政府雇员表现。电子监督系统经常被用于监督政府雇员的日常工作。如政府可以安装软件系统监控工作场所的网络浏览记录、监控政府工作人员的工作邮件,在工作场所安装摄像头等。政府还可以通过后台信息系统实时考核政府雇员表现,减少传统考核的交易成本。[31]值得注意的是,数字限权能够约束街头官僚的自由裁量权,但也有可能造成更加隐蔽、更难监管的政策模糊空间[32],甚至引发新的腐败[33]。

比较数字政府研究的国内外文献,有关中国政府数字化的研究较少涉及数字限权的议题,国外数字政府的相关研究则已经刻画了数字技术限制街头官僚灵活政策执行的具体路径及其可能后果。那么,数字技术是否同样有助于推动中国政府的行政限权?数字限权在中国的实现路径如何?它会对政府治理带来哪些影响呢?

二、方法与数据

围绕数字限权的议题,我们选取了浙江省企业投资项目在线审批平台的改革案例作为研究对象。在从计划经济体制向社会主义市场经济体制的转型过程中,中国各级地方政府掌握了较大的企业投资项目审批权限,且这些权限由不同的职能部门分散掌握。这导致企业投资项目审批效率低下,并存在突出的腐败风险。在 2018 年,浙江省启动了企业投资项目审批"最多 100 天"改革,由省发改委负责建立覆盖全省的企业投资项目在线审批平台。

我们追踪了 2018—2020 年浙江省企业投资项目线上审批平台建设的全过程,访问了浙江省发改委的相关负责人员,设区市、区县等参与审批改革的工作人员,以及在此期间申请企业投资项目审批的企业家等。为了更好地理解改革效果,我们于 2019 年 11 月面向当年进入企业投资项目审批流程的企业开展了第三方隐名问卷调查。调查共发放问卷 909 份,回收有效样本 885 份,剔除未获得施工许可证的企业和非民营企业后,进入模型的样本量为 633 份。访谈信息有助于呈现省级政府与地方政府在建立、完善在线审批平台中的互动关系,说明上级政府运用数字技术规范地方行政机构权力行使的具体机制;问卷数据则帮助我们从企业家的视角出发,分析数字审批的实际成效。

三、浙江省企业投资项目审批平台案例:将数字技术用于行政审批

企业投资项目审批是行政审批改革中的关键环节。为提高审批效率,浙江省

在 2018 年、2019 年先后提出"最多 100 天"和"最多 90 天"改革，要求运用数字技术建立省、市、县一体的线上一站式审批平台，提高企业投资项目的审批效率。将数字技术运用于行政审批的改革实践不仅提高了审批效率，还推动了省级政府在纵向政府间治理中从目标控制走向流程控制，限制了地方行政机构修改办事流程、记录数据的权限，遏制了地方行政机构的权力滥用。案例分析表明，数字技术的应用使得省级政府建立了更加标准化的企业投资项目审批规范，使各级地方政府为企业家提供了更具一致性的审批服务。

（一）放权体制下碎片化、非标准化的企业投资项目审批

企业投资项目指企业在中国境内投资建设的固定资产项目。在中国，企业投资项目审批是企业（特别是工业企业）开展生产和运营活动以前的必经手续。在计划经济时代，中央政府掌握了控制企业生产经营活动的权限，1978 年后的放权改革则开始赋予地方政府审批企业投资项目的权限。

在放权体制下，涉及多部门的企业投资项目审批有着突出的碎片化、非标准化特征。一是由于企业投资项目审批涉及的环节多，导致行政流程碎片化。一般而言，企业投资项目的审批包含项目备案（核验）、规划许可、施工许可和竣工验收等环节，涉及发展和改革委员会、经济和信息化部门、自然资源和规划部门、住房和城乡建设部门等多个机构。在实践中，各部门审批均要求企业提交资质材料或者是其他部门提供的证明材料，甚至有可能出现两个部门的审核批准互为前置条件的情况。这种高度碎片化的多部门审批模式导致企业需要经历异常复杂的程序才能获得审批，一些媒体因此将行政审批流程比喻为"长征"。二是不同区域地方政府的审批非标准化。在放权改革后，地方政府是企业投资项目的审批主体，并在实践中形成了差异化的审批标准和程序。举例来说，某设区市住建部门于 2018 年以前梳理了本地企业投资项目审批目录，其中竣工验收环节包含 22 个审批事项。同年，省发改委梳理的竣工验收环节只包含 10 个审批事项。企业投资项目审批的碎片化、非标准化引发了高层级政府、地方政府和企业之间的信息不对称，扩大了审批的模糊空间，进一步巩固了地方政府在审批环节的自由裁量权。在实践中，一些地方行政机构及其工作人员就会策略性地使用自由裁量权来控制市场准入，差别对待不同类型的企业。

值得注意的是，早期的政府信息化强化了放权体制下企业投资项目审批的碎

片化、非标准化现象。第一，各部门建立了相互独立的业务信息系统。在"九五"计划以后，各职能部门自上而下建立了信息系统，导致"数据烟囱"林立，信息系统数据字段标准不统一。如发改委的信息系统主要应用于企业投资项目备案和核准，面向项目赋码；自然资源部门的系统则主要应用于土地相关的审批事项，面向土地赋码。两个系统数据库信息不可匹配、不可比对，无法连接业务流程。第二，各地政府也启动了本地线上审批系统的建设。如宁波市在2017年建立了面向市民、企业的统一受理平台，舟山市在2018年建立了工程建设项目审批平台等。这些平台同样基于本地已有业务流程设置工作模块，难以实现跨地区业务在审核标准、办事流程和系统模块之间的对接。

（二）建立企业投资项目在线审批平台：从目标管理到流程控制

如何提高行政审批效率？浙江省在2018年启动了企业投资项目审批"最多100天"改革，并于次年将改革目标升级为"最多90天"。在这项改革中，浙江省明确要求各级政府借助"互联网＋"的技术支撑，通过建立更具整体性的企业投资项目审批流程，推动跨部门数据共享，简化企业办事流程，减少企业办事成本。为了提高地方政府的行政审批效率，浙江省在改革初期采用了目标管理的传统做法，向地方政府提出了审批提速的要求。不过，地方政府仍然可以通过调整审批时长的计算方式等办法来象征性地落实上级的要求。为此，浙江省启动了全省统一企业投资项目在线审批平台的建设，开始运用数字技术形成对地方政府审批流程的刚性控制。

1."最多100天"：目标管理

以提高企业投资项目审批效率为目标，浙江省在2018年提出了"最多100天"的改革议程，要求各级政府将项目获得施工许可证的时间压缩至100天。此前，世界银行的营商环境报告显示，2017年中国（北京和上海）企业获得施工许可证的平均时长为266天。为了在较短时间内推动地方政府提高行政审批效率，浙江省采用考核—激励的目标管理办法，由发改委牵头梳理企业投资项目审批事项，提出精简审批流程的具体方案，并发布考核指标，要求地方政府改革行政审批制度。

以提高行政审批效率为目标，浙江省启动了企业投资项目审批流程再造的工作。2018年，浙江省发改委与住建厅、自然资源局等部门合作梳理了企业投资项目开工前的审批流程，并将其依次分解为立项用地规划许可阶段、工程建设许可阶段和施工许可三个阶段,确认了 59 个审批主项和 113 个审批子项。为了推动地方政府落实上级政府的改革议程,浙江省发布了专门的考核办法,由省发改委开展针对下级单位的目标责任考核和针对下级领导班子的综合目标责任制考核。

从实践来看,浙江省在较短时间内就在数据的意义上完成了改革目标。截至2018 年 12 月,各地上报的数据显示,企业投资项目的审批时长均已低于 100 天。尽管如此,面向企业家的调研却显示这一数据未必完全真实、有效。第一,接受访问的 455 名企业家中仍然有 62 名表示他们获得施工许可证的时间超过了 100 天。地方政府上报的数据与企业家实际感知的差异,表明上级政府很难准确获得地方政府的审批信息。第二,企业家表示,地方政府会为了完成考核目标而给企业施压,即要求企业缩短准备材料的时间等。上述现象的出现,提醒省级政府需要更细致地控制地方政府的审批流程,掌握审批进程的真实信息。

2. 在线审批 2.0 平台:环节控制

为了更加精准地控制地方政府的审批流程,浙江省开始引入数字技术自上而下地推动企业投资项目的审批流程再造。2017 年 1 月,浙江省发改委启动"企业投资项目在线审批监管平台"的建设工作。这一平台的建设经历了"最多 100 天"时期的 2.0 版本(以下简称"审批 2.0 平台",2017 年 8 月上线试点)和"最多 90 天"时期的 3.0 版本(以下简称"审批 3.0 平台",2019 年 7 月上线试点)。其中,审批2.0 版本侧重的是前台整合,即由省发改委建立统一的企业用户入口,用于衔接各职能部门的审批业务系统。审批 3.0 版本则是系统替代,即省发改委不仅会建立统一的企业用户入口,也基本统一了各职能部门的审批业务系统。在启动一站式线上审批平台的建设工作后,浙江省明确要求各地政府采用网上办理企业投资项目的审批模式。为了确保地方政府执行上级政令,浙江省在线建立了唯一的企业投资项目赋码通道。由于赋码是项目获得规划许可证、施工许可证的前置条件,省级政府的这一做法从逻辑上减少了地方行政机构绕开在线审批平台的可能性。

浙江省发改委建立的审批 2.0 平台是一个面向用户(企业家)的全流程在线审批平台。该平台设置统一的前端入口,为每一个企业投资项目赋码。企业用户以项目代码登录平台,启动审批流程。为了提高效率,省发改委在审批 2.0 平台上展示了标准化的审批流程,为用户提供在线指导。尽管如此,审批 2.0 平台本身并不提供审批服务,而是旨在以项目唯一代码为索引,链接各职能部门的审批系统入口。"(审批)2.0 平台就是一个中转站。"换言之,企业家在点击特定环节进入具体审批流程后,各职能部门仍然是在业务系统中完成审批,只是需要在审批结束后将审批结果同步到审批 2.0 平台。相应地,企业家也需要在平台跳转到各业务系统时按要求重新提交申请材料。

总的来说,审批 2.0 平台的主要功能是降低企业家获取审批流程等的信息成本,仅赋予了省级政府了解审批进程的有限权力。审批 2.0 平台在线发布了企业投资项目的审批流程,使得企业家能够更加清晰地了解到他们需要完成的具体步骤和每个步骤所需提交的材料。在名义上,省级政府依托审批 2.0 平台实现对地方行政机构审批流程的控制力度和信息获取能力,但在实践中,由于审批 2.0 平台仅仅提供了审批入口整合和审批环节记录的功能,地方行政机构依然是在部门系统中完成审批过程的,省级政府仍然无法运用这一平台实现对地方行政机构的审批流程和标准的有效控制。

3. 在线审批 3.0 平台:系统控制

2019 年 7 月,浙江省发改委启动企业投资项目审批 3.0 平台的建设。与审批 2.0 平台相比,审批 3.0 平台延续了前端的统一入口,并开始替代各地方行政机构的业务系统。在建设审批 3.0 平台的过程中,浙江省发改委削减了 123 个地方或职能部门的业务系统,要求各部门均使用审批 3.0 平台的统一审批系统,由审批人员直接登录该平台完成线上审批。在审批 3.0 平台中,各职能部门不再保留本部门业务系统,只能根据审批职能建立在线审批模块或表单。

审批 3.0 平台由此进一步提高了企业投资项目的审批效率,也赋予了省级政府统一各地方政府及其职能部门审批标准、规范的权力。一是审批效率提升。省发改委削减了行政审批流程,建立了更加明确的标准;同时,在审批 3.0 平台上实现了后台的数据共享。这一变化提高了部门间审批工作的流转效率,也减少了企业家重复提交证明材料的压力。二是审批规范化程度的提升。在省发改委以自上而下的审批流程、审批模块取代各地方政府原有业务系统的过程中,省级政府不仅可以统一审批环节以及各环节的标准规范,也获得了实时监测各审批环节进展的权限。用省发改委工作人员的话说,审批 3.0 平台实现了"环环要留痕、环环可监测"。

四、数字限权的效用：提高企业家的投资意愿

浙江省企业投资项目审批改革的追踪案例显示，省级政府在改革中实现了从目标管理到流程控制的纵向治理方式转变。在这一转变过程中，省级政府运用数字技术建立了更加标准化的企业投资项目审批标准和流程，限制了地方政府及其职能部门在审批过程中的灵活操作空间，加强了对各审批环节的电子监督。为了进一步考察在线审批平台引入的实际效用，我们基于 2019 年 633 份面向企业家的问卷数据考察了数字限权对企业家投资意愿的影响。企业家是企业投资项目审批改革的直接受益群体，面向企业家投资意愿的定量模型检验有助于精准地链接改革机制和改革效果。序次逻辑斯蒂模型（Ordinal Logistic Regression）结果显示，浙江省的企业投资项目改革可以通过规范地方行政机构的权力行使提高企业家的投资意愿。

（一）模型与数据

我们试图检验地方政府权力运行的规范程度对企业家投资意愿的影响。企业家投资意愿的提升标志着地方营商环境的改善。我们在问卷中以"相比其他省份，您是否更愿意在浙江省投资生产经营"来衡量企业家的投资意愿。该打分是一个 1—5 的等级变量，其中，1 为非常不愿意，5 为非常愿意。0.4％的企业家选择了"非常不愿意"，1.1％的企业家选择了"比较不愿意"，5.3％的企业家选择了"一般愿意"，16.9％的企业家选择了"比较愿意"，76.3％的企业家选择了"非常愿意"。这一变量分布表明，企业家在浙江省的投资意愿较高（描述性统计见表 1）。

表 1　调查样本的基本分布

变量名称	变量内容	N	mean	SD	min	max
投资意愿	相比其他省份，您是否更愿意在浙江省投资生产经营？1 为非常不愿意，5 为非常愿意	633	4.68	0.64	1	5
审批规范	根据您在浙江省生产经营企业的经验，您是否认同"企业通过公开渠道就能完成拿地、审批等环节，找不找得着领导都差不多"？1 为非常不认同，5 为非常认同	633	4.62	0.80	1	5

续　表

变量名称	变量内容	N	mean	SD	min	max
监管规范	根据您在浙江省生产经营企业的经验,您是否认同"事中事后监管中,地方政府一视同仁地对待所有企业"?1为非常不认同,5为非常认同	633	4.57	0.70	1	5
审批时长	该项目从立项到获得施工许可花费的审批总时间,标记"不到30天"为1,"30—59天"为2,"60—99天"为3,"100天及以上"为4	633	1.70	0.86	1	4
审批态度	在审批过程中,您对审批人员的工作态度满意与否,1为非常不满意,5为非常满意	633	4.66	0.88	1	5
企业规模	1为规模以上企业,否则为0	633	0.64	0.48	0	1
企业主身份	1为人大代表/政协委员,否则为0	633	0.11	0.31	0	1

　　基于企业经营活动,尤其是企业投资项目审批的构成环节,我们使用两个变量测度企业家感知的权力行使规范程度,即审批规范和监管规范,分别对应企业家在企业投资项目审批和企业活动监管中所感知到的政策规范水平。上述变量在问卷中分别对应以下两个问题。根据您在浙江省生产经营企业的经验,您是否认同:①企业通过公开渠道就能完成拿地、审批等环节,找不找得着领导都差不多;②事中事后监管时,地方政府一视同仁地对待所有企业。这些变量同样分布在1—5级,1为非常不认同,5为非常认同。企业家打分越高,表明企业家感知到的地方政府审批规范程度越高。两个变量的克朗巴哈系数为0.89,表明内部一致信度较高。我们还控制了两类变量。第一类控制变量是审批过程的特征,包括审批时长和审批人员的态度。第二类控制变量则是企业特征,包括是否规模以上企业、企业家是否人大代表或政协委员等。

　　由于被解释变量是一个等级变量,我们主要采用了序次逻辑斯蒂模型(见表2模型1和模型2)。模型1纳入了全部变量,模型2则剔除了控制变量。模型1和模型2均通过平行性检验。我们还使用了线性回归拟合模型(见表2模型3)。比较三个模型后发现,审批规范和监管规范在三个模型中都保持显著,而且变量的显著方向均保持一致,表明模型较稳健。由于模型1是完整模型,信息量更为丰富,我们在下文中使用模型1的结果展开分析。

表 2　影响企业家在浙江省投资意愿的模型

变量名称	模型 1(ologit)		模型 2(ologit)		模型 3(ols)
	回归系数	发生比	回归系数	发生比	回归系数
审批规范	0.394 (0.162)**	1.482	0.408 (0.159)**	1.503	0.097 (0.035)***
监管规范	1.852 (0.205)***	6.371	1.872 (0.201)***	6.501	0.466 (0.041)***
审批时长	−0.077 (0.124)	0.925	—	—	−0.005 (0.024)
审批态度	0.066 (0.132)	1.068	—	—	0.013 (0.024)
企业规模	−0.005 (0.231)	0.999	—	—	0.014 (0.042)
企业主身份	−0.375 (0.317)	0.685	—	—	−0.070 (0.065)
截点 1	2.671		2.661		—
截点 2	4.309		4.342		—
截点 3	6.666		6.709		—
截点 4	9.052		9.085		—
N	633		633		633
Pseudo R^2	0.269		0.267		0.376
AIC	689.056		683.237		943.296

说明:* 代表回归模型中特定影响因素在统计上的显著性。其中,* 代表 $p<0.05$,** 代表 $p<0.01$,*** 代表 $p<0.001$。

数据来源:浙江大学课题组 2019 年企业投资项目审批改革成效评估问卷调查。

(二)研究发现

模型 1 显示,较高的权力规范水平能够显著提高企业家的投资意愿。企业家在审批和事中事后监管中感受到政府行使权力越规范(审批规范和监管规范变量),则企业家越倾向于在浙江省进行投资。对比审批规范和监管规范这两个指标,监管规范,即政府在事中事后监管中表现一视同仁对企业家的投资意愿影响更大。保持其他变量不变,企业家在"不需要找领导就能完成审批"中的打分每提高 1 分,企业家在浙江省的投资意愿发生比提高 0.48。保持其他变量不变,企业家在"事中事后监管中,地方政府一视同仁地对待所有企业"中的打分每提高 1 分,则企业家在浙江省的投资意愿发生比就提高 5.37。上述差异可能与审批、监管的不同时间跨度有关。获得企业投资审批往往只是企业开办的第一件事,事中事后监管则贯穿企业运营的全生命周期,对企业运营影响更大。此外,纳入问卷调查的企业都是 2019 年刚刚获得施工许可证的企业,这些企业已经历了审批流程,因而更关心企业下一步的日常运营。

模型中一个有趣的现象是,审批时长并不显著影响被解释变量。虽然"最多 100 天"和"最多 90 天"的主要改革目标是对照世界银行营商环境的建议减少企业在投资项目中获得审批的时长,然而审批时长的缩短并未真正提高企业家的满意度。这一结果与我们的访谈结果相悖。许多企业家在接受访谈时表示,"时间就是金钱",企业越早完成审批意味着企业能够更早地开始经营、获得利润。访谈结果和模型结果为何存在冲突?问卷发放时间可能为这一冲突提供了解释。为了更好地衡量改革成效,问卷的发放时间选取为 2019 年 11 月。此时,浙江省政府改革已经在总体上实现了"最多 100 天"的限时目标,企业投资项目平均审批时长从 300 余天降低到了 100 天以内。而 2019 年,改革从第一阶段的"最多 100 天"进入"最多 90 天"的阶段后,减少审批"长征"已不是企业家的重要诉求。

五、结论与讨论

本文关注数字技术在推动政府治理体系与治理能力现代化进程中的作用及其实现机制。通过追踪浙江省 2018—2020 年企业投资项目审批改革历程,本文发现,数字技术使得省级政府在纵向治理中实现了从目标管理向流程控制的转变,形成了对地方行政机构的权力约束。在改革之初,省级政府通过目标考核的方式要求地方政府推进改革。此后,为了进一步提高审批效率,浙江省建立了省、市、县一体的在线审批平台。这一平台的建立不仅提高了审批效率,还通过推行标准化的审批流程、限制地方政府修改程序和数据的权限,以及建立电子监督系统等方式约束了地方政府的权力运行。基于问卷数据构建的序次逻辑斯蒂模型进一步表明,地方政府权力的规范运行有效促进了企业家的投资意愿。

我们的研究表明,高层级政府可以运用数字技术强化纵向政府间治理,并呈现了它的实现机制。以往,研究者曾批评中国的数字政府建设条块分割、"烟囱"林立。近期,有关数字政府的研究指出,政府可以运用数字技术建立整体性政府。我们的研究则进一步表明，高层级政府在运用数字技术推进更加协调、高效的整体性政府建设时，也会带来更加强有力的纵向控制。在浙江省企业投资项目审批改革中，浙江省直接以代码的形式确认了审批规范和审批程序，并利用电子监督系统（即审批平台）直接对每一个项目基于规范和程序进行审查。省级政府自上而下推行的在线审批平台强化了纵向政府间的"命令—控制"链条。

需要指出的是，数字限权带来了更加标准、规范的行政权力行使，也有可能创造新的问题。一是刚性的标准化和地方创新之间存在矛盾。一些学者认为，适当的自由裁量权，尤其是专业的自由裁量权有益于政策执行。街头官僚往往比他们的上级掌握更多信息，政策的灵活执行可能会提高政策执行的绩效。在企业投资项目审批改革中，一些地级市比浙江省政府改革幅度更大、精简事项更多。浙江省采用统一的审批平台后，对于这些地区来说，"改革就走了回头路"。二是地方政府仍有绕开电子监督系统行使自由裁量权的一定空间。一方面，地方政府可以押后项目进入系统的时间，以此来达成"最多100天"和"最多90天"。通过提前联系企业、提前在线下完成审批工作，地方政府甚至可以达到"零天审批"等非常规的审批速度。另一方面，由于审批平台较复杂，地方还可以通过提供代办员服务来选择性地服务某些企业、某些项目。代办员往往是兼职或全职的政府工作人员。由于代办员资源紧张，地方政府通常将代办员配备到规模更大的投资项目中。代办资源的选择性分配进一步造成了对中小企业的歧视。上述现象再一次证明，数字技术不是约束行政权力、强化纵向治理的万能药，数字限权也并非一劳永逸。在推进政府权力运行的规范化、优化营商环境的过程中，政府在应用数字技术时仍需兼顾整体与地方的需求，以企业家的需求为中心，提供更为灵活、精细的制度和技术安排。

参考文献：

[1] YANG G. The co-evolution of the internet and civil society in China[J]. Asian Survey,2003，43(3):405-422.

[2] ZHENG Y. Technological empowerment：the internet，state，and society in China[M]. Palo Alto：Stanford University Press,2008.

[3] BALLA S J. Is consultation the "new normal"？：online policymaking and governance reform in China[J]. Journal of Chinese Political Science,2017,22(3):375-392.

［4］SCHLÆGER J，JIANG M. Official microblogging and social management by local governments in China［J］. China Information，2014，28（2）：189-213.

［5］MENG T，YANG Z. Variety of responsive institutions and quality of responsiveness in cyber China［J］. China Review，2020，20（3）：13-42.

［6］JIANG J，MENG T，ZHANG Q. From internet to social safety net：the policy consequences of online participation in China［J］. Governance，2019，32（3）：531-546.

［7］MA L，WU X. Citizen engagement and co-production of e-government services in China［J］. Journal of Chinese Governance，2020，5（1）：68-89.

［8］郁建兴，等."最多跑一次"改革：浙江经验，中国方案［M］.北京：中国人民大学出版社，2019.

［9］郁建兴，高翔.浙江省"最多跑一次"改革的基本经验与未来［J］.浙江社会科学，2018（4）：76-85，158.

［10］GAO X，SONG Y，ZHU X. Integration and coordination：advancing China's fragmented e-government to holistic governance［J］. Government Information Quarterly，2013，30（2）：173-181.

［11］FUSI F，FEENEY M K. Electronic monitoring in public organizations：evidence from US local governments［J］. Public Management Review，2018，20（10）：1465-1489.

［12］米加宁，彭康珺，章昌平.大数据能驱动地方政府机构改革吗？［J］.电子政务，2020（1）：13-19.

［13］SCHLÆGER J，WANG Q. E-monitoring of public servants in China：higher quality of government？［J］. Journal of Chinese Governance，2017，2（1）：1-19.

［14］GAO X，TAN J. From web to weber：understanding the case of "one-go at most" as ICT-Driven government reform in contemporary China［J］. The China Review，2020，20（3）：71-97.

［15］LOLLAR X L. Assessing China's e-government：information，service，transparency and citizen outreach of government websites［J］. Journal of Contemporary China，2006，15（46）：31-41.

［16］NOESSELT N. City brains and smart urbanization：regulating "sharing economy" innovation in China［J］. Journal of Chinese Governance，2020，5（4）：546-567.

［17］SU Z，MENG T. Selective responsiveness：online public demands and government responsiveness in authoritarian China［J］. Social Science Research，2016，59：52-67.

［18］MINARD P. Does ICT diffusion increase government responsiveness in autocracies？ An empirical assessment of the political implications of China's internet［J］. Journal of Contemporary China，2015，24（96）：1048-1069.

［19］POLLITT C. Joined-up government：a survey［J］. political studies review，2003，1（1）：34-49.

［20］谭海波，孟庆国，张楠.信息技术应用中的政府运作机制研究——以 J 市政府网上行政服务

系统建设为例[J].社会学研究,2015,30(6):73-98,243-244.

[21] 樊博,赵玉攀.当前"互联网＋政务服务"存在的问题及对策研究[J].科技情报研究,2020,2(3):13-19.

[22] 徐晓林,明承瀚,陈涛.数字政府环境下政务服务数据共享研究[J].行政论坛,2018,25(1):50-59.

[23] 郑石明,郑琛,刘哲明.我国行政服务中心网上联合审批研究——基于整体政府理论的分析[J].中国行政管理,2012(9):23-26,33.

[24] 胡重明."政府即平台"是可能的吗?——一个协同治理数字化实践的案例研究[J].治理研究,2020,36(3):16-25.

[25] 张会平,杨国富."互联网＋政务服务"跨层级数据协同机制研究——基于个人事项的社会网络分析[J].电子政务,2018(6):81-88.

[26] 黄璜.数字政府:政策、特征与概念[J].治理研究,2020,36(3):6-15.

[27] 翟云.整体政府视角下政府治理模式变革研究——以浙、粤、苏、沪等省级"互联网＋政务服务"为例[J].电子政务,2019(10):34-45.

[28] BUSCH P A, HENRIKSEN H Z. Digital discretion: a systematic literature review of ICT and street-level discretion[J]. Information Polity,2018,23(1):3-28.

[29] BOVENS M, ZOURIDIS S. From street-level to system-level bureaucracies: how information and communication technology is transforming administrative discretion and constitutional control[J]. Public Administration Review,2002,62(2):174-184.

[30] BUFFAT A. Street-level bureaucracy and e-government[J]. Public Management Review,2015,17(1):149-161.

[31] KAYAS O G, HINES T, MCLEAN R, et al. Resisting government rendered surveillance in a local authority[J]. Public Management Review,2019,21(8):1170-1190.

[32] JORNA F, WAGENAAR P. The "iron cage" strengthened? Discretion and digital discipline[J]. Public Administration,2007,85(1):189-214.

[33] PAULIN A. Towards self-service government: a study on the computability of legal eligibilities[J]. Journal of Universal Computer Science,2013,19(12):1761-1791.

【作者】
谈捷,浙江大学公共管理学院特聘副研究员
高翔,浙江大学公共管理学院院长助理、教授

数字政府建设对地区创业活力的影响及机制研究

——来自我国副省级城市的证据

徐越倩　李　拓　陆利丽

创业是我国经济社会发展的重要途径。[1]通过改革释放地区创业活力是国家治理效能的直接表征[2]，是国家治理现代化的内在要求。党的十九届四中全会明确提出要深化政府改革，优化营商环境，激发各类市场主体活力；同时，《中共中央关于坚持和完善中国特色社会主义制度 推进国家治理体系和治理能力现代化若干重大问题的决定》还提出要进一步健全大数据等技术手段运用于行政管理的制度规则，推进数字政府建设。[3]这些要求为新时代背景下如何激发地区创业活力明确了方向。浙江省的"最多跑一次"改革、江苏省的"不见面审批"、上海市的"一网通办"，都是借助政府数字化转型激发地区活力的有益探索。

当前，学术界针对如何激发地区创业活力展开了大量研究。在政府层面，主要关注政府腐败、知识产权保护力度、行政审批制度、创业政策等对地区创业活力的影响，对数字政府建设能否激发地区创业活力并未涉及。那么，作为当前我国政府改革的主流趋势，各地方兴未艾的数字政府建设能否有效激发地区创业活力？如果有效，那其作用机制又该怎样呢？本研究在理论分析的基础上，利用我国 15 个副省级城市 2014—2018 年的面板数据，对上述问题展开实证检验。

一、文献综述

创业活力指地区新增企业的活跃水平。[4]创业活力的不断释放是我国经济增长的重要助推器。[5]关于创业活力的激发路径，既有研究主要集中在创业者个体层面、社会经济文化层面、政府治理层面。在创业者个体层面，既有成果多立足于调查数据,关注性别[6]、年龄[7]、社会关系网络[8]、知识水平[9]等个体特征对地区创业活力的影响,研究较成熟;在社会经济文化层面,既有研究多聚焦于地区经济发展水平[10]、房价[11]、社会文化[12]等因素对创业活力的影响,形成了丰富的研究成果;在政府治理层面,早期研究多关注政府腐败[13]、政府扶持[14]等对地区创业活力的影响,近年来有学者开始关注政府转型[15]、政府行政审批制度改革[16]、商事制度改革[17]等举措对地区创业活力的影响。由此可见,政府是创业生态系统的重要组成部分,随着政府改革的不断深入,其与地区创业活力之间的动态关系仍需不断挖掘。当前,随着互联网、人工智能等技术的不断发展,数字政府建设已经成为政府改革的主流趋势,研究其能否以及如何激发地区创业活力具有重要的现实意义。

清晰界定数字政府的内涵是科学评价其外部效应的前提。当前,关于数字政府的内涵,学界尚未形成共识,既有观点可以分为以下两类:第一类是将数字政府视为一种过程,强调技术在这一过程中的作用,如有学者认为数字政府就是使用ICT技术来改善信息和服务供给方式、鼓励公众参与的过程[18];第二类观点则倾向于将数字政府视为一种治理模式,认为数字政府并不局限于ICT技术在政务领域的应用,而是"治理理念创新＋数字技术创新＋政务流程创新＋体制机制创新"协同推进的全方位变革[19],信息透明、公民参与[20]、服务优化、数据开放[21]等都是数字政府治理模式的具体体现。基于上述分析,本文将数字政府界定为"政府以数字理念为引领,通过运用数字技术、制定数字治理规则、实施数字战略等实现政府的赋能、重构与开放"。其中,赋能是指凭借数字技术提升政府政策制定、职能履行等能力;重构是基于整合与协同的理念,推进部门及组织的重构;开放即打造透明政府,涉及信息及数据的公开、利用以及公众参与。

在数字政府建设与地区创业活力关系的研究方面,学术界仍处于空白阶段,与之相近的研究主要集中在数字政府建设与地区经济增长、吸引外资等领域。在经济增长层面,数字政府建设可以通过直接带动信息产业发展[22]、释放数据要素潜力[23]、强化政府对企业的服务能力[24]、提升政府行为合法化水平[25]、营造透明诚信的发展环境[26]等方式带动地区经济增长。在外商投资方面,遵循着"数字政府建设—政府治理效率提高—外资企业业务改善—外资撤离被抑制"的传导路径[27],数字政府建设能够有效留住外资;同时,数字政府建设能够强化市场主体对政府的信任[28],进而提高地方政府声誉,这也日益成为影响外商投资的重要因素[29]。

综合上述分析,学术界针对数字政府建设与创业活力展开了大量研究,为本文奠定了坚实的基础,但既有研究中仍存在一定不足:第一,作为当前政府改革的重要趋势,既有研究并未探讨数字政府建设与地区创业活力之间的关系,研究上处于空白阶段;第二,在关于数字政府建设外部效应的研究中,既有成果多以案例分析为主,基于客观数据的实证研究较为缺乏,且未充分揭示数字政府建设对于经济社会发展的具体作用机制。因此,本文运用2014—2018年我国15个副省级城市的面板数据,检验了数字政府建设对于地区创业活力的影响及作用机制。其边际贡献在于:第一,首次将数字政府建设与创业活力纳入同一分析框架,通过实证分析验证了数字政府建设对于地区创业活力的激发作用,丰富了既有研究成果;第二,构建了数字政府建设激发地区创业活力的作用机制,有利于正确认识数字政府建设效能发挥过程,为深入推进政府数字化转型提供了有益参考。

二、作用机制分析与研究假设

数字政府建设提高了政府治理能力[30],对于提升地区创业水平、释放发展活力具有重要意义。基于上述对数字政府的界定以及对相关理论文献的梳理,我们建构了数字政府建设激发地区创业活力的作用机制(见图1)。

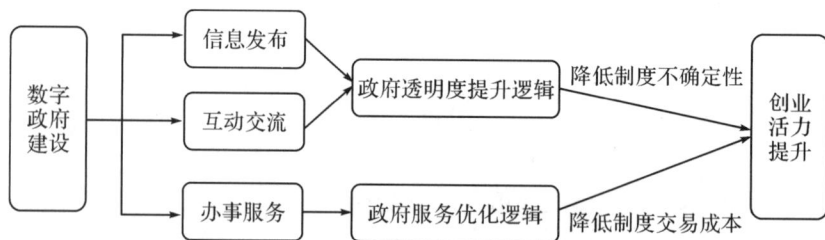

图1 数字政府建设激发创业活力作用机制

基于对已有文献和制度理论等的梳理,认为数字政府建设能够通过政府透明度提升逻辑和政府服务优化逻辑有效激发地区创业活力。其中,政府透明度提升逻辑是指通过提升政府信息发布水平以及与公众互动交流水平,降低政府与公众之间的信息不对称,从而明确政府行为方向,降低制度不确定性所带来的风险,激发地区创业活力。政府服务优化逻辑是指数字政府建设中以优化办事服务为抓手,推动部门间协同与合作,通过精简办事环节、推动事项网办等,降低企业的办事时间、手续费等显性制度交易成本以及租金等隐性制度交易成本,进而激发地区创业活力。

(一)政府透明度提升逻辑

透明政府建设能够有效降低制度的不确定性,进而提升地区创业活力。在制度理论中,制度不确定性是指转轨时期社会政治、经济制度演化的模糊性造成经济当事人对前景的不明朗性和难以确定性。[31]制度的不确定性如政府政策的朝令夕改、变幻莫测[32],会增加创业者处理信息的难度,引发企业经营的政治风险[33],导致市场活动的不确定性,增加创业风险[34],进而阻碍地区创业活动的开展。制度不确定性产生的重要原因在于政府,即政府拥有制度决定权以及大量不对外公开的信息,因此消除制度不确定性的关键在于提升政府透明度。[35]政府主动进行信息公开或者与公众互动交流,推动政府内部信息如政策、发展规划等内容的全面发布及解读,能够使公众充分了解政府未来发展取向,为创业活动开展提供制度鼓励,降低制度不确定性对于开展创业活动的影响。[36]由此可见,提升政府透明度是降低制度不确定性、提升地区创业活力的重要手段。当前,我国数字政府建设的重要特征之一就是由封闭走向开放[37],能够有效提升政府透明度。

第一,数字政府建设通过强化信息发布水平提升政府透明度,进而激发地区创业活力。依据不对称信息理论[38],当政府与企业之间存在信息不对称时,政府某些行为会给企业带来一定程度上的负面效应[39],进而阻碍企业发展,削弱社会主体创业意愿[40]。在制度不确定性的视角下,政府是最大的公共信息资源的控制者,会利用其信息优势地位垄断信息传播,造成政府与公众之间信息不对称[41],降低政府透明度。一方面,由于各地信息发布平台不完善[42]、发布渠道不健全[43],导致公众信息获取成本增加,而当信息获取成本高于其收益时,出于理性考虑,公众便会放弃这部分信息获取,进而造成政府与公众之间信息不对称[44];另一方面,政府部门出于风险规避和对自身利益的考虑[45],会刻意采取隐瞒真实信息[46]、编造虚假信息等行为[47],进而导致政府与公众之间信息不对称。基于信息发送理论[48],数字政府建设能够通过强化信息公开水平有效解决这一问题。一方面,数字政府建设推动了政务微信、政务微博、政务抖音号等政务平台的发展,推动政务新媒体由"两微一端"走向"两微多端"[49],通过拓宽政务信息发布平台降低公众信息获取成本;另一方面,数字政府建设推动了各地政府基础信息公开和重点领域信息公开水平逐年提升,且绝大多数地方政府门户网站业已能够根据公众需要设置信息公开专题[50],不仅降低了信息获取难度,还使得重要信息难以隐瞒、虚假信息难以传播,提升了政府内部和社会外部的信息一致性,能够有效降低制度的不确定性,激发公众创业意愿。

第二,数字政府建设通过强化互动交流推动透明政府建设,进而激发地区创业活力。参与理论强调,加强政府与公众之间的互动是缓解信息不对称、提升政府透明度的关键举措[51],能够有效降低制度不确定性,进而激发地区的创业活力。近年来,我国政府信息公开效率不断提升,但政民互动沟通渠道仍较为缺乏[52],且在已开展的互动沟通中,政府部门回应效率低[53]、选择性回应[54]等问题广泛存在,极大地影响了公众对政府的信任。数字政府建设能够有效改善这一情况。政府门户网站是数字政府建设的重要平台。国务院办公厅发布的《政府网站与政务新媒体检查指标》明确提出对"互动交流"下的"留言公开"和"办理答复"等板块进行考核,引导"公开型网站"向"互动型网站"转变。[55]在这一系列考核的倒逼之下,我国90%左右的地方政府门户网站已建成包括咨询投诉、在线访谈等在内的多样化互动渠道[56],且随着留言反馈机制、留言办理公开机制的不断完善,使得公众留言回应速度加快的同时,回应质量不断提高,不仅能够树立起公正、透明的政府形象,也切实回应了潜在创业者的各类诉求,降低了制度不确定性,从而强化其创业意愿。

(二)政府服务优化逻辑

交易成本是影响地区创业活力的关键因素。[57]新制度经济学中的交易成本理论将其界定为企业的经营性交易成本,强调制度的作用就在于降低交易成本。[58]进一步来看,制度性交易成本是指作为微观经济主体的企业和个人遵循政府制定的制度、规章、政策所需要付出的显性和隐性成本。[59]其中,显性成本是指企业必须遵守政府规则所花费的时间、金钱等交易成本,较为透明;隐性成本则是指租金等非透明成本。数字政府建设能够以优化办事服务为抓手推动政府组织重构,提升政府运行效率,进而降低企业的制度性交易成本,激发地区创业活力。

在我国改革进程中,专业化分工被视为提高政府效率的重要手段[60],但随着政府专业化程度的不断提升,部门间利益分化也越严重[61],各部门追求和维护自身利益的方式就是不断扩大手中审批权,构筑信息壁垒[62]。信息壁垒的存在一方面会导致政府部门间协作性下降,审批环节过多,开办企业所需要花费的时间、手续费等显性制度交易成本不断增加;另一方面,信息壁垒的存在也为政府部门工作人员提供了"寻租"空间,助长其向市场和社会寻求租金的活动[63],进而提升企业的隐性制度交易成本。数字政府建设能够以优化办事服务为抓手,倒逼政府组织重构,推动部门间的协作与统一行动,从而降低企业交易的显性和隐性成本。当前我国数字政府建设的主要形式之一就是推行"互联网+政务服务"[64],以"一窗受理,集成服务"为目标的"最多跑一次"等系列改革,通过以服务事项为载体成功撬动部门间的流程再造,不断打破信息壁垒,破除了整体性政府建设的制度藩篱[65]。当政府各部门重新回归于整体并协调合作时,不仅会提升政府办事效率,推动服务事项"掌办""网办"水平提高,从而降低企业办事的时间、手续费等显性交易成本,也会使那些纯粹为了向市场"寻租"而设置的冗余审批权无法存在,办事过程中"加速费""好处费"[66]也相应减少,使得企业的隐性交易成本下降。

基于上述分析,本文提出以下假设。

假设一:地区数字政府建设水平越高,则创业活力越高。

假设二:数字政府建设能够通过包含信息发布和互动交流的政府透明度提升逻辑激发地区创业活力。

假设三:数字政府建设能够通过以办事服务为核心的政府服务优化逻辑激发地区创业活力。

三、研究设计

(一)样本和数据来源

基于数据的可获取性以及统计口径一致性的考虑,本文选取我国青岛、成都、杭州等 15 个副省级城市 2014—2018 年间的面板数据进行分析。本文选择副省级城市为样本主要出于以下考虑:第一,副省级政府在我国地方政府中处于次高的行政层级,其数字政府建设中采取的先进举措容易被各地市所模仿和学习,对于推动地区整体数字政府建设水平具有榜样作用,且相较于省级政府,副省级政府与企业等社会主体之间联系更为密切[67],因此对其进行研究更有意义;第二,副省级城市数据获取较为便利。同样,本文选择以 2014—2018 年的数据进行分析,也是出于数据获取、统计口径一致性的考虑。

自变量即各省数字政府建设水平,具体包括数字政府建设指数、信息发布指数、互动交流指数、办事服务指数等,数据主要来自中国软件测评中心发布的《中国政府网站绩效评估报告》。因变量地区创业活力即市辖区城镇私营单位和个体经济从业人数占市辖区总就业人数的比重,来自 2014—2018 年各副省级城市统计年鉴、中国城市统计年鉴。控制变量人均 GDP、政府干预水平、政府管理效益等指标来自各副省级城市统计年鉴、各省统计年鉴。对于缺失数据采用插值法进行补充,上述所有数据均来自公开的二手数据,可确保其真实性和客观性。

(二)变量测量

1. 因变量

创业活力。创业活力是本文研究的核心,目前其测度指标主要有四类:第一类是用新创企业数量来衡量[68];第二类是采用私营和个体企业雇佣的工人数占全部就业人数的比重进行衡量[69];第三类是使用私营企业创业指数(CPEA),分为机会型创业和生存型创业来对创业水平进行衡量[70];第四类是通过构建包含创业能力、创业态度、创业意愿等方面的创业发展指数来对地区创业水平进行衡量[71]。基于上述测度方式,结合数据的可获取性,本文采取李宏斌、姚先国等人的做法,用市辖区城镇私营单位和个体经济从业人数占市辖区总就业人数的比重来衡量地区创业活力。其中,市辖区总体就业人数用城镇单位从业人数和城镇私营单位、个体经济从业人数之和进行衡量。

2. 自变量

数字政府建设指数。数字政府建设是一项系统化、复杂化工程,如何客观测度其发展水平是本文研究的重要前提之一。当前,关于数字政府建设领域的评估较多。按照评估对象来分,涉及政府门户网站、政务移动端、政务新媒体、政务服务热线等方面;按照功能导向来分,涉及政府信息公开、数据开放、在线政务服务、公民政治参与等方面。国务院办公厅 2017 年 6 月 8 日发布的《政府网站发展指引》明确提出,"到 2020 年,将政府网站打造成更加全面的政务公开平台、更加权威的政策发布解读和舆论引导平台、更加及时的回应关切和便民服务平台,以中国政府网为龙头、部门和地方各级政府网站为支撑,建设整体联动、高效惠民的网上政府"[72]。由此可见,在数字政府建设过程中,政府门户网站起着支撑性作用,是信息发布、互动交流、提供服务的集成平台,是地区数字政府建设水平的重要标志。

基于此,结合本文对数字政府概念的界定,依据李磊等人的做法[73],以中国软件测评中心发布的《中国政府网站绩效评估报告》中政府网站绩效总得分作为数字政府建设水平的测度指标,并将其中的信息发布指数、互动交流指数、办事服务指数等二级指标纳入分析模型。

3.控制变量

借鉴已有学者的做法,将人均 GDP、政府干预水平以及政府管理效益等可能会影响地区创业活力的变量纳入模型中加以控制。同时,为了提升研究的精确性,对区域和时间效应加以控制,即按照研究惯例以东部地区为参照组,设置中西部地区虚拟变量;同时,以 2014 年为参照组,设置 2015—2018 年间 4 个虚拟变量。本文涉及变量及其数据来源如表 1 所示。

表 1　主要变量与数据来源

变量类型	变量名称	定义与测度	数据来源
因变量	创业活力	市辖区城镇私营单位和个体经济从业人数/市辖区总就业人数	中国城市统计年鉴各副省级城市统计年鉴
自变量	数字政府建设指数	副省级城市政府网站绩效评估总体指数	中国软件测评中心发布的《中国政府网站绩效评估报告》
	信息发布指数	副省级城市政府网站信息发布指数	
	互动交流指数	副省级城市政府网站互动交流指数	
	办事服务指数	副省级城市政府网站办事服务指数	
控制变量	人均 GDP	GDP/地区人口数	各副省级城市统计年鉴各省统计年鉴
	政府干预水平	财政支出/GDP	
	政府管理效益	财政收入/GDP	
	区域	虚拟变量,东部为参照组	
	时间	虚拟变量,2014 年为参照组	——

四、实证分析

(一)描述性统计

表 2 报告了本文主要变量的描述性统计情况。

表 2 主要变量描述性统计

变量	样本量	平均值	标准差	最小值	最大值
创业活力	75	53.8763	9.9503	30.8272	77.2550
数字政府建设指数	75	77.9667	11.6337	47.1000	95.2000
信息发布指数	75	77.8933	9.3224	56.0000	96.0000
办事服务指数	75	69.0933	15.0020	34.0000	89.0000
互动交流指数	75	75.5600	11.7304	46.0000	93.0000
人均 GDP*	75	11.6060	0.8203	10.8944	18.1693
政府干预水平*	75	2.5862	0.1812	2.1401	3.0432
政府管理效益*	75	2.7500	0.4472	1.7720	3.4271

注：* 代表对该变量取自然对数。

通过表 2 可以发现，2014—2018 年间，15 个副省级城市中创业活力的平均值为 53.8763，标准差为 9.9503，地区间差异性较大。在数字政府建设水平方面，各地平均分为 77.9667，总体建设水平相对较高。

（二）回归分析

本文先利用 Hausman 模型判断应该运用面板数据的固定效应模型还是随机效应模型来对研究数据进行分析。由于检验结果并不显著，本文选择随机效应模型进行回归分析；同时，对各自变量之间的方差膨胀因子（VIF）进行检验，各变量 VIF 值均小于 10，说明数据之间的多重共线性处于可接受的范围之内。

1. 数字政府建设激发创业活力的回归分析

本文采用稳健回归，表 3 报告了数字政府建设水平与各副省级城市创业活力的回归结果。在表 3 的模型 1 中，仅控制了时间和地区效用，结果显示数字政府建设水平与地区创业活力之间的估计系数显著为正，为 0.2774。在模型 2 中，进一步控制了其他相关变量的影响后，数字政府建设水平与创业活力之间的估计系数仍然显著为正，系数估计值为 0.2217。上述结果表明，当以市辖区城镇私营单位和个体经济从业人数占市辖区总就业人数的比重来作为创业活力的衡量标准时，数字政府建设水平越高，创业活力越强，数字政府建设能够有效激发创业活力，这与假设一相一致。

表 3　数字政府建设与创业活力回归分析

变量	模型 1	模型 2
	创业活力	创业活力
数字政府建设指数	0.2774**	0.2217*
	(0.1303)	(0.1294)
人均 GDP		1.5856***
		(0.4018)
政府干预水平		8.8976
		(11.4278)
政府管理效益		−1.4503
		(3.3170)
区域	控制	控制
时间	控制	控制
常数	36.8940***	3.8268***
	(8.8548)	(25.9738)
样本量	75	75
R^2	0.2787	0.3072

注:* 表示 $p<0.1$,** 表示 $p<0.05$,*** 表示 $p<0.01$。括号内为稳健性标准误。

2. 数字政府建设激发创业活力的作用机制分析

为了进一步检验数字政府建设激发地区创业活力的具体作用方式,本文依据政府透明度提升逻辑以及政府服务优化逻辑,采取倪星等人的做法,分别将政府网站绩效评估中信息发布指数、互动交流指数、办事服务指数共三项二级指标纳入回归模型。其中,信息发布指数不仅涉及政务动态、人事信息、规划计划等基础信息发布,还涉及财政信息、权责清单等重要领域信息发布;互动交流指数涉及咨询投诉、在线访谈、征集调查等方面;办事服务指数既涉及服务事项的广度,也涉及服务事项的深度、成效度等。表 4 汇报了上述三项二级指标与地区创业活力指数之间的回归结果。

表 4 数字政府建设激发创业活力的机制分析

变量	模型 3	模型 4	模型 5
	创业活力	创业活力	创业活力
信息发布指数	0.2940**		
	(0.1447)		
互动交流指数		0.1338**	
		(0.0662)	
办事服务指数			0.1632***
			(0.0427)
人均 GDP	1.5378***	1.8447***	1.5162***
	(0.3282)	(0.3709)	(0.2730)
政府干预水平	8.7687	10.3639	8.8140
	(10.8939)	(11.13062)	(10.8048)
政府管理效益	−1.9377	−1.0565	−1.2540
	(3.2741)	(3.1263)	(3.2815)
区域	控制	控制	控制
时间	控制	控制	控制
常数	−0.4639	1.2117	43.9243**
	(25.9252)	(24.8823)	(24.0788)
样本量	75	75	75
R^2	0.2967	0.3411	0.3195

注：* 表示 $p < 0.1$，** 表示 $p < 0.05$，*** 表示 $p < 0.01$。括号内为稳健性标准误。

通过表 4 中模型 3 可以发现，在控制了人均 GDP、政府干预水平、政府管理效益以及时间、区域等因素的影响之后，信息发布水平与创业活力之间呈显著正相关。这表明随着政府网站信息公开范围的拓宽、信息公开内容的加深，地区创业活力也不断提升。通过模型 4 可以发现，在控制了上述变量后，互动交流与创业活力之间仍然呈显著正相关，这表明数字政府建设通过为公众与政府之间提供交流渠道，有效提升了公众的创业信心。上述结果表明，数字政府建设能够通过信息发布和互动交流方式激发地区创业活力。这充分体现了数字政府建设激发创业活力的政府透明度提升逻辑，印证了假设二。

通过模型 5 可以发现,政府办事服务水平与地区创业活力之间呈显著正相关。这表明随着政府办事服务不断优化,一方面,事项"掌办""网办"水平不断提高,企业的显性交易成本不断降低;另一方面,部门间信息壁垒不断被打破,权力"寻租"空间不断被压缩,企业的隐性交易成本不断下降,进而提升了社会主体创业水平。这进一步检验了数字政府建设中政府服务优化逻辑对于创业活力的激发作用,印证了假设三。

3. 数字政府建设激发创业活力的时间效应分析

不同年度间,各地数字政府建设力度及建设水平也有所不同。为了进一步分析数字政府建设对于地区创业活力的持续影响,文章对数字政府建设激发地区创业活力的时间效应进行检验,具体结果如表 5 所示。

表 5　数字政府建设激发创业活力的时间效应分析

年份及变量	模型 6	模型 7	模型 8	模型 9	模型 10
	创业活力	创业活力	创业活力	创业活力	创业活力
2014 年	0.0020				
	(0.0020)				
2015 年		−0.0009*			
		(0.0005)			
2016 年			−0.0001		
			(0.0003)		
2017 年				0.0009***	
				(0.0003)	
2018 年					0.0012***
					(0.0003)
数字政府建设水平	0.1694	0.0158	0.0233	0.0178	−0.0024
	(0.1486)	(0.2090)	(0.2157)	(0.2036)	(0.1644)
人均 GDP	1.7949***	1.9960***	2.7687***	2.9286***	0.6383*
	(0.5182)	(0.5180)	(0.8291)	(0.7340)	(0.3301)
政府干预水平	7.8257	1.2873	−0.3843	−0.4727	3.5392
	(10.7740)	(9.0975)	(9.0688)	(8.9944)	(8.4866)

年份及变量	模型 6	模型 7	模型 8	模型 9	模型 10
	创业活力	创业活力	创业活力	创业活力	创业活力
政府管理效益	−1.9624	−2.8924	−3.4884	−3.4661	−1.6594
	(3.3675)	(3.5720)	(3.5423)	(3.4426)	(3.5001)
地区	控制	控制	控制	控制	控制
常数	2.2585	35.1181	31.4712	30.0529	42.8313**
	(28.6155)	(25.4554)	(24.9532)	(24.9082)	(20.6711)
样本量	75	75	75	75	75
R^2	0.3373	0.3855	0.3781	0.4018	0.4051

注：* 表示 $p < 0.1$，** 表示 $p < 0.05$，*** 表示 $p < 0.01$。括号内为稳健性标准误。

通过表 5 可以发现，2014 年，数字政府建设水平与地区创业活力之间回归系数为正，但并不显著；2015 年，两者之间回归系数呈显著负相关，这表明数字政府建设不但没有激发创业活力，反而对其起到了阻碍作用。对此，本文作以下解释。第一，2015 年我国数字政府建设水平处于相对较低阶段，在信息发布方面，虽然基础信息公开较为全面，但是涉及公众切身利益、反映政府办事职能的诸多深度信息没有得到充分公开；在互动交流方面，2015 年虽然大多政府门户网站已经设置了互动交流板块，但其功能尚未充分发挥，公众关切回应水平仍较低；在办事服务方面，虽然服务领域不断拓宽，但服务整合度仍较低，业务办理手段有限，权力"寻租"空间依然较大，企业交易制度成本仍然较高。[74] 第二，任何改革都不是立竿见影的，政府改革成效往往要随着时间推移而逐渐显现[75]，数字政府建设成效的滞后性可能会导致两者回归系数为负。第三，公众与政府之间的数字互动体验是提升数字政府建设效能、释放改革成效的重要手段。[76] 2015 年我国互联网普及率仅为 50.3%[77]，即尽管数字政府建设水平在提高，但是公众对于数字政府建设成果的了解度和体验度相对较低，导致改革成效暂未充分发挥。

2016 年数字政府建设与地区创业活力之间的回归系数仍然为负，但并不显著。2017 年两者之间回归系数显著为正，为 0.0009。这表明数字政府建设对地区创业活力的激发效应开始发挥。2018 年回归系数为 0.0012，至少在 1% 的水平上显著。由此可见，随着数字政府建设水平逐年提高，其对于地区创业活力的激发作用不断增强。

(三)稳健性检验

为了进一步检验实证结果的可靠性,本文通过改变创业活力测量指标的方法来测量误差的稳健性检验,即依据黄亮雄等人的做法[78],使用城镇私营单位和个体经济从业人数的对数值来对创业活力指标进行替换,其回归结果如表6所示。

表6　稳健性检验结果

变量	模型 11
	城镇私营单位和个体经济从业人数
数字政府建设指数	0.0159***
	(0.0046)
人均 GDP	0.0709*
	(0.0353)
政府干预水平	−0.1391
	(0.2868)
政府管理效益	0.3383**
	(0.1345)
区域	控制
时间	控制
常数	13.1256***
	0.7702
样本量	75
R^2	0.5842

注:* 表示 $p<0.1$,**表示 $p<0.05$,***表示 $p<0.01$。括号内为稳健性标准误。

通过表6模型11可以发现,在用城镇私营单位和个体经济从业人数的对数值来衡量地区创业活力时,在控制了相应变量后,数字政府建设水平与地区创业活力之间的回归系数仍然显著为正,这进一步验证了数字政府建设能够有效激发地区创业活力这一结论的稳健性。

此外,本文还借鉴了其他学者的做法,进一步控制了城市人力资本水平、固定资产投资水平、外贸发展水平以及互联网宽带用户数等可能会对地区创业活力产生影响的指标,以检验本文结论的可靠性,回归结果如表7所示。

数字政府与数字治理

表 7　稳健性检验结果

变量	模型 12
	创业活力
数字政府建设指数	0.3441**
	(0.1412)
人均 GDP	1.5257***
	(0.3954)
政府干预水平	7.4189
	(15.9330)
政府管理效益	0.8434
	(4.2069)
人力资本水平	−0.0038
	(0.0091)
固定资产投资水平	3.7687
	(3.1679)
外贸发展水平	−1.5326
	(2.2568)
互联网宽带用户数	−0.0109
	(0.0173)
区域	控制
时间	控制
常数	−39.8629
	(89.0724)
样本量	75
R^2	0.3801

注：* 表示 $p < 0.1$，** 表示 $p < 0.05$，*** 表示 $p < 0.01$。括号内为稳健性标准误。

　　通过表 7 可以发现，数字政府建设水平与地区创业活力之间回归系数仍然显著为正，这也进一步验证了数字政府建设能够激发地区创业活力这一结论的稳健性。

五、结论与讨论

创业活动是我国经济社会发展的重要动力,激发创业活力是我国治理现代化的内在要求。数字政府建设作为实现国家治理现代化的必经之路,对于释放地区创业活力具有重要意义。本文运用我国 15 个副省级城市数字政府建设水平和地区创业活力的相关数据,实证检验了数字政府建设与地区创业活力之间的关系。研究结果表明:第一,数字政府建设能够有效激发地区创业活力,这一结论具有稳健性;第二,数字政府建设可以通过政府透明度提升逻辑和政府服务优化逻辑有效激发市场活力,且随着时间推移,其激发效应不断增强。

基于上述研究结果,为了进一步推动地区数字政府建设,释放地区创业活力,本文提出以下建议:第一,各地要充分重视数字政府建设能够释放地区创业活力的正效应,持续推进政府数字化转型;第二,遵循数字政府建设的政府透明度提升逻辑,一方面要继续提升数字政府建设过程中政务信息公开的广度和深度,强化重点领域信息公开,另一方面要推动数字政府互动交流模块建设标准化,打造一套支持公众咨询、投诉举报、建言献策、领导信箱等功能的互动交流系统,形成公众参与的提交、受理、处理、反馈的业务闭环;第三,遵循数字政府建设的政府服务优化压缩逻辑,既要持续推进政务服务事项精细化梳理工作,从政务服务最小运行单元着手,精简审批流程,缩短办事周期,又要加强人工智能等技术在数字政府建设中的运用,推动数字政府应用场景不断拓宽、办理手段不断完善,进而激发地区创业活力。

需要说明的是,本文研究仍存在一些不足之处:第一,考虑到数据获取的有限性,仅使用政府网站绩效来衡量数字政府建设程度,可能有一定的局限性;第二,政府改革成效往往具有一定的滞后性,出于数据的可获取性,本文未能充分考虑这一因素;第三,本文仅以我国副省级城市为研究对象,未来研究可以向地级市政府和各县级政府进行拓展,以进一步丰富研究成果。

参考文献:

[1] 习近平.致 2013 年全球创业周中国站活动组委会的贺信[N].2013-11-09(1).

[2] 罗宗毅.国家治理现代化:把制度优势转化为治理效能[N].学习时报,2019-10-07(1).

[3] 习近平.中共中央关于坚持和完善中国特色社会主义制度,推进国家治理体系和治理能力现

代化若干重大问题的决定[N].人民日报,2019-11-06(6).

[4] 王叶军.创业活力促进城市服务业经济增长了吗? [J].当代财经,2019(3):94-105.

[5] 李坤望,蒋为.市场进入与经济增长——以中国制造业为例的实证分析[J].经济研究,2015
(5):48-60.

[6] NEIDER L. A preliminary investigation of female entrepreneurs in Florida[J]. Journal of
Small Business Management,1987,25(3):22-29.

[7] 王西玉,崔传义,赵阳.打工与回乡:就业转变和农村发展——关于部分进城民工回乡创业的
研究[J].管理世界,2003(7):99-109.

[8] 李雪莲,马双,邓翔.公务员家庭、创业与寻租动机[J].经济研究,2015(5):89-103.

[9] 尹志超,宋全云,吴雨,等.金融知识、创业决策和创业动机[J].管理世界,2015(1):87-98.

[10] 赵奉军,高波.创业精神与经济发展的 U 型关系及其检验[J].经济管理,2009(4):35-40.

[11] 吴晓瑜,王敏,李力行.中国的高房价是否阻碍了创业? [J].经济研究,2014(9):121-134.

[12] 黎常.社会文化特征对区域创业活动影响差异研究[J].科学学研究,2014(12):1888-1896.

[13] MAURO P. Corruption and growth[J]. Trends in Organized Crime,1997,2(4):67.

[14] 王松奇,徐义国.政府扶持与创业投资发展[J].财贸经济,2002(1):11-18.

[15] 陈玲,王晓丹,赵静.发展型政府:地方政府转型的过渡态——基于沪、苏、锡的海归创业政
策案例调研[J].公共管理学报,2010(3):47-51.

[16] 张龙鹏,蒋为,周立群.行政审批对创业的影响研究——基于企业家才能的视角[J].中国工
业经济,2016(4):57-74.

[17] 黄亮雄,孙湘湘,王贤彬.商事制度改革有效激发创业了吗? ——来自地级市的证据[J].财
经研究,2020(2):142-155.

[18] GIL-GARCIA J R, DAWES S S, PARDO T A. Digital government and public management
research:finding the crossroads[J]. Public Management Review,2018,20(5):633-646.

[19] 刘淑春.数字政府战略意蕴、技术构架与路径设计——基于浙江改革的实践与探索[J].中
国行政管理,2018(9):37-45.

[20] PARDO T. Realizing the promise of digital government:it's more than building a web site
[EB/OL]. (2000-01-01). http://www.cisp.org/imp/october_2000/10_00pardo.htm.

[21] 金婧. AI时代的数字政府发展指引[EB/OL]. (2017-11-28). http://www.echinagov.com/
viewpoint/180938.htm.

[22] 汪向东,Ernest J. Wilson. 中国"以电子政务拉动信息产业发展"政策的再评估[J].数量经
济技术经济研究,2005(10):19-29.

[23] 徐梦周,吕铁.赋能数字经济发展的数字政府建设:内在逻辑与创新路径[J].学习与探索,

2020(3):78-85.

[24] 李广乾.论电子政务的经济职能[J].电子政务,2012(5):21-26.

[25] 谭海波,蒙登干,王英伟.基于大数据应用的地方政府权力监督创新——以贵阳市"数据铁笼"为例[J].中国行政管理,2019(5):67-71.

[26] 刘淑春.信用数字化逻辑、路径与融合[J].中国行政管理,2020(6):65-72.

[27] 李磊,马欢.数字政府能否留住外资?[J].中山大学学报(社会科学版),2020(4):183-194.

[28] 李燕,朱春奎.电子政务如何影响政府信任?——基于武汉、天津、重庆调研数据的实证研究[J].南京社会科学,2017(5):65-73.

[29] 邱晓明,赵增耀.地方政府对外商直接投资区位选择影响分析[J].商业研究,2006(13):44-47.

[30] 周文彰.数字政府和国家治理现代化[J].行政管理改革,2020(2):4-10.

[31] 邓宏图,王巍.状态依存的制度:不确定性与选择[J].公共管理与政策评论,2014(1):15-25.

[32] 王栋,魏泽龙,沈灏.转型背景下企业外部关系网络、战略导向对战略变化速度的影响研究[J].南开管理评论,2011(6):76-84.

[33] 吴小节,陈晓纯,彭韵妍,等.制度环境不确定性对企业纵向整合模式的影响机制:认知偏差与动态能力的作用[J].管理评论,2019(6):169-185.

[34] 夏清华,易朝辉.不确定环境下中国创业支持政策研究[J].中国软科学,2009(1):66-72,111.

[35] 陈国权,徐碧波.制度不确定与民营企业家政治参与[J].新视野,2005(1):38-40.

[36] 文建东,封立涛.制度不确定性对创新的影响[J].福建论坛(人文社会科学版),2017(9):51-59.

[37] 汪玉凯.数字政府的到来与智慧政务发展新趋势——5G 时代政务信息化前瞻[J].人民论坛,2019(11):33-35.

[38] AKERLOF G. The market for "lemons": quality uncertainty and the market mechanism[J]. The Quarterly Journal of Economics,1970,84(3):488-500.

[39] 孙研,朱海霞.信息不对称条件下政府与电信企业之间的双赢博弈[J].西北大学学报(哲学社会科学版),2003(4):84-88.

[40] 余超文.透明政府:现代政府信任关系中的核心问题[J].天府新论,2012(3):1-5,30.

[41] 赵超,贺华.信息不对称理论下政府公信力影响机理探析[J].西北工业大学学报(社会科学版),2010(4):6-10.

[42] 赵建青.浅析如何将政府网站建成政府信息公开的第一平台[J].中国行政管理,2009(6):96-97.

[43] 张云霞.我国信息公开存在的问题与解决之策[J].理论探索,2011(5):121-123.

[44] 南旭光.腐败问题研究的理论回顾及展望[J].华东经济管理,2011(5):133-140.

[45] 刘寿明,陆维臣.公共领域中的委托代理理论及其拓展[J].求索,2009(4):69-70.

[46] 顾继光.我国政府信息公开存在的问题及对策[J].情报科学,2010(6):834-835.

[47] 杜学文.基层政府信息公开:问题、成因与对策[J].理论探索,2011(3):115-117.

[48] SPENCE M. Market sginaling:the information on structure of job markets and and related phenomena[M]. Ph. D. thesis:Harvard University Press,1972.

[49] 张向先,耿荣娜,郭顺利.政务新媒体用户信息采纳行为及关键影响因素识别研究[J].情报理论与实践,2017(10):62-68.

[50] 人民网.周亮发布 2019 年中国数字政府服务能力评估总报告[EB/OL].(2019-12-06). http://media. people. com. cn/n1/2019/1206/c14677—31494036. html.

[51] TOLBERT C. Direct democracy and institutional realignment in the American States[J]. Political Science Quarterly,2003,118(3):467-489.

[52] 张华.权力互动视角下的政府网络信息公开——基于对省级政府网络理政能力的实证分析[J].情报杂志,2017(5):135-138.

[53] 李慧龙,于君博.数字政府治理的回应性陷阱——基于东三省"地方领导留言板"的考察[J].电子政务,2019(3):72-87.

[54] 孟天广,李锋.网络空间的政治互动:公民诉求与政府回应性——基于全国性网络问政平台的大数据分析[J].清华大学学报(哲学社会科学版),2015(3):17-29.

[55] 国务院办公厅秘书局.关于印发政府网站与政务新媒体检查指标、监管工作年度考核指标的通知[EB/OL].(2019-04-01). http://www. gov. cn/zhengce/content/2019-04/18/content_5384134. htm.

[56] 中国软件评测中心.2018 年中国数字政府服务能力评估总报告[R].北京:中国软件评测中心,2018.

[57] PORTA R L, LOPEZ-DE-SILANES F, SHLEIFER A, et al. The quality of governments[J]. Journal of Law Economics and Organization,1999,15(1):222-279.

[58] COASE R H. The Nature of the Firm[J]. Economica,1937,4(16):386-405.

[59] 沈伯平,陈怡.政府转型、制度创新与制度性交易成本[J].经济问题探索,2019(3):173-180.

[60] 张成福.政府治理创新与政府治理的新典范:中国政府改革 40 年[J].国家行政学院学报,2018(2):33-39.

[61] 高楠,梁平汉.为什么政府机构越来越膨胀?——部门利益分化的视角[J].经济研究,2015

(9):30-43.

[62] 李辉.权力监督与治理体系现代化建设:从"最多跑一次"改革看中国廉能政府建设[J].南京社会科学,2020(2):10-17.

[63] 吴敬琏."寻租"理论与我国经济中的某些消极现象[J].经济社会体制比较,1988(5):1-2.

[64] 陶勇.协同治理推进数字政府建设——《2018年联合国电子政务调查报告》解读之六[J].行政管理改革,2019(6):70-74.

[65] 郁建兴,高翔.浙江省"最多跑一次"改革的基本经验与未来[J].浙江社会科学,2018(4):76-85.

[66] 何增科.地方政府创新的微观机理分析——浙江省"最多跑一次"改革案例研究[J].理论与改革,2018(5):134-141.

[67] 何文盛,姜雅婷,唐序康.行政审批制度改革可以提升地方政府绩效吗?——基于中国15个副省级城市2001—2015年面板数据的分析[J].公共行政评论,2019(3):118-138.

[68] 陈俊营,张悟移.腐败、创业与经济增长[J].云南财经大学学报,2015(6):58-66.

[69] 李宏彬,李杏,姚先国,等.企业家的创业与创新精神对中国经济增长的影响[J].经济研究,2009(10):99-108.

[70] 齐玮娜,张耀辉.创业、知识溢出与区域经济增长差异——基于中国30个省市区面板数据的实证分析[J].经济与管理研究,2014(9):23-31.

[71] 张秀艳,孟宪春.创业资本和创业发展的区域特征——基于创业发展指数(CEDI)的实证研究[J].吉林大学社会科学学报,2016(2):52-61.

[72] 国务院办公厅.关于印发政府网站发展指引的通知[EB/OL].(2017-06-08).http://www.gov.cn/zhengce/content/2017-06/08/content_5200760.htm.

[73] 李磊,马欢.数字政府能否留住外资?[J].中山大学学报(社会科学版),2020(4):189-200.

[74] 中国软件评测中心.2015年中国数字政府服务能力评估总报告[R].北京:中国软件评测中心,2015.

[75] 周黎安,陈烨.中国农村税费改革的政策效果:基于双重差分模型的估计[J].经济研究,2005(8):44-53.

[76] 姚水琼,齐胤植.美国数字政府建设的实践研究与经验借鉴[J].治理研究,2019(6):60-65.

[77] 杜鹃.CNNIC发布第36次互联发展报告:中国网民已达6.68亿,九成用户用手机上网[J].科技中国,2015(8):64-65.

[78] 黄亮雄,孙湘湘,王贤彬.商事制度改革有效激发创业了吗?——来自地级市的证据[J].财经研究,2020(2):142-155.

【作者】

徐越倩，浙江工商大学公共管理学院副院长、教授

李拓，浙江工商大学公共管理学院研究生

陆利丽，浙江工商大学公共管理学院教师

省域治理现代化视角下数字政府建设评估体系

王鸿迪　李思佳　彭　毅

一、研究背景

数字政府作为数字中国的重要组成部分,是国家治理现代化的内在要求。习近平总书记在首届数字中国建设峰会上指出,信息技术创新日新月异,数字化、网络化、智能化在推动经济社会发展,满足人民日益增长的美好生活需要的同时,也促进了国家治理体系和治理能力现代化。在数字化引领时代发展的浪潮中,浙江率先以政府数字化转型为建设重点,提出了高水平推进省域治理现代化的目标。2019 年 11 月 22 日,在中国共产党浙江省第十四届委员会第六次全体会议上,浙江省委紧密结合浙江实际,研究了高水平推进省域治理现代化的目标与实施战略。其中,浙江省数字政府建设在"最多跑一次"改革的牵引下,对政府职能进行系统性、数字化重塑,打造现代化"未来政府",成为高水平全面实现省域治理现代化的关键举措。

建设面向省域治理现代化的数字政府要有适当的评估体系,以保证数字政府建设高效、高质量发展。目前国内外数字政府建设评估大多是针对政府门户网站的评估和电子政务服务的评估,或者是数字政府生命周期某个阶段的评估,或者是数字政府某一组成部分的评估,缺乏系统性,而且对于数字政府建设评估的终极目标——推进国家治理体系与治理能力现代化的助益联系不够紧密。在实践上,一些地方政府的数字政府建设缺乏导向性,导致建设效率和成效大打折扣。就治理范围而言,关于治理现代化和数字政府融合的研究多以国家或城市为视角进行讨论,鲜有站在省域治理的视角挖掘数字政府建设规范和发展规律的。

浙江省数字政府建设取得了初步成效,其进一步发展需要一套兼具科学性、代表性、易操作性、系统性的数字政府建设评估体系,并从技术、管理、政策等多视角寻求数字政府可持续发展路径。评估体系作为"风向标"和"指挥棒",能系统地对数字政府建设进行甄别、诊断、纠正并提出完善建议,从而推动政府数字化转型向着现代化的方向继续探索、提升。本文从省域治理现代化视角出发,通过对文献资料的梳理和浙江省实践经验的总结,提出了省域治理现代化视角下数字政府建设评估体系的基本框架。

二、文献综述

(一)数字政府建设

从不同视角探讨数字政府的定义和内涵的研究众多,大致可以从三个视角进行归纳。基于形态视角,认为数字政府是适应第四次工业革命到来的一场伟大的社会实践,是政府形态从工业化的"物理空间"向大数据时代的"数字空间"的转变。基于工具视角,数字政府被视为将政府与其他主体的互动、政府服务和社会治理等所有政府活动数字化并存储在云端的实现途径,可以灵活支持跨部门合作,建立统一的服务渠道,支持移动办公,并基于安全的数据驱动优化决策。基于过程视角,数字政府被视为通过数字化思维、策略、资源、工具和规则来治理信息社会空间,提供高质量政府服务并提高公共服务满意度的过程。这也是公共部门利用通信技术改善公共服务供给并鼓励公民参与的过程。West 认为,数字政府就是公共部门利用互联网和其他电子设施来提供服务、信息和民主,并基于此,将数字政府的发展划分为四个阶段,即"公告板"阶段、"部分服务提供"阶段、"带有安全可操作性和整体性服务的门户网站"阶段和"互动式民主"阶段。Janowski 将数字政府建设区分为转型、参与以及场景化三种变化过程,对应着我国数字政府建设的政务电子化、政务网络化以及政务智能化三个阶段。

数字政府建设的早期主要探讨的两个概念是电子政务和电子政府。尤其是在国外文献中,数字政府常被作为"电子政府"的同义词而交互使用。随着"大数据""人工智能"应用的不断深入,政府在数字环境中的运作成为关注的焦点,其治理方式也随着政府数据的开放与智能化应用发生了改变。结合实践经验,学者们从多个角度丰富和完善了数字政府的内涵。数字政府的内涵与特征包括政府即平台、创新公共价值、用户驱动的服务涉及、数据治理与协同等内容。在理论上,根据IDK原则(IDK分别指信息I、数据D、知识K),数字政府的整体结构划分为三层:目标系统、资源系统与动力系统。在实践中,数字政府建设是系统性、协同式变革,包含治理理念创新、数字技术创新、政务流程创新、体制机制创新,涉及战略制定、治理模式、组织架构等方面的转型。总的来说,针对数字政府建设的研究既非纯粹的理论,也非纯粹的实践梳理,多数是在理论的基础上结合地方的数字政府实践下展开的,是理论和实践的有机结合。

(二)数字政府建设评估

国内外数字政府或数字政府建设的评估受到了咨询公司、研究机构、科研高校和学者的高度关注,汇总的评估内容如表1所示。国外对于数字政府评估的研究较早且具有明显的时代性,各评估单位从不同角度提出了关于数字政府建设的评估指标体系。从政府门户网站对数字政府服务能力进行评估的主要有Accenture公司和Gartner公司。Accenture运用总体成熟度来评估政务网站的服务能力,总体成熟度又分为公共服务成熟度和客户关系管理两个指标。Gartner公司则强调从三个方面评估电子政务项目的有效性,即对公民的服务水平、运行效益以及政治回报。TNS公司和新泽西州大学的数字政府评估模式强调了数字政府建设评估对公众的重视,指出数字政府评估主要是评估对公民的服务水平以及公民的参与状况。联合国电子政务发展则侧重于电子政务建设过程,包含了在线服务、电信基础设施和人力资本三个维度。美国布朗大学的数字政府评估模型不仅强调了电子政务的服务能力和对民众隐私权的保护水平,还提出电子政务应设法使特殊人群也能享受到其所提供的服务,体现了电子政务作为公共产品应该为所有人共同使用的公平理念。综上可见,国外对数字政府的评估定位为"政府服务",重点关注政府为用户提供服务及交互服务的能力,这反映了国外数字政府建设评估越发重视以用户为中心来提供公共服务。

国内对数字政府评估的研究最早是从电子政务的绩效评估出发的。张福成等梳理了国际电子政务绩效评估的主流模式,认为完善的电子政务绩效评估应该综合"产出""结果"和"影响"三个层次,依据可持续性、可衡量性、可实现性、相关性、及时性的绩效评估原则,采用不同措施进行评估。王立华等在国外评估成果的基础上,对国内各研究机构的电子政务评估报告进行了评价,并指出了我国在电子政务绩效评估研究中的薄弱之处:评估层次单一,评估手段主要以定性为主。此后,学者们不再局限于对电子政务的评估,而是开始将智慧政务作为电子政务发展到高级阶段的必然产物。赵玎等指出,面对从电子政务到移动政务,再到智慧政务的范式转变,政府应采取自上而下先行的策略,在确立目标、制定发展规划和具体建设思路等方面积极应对,最终实现政府公共服务的智能化和政府职能的转变。张腾等基于 DPSIR 模型的智慧政务信息生态发展情况,从驱动力层、压力层、状态层、影响层、响应层构建智慧政务信息生态的评价模型。总的来看,我国数字政府建设的评估体系还存在较多不足。首先,评估单位多从自身视角来对数字政府建设进行评价,而忽略了数字政府的建设主体——政府、公众和企业的共同参与。其次,在评估内容上,现有研究常以数字政府的某一组成部分或某一阶段为评估对象,缺乏系统、全面的数字政府评估框架,评估标准也有待完善。最后,国内研究对数字政府的定性研究、理论分析较多,而定量研究、实证研究较少,评估结果的实践引导作用有限。

表 1　国内外数字政府(建设)评估内容

评估单位	评估机构/学者	指标内容
咨询公司	Accenture 公司	公共服务成熟度、客户关系管理
	Gartner 公司	对公民的服务水平、运行效益、政治回报
	TNS 公司	在线服务、在线搜索、在线下载、在线讨论、在线信息、在线支付
研究机构	联合国经济与社会事务部	在线服务指数、电子参与指数
	世界经济论坛(WEF)	数字政府环境、数字政府准备度、数字政府使用情况
	《2018 联合国电子政务调查报告》	在线服务、电信基础设施、人力资本三个维度
	《中国电子政务发展报告(2018—2019)》	参照联合国电子政务发展指数,即在线服务、电信基础设施、人力资本三个维度
国外科研院校	美国新泽西州大学	安全/隐私、网站可用性、站点内容、在线服务、公众参与
	日本早稻田大学	在线服务、主页状况
	美国布朗大学	网上服务能力、网上信息、保护隐私政策、安全政策、残疾人通道

续　表

评估单位	评估机构/学者	指标内容
国内学者	杨云飞,白庆华(2004)	电子集中、电子安全、电子管理、电子服务、电子决策
	彭细正(2004)	应用效果、网站内容、网站功能、网站质量、系统建设、投资绩效
	朱慧涛(2006)	软硬件基础设施及人力资源、网站建设产出、电子政务应用效果三大类
	费军,余丽华(2009)	信息公开、服务成熟度、公众参与度
	刘伟(2013)	制度建设、基础设施、业务流程优化、绩效与产出
	王益民(2020)	数字基础准备度、数字环境支撑度、数字服务成熟度、数字协同治理度、数字公众参与度、数字技术使用度
	徐绪堪,华士祯(2020)	信息服务能力、事务服务能力、服务参与能力、服务供给能力、服务创新能力

(三)省域治理现代化与数字政府建设评估

省域治理是国家治理体系和治理能力在省域层面的落实和体现,是立足省域贯彻中国特色社会主义制度和国家治理体系、推进现代化建设的具体治理实践。省域治理现代化包括三个关键的组成部分:一是"省域",就是分清中央事权和省级事权,着重基于省级事权对中央的要求加以具体化;二是"治理",就是分清制度建设和具体工作,从省域治理权限、职责特点和实践需要出发,在国家治理的制度框架下,提出推进省域治理现代化,侧重于把制度优势转化为治理效能;三是"现代化",就是分清坚持什么和完善什么,着眼于响应国家治理体系和治理能力现代化的新要求,顺应时代变革的新趋势,对省域治理理念、制度、方式等现代化关键领域和环节做出重点部署。

推进省域治理现代化是一个系统工程,加快数字政府建设是其中一项重要举措。但在现有研究中,省域治理视角下的数字政府建设研究较为缺乏。戴圣良指出,为了更好地服务于治理现代化,一是要建立绩效评估社会公开机制,在电子政务的建设中突出绩效评估的公共价值性,推进公民参与政府治理;二是要建立绩效评估的动态整改机制,定期跟踪整改落实情况,确保整改到位。陈亦宝从具体的省域数字政府实践出发,根据治理要素构建政府绩效评估指标体系,认为数字政府的举措能够显著提升政府治理能力,与此同时,也极大地提升了政府公信力,促进了营商环境的改善和人民生活质量的提升。此外,数字服务平台的建设也关系到国家治理体系和治理能力的现代化。近年来,各地"市长热线""便民呼叫中心""政务服务平台"等便民服务平台不断兴起,并取得了一定的成效,越来越富有社会影响力和美誉度,对政府治理能力的提升有着深刻的理论意义与启示价值。在治理现代化的大背景下,陈力钧以便民服务平台为研究对象,基于在便民服务中心的实地考察,分析了当地数字平台建设运行过程中的新举措、新思路以及平台对治理能力的促进作用,有助于推动政府角色的定位与职能的转变,形成政府、社会的协同共治。综上,我国数字政府建设和治理现代化的理论融合和实践应用已有相关成果,且大都基于省域实践的具体讨论,缺乏以省域治理现代化为基础的系统性探讨。本文聚焦省域治理现代化,运用数字治理价值观和方法论尝试构建数字政府建设现代化的评估体系。

三、省域治理现代化视角下数字政府建设评估体系

(一)数字政府建设的价值理念

价值理念作为一种意识形态在数字政府建设中极大地影响着数字政府的发展方向。对数字政府建设的评估首先应确立正确的价值理念来规范主体行为,凝聚各方共识。建设数字政府,是为了借助新一代信息技术赋能公共治理,其本质是要借助数字技术来解决问题,提升政府的治理水平。所谓治理现代化,就是根据公民的合理需要和美好生活愿景,不断改进治理方法,提高治理能力,持续提升公民满意度的过程。首先,以人民为中心是浙江省高水平推进省域治理现代化的基本原则和价值理念。数字政府发挥的是联系政府与社会的纽带作用,其核心思想是科技向善、服务人民,体现人民意志,保障人民权益,激发人民创造。在以人民为中心的价值理念的指引下,政府提供公共服务的能力需要不断提高,其服务范围和服务质量需要随着人民日益增长的美好生活需要而动态变化。其次,全域治理是浙江省数字政府建设的第二个重要价值理念。数字政府建设助力浙江省域治理,基本实现了群众和企业省内办事从"跑部门"向"跑政府"转变,跨部门跨层级"并联审批"效率大幅提高,地方政府"协同作战"能力显著提升。另外,多元共治是数字政

府建设的重要保障和价值理念。浙江省数字政府建设利用数字技术团结全社会力量,降低治理成本,不断提高政府执政力、市场有效性、社会参与度。充分调动群众和企业积极参与数字政府建设可以在共建、共治、共享的过程中更有效地满足人民的需求。近两年,群众对浙江省政府改革的满意度高达95%。最后,尊重科学也是数字政府建设的一个核心价值观。新冠肺炎疫情暴发后,浙江省尊重大数据分析和专家意见,积极深化数字治理、强化技术赋能,充分化疫情之"危"为治理之"机",迅速重回经济社会高质量发展的健康轨道。针对自然灾害、社会重大风险的应急管理体系已经成为省域治理体系的重要组成部分,在利用数字化手段提高治理效能的过程中更加要发挥科学技术的作用。

(二)数字政府建设评估的逻辑框架

数字政府建设评估既包括对数字政府建设过程的评估,也包括对数字政府建设效果的评估,即包括对过程和结果两方面的评估。政府数字化转型是过程,数字政府建设的目标是结果。在政府数字化转型的过程中,政府通过平台、开放的方式整合全社会的创新和服务力量,培育数字政府建设的生态体系,转变简单的服务与被服务、管理与被管理的关系,逐步形成共建、共治、共享的社会治理格局。

省域治理现代化对数字政府建设提出了多方面的要求。一是治理体系现代化,即治理主体由单一政府为治理主体转为多元治理,以及与之匹配的治理机制、治理结构等。数字政府建设离不开企业的技术支持和公民的监督与反馈。二是治理能力现代化,主要体现为治理主体的治理能力能否满足数字政府建设的需要,即面向最终使用者的服务级能力、面向系统开发者或管理者的应用级能力、面向业务流程的数据级能力等。三是治理效果现代化,在政府层面表现为政府内部的业务协同水平,以及政府形象和公信力的提升;在市场层面表现为市场营商环境,以及对企业的数字化转型升级的支持力度;在公民层面表现为数字生活服务方面的满意度,以及公民数字素养的提升。

省域治理现代化视角下的数字政府建设评估就是基于价值理念,从治理体系、治理能力和治理效果三方面,对数字政府建设的过程和结果进行综合评价。

(三)数字政府建设评估的指标体系

省域治理现代化视角下的数字政府建设评估指标体系如表2所示。评估指标分为过程类指标和结果类指标两大类，前者包含 4 个二级指标和 10 个三级指标，后者包含 6 个二级指标和 14 个三级指标。

表 2　省域治理现代化视角下数字政府建设评估体系

一级评估指标	二级评估指标	三级评估指标	参考文献
数字政府建设过程	政府建设	数字政府建设规划	张建锋,2019
		政策保障	张建锋,2019
		组织结构调整	刘伟,2013
		业务流程优化	刘伟,2013;王益民,2020
		数字基础设施建设	WEF,2009;朱慧涛,2006;《2018 联合国电子政务调查报告》;王益民,2020
		数字能力提升	《2018 联合国电子政务调查报告》
	企业参与	企业技术支撑	
		系统安全保障	
	公众参与	公民参与度	费军、余丽华,2009
	社会监督	社会监管水平	自行设计
数字政府建设结果	服务能力	服务广度	Gartner,2002;朱慧涛,2006;费军、余丽华,2009
		服务深度	
		服务便捷度	
	应用能力	感知有用性	马静等,2012;徐和燕,2016
		感知易用性	
	数据能力	数据共享度	朱璐霞、杨磊,2020
		数据公开度	樊博、陈璐,2017
		数据安全度	金泳等,2018
	政府效益	政务协同水平	王益民,2020
		政府公信力	
	企业效益	企业营销环境改善	
		企业数字化转型引导	
	公民效益	公民满意度	刘燕,2006;焦微玲,2007
		公民数字素养	《2018 联合国电子政务调查报告》

1. 数字政府建设助力省域治理体系现代化

在数字政府的推动下,省域治理体系正在从线下转向线上线下融合,从单纯的政府监管向政府管理、企业运行、公众参与、社会监管的多元治理格局转变。省政府是整个数字治理体系的核心,对数字政府的发展起着决定性作用。浙江省政府先后出台《浙江省公共数据和电子政务管理办法》《浙江省保障"最多跑一次"改革规定》等政策法规,强化各级政府在事中事后监管的责任。企业为数字化治理体系的建立和维护提供技术支撑和安全保障,是实现数字政府技术与安全的运营者。阿里巴巴集团作为互联网科技龙头企业,为浙江数字政府建设搭建了"1+2+2+N"的技术架构,并负责数字化操作系统的运作与安全维护。公众作为数字化治理体系的参与者和见证者,其活跃程度和参与程度直接影响着治理体系的正常运行。浙江省政府通过民意直通车项目、"亲清热线"平台等便民工程,积极畅通民众反馈渠道。此外,数字政府的建设和运行必须接受全社会的监督,为此,浙江省建设统一的政务咨询投诉举报平台,构建全面、及时的社会监督机制,保障治理体系建设的健康发展。

2. 数字政府建设助力省域治理能力现代化

数字化背景下政府的服务能力体现为四个基本方面:数字服务的多样性、数字服务的有效性、数字服务的便捷性以及数字服务的灵活性。这些基本方面要求政府服务的内容要体现出深度和广度,还要能满足特殊群体特别是弱势群体的特殊需求。浙江省依靠大数据技术的挖掘分析能力,通过数据信息的挖掘,分析公众的社会需求,识别和关注不同群体的个性化需求,作为精准施政的决策依据。数字政府平台既要服务于政府工作人员的业务处理,也要服务于企业的办事需求和公众的生活需要。站在用户的角度,数字政府平台的应用功能必须满足感知的有用性和感知的易用性。浙江省通过推进政务"一朵云"建设,增强了数字平台的应用能力,在提升公民对平台的感知有用性与感知易用性的同时,也增强了用户对政务平台的忠诚度。此外,数据作为第五大生产要素,是系统内部面向业务流程的底层资源,数据质量和数据治理能力也是检验数字政府建设的重要指标。浙江省重视对公共数据资源的管理,设立了省大数据发展管理局,推进政府信息资源的整合利用,在实现数据的开放、共享的同时扎实做好数据的保密安全工作。

3. 数字政府建设提升省域治理效果

一是,数字政府建设有益于政府梳理和完善跨部门、跨层级的业务流程,优化组织和权利结构,提高政府办事效率及业务协同水平,改善政府形象,提升政府公信力。二是,数字政府建设具有改善市场营商环境和推动企业数字化转型的双重效果。浙江省"并联审批"改革大大节省了企业审批时间,将更多的工作重心转移到事中监管上,改善了市场营商环境。而且数字政府建设为科技应用提供了政策激励和市场空间,推动了企业的数字化转型升级。三是,数字政府建设有助于满足人民日益增长的美好生活需要并提升公民数字素养。数字政府治理的目标就是打破"信息孤岛",提供多元化、综合性、高质量的公共服务,增强全体公民的满足感和获得感;同时,数字政府建设需要直面"数字鸿沟"问题,充分考虑特殊群体的需求,致力于全民数字素养的提升。

四、总结与展望

本文从省域治理现代化视角构建了数字政府建设的评估体系。在以人民为中心、全域治理、多元共治、尊重科学的价值理念指导下,本文设计了数字政府建设的评估逻辑框架,并从过程和结果两个维度构建了数字政府评估指标体系。首先,数字政府建设过程是一项跨部门、跨层级、跨区域的系统工程,需要构建由政府、企业、公民等主体构成的治理生态系统。其次,数字政府建设最终服务于省域治理效果的提升。浙江省数字政府建设在提升政府公信力、优化企业营商环境、改善公民生活质量的同时,也推动了全域范围内治理体系和治理能力的现代化。

省域治理现代化视角下的数字政府建设评估体系尚需实践的检验,才能提高其实践价值。当前,数字政府建设受到党中央和各地政府的高度重视,建设的过程离不开动态的评估和完善。在数字政府的具体评估过程中,应因时制宜、因地制宜,将理论和实践相结合,对数字政府建设及其数字治理体系、治理能力、治理效果进行全面评估。在评估过程中发现难点和挑战时,更要积极利用大数据、云计算、人工智能、区块链等技术工具深化省域治理改革,减少治理的死角和盲区,提升动态治理能力。

参考文献：

[1] 人民网. 浙江省委决定:高水平推进省域治理现代化[EB/OL]. (2019-11-25). http://leaders. people. com. cn/n1/2019/1125/c58278-31473387. html.

[2] 汪玉凯.中国政府门户网站建设及其评价[J].新视野,2003(3):41-43.

[3] 解瑞金,邱慧,杨惠.基于GEEWM模型的智慧政务建设绩效评估研究[J].运城学院学报,2019,37(6):37-42.

[4] 徐绪堪,华士祯."互联网＋政务服务"背景下的政务APP评价——基于直觉模糊层次分析法[J].情报杂志,2020,39(3):198-207.

[5] 米加宁,章昌平,李大宇,等."数字空间"政府及其研究纲领——第四次工业革命引致的政府形态变革[J].公共管理学报,2020,17(1):1-17,168.

[6] 何圣东,杨大鹏.数字政府建设的内涵及路径——基于浙江"最多跑一次"改革的经验分析[J].浙江学刊,2018(5):45-53.

[7] KATSONIS M, BOTROS A. Digital government：a primer and professional perspectives[J]. Australian Journal of Public Administration,2015,74(1):42-52.

[8] 戴长征,鲍静.数字政府治理——基于社会形态演变进程的考察[J].中国行政管理,2017(9):21-27.

[9] GIL-GARCIA J R, DAWES S S, PARDO T A. Digital government and public management research：finding the crossroads [J]. Public Management Review,2018(5):1-14.

[10] WEST D M. Digital government：technology and public sector performance[M]. Princeton, New Jersey：Princeton University Press,2005.

[11] JANOWSKI T. Digital government evolution：from transformation to contextualization[J]. Government Information Quarterly,2015,32(3):221-236.

[12] 王益民.数字政府整体架构与评估体系[J].中国领导科学,2020(1):65-70.

[13] 黄璜.数字政府的概念结构:信息能力、数据流动与知识应用——兼论DIKW模型与IDK原则[J].学海,2018(4):158-167.

[14] 刘淑春.数字政府战略意蕴、技术构架与路径设计——基于浙江改革的实践与探索[J].中国行政管理,2018(9):37-45.

[15] Accenture. From e-government to e-governance：using new technologies to strengthen relationships with citizens [R]. Whitespace Publishing Ltd-business and leadership. com,2010.

[16] MAIO A D, BAUM C H, KELLER B, et al. The gartner framework for e-government strategy assessment[R]. Gartner Corporation,2002.

[17] DEXTER A, PARR V. Goverment online an international perspective[R/OL]. http:// www. tns-global. com/corporate/Rooms/Displaypages/LayoutInitial?.

[18] HOLZER M, ZHENG Y, MANOHARAN A, et al. Digital governance in municipalities

worldwide[M]. Newark：Rutgers University,2008.

[19] United Nations. World public sector report：e-government at the crossroad[R]. New York：
United Nations,2003.

[20] SOUMITRA D, IRENE M. The global information technology report 2008—2009：mobility
in a networked world[R]. World Economic Forum,2009.

[21] Brown University. Global e-government[R/OL]. (2008-05-19). http：//www. insidepolitics.
org/egort05int. pdf.

[22] 张成福,唐钧.电子政务绩效评估：模式比较与实质分析[J].中国行政管理,2004(5)：
21-23.

[23] 王立华,覃正,韩刚.电子政务绩效评估的研究述评[J].系统工程,2005(2)：9-13.

[24] 赵玎,陈贵梧.从电子政务到智慧政务：范式转变、关键问题及政府应对策略[J].情报杂志,
2013,32(1)：204-207,197.

[25] 张腾,张建光,尚进.基于 DPSIR 模型的智慧政务信息生态评价研究[J].中国科技论坛,
2017(2)：186-192.

[26] 杨云飞,白庆华.电子政务评价指标体系[J].计算机应用与软件,2004(8)：61-65.

[27] 彭细正.电子政务门户网站绩效评估研究[J].信息化建设,2004(10)：10-11.

[28] 费军,余丽华.电子政务绩效评估的模糊层次分析模型——基于公共服务视角[J].情报科
学,2009,27(6)：894-899.

[29] 戴圣良.福建省电子政务绩效评估现状与对策建议[J].发展研究,2020(6)：80-85.

[30] 陈亦宝."最多跑一次"改革绩效实际测评、影响因素及优化路径研究[D].杭州：浙江大
学,2019.

[31] 陈力钧.治理能力现代化视域下的县级便民服务平台建设研究[D].福州：福建师范大
学,2016.

[32] 王名,刘国翰.公民社会与治理现代化[J].开放时代,2014(6)：14-27.

[33] 北京大学课题组.平台驱动的数字政府：能力、转型与现代化[J].电子政务,2020(7)：2-30.

[34] 张建锋.数字政府 2.0：数据智能助力治理现代化[M].北京：中信出版社,2019.

[35] 朱慧涛.基于"民众本位"的电子政务绩效评估研究[D].合肥：安徽大学,2006.

[36] 马静,徐晓林,陈涛.电子政务绩效评估研究——基于服务型政府的视角[J].河南社会科
学,2012,20(2)：70-74.

[37] 徐和燕.基于 TAM 模型的政务 APP 公众使用意愿影响因素研究[D].武汉：华中师范大
学,2016.

[38] 朱璐霞,杨磊."互联网＋政务服务"的流程再造与数据共享——基于浙江"最多跑一次"改

革的考察［J］.安徽行政学院学报,2020(4):41-48.

[39] 樊博,陈璐.政府部门的大数据能力研究——基于组织层面的视角［J］.公共行政评论,
2017,10(1):91-114,207-208.

[40] 金泳,徐雪松,王刚,等.基于区块链的电子政务大数据安全共享研究［J］.信息安全研究,
2018,4(11):1029-1033.

[41] 刘燕.电子政务公众满意度测评理论、方法及应用研究［D］.北京:国防科学技术大
学,2006.

[42] 焦微玲.我国电子政务公众满意度测评模型的构建［J］.情报杂志,2007(10):36-38.

[43] 钟伟军.公民即用户:政府数字化转型的逻辑、路径与反思［J］.中国行政管理,2019(10):
51-55.

[44] 刘红丽,杨兰蓉.基于供应链的电子政务服务质量评估研究［J］.情报杂志,2012,31
(7):168-171.

【作者】

王鸿迪,浙江财经大学公共管理学院讲师

李思佳,浙江财经大学公共管理学院硕士研究生

彭毅,浙江财经大学公共管理学院教授、"钱江学者"特聘教授

新型政商关系数字化的创新与困境

——基于场景理论的研究

郑春勇　　张娉婷　　朱永莉

构建新型政商关系,是近年来全国各级政府的一项重要政治任务。2019 年底,突然暴发的新型冠状病毒肺炎疫情对国民经济造成了影响。疫情时期,不少企业及其员工遭遇了种种困难,新型政商关系建设也面临着新的挑战。在此背景下,一些地方政府开始尝试构建"线上新型政商关系",推进新型政商关系的数字化转型。以杭州、深圳等城市为代表的地方政府,探索出不少宝贵经验,同时也暴露出一些问题。新型政商关系数字化的发展趋势如何? 应该怎样推进新型政商关系数字化? 本文在借鉴新闻传播学场景理论的基础上建立了分析框架,并结合典型城市的经验进行深入剖析,希望能够在理论和实践上有所裨益。

一、相关文献与理论回溯

(一)新型政商关系研究的主要议题

政商关系是一种复杂而特殊的社会关系,随着人类历史上第三次社会大分工过程中商人阶级和国家的产生而出现。作为社会资源的分配者和主要竞取者,政府和商人在资源分配的过程中必然会发生千丝万缕的联系。[1]2016 年 3 月 4 日,习近平总书记在全国政协十二届四次会议民建、工商联界委员联组会上以"亲""清"二字廓清了政商互动的边界:对领导干部而言,所谓"亲",就是要坦荡真诚同民营企业接触交往;所谓"清",就是同民营企业家的关系要清白、纯洁。随后,社会各界积极响应中央号召,保持了对新型政商关系建设的高度关注,各级地方政府也相继推出许多创新性举措。在此背景下,学术界掀起了一股研究新型政商关系的热潮,涌现出不少优秀成果。从既有文献资料来看,学者们的关注焦点和成果主要集中于以下四个方面。

其一是对政商关系内涵的理论探讨。"政商关系"这一概念通常被诠释为宏观、中观、微观三个层面,各有侧重地讨论政府与市场、政府与企业、政府官员与企业家之间的关系,其关键在于把握权力与资本这一根本关系,抓住政商关系的互利本质。同时,有学者指出,不同的语境会赋予政商关系相异的意蕴。在政商关系研究中,大致可以分为自由主义、国家主义和统合主义三个理论视角:自由主义强调自由放任,主张充分发挥市场这只"无形之手"的作用,鼓励在商业领域形成自由竞争的格局,反对政府干预,因而使得政府与企业之间界限分明,关系松散;国家主义的视野下探讨的是以国家统治为本位的国家中心主义,由于国家具备干预经济的权力和能力,从而将政府推向了政商关系中的主导地位;统合主义则综合了自由主义和国家主义的特点,强调国家与社会互动,并最终形成以国家统合社会利益的协调机制。[2]

其二是对国内外政商关系模式的归纳。中国的政商关系发展与社会背景紧密相关,由此造就了政商关系的复合结构,被认为是"国家渗透市场经济"模式的代表,具有国家主导和非制度化两个典型特征。[3]国外具有代表性的政商关系模式则可以归为三类,分别是政府作为商人代理者的"商人俘获国家"模式(美国)[4]、政府作为商人管理者的"管理主义"模式(新加坡)[5]以及政府作为商人指导者的"政府指导＋财阀经验"模式(日本)[6]。

其三是对政商互动后果的分析。政府与企业的交流可能带来双重后果:一方面,在传统政治文化和政商权力边界不分等因素影响下,容易滋生"官商勾结"和"权钱交易"的负面现象[7],存在公权与资本纠缠下"亲而不清"或"清而不亲"的畸形状态难以克服的问题[8];另一方面,政府与企业的有效合作也能产生正面效果,如"地方发展型政府"模式下,地方政府着力为企业发展创造有利的经济条件,此举有助于实现经济利益与政绩双收,诠释了政商"共生关系"的积极意义。[9]

其四是对新型政商关系构建路径的探寻。政府和企业关系广泛而长期存在的现实,使得学术界的研究重心跨越了判别政府与企业是否存在关联的阶段,上升至如何推进双方良性互动的现实性探究。不同学者分别从宏观政治生态的治理优化[10]、制度规则的创新与完善、整合政商利益冲突、搭建政商公开交流平台[11]、政商关系主体的价值理念培育等方面提供了重构健康政商关系的可操作方案。

总体而言,当前学者们的研究能够勾勒出政商关系的大体框架与基本内容,但仍然以传统视角为主,对于新近出现的"线上政府"和新型政商关系数字化等新现象较少涉及,缺乏聚焦新技术与政商关系转型的综合研判。

(二)场景理论及其在数字化治理中的延伸

场景理论(或媒介情境理论)源于戈夫曼(Goffman)的拟剧理论和麦克卢汉(Mcluhan)的媒介理论,并在梅罗维茨(Meyrowitz)那里得到了继承和发展。戈夫曼认为,每个人都在社会舞台上扮演着不同的角色,并且会根据自己所处的情境来调整自己的行为。[12]麦克卢汉则认为,不同的媒介是人体不同感官的延伸,新媒介一旦出现就会改变人的感觉,进而影响人的意识,并最终影响人的行为。[13]梅罗维茨顺着这一思路,构建出"新媒介—新场景—新行为"的关系模型。[14]他突破了戈夫曼所界定的场景就是教堂、诊室、咖啡馆等物理空间地点的概念,强调一种由媒介信息所营造的行为与心理的环境氛围。故此,国内学者有时候也会把梅罗维茨所说的"场景"一词等同于"情境"。[15]梅罗维茨虽然对媒介场景和现实场景进行了区分,但由于时代局限和技术对现实生活的影响不断加深,他的理论难以解释人类进入互联网社会之后所出现的空间与情境、公共领域与私人领域、现实与虚拟等诸多场景重叠耦合的现象。

场景理论的发展随着电视、互联网等媒介的更迭而不断完善。面对日新月异的媒介发展态势,斯考伯(Scoble)认识到媒介革新的本质是技术的进步。于是,他提出:互联网时代的context应该是基于移动设备、社交媒体、大数据、传感器和定位系统提供的一种应用技术,以及由此营造的一种在场感。[16]显然,斯考伯所谓的"场景",其实是一种复合场景,同时涵盖了空间上的"硬要素"和行为与心理上的"软要素"。在移动互联网时代,这种观点与传播的本质更加契合,也更加凸显了新技术在场景营造中的重要作用。

进入 21 世纪之后,"场景"的概念被广泛引入互联网行业,场景的价值不仅被各种各样的新媒体和移动媒体所重视,还得到了各大信息科技企业的追捧。智能设备的普及使得众多互联网企业认识到了"场景即入口"的巨大商机。适配用户的特定场景和需求成为引领商业模式创新的重要理念,"场景应用"成为商业竞争的主要领域。在打造"消费场景"的热潮中,互联网企业相继开发出了五花八门的场景应用产品,努力迎合消费者在生活、学习、购物、就餐、娱乐等不同场景下的需要。

与此同时,数字化治理也与数字产业化、产业数字化一起成为驱动数字经济增长的"三驾马车"。数字化治理的本质是运用新技术对政府治理进行流程再造,其实也就是营造虚拟的网络行政场景。在这个大数据、云计算、区块链、5G等新技术名词铺天盖地的时代,政府与高新技术企业在构建数字化治理场景上存在明显的目标耦合和激励相容。"城市大脑"、学习强国、政务钉钉、健康码等政务应用均是政企合作的产物,已经影响并且还将继续长期影响国家治理的方方面面。也许一些从事公共管理学、政治学、社会学等领域研究的学者还不太熟悉"场景"这个概念,但是由高新技术企业和政府联合生产的各种各样的数字化治理场景确实已经深刻嵌入政治社会生活中了。

二、新型政商关系数字化的场景应用

(一)新型政商关系数字化的背景

新型政商关系数字化,是国家治理体系和治理能力现代化的内在要求。党的十八届三中全会提出:"全面深化改革的总目标是完善和发展中国特色社会主义制度,推进国家治理体系和治理能力现代化。"这里所说的"现代化",其实已经包括了国家治理体系和治理能力的"数字化"。同时,就其学理渊源而言,大致也可以将其合流到改革开放以来我国从"意识形态主导型治理"向"技术型治理"转型[17]的大潮之中。毕竟,数字技术是当前最具代表性的新技术,技术治理则是近年来政府治理转型的突出特征。顺应这一趋势,政府治理现代化必然走向技术化和数字化。换言之,数字技术将会渗透到人们社会政治生活的方方面面,政商关系自然也不可避免。

新型政商关系数字化,是地方政府与数字经济企业深化合作的必然结果。作为一种新兴经济形态,数字经济的发展离不开政府的扶持和背书。从数字经济企业的产品来看,既有面向个体消费者的微信、支付宝等应用,也有面向企业客户的工业互联网、产业互联网等集成产品,还有面向政府部门的"智慧城市""城市大脑"等新型治理平台。显然,凡是需要进行数字化转型的政府组织都是数字经济企业的潜在大客户。地方政府往往非常热衷于委托本辖区内的数字经济企业建设各种各样的数字平台;有些官员到异地任职之后,还经常会为相熟的企业介绍异地业务。建设数字化政商互动平台,是政企双方互利合作、权力与技术共治的表现。

新型政商关系数字化,是疫情时期政商互动困难的替代性解决方案。新型冠状病毒肺炎疫情暴发后,许多企业被迫停工停产,导致陷入生存危机,一些员工出现生活困难。复工复产之后,"无接触"办事流程成为政商互动的首选。地方政府各显神通,把涉企事项的办理改为通过政务网站、电子邮件、微信公众号、App 等渠道进行。此时,个别具有战略眼光的地方官员则投入财政资金新建一个政商互动数字平台,并不断扩充其功能,提高用户"黏性"。这种"化危为机"的做法,使得个别城市成为新型政商关系数字化的标杆城市。

(二)新型政商关系数字化的典型应用场景

全国各地在疫情时期推出的"无接触"数字化政商互动举措各不相同。就数字化程度和复杂性而言,以杭州重金打造的"亲清在线"数字平台最具代表性。

2020 年 3 月 2 日,"一键通"的新型政商数字协同系统"亲清在线"——杭州市亲清新型政商关系数字平台正式上线。该平台的初始建设目标是"战疫情、促发展",让数字赋能政府服务,在疫情时期通过平台在线兑付惠企政策,帮扶和支持企业发展。杭州市委、市政府对该平台的定位是:"杭州市构建亲清新型政商关系的重要平台,深化'最多跑一次'改革的积极探索,政府数字化改革的重要抓手,诚信社会建设的重要机制。"[18]

"亲清在线"数字平台不是单一的政务服务网站,也不是单一的 App 手机程序,而是一个高度集成的综合应用,是杭州"城市大脑"的重要组成部分。其前端功能是分别向企业、政府部门提供政策兑现和互动交流服务等操作;后端功能是通过"城市大脑"中枢系统,与杭州市各个部门、区、县的业务系统进行数据协同,提供决策支持。官方设想的平台主要有五个具体功能:企业诉求在线直达、政府政策在线兑付、政府服务在线落地、服务绩效在线评价、审批"许可"在线实现。杭州市主要领导希望通过流程再造、数据协同、在线互动,实现五大转变:政企交流从"上门收集"转变为"在线呼应",政务服务从"坐店等客"转变为"互动平等",政策制定从"大水漫灌"转变为"精准滴灌",政策兑现从"层层拨付"转变为"瞬间兑付",政策效果从"绩效后评"转变为"实时可测"。[19]

"亲清在线"数字平台上线后,以疫情期间杭州"1+12"惠企政策为切入点,相关企业和员工只用短短几分钟时间就能够领取到政府发放的暖心"礼包"。以领取疫情租房补贴为例,按照以往的办事流程,员工要想获得市政府发放的500元补贴,需要带上经过所在企业盖章的证明材料和申请表到相关部门的办事大厅现场办理,并且至少要等一个星期之后才能查询办理结果。通过"亲清在线"数字平台,却不用提供任何材料。只要用企业的账号登录,"亲清在线"数字平台就会通过杭州"城市大脑"的公共数据库进行资料比对,这个比对结果完全由企业的公共信用担保。然后,领取疫情租房补贴的申请经过各方确认之后,员工就可以在个人账户中查询补贴发放结果。相关报道显示,截至2020年6月30日,该数字平台共上线政策150条、兑付资金18.5亿元,惠及企业16万家、员工67.3万人。[20]

2020年7月,为了保障"亲清在线"数字平台高质量运行,杭州市委、市政府又专门建立了一支800余人的"亲清D小二"队伍。其中,"首席亲清D小二"由市级各部门及区(县、市)、镇(街)分管领导担任,总领政企互动、难点协调、项目落地等。其他"亲清D小二"则负责数字平台具体事务,包括"行政许可"板块中的在线辅导、定员批复以及异议复核,"惠企政策"板块中的政策宣传解读、政策兑付异议处理,"互动交流"板块中的常见问题咨询答复、个性问题按职转办,"在线评价"板块中的督促线上服务、差评整改回访和绩效评价。

(三)新型政商关系数字化应用场景的社会评价

2020年3月,习近平总书记考察了杭州"城市大脑"运营指挥中心。为了深入贯彻落实习近平总书记的重要指示精神,扩大"城市大脑"的影响力,在浙江省经济和信息化厅的指导下,浙江省信息化发展中心、浙江省智慧城市促进会、浙江在线和天目新闻等单位于2020年7月联合组织开展了"浙江省城市大脑(智慧城市)应用优秀典型案例"评选活动。

在初评阶段,杭州的"亲清在线"数字平台从140个申报案例中脱颖而出,成功晋级前50名。在网络投票阶段,共有323259人参与投票,最终总票数为7976086张。其中,杭州"亲清在线"数字平台共计得票140739张,排名第41位(见表1)。仅从投票结果来看,"亲清在线"数字平台的社会评价与排名前三的应用差距较大,但同时其得票数又远远高于最后一名。值得注意的是,主办方在公布网络投票结果的同时还公布了一个专家推荐榜单。在这个只有5个名额的专家推荐榜中,"亲清在线"数字平台排名第一。[21]综合看来,作为一个当时刚推出4个月、功能尚且处于不断完善之中的政务应用场景,"亲清在线"数字平台表现不俗。

表1　浙江部分典型应用场景网络投票结果

应用名称	得票数	排名
诸暨市县域治理数字化建设	220635	1
基于区块链的智慧校园食品安全监管链	219688	2
余杭区精密智控防疫系统	218846	3
"亲清在线"数字平台	140739	41
萧山平台"一键护航"	67189	50

数据来源:"浙江在线"网络投票系统。

三、打造数字化政商互动场景的四个关键问题

以杭州"亲清在线"为代表的政务场景应用开启了一个数字化治理的新篇章,有力地促进了新型政商关系数字化发展,同时也引发了不少讨论。从其平台建设进展来看,也确实面临着一些困境。所以,我们需要本着"从特殊到普遍""从实践到理论"的研究路径,认真梳理和反思打造数字化政商互动场景的一些关键问题。

(一)如何把握推进政商互动场景数字化的时机

毋庸置疑,数字技术如今正处在时代的"风口"之上。尽管学者们在理论上普遍认为"技术嵌入治理过程、技术驱动治理变革、技术优化治理绩效"是技术治理的基本运行逻辑[22],但是新技术在国家治理领域的快速推广普及依然引发了不少担忧。且不论"监控型国家"和"管控型社会"等名词的提出是否过于夸大了新技术的潜在社会危害,单从我国各地政府大力推进数字化战略的决心来看,其动机就不仅仅是"赋能""增效"这么简单。频繁推出各种各样的数字化工程,未必能够受到社会公众的欢迎。因此,把握一个恰当的时机显得尤为重要。

那么,地方政府应该怎样选择打造数字化政商互动场景的时机呢?又该如何让社会公众相信动辄数亿元的数字化工程是必要的呢?从这一点来看,杭州的经验可以带来很多启示。因为它既实现了中央政策、地方诉求和群众需要的完美结合,又达到了地方政府与辖区内企业互利共赢的效果。特别是"亲清在线"这个平台的名字本身,就让人找不出理由来反对该项目上马。建设"亲清新型政商关系"

的提法始于 2016 年,并在当年成为社会各界热议的话题。但检索 2016 年初至 2019 年底的 CNKI 中国重要报纸全文数据库可以发现,相关新闻报道篇数总体上呈现出逐年下降态势(见图 1)。尤其是在新型冠状病毒肺炎疫情期间,各地政府由于疫情防控任务繁重无暇他顾,杭州在此时大张旗鼓地重提中央口号、推进新型政商关系数字化转型,可谓一举多得。

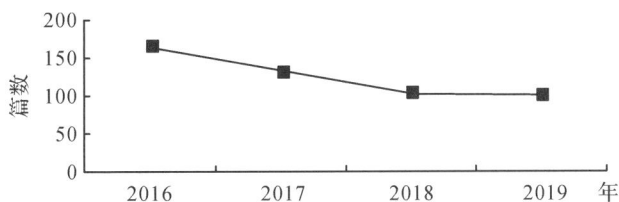

图 1　中国重要报纸全文数据库以"新型政商关系"为题的发文量

(二)如何设计数字化政商互动场景的基本功能

在数字化场景中,功能是核心要素。倘若功能不够丰富,其场景应用就会受限;如果预期功能太多,就必然面临技术水平的制约。此外,作为一项政务应用,不仅要考虑技术可行性,还要考虑下属各部门是否配合。政务应用场景的功能越强大,需要整合的政府机构就越多,数据共享和跨部门合作的难度也就越大。其机理在于:一是数据即资产,不建立利益协调机制就难以共享数据;二是数字化即流程再造,必然对相关机构的工作秩序、人员分工等带来冲击。

如前文所述,杭州"亲清在线"数字平台原本设想有五个功能,目前实际可用的只有三个,对应该平台上的功能板块分别是"诉求直达""惠企政策"和"行政许可"。该平台上虽然设有"互动交流"功能板块,但暂不可用。再从各板块下的具体内容来看,"惠企政策"和"行政许可"这两个板块功能较为丰富,"诉求直达"功能板块下面原本只有一个"我要租房"的链接,后来又增加了一个"我要招工"的链接。但是,问题在于,房地产中介市场和劳动力中介市场原本就已经非常成熟,政府完全没有必要介入。整体而言,"亲清在线"数字平台功能有限,核心应用仅仅是行政许可、行政审批和发放补贴,这与地方领导的初始构想差距较大。

(三)如何规避数字化政商互动场景的信任风险

数字化政商互动场景的一个主要特点是高效便捷。传统的线下政商互动,其基本交互模式是企业先把相关材料交给政府工作人员审核,审核通过才能兑付政策。数字化政商互动场景的交互模式则是先兑付后审核。如此一来,就为不法分子和那些喜欢投机钻空子的企业留下了违法犯罪的"空间"。道德风险和信任风险原本就是市场经济的薄弱之处,一旦进行数字化改革,风险也就从线下转移到线上,甚至还可能被放大。在重大疫情期间,政府先行兑付优惠政策自然会赢得好评,但由于种种原因,其漏洞也相对较多。

"亲清在线"数字平台在疫情期间上线运行两天之后,杭州市"新冠肺炎"疫情防控指挥部就发布了一则《关于对个别企业违规申领疫情租房补贴的通报》。该通报显示:个别企业未能认真履行主体责任,审核不严。甚至还有企业违反信用承诺,为不符合条件的员工提供获取补贴的不正当渠道。被通报的六家企业分为两种具体情形:一种是恶意兜售法人实名认证账号和密码,牟取非法利益;另一种是未能妥善保管法人实名认证账号和密码,导致本企业账号和密码泄露。[23]由此可见,必须先建立完善的技术保障体系才能顺利推进数字化政商互动场景普及使用。

(四)如何提高数字化政商互动场景的用户黏性

用户黏性也称为用户黏度,指的是用户对产品的依赖度和忠诚度。在数字经济时代,各种各样的数字化应用场景层出不穷,但用户黏性始终是一个核心问题。特别是对于一些数字平台来说,用户规模不断扩大,但用户黏性却很难随之提高。由此,便会引发场景开发者和运营者的焦虑情绪。为了提高用户黏性,许多企业都愿意耗费巨资,不惜用尽一切手段。对于这种情形,不妨称其为"用户黏性陷阱"。在数字政府建设过程中,其实也不乏类似的例子。政府打造数字化政务应用场景的目的当然是想要社会公众都去使用它,然而由于种种原因,社会公众通常不会对某一特定政务应用场景保持较高的黏性。而主政官员往往不甘心,结果就是不断推出强制性或非强制性措施来保证用户黏性。

"亲清在线"数字平台的建设目标是成为"企业爱不释手、高频使用的新型政商服务系统"。显然,这个目标定位过于高远。即便放眼全球,也很难找到一个真正让企业爱不释手、高频使用的政务平台、政务 App 或政务网站。市场经济有自身的运行规律,政商互动也要遵循客观需要,数字化政商互动场景的用户黏性难免会受到相关政策的影响,但绝不可能完全服从长官意志。此外,由于近年来浙江大力推进"最多跑一次"改革,几乎把所有政务都集中到了浙江政务服务网上,杭州的

"亲清在线"数字平台在客观上起到了反向分流作用。倘若浙江各地纷纷效仿,那么浙江政务服务网的功能将会被大大削弱。换言之,用户黏性在数字经济时代是一种稀缺资源,地方政府一旦推出新的政务应用场景就要想方设法提高用户黏性,相应地也会带来成本问题和外部效应问题。

四、推进新型政商关系数字化的政策建议

根据我国数字政府和数字治理的发展态势来判断,推进新型政商关系数字化、建设线上政企互动平台、打造数字化政务应用场景是未来趋势。结合杭州的经验和教训,我们提出以下几条政策建议。

第一,推进新型政商关系数字化要量力而行。首先,就政府治理数字化程度而言,一些地方政府通过电子邮件、政务网站、政务 App、微信公众号等途径完成政企互动也是数字化的表现。尽管它们不像杭州的"亲清在线"数字平台那样具有较高的宣传价值和新闻价值,但在疫情期间确实帮助企业解决了很多问题。公共服务客观上存在地区差异和技术差异,没有必要全部都向"优等生"看齐。其次,从打造数字化政商互动平台的成本来看,动辄数亿元甚至几十亿元的数字工程也并非每个地方政府都负担得起。杭州的地方财政收入和"土地财政"收入都稳居全国前列,先后提出了要把杭州打造成为全国"数字经济第一城""数字治理第一城"的口号,其他城市鲜有此等实力和决心。最后,从政务技术市场的供求关系来看,杭州市政府的合作对象均为本辖区内的高新技术企业,其政府治理数字化工程在本质上属于"内循环",并且具有明显的政府投资拉动的特征。而国内除了北京、深圳、济南等少数城市之外,绝大多数城市不具备这样的条件。

第二,推进新型政商关系数字化要统筹兼顾。这里主要考虑几对关系:一是政府与市场的关系,即新型政商关系数字化的动力应该是政府还是市场。如果地方官员出于政绩冲动搞数字治理"大跃进",势必会干扰政务技术市场的正常运行。此外,还有一个需要考虑的问题是,一些企业之间原本是服务与被服务的关系,如果政府服务过于全面,可能会对市场主体间关系造成不良影响。二是府际关系,构建数字化政商互动场景既需要在横向各政府部门之间有效整合,也需要在纵向各级政府之间避免产生冲突。同一个政府行为,放在不同尺度下审视,其评价结果可能会有所不同,甚至完全相反。三是线上与线下的关系,或曰数字治理与传统治理

的关系。打造数字化政商互动场景是为了对线下政企互动形成补充还是为了彻底替代？毋庸置疑，两者应该是互补关系。然而遗憾的是，一旦新的政务应用场景被开发出来，极易产生与传统治理方式割裂的问题。因此，必须在平衡各种关系的基础上努力做到统筹兼顾。

第三，推进新型政商关系数字化要信用保障。市场经济是法制经济，也是信用经济。诚实守信、合法经营是企业的立业之本。我国政府曾颁布过《社会信用体系建设规划纲要（2014—2020年）》，从企业、个人、制度等方面入手，多措并举推进社会信用体系建设，取得了一定成效。但我们必须清醒地认识到，这一纲要实施期限的截止并不意味着社会信用体系已经建成。相反，社会信用体系建设需要久久为功，真正实现"让诚信者受益、让失信者难行"的目标还需要社会各界的长期努力。特别需要指出的是，我们以前侧重强调企业在生产经营过程中的诚信，对政企交往和政商互动中的诚信问题关注不够，甚至个别骗补、骗贷的违法商人还被视为"商界精英"。今后推进新型政商关系数字化，必须在提高监管技术水平的同时倡导政商诚信互动。构建线上政商互动诚信机制，需要政府尽早建立规矩、明确底线、设置红线，建立针对失信企业的惩戒机制，加大企业失信的成本。

第四，推进新型政商关系数字化要惠企便民。当前的政府治理数字化转型工作具有明显的政绩驱动和"政企合谋"特征，其"堵点"往往有三个：人才、经费和公众需求。前面两个"堵点"对于政府来说都不难解决，关键在于如何回应公众需求。正如笔者在调研中所发现的那样，不少一线行政服务人员经常会感到困惑：我们打造的线上政务应用场景究竟在多大程度上回应了企业和公民需求？如果从"便于管理"和"便于服务"两个维度来研判的话，新型政商关系数字化恐怕更多体现的是"便于管理"，"便于服务"是第二位的。换言之，打造数字化政务应用场景主要反映的是行政主体的创新需求，而非行政相对人的办事需求。由此，就不难理解前文所提出的"用户黏性陷阱"问题。据此，我们认为，推进新型政商关系数字化必须重视企业、客商和员工的现实需求，地方政府与相关技术企业联合打造的数字化政商互动场景应该充分发挥惠企便民的作用。只有真正做到惠企便民，才能提高用户黏性，也才能有望成为让人爱不释手、高频使用的新型政商服务系统。

参考文献:

[1] 虞崇胜,何路社.政商关系历史与现实的分析[J].学术探索,2020(1):95-110.

[2] 徐伟.自由主义、国家主义、共同体主义——试析市场经济中的伦理冲突与价值述求[J].科学经济社会,2013(1):33-37.

[3] 柳彦.自由贸易协定谈判与中国政商关系转型[J].中国行政管理,2017(6):80-84.

[4] 多姆霍夫.谁统治美国:权力政治和社会变迁[M].吕鹏,闻翔,译.5版.北京:译林出版社,2009.

[5] 储建国.政商关系:清晰界定才能更好构建[J].中国党政干部论坛,2016(6):7-9.

[6] 韩阳.健康政商关系的基本内涵、实践经验与建构路径[J].重庆社会主义学院学报,2016(1):48-55.

[7] 苏政,孟天广.在权力与财富之间:政商关系及其分析视角[J].国外理论动态,2015(11):54-62.

[8] 张国清,马丽,黄芳.习近平"亲清论"与建构新型政商关系[J].中共中央党校学报,2016(5):7-14.

[9] 郁建兴,石德金.超越发展型国家与中国的国家转型[J].学术月刊,2008(4):5-12.

[10] 张学娟,郝宇青.现代治理体系下的新型政商关系构建[J].理论探索,2017(1):77-81.

[11] 胡凤乔,叶杰.新时代的政商关系研究:进展与前瞻[J].浙江工商大学学报,2018(3):7-11.

[12] 欧文·戈夫曼.日常生活中的自我呈现[M].冯钢,译.北京:北京大学出版社,2016.

[13] 马歇尔·麦克卢汉.理解媒介:论人的延伸[M].何道宽,译.北京:商务印书馆,2000.

[14] 约书亚·梅罗维茨.消失的地域:电子媒介对社会行为的影响[M].肖志军,译.北京:清华大学出版社,2002.

[15] 何梦祎.媒介情境论:梅罗维茨传播思想再研究[J].现代传播(中国传媒大学学报),2015(10):14-18.

[16] 罗伯特·斯考伯,谢尔·伊斯雷尔.即将到来的场景时代[M].赵乾坤,周宝曜,译.北京:北京联合出版公司,2014.

[17] 肖唐镖.中国技术型治理的形成及其风险[J].学海,2020(2):76-82.

[18] 赵芳洲.让"亲清在线"更加可亲可信可用[N].杭州日报,2020-03-10(1).

[19] 刘金洋,王莉莉.杭州政商"亲清在线"数字平台正式上线[N].杭州日报,2020-03-03(3).

[20] 齐航,郭燕."亲清在线"平台全功能揭开真容[N].杭州日报,2020-07-04(1).

[21] 浙江在线.关于浙江省城市大脑(智慧城市)应用优秀典型案例评选结果的公示[EB/OL].(2020-07-17).http://de.zjol.com.cn/qwsy/202007/t20200717_12148302.shtml.

[22] 陈水生.技术驱动与治理变革:人工智能对城市治理的挑战及政府的回应策略[J].探索,

2019(6):34-43.

[23] 杭州市"新冠肺炎"疫情防控指挥部.关于对个别企业违规申领疫情租房补贴的通报[N].
杭州日报,2020-03-05(2).

【作者】

郑春勇,浙江工商大学公共管理学院副教授

张娉婷,浙江工商大学公共管理学院硕士研究生

朱永莉,浙江工商大学公共管理学院硕士研究生

浙江省高能级开放平台治理创新的法治路径

——以浙江自贸试验区为例

许 昌

党的十九大报告提出,"赋予自由贸易试验区更大改革自主权"。时任中央政治局常委、国务院副总理汪洋撰文强调,"下一步要着眼于提高自贸试验区建设质量,对标国际先进规则,强化改革举措系统集成,鼓励地方大胆试、大胆闯、自主改,形成更多制度创新成果,进一步彰显全面深化改革和扩大开放的试验田作用"[1]。中国(浙江)自由贸易试验区(以下简称"浙江自贸试验区")战略定位特色鲜明,以"初步建成自由贸易港区先行区"为发展目标,积极推动油品全产业链投资便利化和贸易自由化,全力提升我国油品等大宗商品全球资源配置能力。自2017年4月挂牌成立以来,浙江自贸试验区本着"大胆试、大胆闯、自主改"的新时代改革创新精神,及时制定《中国(浙江)自由贸易试验区条例》(以下简称《条例》),积极创建自贸试验区专门审判机构,改革创新初见成效。然而,在缺少国家统一立法的背景下,浙江自贸试验区建设仍然面临立法保障不充分、改革自主权受限等法治难题,这将在很大程度上迟滞其改革步伐。笔者通过梳理、提炼上海等自贸试验区业已取得的法治创新经验,针对浙江自贸试验区面临的发展瓶颈与后续法治需求,提出相应的优化路径,为其全面而系统地进行法治创新提供方向性指引。

一、浙江自贸试验区建设的法治创新需求

自贸试验区建设是中国全面深化改革,构建高层次开放型经济新体制,推动形

成全面开放新格局的重大战略举措。① 不同于我国改革开放初期主要依靠政策突破体制壁垒的改革方式,自贸试验区建设强调运用法治思维和法治方式确保在法治轨道上不断推进改革创新,尤其要"实现立法和改革决策相衔接,做到重大改革于法有据、立法主动适应改革和经济社会发展需要"[2]。换言之,新时代中国的改革路径已经从传统的"政策驱动型"转变为"法治引领型",这也是我国全面推进依法治国的必然要求。

我国自贸试验区建设的核心内容是制度创新,通过先行先试的优势,加快形成可复制、可推广的改革创新经验,打造改革开放新高地。自贸试验区改革创新的内容和路径都需要上升到制度层面,由法律固化为法律制度,从而使其具备可复制性与可推广性。从这个意义上说,可复制、可推广的制度创新实质上是自贸试验区相关法律制度和模式的创新。因而,如何通过法治创新引领制度创新已经成为自贸试验区建设的关键所在。为此,必须牢固树立法治先行的重要理念,尤其强调"立法先行",充分发挥立法对自贸试验区改革创新的引领和推动作用。对于"实践证明行之有效的,要及时上升为法律。实践条件还不成熟、需要先行先试的,要按照法定程序作出授权。对不适应改革要求的法律法规,要及时修改和废止"[3]。

浙江省作为责任主体,牢牢把握国家战略使命,坚决举全省之力高水平建设浙江自贸试验区。[4]浙江自贸试验区改革涉及投资、贸易、金融、监管等众多领域,其中最紧要的是打造一个有利于以油品为核心的大宗商品特色产业发展的市场化、法治化、国际化的营商环境,尤其是营造以法治环境为核心的营商环境已经成为浙江自贸试验区建设的重中之重。因此,亟须立足国家战略定位不断推进法治创新,运用法治思维和法治方式全力争取国家相关法律授权并积极自主立法,及时清除自贸试验区建设过程中的法规政策障碍,着力营造公正、透明、可预期的法治环境,为浙江自贸试验区建设提供充分的法治保障。

二、我国四地自贸试验区法治创新的实践

上海、天津、福建和广东四地自贸试验区作为我国自贸试验区建设先行者,经

_____

① 目前,我国自贸试验区建设国家战略格局已经形成,全国共设立了 21 个自贸试验区,依照其成立顺序排列如下:第一批,上海;第二批,天津、福建、广东;第三批,辽宁、浙江、河南、湖北、重庆、四川、陕西;第四批,海南;第五批,山东、江苏、广西、河北、云南、黑龙江;第六批,北京、湖南和安徽。

过多年的先行先试,在法治保障、投资开放、金融服务等领域探索形成了一大批可复制、可推广的重要改革创新成果。创新性的法治制度和模式作为制度创新的重要载体,不但为自贸试验区改革先行先试提供了必要的法治框架与合法性基础,而且其本身作为重要的制度创新经验,在各地自贸试验区得到了常态化和制度化的复制和发展。上海等四地自贸试验区的法治创新,不但较好地解决了自贸试验区立法和改革决策如何衔接的重要问题,而且通过积极营造公正、规范的法治化营商环境,有效地增强了自贸试验区的核心竞争力,为我国全面深化改革提供了典范性经验。

(一)四地自贸试验区的法治创新

按照国际惯例与实践,在正式设立自贸试验区之前,国家通常会率先出台相关基础性法律,以明确其法律地位、权限范围以及区域性质等基本内容,为自贸试验区的创建与运行提供最核心的法律依据与法治框架,即"先立法、后设区"的惯常路径,笔者称之为"国家立法模式"。① 与此不同的是,我国自贸试验区的创建则采取"中央顶层设计+地方自主探索"的央地联动推进路径。在缺少国家统一立法的情况下,为了及时回应"凡属重大改革都要于法有据"的要求,我国走出了一条具有中国特色的"中央授权+部委政策+地方立法"新型法治保障路径。自贸试验区建设肩负国家战略使命,其改革事项往往涉及海关、金融、外贸等专属于国家立法权限的领域,最优选择便是由国家立法统一调整,为自贸试验区制度创新提供全方位的法治保障。② 由于改革创新的紧迫性以及国内外众多不确定性因素,事先制定国家立法的时机尚不成熟。然而,鉴于自贸试验区实质性制度创新需要突破现有法律法规的部分规定,因此,国家层面的次优选择,就是由全国人大常委会和国务院先后以"决定"的形式授权自贸试验区依法改革,这被称为全国人大常委会和国务院"双授权"立法。"双授权"立法保证了上海自贸试验区在法治轨道上先行先试,为其制度创新提供了初步的合法性基础(见图 1)。

在地方层面,为有效对接全国人大常委会和国务院对涉及上海自贸试验区相

---

① 1934 年,美国国会制定了《对外贸易区法》,其被视为美国对外贸易区领域中最重要的国家立法。新加坡于 1969 年制定通过《自由贸易区法》,规定了自由贸易区的法律定位、管理体制与运作模式等重要事项,为其自由贸易区建设提供了充分的法治保障。

② 参见《中华人民共和国立法法》第 8 条关于全国人大及其常委会专属立法权的规定。

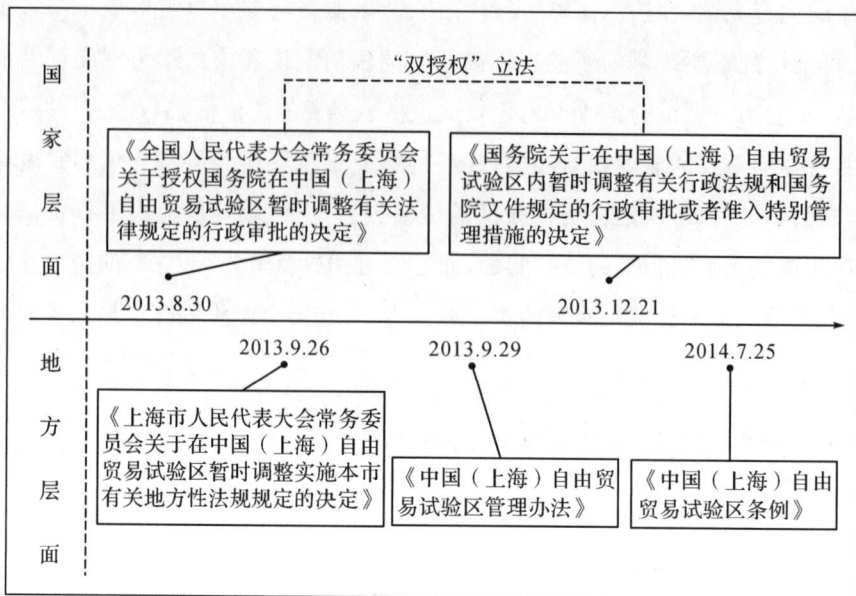

图1　上海自贸试验区的法治创新

关法律和行政法规做暂时调整的要求,依法推进自贸试验区的改革创新进程,上海市人大常委会于 2013 年 9 月 26 日通过了《上海市人民代表大会常务委员会关于在中国(上海)自由贸易试验区暂时调整实施本市有关地方性法规规定的决定》(以下简称《上海授权决定》),及时理顺了上海市地方性法规与相关法律、行政法规以及《中国(上海)自由贸易试验区总体方案》等之间的法律关系,避免了相互间潜在的法律冲突。之后,为进一步应对过渡时期的立法需求,上海自贸试验区采取了"先政府规章+规则群,后地方性法规"的两步走方案,即先出台《中国(上海)自由贸易试验区管理办法》以及一系列单行性的规范性文件作为过渡,然后制定《中国(上海)自由贸易试验区条例》作为"基本法",为上海自贸试验区提供更具权威性的法治保障。这种"《上海授权决定》—'1+X'规则群①—条例"三步走的地方立法模式是上海在国家统一立法缺失的背景下,通过地方自主立法确保在法治框架下推动自贸试验区改革创新的有益探索,对我国地方立法模式做出了重大创新,成为上海自贸

---

①　所谓"1+X"规则群,指的是上海自贸试验区设立之初,为填补过渡时期的立法空白,由上海市政府制定的具有行政管理性质的规章及其他规范性文件。其中"1"是常数,指的是上海市政府制定的《中国(上海)自由贸易试验区管理办法》;"X"是变数,指的是上海市政府及其相关工作部门制定的各项单行性的规范性文件。

试验区可复制、可推广的重要经验,并被其他自贸试验区所移植和应用(见表1)。

表 1　四地自贸试验区地方立法情况

省份	地方授权决定	管理办法	条例
上海	√	√	√
天津	√	√	√
福建	√	√	√
广东	—	√	√

需要注意的是,全国人大常委会和国务院的"双授权"决定仅仅涉及外资准入问题,而自贸试验区是一个集投资、贸易、金融等多领域的综合性改革试验田,因此需要国务院部委将其余相关权限下放至自贸试验区,赋予其充分的自主改革权。其实际操作路径是,商务部、财政部、交通运输部、国家市场监督管理总局以及中国人民银行等国务院部委基于四地自贸试验区的总体方案要求,出台了一系列"意见""办法"和"规定"等以行政规范性文件为主的支持性政策,其与以"1＋X"规则群为代表的地方立法上下呼应,共同保障自贸试验区依法先行先试。

(二)四地自贸试验区的法治创新模式简评

以中央授权立法(全国人大常委会与国务院的"双授权"决定)为龙头、地方自主立法(地方授权决定＋"1＋X"规则群＋条例)为主干,与部委支持性政策相配套的具有突破性的立法模式在上海自贸试验区建设过程中探索形成,并被天津、福建和广东自贸试验区相继复制和应用,得到了常态化发展。从法治保障路径来看,我国自贸试验区法治创新路径与国际上通行的国家立法模式颇为不同,笔者将之提炼为"中央授权、部委政策、地方立法三级联动立法模式"(以下简称"三级联动立法模式")。

三级联动立法模式通过中央、部委以及地方三个层面的积极协同与相互配合,较好地回应了自贸试验区改革先行先试的合法性拷问,确保其在法治框架下推进制度创新,解决了自贸试验区改革创新于法有据问题,成为法治先行的成功典范。特别值得一提的是,三级联动立法模式中的中央授权在立法性质上属于法律"因地/因事调整",打破了原来单一的法律"因时调整"的立法方式,得到了最新修订的《中华人民共和国立法法》的吸收和认可,并确立了暂时调整或暂时停止适用法律部分规定的授权立法制度,成为我国全面深化改革的重要法律依据,具有里程碑意义。①

三、浙江自贸试验区的法治创新实践与瓶颈

(一)浙江自贸试验区的法治创新实践

浙江自贸试验区的法治保障路径基本遵循三级联动立法模式,只是随着国内自贸试验区建设的不断推进,出现了两方面变化。第一,中央授权立法层面,因全国人大常委会通过决议对三资企业法等四部法律中有关行政审批事项做了修改,原来已经生效的相关授权决定的法律效力也相应终止。② 因而,全国人大常委会已经无须再对新设立的自贸试验区外资准入问题作出逐项授权决定,全国人大常委会和国务院"双授权"立法在浙江自贸试验区已不再适用,仅需国务院的单方授权即可。第二,地方自主立法层面,一是浙江省人大常委会至今尚未制定浙江自贸试验区暂时调整本省有关地方性法规的授权决定(以下简称"浙江授权决定");二是浙江跳过由省政府制定地方政府规章作为过渡的常规步骤,而是由省人大常委会直接出台《条例》。也就是说,浙江自贸试验区的地方立法模式从"'1(管理办法)+X'规则群+条例"的"上海模式"演变为"1(条例)+X"规则群的"浙江模式"。

从国务院授权层面来看,国务院主要通过不定期的印发授权决定,授权在包括浙江在内的所有自贸试验区内暂时调整相关法规政策。2018年,国务院新授权浙江等11个自贸试验区暂时调整行政法规、部门规章等相关规定。③ 该授权决定中,放宽船舶登记条件、降低外商投资民用航空和银行业准入门槛等16项开放措施全部适用于浙江自贸试验区,其作为上位法,为浙江自贸试验区制度创新提供了相关法律支撑。此外,商务部、海关总署以及国家市场监督管理总局等国务院部委就优化营商环境、支持探索多种形式的保税油供应模式等重要内容先后出台多项

---

① 参见《中华人民共和国立法法》第13条。
② 2016年9月3日,全国人大常委会第二十二次会议通过《全国人民代表大会常务委员会关于修改〈中华人民共和国外资企业法〉等四部法律的决定》。
③ 2018年1月9日,国务院印发《国务院关于在自由贸易试验区暂时调整有关行政法规、国务院文件和经国务院批准的部门规章规定的决定》(国发〔2017〕57号)。

支持性政策,为浙江自贸试验区先行先试提供了政策依据。①

从地方自主立法层面来看,浙江自贸试验区最受关注的是省人大常委会于2017年12月27日审议通过的《条例》。这是全国第三批7个自贸试验区中最早出台的省级地方性法规,为浙江自贸试验区改革创新提供了法律位阶更高的立法保障。此外,浙江省交通厅、舟山市政府和宁波海事法院等职能部门积极出台相关政策支持浙江自贸试验区的探索与创新。②

(二)《中国(浙江)自由贸易试验区条例》解读

《中国(浙江)自由贸易试验区总体方案》(以下简称《总体方案》)明确要求,"浙江省要通过地方立法,建立与试点要求相适应的自贸试验区管理制度"。自挂牌成立到《条例》生效这段时期内,浙江自贸试验区地方立法主要依靠相关部门出台的支持性政策,缺少位阶更高的法律依据,难以满足改革创新的法治保障需求。《条例》的制定则较好地解决了上述问题。《条例》的起草部门本着"立意较高、条文较少"的立法精神,以"可复制、可推广"为基本要求,以为制度创新预留空间为立法导向,将起草思路集中于政策法律化、完善管理体制机制与突出浙江特色三大领域,力图使《条例》更具引领性、前瞻性与适应性。

《条例》分为8章,共59条,性质上属于综合性的地方性法规,从管理体制、投资贸易、综合监管、法治环境等多方面对浙江自贸试验区改革创新做了较为全面的规范,将70多项政策措施转化为法律条文。《条例》充分发挥后发优势,一方面吸收、借鉴上海等四地自贸试验区条例中的共性制度创新,建立健全浙江自贸试验区对标国际水准的经贸规则与制度;另一方面,在积极落实《总体方案》主要任务的基础上,增设了30余项实施性制度,着重突出四大浙江特色。一是紧跟党的十九大报告新要求,在国内首次以立法的形式正式作出"探索建设自由贸易港"的前瞻性

---

① 国务院部委的支持性政策主要有《商务部关于支持自由贸易试验区进一步创新发展的意见》(商资发〔2017〕483号)、《海关总署关于支持和促进中国(浙江)自由贸易试验区建设发展的若干措施》(署加发〔2017〕72号)、《质检总局关于推进检验检疫改革创新 进一步支持自由贸易试验区建设的指导意见》(国质检通〔2017〕261号)等。

② 浙江省相关部门的支持性政策主要有《浙江省交通运输厅关于支持中国(浙江)自由贸易试验区建设的实施意见》(浙交〔2017〕65号)、《中国(浙江)自由贸易试验区国际航行船舶保税油经营管理暂行办法》(舟政发〔2017〕32号)、《宁波海事法院关于为中国(浙江)自由贸易试验区建设提供海事司法服务和保障的意见》(甬海法发〔2017〕31号)等。

规定。① 探索建设浙江自由贸易港,形成开放层次更高、营商环境更优、能级更高的开放新平台,对浙江全面推进开放强省建设乃至对全国构建开放型经济新体制都具有重要的示范意义。二是推动油品全产业链投资便利化和贸易自由化。《条例》立足浙江自贸试验区"一中心三基地一示范区"的战略定位,以保税燃料油供应服务为切入点,围绕油品全产业链的发展作了较为详尽的规定,为提升我国以油品为核心的大宗商品全球配置能力提供了必要的法治保障。三是将"最多跑一次"改革要求纳入《条例》,使其固化为法定义务。浙江自贸试验区是浙江改革创新高地,应当发挥"最多跑一次"改革牵引作用,切实有效地转变政府职能,营造优良的营商环境,为全省全面深化改革树立典范。四是建立浙江自贸试验区法治工作联席会议制度。该制度可以有效保障浙江自贸试验区所涉政策与法律法规之间的协调统一,具有政策转化、裁判引导以及司法预警等重要职能,将对浙江自贸试验区营造稳定、可预期的法治环境发挥重要的促进作用。

(三)浙江自贸试验区深度发展的法治瓶颈

《条例》的及时出台无疑为浙江自贸试验区改革创新提供了初步的法治保障,但是自贸试验区的深度发展对后续的法治需求越来越高。囿于我国的立法现状以及国家事权与地方事权界限不清等制约因素,浙江自贸试验区深度发展仍然遭遇多重法治瓶颈。

首先,国家统一立法缺失。"从应然角度讲,国家层面统一立法有利于维护国家法制统一原则,有利于加强法律层面的顶层设计,也有利于在国家立法的指导下,发挥各自贸试验区所在地地方性法规补充、细化的功能。"[5]然而,从实然角度看,我国自贸试验区统一立法的缺位在客观上造成了自贸试验区法律地位不明确、国家授权不充分等问题,无法为其先行先试提供最核心的法治保障。

其次,地方立法不足。出台地方授权决定是上海自贸试验区的成功法治创新经验,并且已被天津等自贸试验区复制和应用。它能够起到类似于防火墙的作用,用以调整地方性法规与法律、行政法规等相互间的法律关系,可以有效避免相互间潜在的法律冲突。然而,浙江至今没有出台专门的"浙江授权决定",也未曾采取广

---

① 参见《条例》第 3 条。

东自贸试验区通过其条例进行间接调整的方式。① 这非常不利于及时调整浙江自贸试验区地方性法规与法律、行政法规以及《总体方案》等之间的法律关系,从而可能产生阻碍浙江自贸试验区改革创新进程的负面影响。

再次,浙江自贸试验区改革自主权受限。自贸试验区投资、贸易和金融财税等领域的先行先试改革事项往往涉及国家事权,属于中央专属立法权范畴,浙江地方立法的创制空间非常有限,一般只能作实施性规定,地方立法受制性比较明显,客观上致使地方改革自主权受限较大,束缚了浙江自贸试验区改革创新试验田作用的充分发挥。

最后,浙江自贸试验区制度创新的系统集成效应不强。在法治保障不充分的情况下,浙江自贸试验区法治创新联动工作机制和体系尚未形成,致使无法及时提供充分的法治供给,改革经验出现了碎片化现象,系统性的制度创新难以产生的问题比较突出。

四、浙江自贸试验区法治创新的优化路径

浙江自贸试验区改革创新面临着一系列法治瓶颈,存在有效制度供给不足的突出问题,亟须从国家和地方两个层面进行精准的法治创新,为其切实履行国家战略重大使命提供充分、有效的法治供给,全力打造改革开放新高地。

(一)国家层面

1.适时制定自贸试验区领域的基础性法律

依照国际通行的国家立法模式,应当由国家率先制定专门立法,从总体上一揽子解决国家事权与地方事权的分配和协调问题,为自贸试验区的创建和运行提供整体性的法治保障。然而,我国目前的实践是在尚未制定自贸试验区国家统一立法的情况下,主要通过全国人大常委会和国务院的"双授权"决定暂时调整相关法律和行政法规的相关规定,将部分改革权限授予各自贸试验区,从而在一定程度上缓解了立法权下放的困境。由于该授权立法方式本质上属于逐项授权立法,存在比较明显的授权不充分性,导致自贸试验区改革自主权受限。此外,此类逐项授权

---

① 参见《中国(广东)自由贸易试验区条例》第13条第2款。

立法还面临授权程序烦琐、与国家法制统一性原则之间存在潜在冲突等问题。[6]要从根本上解决上述问题,应当适时制定自贸试验区国家立法。根据我国既有改革经验和相关法律规定,建议采取"先行政法规、后法律"的两步走策略,即先由全国人大常委会授权国务院制定"中华人民共和国自由贸易试验区条例",待立法条件成熟时,再由全国人大常委会制定"中华人民共和国自由贸易区(港)法",确保在遵循全面深化改革基本规律的基础上,逐步提升自贸试验区的国家立法位阶。①

2. 着力优化中央逐项授权立法模式

诚然,在国家统一立法出台之前,最现实的选择就是继续适用中央逐项授权立法模式,这是相对合理的过渡方式。这种根据改革需要,通过暂时调整或者暂时停止适用法律、行政法规部分规定的"因地/因事调整"的授权立法方式,因其具有较强的灵活性与适应性,能够为我国全面深化改革及时提供初步法治基础,确保在法治轨道上尽快推进改革,已经得到《中华人民共和国立法法》的法律认可。然而,对其相关的操作程序和法律制度缺少明确规定,客观上不利于央地部门之间的顺畅对接,增加了自贸试验区的改革成本,因此应当尽快建立配套的法定授权程序。全国人大常委会和国务院应当制定简便、快捷的逐项授权立法程序,压缩部门间协调时间,尽可能减少制度性成本,着力优化逐项授权立法模式。

(二)地方层面

1. 积极争取国家赋新权,加快研制"浙江自贸试验区油品全产业链发展的修法清单"

浙江自贸试验区应积极争取国家赋新权,以有效提升以油品为核心的大宗商品全球配置能力,高质量推进油品全产业链的投资便利化和贸易自由化水平。自贸试验区的深入发展需要国家有关部委下放更多权限,赋予地方更大的改革自主权。应在梳理《总体方案》的基础上,尽快研制"浙江自贸试验区油品全产业链发展的修法清单",向全国人大常委会和国务院全力争取相关授权决定。该"修法清单"的制定应重点突出市场准入、金融财税、综合监管、法治环境四大核心领域的法制框架和制度构建,为浙江自贸试验区系统性制度创新破除藩篱。

---

① 参见《中华人民共和国立法法》第9—11条。

2.加强地方自主立法,尽快出台"浙江授权决定",逐步形成以《条例》为核心的地方法规政策体系

在积极向国家争取赋新权的同时,应当进一步加强地方自主立法,确保浙江自贸试验区在法治框架下先行先试。一是尽快出台"浙江授权决定",依法理顺浙江省地方性法规与法律、行政法规以及《总体方案》等之间的法律关系,构建浙江自贸试验区改革创新的地方法治框架。"浙江授权决定"的制定可参照上海自贸试验区的既有经验,吸收、借鉴其授权目的、立法结构和授权时限等核心内容与立法技巧,应当特别突出实用性,条款表述言简意赅,管用即可。二是为最大程度发挥《条例》引领和推动改革的重要作用,增强其可操作性与实效性,有关部门应在不断提炼法治新需求的基础上及时制定相关配套政策,逐步形成以《条例》为核心的浙江自贸试验区法规政策体系,营造公正、透明、可预期的法规政策环境。三是相关部门应全面清理以油品为核心的大宗商品特色产业发展的地方层面相关法规政策,依照法定程序对阻碍其发展的政策或修订或废止,尽可能清除地方层面的制度性障碍。

3.加快建立健全浙江自贸试验区法治工作联席会议制度

制度创新呈现碎片化问题是我国自贸试验区建设过程中的共性问题,除去国家统一立法缺失这一重要因素外,与各地自贸试验区是否建立和完善相关职能部门间的制度创新协调推进机制也存在较大关系。《条例》明确规定,"自贸试验区建立法治工作联席会议制度"。参照国务院自贸试验区工作部际联席会议制度相关内容,可将浙江自贸试验区法治工作联席会议制度的主要职能界定为四个方面:①对浙江自贸试验区深化改革创新法治保障的宏观指导;②协调解决浙江自贸试验区改革试验中遇到的重大法治问题;③及时评估和总结浙江自贸试验区法治创新经验;④完成其他法治相关事项。为充分发挥该制度的实效性,建议将浙江省及舟山市级相关职能部门、国家垂直部门驻区工作机构以及浙江自贸试验区管委会等所有相关部门列为成员单位共同参与,在坚持以不抵触原则为基本底线的前提下,着重彰显其政策转化、裁判引导、司法预警等重要功能与作用,为浙江自贸试验区形成系统性制度创新提供必要的制度与法治供给。

参考文献：

[1] 汪洋.推动形成全面开放新格局[N].人民日报,2017-11-10(4).

[2] 人民出版社.中国共产党第十八届中央委员会第四次全体会议文件汇编[M].北京:人民出
版社,2014.

[3] 人民出版社.中国共产党第十八届中央委员会第四次全体会议文件汇编[M].北京:人民出
版社,2014.

[4] 王国锋.车俊在舟山自贸港区规划建设专题会上强调举全省之力高水平建设舟山自贸港区
[EB/OL].(2020-05-28).http://zjnews.zjol.com.cn/zjnews/zsnews/201609/t20160910_
1907032.shtml.

[5] 丁伟.上海自贸试验区法治创新的轨迹:理论思辨与实践探索[M].上海:上海人民出版
社,2016.

[6] 乔晓阳.《中华人民共和国立法法》导读与释义[M].北京:中国民主法制出版社,2015.

【作者】

许昌,浙江工业大学法学院讲师,法学博士

地方政府间的"分工"与"合作"：
寻找有效治理的动态平衡点

郭玉飞　朱玲霞　冯　涛

一、问题的提出

如何协调分工与合作之间的紧张关系一直是管理学发展过程中的一道难题，在政府管理方面也不例外。这集中体现为由分工带来的效率与合作的有效性之间的紧张与不兼容。一方面，高度的分工和专业化在提高效率的同时，导致严重的碎片化问题；另一方面，合作可以提高治理的有效性，但不合宜的合作最终以牺牲效率为代价。与此相对应，2018年中共中央发布的《中共中央关于深化党和国家机构改革的决定》《深化党和国家机构改革方案》等文件提出，机构改革不仅要统筹设置党政机构，还需要合理配置宏观管理部门职能。党和国家机构改革的建议紧紧围绕着"统筹"和"职能分工"展开，体现的正是政府为调节"合作"与"分工"的关系所做出的不懈努力。由此可见，如何统筹分工与合作之间的关系，成了政府提高行政效率和治理有效性的重要突破口，并且这一问题亟待解决。

从政府现有的机构改革效果来看，对于这一问题的探索似乎已经陷入困境。在此背景下，我们转向一个新的分析视角——社会参与，即引入社会参与来协调地方政府间的分工与合作。我们认为，在社会参与视角下，地方政府治理可以突破政府体制的限制，在现有科层制分工的基础上，促成地方政府间合作以达到分工与合作的暂时平衡，提高治理的有效性。

基于以上分析，本文将运用参与式案例研究方法[1]进一步讨论如下问题：社会参与是否能协调地方政府间的合作与分工关系，提高地方政府的治理有效性？社会参与的效果会受什么因素的影响？社会参与在地方政府治理中的作用是否具有可持续性、推广性？接下来，本文将总结归纳现有的文献研究成果，再引入案例论证以上观点。最后，总结案例结论并进行可推广性分析。

二、文献综述

分工与合作之间的关系应该是相辅相成的，分工注重提高管理的专业化程度和工作效率，合作更强调从整体范围内交换资源以更好地完成目标。现有的组织结构基本建立在职能分工的基础上，但是缺乏对组织间合作机制的设计，过细的分工甚至阻碍了部门间的合作，最终降低了管理的有效性。

为此，学界积极探索协调合作与分工之间关系的有效途径。对组织内部的研究，最具代表性的理论是由德国社会学家马克斯·韦伯（Max Weber）提出的官僚制。自韦伯提出官僚制以来，这种以分工、专业化和层级制为特征的官僚结构，极大地提高了组织的行政效率，但同时也出现了部门协作不畅、回应效度低下等问题。[2]除此之外，科层制的职能分置使得组织内部的有效协调难以实现，阻碍了不同部门之间的合作，最终形成碎片化的治理难题。针对科层制带来的诸多弊端，英国学者佩里·希克斯（Perri Six）等人提出了"整体性治理理论"，该理论借助信息技术的应用，从整体性出发对碎片化问题进行有机协调与整合，以促进组织内部的合作，改变治理碎片化的现状。[3]然而，在实践过程中，整体性治理基本是通过以合并、结构调整为主要特征的大部门制改革实现的。虽然这种改革较为彻底，但由于其对科层制造成的极大风险和冲击，受到了政治系统的反对，遂多以失败告终。于是，陈国权提出，在保持原有的科层制分工的基础上，用"在线协作"和"数据共享"等现代信息技术来搭建部门间的沟通与协调机制，以实现统筹部门间分工与合作之间的关系。[4]但在实际应用中，如何消除数据共享壁垒、防止数据滥用等诸多问题使得在线协调机制的建立难以实现。显然，科层制并不是完美的组织结构，它保证了组织内部的职能分工，但是缺少组织内部的合作机制。即使学者们为促进组织内部合作做出了很多尝试，但这些理论在实践过程中可操作性不强，难以达到合作与分工之间的平衡。与此同时，一些学者的关注点开始由组织内部转向市场视角。

美国经济学家威廉姆森（Williamson）从交易成本的角度论证了引入市场机制的必要性。他认为，有限理性、机会主义和资产专用性这三种因素对交易成本起决定性作用,交易成本则决定了使用组织还是使用市场去达到目标。他认为,市场比内部组织更能提供激励,并可以限制官僚主义的无效率;当资产专用性不强时,采用市场采购的办法,更有利于实现资源的有效配置。[5]那么,在市场背景下,对于该问题又是如何处理的呢？随着生产力的发展,企业间的分工进一步细化,企业内的所有权和经营权逐步分离。美国经济学家罗斯(Ross)、英国经济学家米尔利斯(Mirrlees)等人提出的"委托代理理论",试图在利益相冲突和信息不对称的环境下,委托人设计最优契约来激励代理人。该理论通过签订契约达到了企业内部更好的分工效果;同时,激励设计使得代理方与委托方的利益趋于一致,从而促进双方的合作。但是,如果委托人和代理人存在利益分歧,一系列的代理问题就出现了。[6]其中包括:代理人夸大其词,过度承诺所导致的"逆向选择"[7];代理人为了以最小的努力获得最大的报酬,可能达成低于承诺水平的结果,这就造成了"道德风险"等问题[8]。正是这些弊端使得委托代理关系的可持续性受到冲击,甚至企业间的合作也难以展开。为了促进企业间的合作,日本经济学家伊藤从团队工作的优势方面提出了"合作模型"。他认为,委托人应该考虑是否诱使每个代理人除了在自己的工作上努力外,也花一定的精力来帮助同伴。[9]然而,后来他证明了用激励机制诱使"团队工作"仍然是最优的,但是激励机制的设计使委托代理关系再次陷入道德风险的怪圈中。

上述理论在促进组织间的分工上取得了很大的成功,但这些理论在协调合作与分工的关系上仍值得商榷。官僚制通过组织结构专业化的设计,提高了组织的效率,却使得部门间合作难以实现;委托代理关系利用契约关系,实现了所有权和经营权的分离,为企业带来了高效益,但信息不对称使得合作关系破裂。从文献积累的角度看,理论界对于该问题的回答存在诸多的不足。首先,现有的研究主要偏向从经济的角度出发,探究的对象是价值中立的一般意义上的组织,专门针对政府组织的研究较少。其次,对于该问题的讨论,主要集中在完全的市场或者科层制的背景下,对于社会参与的作用并没有引起足够的重视。最后,基于中国的现实背景,国内对于政府组织内部的央地关系以及上下级关系的研究比较成熟,提出了一系列重要的分析概念,如上下分治的治理机制、权威体制、行政发包制以及压力型政府等,但是对于同一层级政府与部门间的统筹关系以及部门之间的协调关系的研究存在着明显的缺失。

为了解决上述问题,本文试图从社会参与的视角出发,深入探究地方政府的治理过程。我们强调社会参与在协调同一层级政府与部门以及各部门间合作与分工关系中的作用,并为提高地方政府治理有效性提供了一个新的思路。从这一个角度来分析,我们不仅要研究地方政府在治理过程中的策略,还需要探讨社会参与在这些策略运行中的作用以及社会参与对于这一问题的解决是否存在可持续性。接下来,本文将进一步论述上述观点,并通过参与式案例研究为上述观点提供经验支持。

三、参与式案例研究

(一)方法设计

本文试图从协调分工与合作的社会参与角度出发,引入一个提高地方政府治理有效性的新视角。需要指出的是,本文的目的不在于建立一个社会参与视角下如何处理分工与合作的具体的应对机制,而是将社会参与作为一个分析思路,借以勾勒、寻找一个分工与合作间动态平衡点的新出路。本文的实质性理论思路来源于有关文献以及参与式案例研究中的心得体会。有关社会参与的研究表明,社会参与视角有助于深入分析基层政府治理中的过程、结构。本文的个案来自 2018 年3 月到 12 月对于治理案例发生地车辆违停问题的参与观察。

参与观察法要求研究者直接参与到案例中,参与者的角色使之能从局内人的角度出发接触日常生活的情景或场景,以从中获取资料。参与观察法以日常生活为基础,旨在构建一种理论形式和理论建构,为问题的研究提供一个视角,一个看待问题的方法,或对某种现象的理解。

下文讨论的案例正是基于对参与观察法的运用。2018 年 3 月,案例中的参与者在平时生活的社区附近发现了严重的车辆违规停放问题。此后,研究者以局内人的角度参与了该区域车辆违规停放问题的处理全过程,从中获取了大量的一手资料,并为地方政府协调合作与分工问题的解决提供了一个新的理论视角。本案例的研究分作三个步骤展开。2018 年 3 月至 6 月,参与者分别利用市长热线、网络平台、人大代表三个途径向相关部门反映车辆违规停放问题。其间,采访了一名市长热线的工作人员以及人大代表,起草了关于机动车违规停放车辆的书面材料,收集到了大量的一手访谈记录、图片,以及相关部门回复的文本等资料。此后,研究者对文本资料进行整理,抽取核心内容,辅助推导核心命题。截至 2018 年 7 月,研究者多次对案例发生地的车辆违规停放问题进行调查。在此基础上,初步拟定研究问题,完成文献研究,并且确定了研究方案(主要以参与式观察法深入研究案例)。最后,2018 年 8 月至 11 月,研究者对于收集的资料进行确证,对案例进行初步的分析,试图建立一个分析的理论框架,并着手开始论文的写作。

本研究按照参与式观察法的要求,研究者直接参与到日常生活中常见的车辆违停问题的处理过程中。从局内人的角度以多种社会参与形式直接与地方政府以及相关部门进行互动,收集相关资料,最后将案例中反映的问题理论化,提供一个新思路,以期能在一定程度上增强命题构建的效度和信度。

(二)案例简介

本案例研究所在市位于我国的东南沿海地区,是一个经济较发达的副省级城市。案例发生地作为该市的一个功能区,区域面积约为 100 万平方千米,拥有 13 个住宅小区,小区居住总人口近 15 万人。近几年,随着经济的发展,私家车的数量逐年增多,但是随之而来的车辆违规停放现象也越来越严重。本案例通过参与者对该问题的三次投诉经历,来观察社会参与如何平衡地方政府管理中分工与合作的矛盾。

研究这个案例有两个原因,首先是本案例中存在着"反常现象"。第一,案发地附近有着大量的收费停车位,相对于私家车的数量来说,收费车位是充裕的。从理论上说,案发地的机动车停放问题本可以依靠市场来解决。案发地利用排他技术,为车主提供了充足的收费车位,但部分车主为了追求个人利益最大化,宁可冒着被处罚的危险也要将机动车辆停泊在公共区域。在这种情况下,车辆违规停放现象便产生了市场无法解决的外部性问题,使得政府不得不介入该问题的整治和管理。第二,从空间布局层面来看,案发地由街心公园、人行道、马路三个部分组成,机动车停放分别由该地区的公园管理处、城管局、交警大队管辖。从机构设置上看,这三个部门属于同级地方部门,对于案发地的车辆违规停放问题都存在各自职能范围内相应的管辖权,这使得该问题的治理复杂化。对于这样的"反常现象",我们思考这样一个问题:既然政府参与了案发地的机动车违规停放问题的治理,那么在这个过程中,政府是如何作为的呢? 相关部门在职能上的分工是否有利于问题的解决呢?

通过对案例中的参与者向有关部门反映的三个途径进行对比,我们可以得到上述问题的答案。市长热线、网络平台回应性很强,各部门也在各自的职能范围内解决了相应的问题。但是,当机动车违停问题超出各部门的管辖范围时,相关部门之间的职能分工和碎片化问题导致部门间的合作无法展开,问题得不到有效解决。人大代表作为社会参与的特殊形式,直接将问题反馈给了管理各部门的同级政府。于是,同级政府向相关部门问责,加强了有关部门的沟通与合作,超脱了治理的碎片化,最终解决了案发地的机动车违规停放问题。这正好与我们的假设——社会参与可以促成地方政府以及部门间的合作,提高治理的有效性,达到合作与分工之间短暂的平衡相符合。

另一个原因就是,本案例中存在的问题有其一般意义。以分工、等级制为基础的科层制在一定程度上可以提高政府处理事务的效率,但其弊端也逐渐显现。这种金字塔形的权力结构,造成了政府与部门以及部门间的分裂,使得政府机构缺乏灵活性,无法向民众提供无缝隙整体化的一站式服务。所以,当公共问题的解决涉及两个及以上的部门时,由分工带来的治理碎片化现象使得部门间的合作无法展开,公共问题无法彻底被解决。然而,当今的社会越来越成为一个相互交织的网络,公共问题的治理也愈加需要各主体之间的合作,任何政府组织都无法单独处理所有的社会问题。所以案例中的社会参与视角也适用于地方政府内部其他领域处理公共问题的过程,因为科层制带来的本位主义、治理碎片化问题有很大的同构性。其他职能部门在处理需要合作的问题时,也存在与案例类似的情况。

(三)案例描述

1. 市长热线

参与者是案发地附近的一位普通居民。某天,参与者下班走到小区门口时,被停放在马路上的车辆拦住了去路。他不禁疑问:为什么在规定的收费停车位没有停满的情况下,还有部分车辆违规停放在马路上呢?虽然随意停放机动车不会造成交通堵塞,但违规停车不仅影响市容市貌,还隐藏着交通事故的隐患。

参与者愈发感觉到了问题的严重性。于是回到家后,参与者查找了有关市民投诉的途径,经过一番比较,他认为市长热线电话的可操作性最强,也最为便捷。第二天早晨,参与者拨打了杭州市市长热线电话,反映了这一社会问题。2天后,他便接到市长热线的回复电话,得知交警部门正积极地采取相应的措施,不久便可恢复秩序。参与者对此次政府部门给予的回应相当满意。但事情并没有想象中的顺利。接下来的几天,参与者发现,虽然马路上违规停放机动车的现象大为改善,但有越来越多的机动车停放在了人行道上。在回访电话中,参与者再次反馈了这个问题,却了解到,马路上违规停放的车辆属于交警部门的职能范围,于是交警部门立刻采取了相关处罚措施。当车主将机动车停放在人行道上时,这个问题不再属于交警部门的管辖范围。因此,交警部门无权处理人行道上违规停放的机动车,这个问题还是没有得到有效解决。

基于上述背景,我们走访了一位市长热线的工作人员,向她了解市长热线在接收到有效投诉后的处理流程。我们了解到,市长热线已经具备比较完善的回应机制。相关人员在接收到投诉后会根据各部门的职能范围进行快速的分类并且传达给相关部门,极大地提高了工作效率。但这也是问题所在:当问题的解决只涉及单个部门时,这种回应机制能快速奏效;如果这个投诉问题同时涉及几个部门的管辖范围,市长热线仍旧只与单个部门对接,则相关部门的资源无法整合,地方政府部门间的职能分工以及治理的碎片化使得该问题不能被彻底解决。参与者向市长热线反映的机动车违规停放问题就属于后一类。

2.网络平台

通过互联网资源,参与者了解到,近几年热门的电子政务平台也是反映民意的有效渠道之一。因此,他登录该市政府政务平台的官网,再次提出机动车违规停放问题,并说明了之前车辆停放被转移的状况,希望能引起相关部门的重视。2—3个工作日后,他顺利收到了市长信箱的回信。在邮件中,工作人员很感谢他的热心反映,并表示将在一个星期内委派城管部门进行整改,这让参与者重新燃起了希望。

接下来的几天,参与者发现马路和人行道上几乎没有车辆违规停放现象。他实实在在地感受到政府的工作效率有了显著的提高,为人民服务的宗旨也逐步得到落实。参与者本以为问题已经得到了有效的解决。然而,当他在附近的公园散步时,发现竟然有车主把机动车停放在公园的草坪上。即使电子政务平台通知城管部门采取措施,但"上有政策,下有对策",车主们把草坪当成了另一个"公共停车场"。这让他感到很气愤,决定再次通过电子政务平台反映"新问题"。

很快,该地区管委会给出了答复:公园内的绿地不属于城管和交警部门的管辖范围,而是由公园管委会管理。碍于没有执法权,公园的工作人员虽然进行了告诫,但是车主们的视而不见使得这种劝阻毫无效果。在得到管委会的回复后,参与者再一次去公园查看情况,发现草坪上虽然竖立着一块"草坪禁止停车"的告知牌,但还是有部分车辆停放在草坪上。参与者再次感到失望,但也表示理解,毕竟没有强制力的管制很难达成治理的目标。他意识到,网络平台的途径同样不能彻底解决机动车违规停放的问题,于是开始另谋出路。

随着现代信息技术的不断发展,20世纪90年代,电子政务应运而生。这种利用现代信息技术、网络技术为社会提供公共服务的全新的管理模式逐渐被推广,电子政务平台也日渐完善。虽然电子政务使得政府工作更公开、透明,并且有效地提升了行政效率,进一步降低了行政成本,但是,与市长热线相比,电子政务对于公民的政治素养以及操作性的要求更高。与此同时,电子政务带来的"信息孤岛""数字鸿沟"等问题加剧了碎片化程度。虽然电子政务平台有着独特的便捷性,但是要真正做到为民解忧,政府还需付出很大的努力。这种途径存在着与市长热线同样的问题,当问题涉及多个部门时,无法跨越治理碎片化,缺乏整合性。

3.人大代表

通过前两次的投诉经历,参与者发现,对于这一社会问题,虽然相关部门均给予积极的响应和回复,但由于部门分工引起的治理碎片化,使得问题无法彻底解决。

由于"破窗效应"的影响,小区机动车违规停放的问题日趋严重。身为一名有社会责任感的公民,参与者开始通过其他途径反映该问题,他找到了他的朋友。该朋友作为该地区的一位人大代表,在听取了参与者的讲述后,了解了事情的经过,表示愿意在自己的职责范围内帮助解决这个问题。

经商讨,两人决定先由参与者起草关于机动车违规停放车辆的书面材料,并与小区住户进行沟通、达成共识,由住户代表在书面材料上签字,交给人大代表,再由这位人大代表作为代表递交文件,行使人大代表的权力。因为文件直接呈交给了政府而不是单个部门,同级政府直接向相关部门问责,整合了各部门的资源,因而很好地避免了部门治理的碎片化问题。第二天,该人大代表便回应了参与者,并给了住户们一个满意的答复:公园入口处即将安装石墩,杜绝机动车辆的违规停放。

几经周折,案发地的机动车违规停放问题终于得到了改善。

在本案例中,人大代表行使了其质询权,超脱了只能与单个部门对话的困境,直接向同级地方政府反映了机动车违规停放的问题。于是,政府立刻问责相关部门,整合相关部门的资源,最终解决了机动车违规停放问题。由此可见,人大代表这种特殊的社会参与形式在此过程中促成了相关部门的合作,超脱了碎片化的现状,达到地方政府间暂时的分工与合作的平衡。

四、讨论与总结

整体治理意味着一种政府改革的治理模式,即在公共政策与公共服务的过程中,采用交互的、协作的和一体化的管理方式与技术,促使各种公共管理主体在共同管理活动中协调一致,达到功能整合,从而为公民提供无缝隙服务。诸多事实表明,在我国政府目前的功能分工原则下,各部门之间的距离和隔阂导致了管理碎片化的结果,为弥补此缺口,我们应当从以下方面来建立整体治理机制。

从管理与服务的职能上看,信息数据资源的支配权与政府权力划分紧密相连,权力合理划分指向的是数据资源合理分配。各自为政、条块分割的部门管理体制将导致"数据孤岛""信息孤岛"的存在。为解决现有电子政务平台的公共信息资源碎片化和公共信息部门化的问题,政府应当优化现有的平台机制,打造整体性的单窗口、多功能的前台—后台框架。

在既有功能性分工的基础上,进行政府运作的水平整合,即构建协调的政府组织机制。政府应当综合运用多种协调规则对各部门功能予以协调。一方面要鼓励部门之间合法、合理协调。国外加强和扩大行政机构内部协调的有效方式之一即通过上下级领导关系进行协调,如德国在政府各部门中均设立了中央管理司,在各司中均设立了对外联系处;美国政府在各部中设置了部长助理。另一方面要最大限度地避开政府组织功能的交叉与重叠,从而降低成本,提高效率,实现政府组织的整体性治理。

此外,压力型政府形成的原因和政府现有的体制是分不开的。在压力政府体制下,任务和指标的完成成了评价部门和官员"政绩"的标准,甚至成了干部"升迁"的主要依据,从而迫使整个政府组织在极大的压力下运行。要想让政府的回应落到实处,应从以下几方面入手。

政府回应的主体一般是政府工作人员,客体是普通民众,内容涉及公共服务。

政府回应的绩效评估,主要是指对政府回应中的政府所采取的行动、起到的作用、取得的成效等方面的综合评估,其目的主要在于评估政府回应的有效性,即做到有回应的政府也是有效的政府。建立政府回应的绩效评估,首先,要建立全面、恰当的政府回应绩效评估指标;其次,要健全政府回应的绩效评估,应当用制度来保障,培育科学的绩效意识,从而使制度发挥评价政府回应效能的作用;最后,应当建立政府绩效评估结果奖惩机制,及时公开绩效评估的结果,根据结果对相关部门和责任人进行督促。政府回应的绩效评估结果只有与奖惩机制结合起来,才能真正起到激励、督促作用。

相关部门应当从民众进入政府"窗口"或进入政务平台的第一道流程开始,建立首问责任制,尽力避免推诿扯皮或敷衍。这要求各级政府部门必须切实担负起职能范围内的责任,认真履行各自的工作职能,做到职责到岗、责任到人,防止行政越权和不作为现象的发生。政府工作人员对政府部门职责范围的事项应办未办、办理不力或出现其他责任问题的,也要依法依规追究责任。

此外,人大代表联系群众是加强中国特色社会主义民主的规范化和程序化建设,充分发挥人民管理国家和社会事务的能力,形成人大和社会之间良好的联络和互动关系的重要途径。人大代表可以比较顺利地接通民意表达,使得人大代表成为政府与社会连接的重要纽带。

当前,人大代表和人民群众沟通的渠道单一,应建立多元化的沟通方式。中间信息传递媒介的缺失会造成人大代表有心帮助人民群众却无用武之地,人民群众想要表达内心呼声却无处倾诉的困境。温岭市推出的人大代表工作站值得各地借鉴。工作站的建立使得人民群众参与政治生活变得更加便利,与此同时拉近了人大代表与他们之间的关系。

同时,政府要制度化,也要有人情味。想要保证"信息对称",发挥"熟人社会"的作用,不仅要激励人大代表积极走进基层,倾听民声,反映民意,还要鼓励群众主动参与政治生活,关心社会问题,向政府靠近。社区作为居民自治的基本单位,是居民参与政治生活最便捷的途径。通过社区工作,居民可以自觉走近人大代表,不断增强两者之间的联系,从而发挥"熟人社会"的积极作用,使得政府工作更有温度。

参考文献：

［1］丹尼·L.乔金森.参与观察法:关于人类研究的一种方法［M］.张小山,龙筱红,译,重庆:重庆大学出版社,2015.

［2］何哲.科层官僚制的困境与人类新时代行政体系的构建［J］.新视野,2018(3):73-79.

［3］SIX P，LEAT D，SELTZER K，et al. Towards holistic governance：the new reform agenda［M］. London：Red Globe Press,2002.

［4］陈国权,皇甫鑫.在线协作、数据共享与整体性政府——基于浙江省"最多跑一次改革"的分析［J］.国家行政学院学报,2018(3):62-67.

［5］威廉姆森.市场与层级制:分析与反托拉斯含义［M］.蔡晓月,孟俭,译.上海:上海财经大学出版社,2011.

［6］DALTON D R，HITT M A，CERTO S T. The fundamental agency problem and its mitigation［M］//WALSH J F, BRIEF A P. Academy of management annals. Mahwah, NJ：Erlbaum,2007:1-64.

［7］DAVIES M，PRINCE M. Advertising agency compensation，client evaluation and switching costs：an extension of agency theory［J］. Journal of Current Issues & Research in Advertising,2010,32:13-31.

［8］MIRRLEES J A. The theory of moral hazard and unobservable behaviour［J］. Review of Economic Studies,2010,66:3-21.

［9］NISHIYAMA H，HORIHATA M，HIRAI T. Oxidative-addition reactions of alkyl chlorides with chlorobis(cyclooctene)rhodium(Ⅰ) and the bis(oxazolinyl) pyridine ligand：formation of stable(chloromethyl) rhodium(Ⅲ) complexes and their reactions［J］. Organometallics,2002,10:2706-2708.

【作者】

郭玉飞,浙江财经大学公共管理学院教师

朱玲霞,浙江财经大学公共管理学院硕士研究生

冯涛,浙江财经大学公共管理学院副教授

政务智能化管理平台架构模式分析与探索

——以遂昌天工政务智能化管理系统为例

陈　鉴

一、政府内部数字治理平台和政务管理

按照信息时代整体治理理论的思想,数字治理的核心是服务的按需整合,以及决策方式的统一协调和运作的广泛数字化。数字治理平台是政府基于信息技术打造的整合了各部门的信息资源、跨部门的数字治理系统。按照功能划分,政府数字治理平台主要分为办公自动化系统和政府门户网站。办公自动化系统包括各类OA及内部协同办事平台和政务项目管理平台等。

(一)县级政府内部数字治理平台的特征

1.基于网络的虚拟平台

内部数字治理平台是基于互联网的,有权限的部门和个人可以在任何有网络的地方通过平台获取信息、办理业务,进行管理和交流互动。

2.协同一致的管理平台

内部数字治理平台解决了各部门的"信息孤岛"问题,实现了不同部门行业的信息传递、交互和共享。为便于管理和使用,一般具有相同的界面和操作流程。

3.整体性的治理理念

内部数字治理平台符合整体性治理理论的要求,是对碎片化的信息、服务、管理的整合平台,能有效地提升服务质量和管理的交互性。

4.实时、高效的监察功能

平台都会提供所有的公文统计和数字统计,复杂、准确的查询功能,并把查询

结果转换成直观、形象的图表,以此来加强政府的效能监督。

5. 严密、完善的安全机制

系统在防止侵入方面通常使用 VPN、防火墙、入侵监测系统和身份认证以及授权管理(CA)等技术,在数据安全性方面通常使用数据备份与灾难恢复等技术。

(二)县级政府政务管理的现状和存在的问题

1. 信息化程度不高

虽然随着数字政府的打造和现代科技的应用,政府服务性平台越来越普及、完善,但实际投入使用的政务管理平台系统凤毛麟角,尤其是具有智能化管理功能的平台十分缺乏。

2. 缺乏高效的监管方式

县内各类重大项目、重点工作等的管理模式比较粗放,管理手段相对落后,还在使用传统的手段和机制,整个管理过程存在各种问题,缺乏科学的管理方法和考核方式。

3. 项目推进协同性差

某些项目分工不明确,计划不详细,事项推进流转过程中被动等待,审批环节推诿、拖沓,特别是跨部门事项责任不清晰。

二、政府项目管理平台的架构设计模式构想

在确定一个项目或者重要事务后,就要按照项目的流程确定各个关键节点,然后根据项目和节点的具体情况建立管理组织,由其负责各项目标的完成。按照组织结构的原理和模式,项目的组织结构可分为线性、矩阵等不同的形式。由于政务智能化管理系统要根据项目需求在各个部门内确定一位负责人,每个节点又要由不同的办事人员组成,可以说是一种矩阵组织结构基础上的扁平化组织结构。

架构模式一般用来描述系统中的基本结构组织和纲要,是经过持续实践、验证,进而总结出的优秀设计架构。政务智能化管理平台的进度管理、运行方式以及设计风格可以参照优秀的架构模式进行设计,进而体现系统平台的自动化和智能化特点。

（一）扁平化的组织结构

1.建立虚拟工作组织的需要

政务智能化管理系统采用扁平化组织结构。由于平台是面向项目需求的，虚拟管理组织由各部门组织精干人员组成，目的是建立一种紧凑、干练的扁平化组织结构。

2.快速反应和直接责任的需要

扁平化组织结构是信息化的产物，在快速变化环境中赋予参与者自主权以及及时反应能力。相应地，参与者也对结果负责。

3.指令快速下达和实时评估的需要

扁平化组织的纵向信息流毫无阻碍地直接传达到参与者处；同时，反向信息流也迅速被管理者所掌控，由其对任务进行实时评估并亮灯。

（二）事件驱动（基于事件）的模式

1.分布式异步处理的需要

政务智能化管理系统由分布于各个部门单位的节点组成。各个节点根据工作流以及其他节点的工作完成情况来开展本节点的工作，这就需要系统可以监听事件，并且能够异步处理事件。

2.系统可扩展性的需要

事件驱动模式可以根据需要增加节点和组件，该架构由那些可用于监听事件，并能够异步处理事件的组件所组成。

3.平台系统就是中央单元

事件驱动模式构建出一个能够接收所有数据的中央单元。该单元被委托给那些具有处理特定类型能力的单独模块。

（三）信息流的开环和任务（控制系统）的闭环

1.政务智能化管理系统自我纠正的需要

工作人员把计划和任务以及完成期限和相关材料上传到系统中。相关负责人按照进度完成工作,并把已经完成的工作状态和材料展示出来,监督人员根据得到的信息再布置相关工作,或者进行亮灯操作,形成一个完整的闭环。

2.信息展示窗口是群众知情权和监督权的体现

在平台内部进行对信息的布置—反馈—回应,整个过程以及完成情况必须开放、透明,因此,信息展示窗口页面必须形象、直观、数据准确。除了上述几种模式外,还可以根据需要,采用多线程和微服务模式,某些项目或事务采用多线程方式可以大大缩短工期和办理流程。

三、天工系统的设计模式和运行现状

天工系统是浙江省遂昌县政府推出的一款政务智能化管理平台,是遂昌加速县政府数字化转型、促进县域治理现代化以及部门间"最多跑一次"改革的助推实践平台。其核心在于,在进行项目工作管理时,全面实时智控部门间办事"最多跑一次"。县里的重大项目、重点工作、重要指标都被分解成具体事项,每一事项配以思维导图和年度、月度、周工作计划。天工系统按照颗粒化任务内容、办理周期、责任单位、责任人等设置节点,以时间轴的方式全流程展示推进情况。

(一)任务颗粒化和工作流程化

对于一些项目和重点工作,政务工作各环节中存在自动性差、协调不畅、责任不清晰等问题。天工系统通过将任务颗粒化、工作流程化来提高工作效率,形成完整工作闭环。任务颗粒化和工作流程化理顺了机制,提高了效率,明确了责任,便利了沟通,固化了经验,防范了风险。

项目负责人对项目进行确认并添加各个节点,分属前期阶段、开工阶段和验收阶段。单位管理员进行流程设计,按流程添加各个节点并形成关联,每个节点后续都是"审核"节点,给每个节点设置管理人员或审核人员或接收人员。上述设计完成后上传,经审核后启动项目。

项目信息、流程图、关联配置都做好,提交审核通过以后才会显示月计划入口。相关人员可以利用项目节点计划进度表(甘特图)拟定月计划和周计划,并上传审核。

（二）事件驱动（基于事件）的模式

事件驱动模式在软件编程、公共关系、政务处理、经济活动等不同的领域均有广泛的应用，是在上述领域一个特定的事务管理过程中，管理者进行决策的一种策略，即根据过程中不同时间点上出现的事件，调动资源执行设定的任务，使事务的各个环节得以完成，防止事务堆积。

天工系统的每个节点都可以按照自己的月计划、周计划执行，每周的周一汇报周报，将周工作完成进度自评清单进行上报，如果之前有滞后工作也需要进行自评。也有些事件要根据一个或者多个前置节点的完成情况再启动，这就是事件驱动的模式。

天工系统采用事件驱动模式，具有高并发、可扩展的特性。构成项目进度表的前趋和后续相对独立，它们的月计划、周计划既有可独立完成的，也有需要其他节点完成前置条件的。

（三）评价体系（亮灯）和倒逼机制

天工系统紧扣指标、工作、政策、评价四大体系，遵循定位、定性、定人、定量、定时准则，分别以事项、单位、服务、人员等进行组网，着力解决当前政府工作中存在的工作任务不明、岗位责任不清、流程标准不够、跨域推进不力、督查定位不准等方面问题。

天工系统采用"亮灯"评价方式，每个工作节点默认为白灯，工作超前对应蓝灯，工作正常显示绿灯，工作出错黄灯警示，工作滞后红灯警告。针对责任单位工作评价则采用"亮牌"体系，责任单位月计划工作完成或超额完成的为绿牌，未完成的为红牌，未完成时牵头单位负连带责任的为黄牌。

天工系统通过"亮灯""亮牌"的警示督查，倒逼各节点责任人在事前提前谋划、事中主动对接、事后认真检查，有效破解事项流转中推诿扯皮、责任不清、被动等待等问题，打破原来跨部门、跨乡镇工作难以协调的问题，实现协同推进一次不用跑。

系统利用"天工榜"展示 7 个榜单：单位亮牌榜、项目亮牌榜、亮灯榜、项目年度工作完成情况、项目年度计划投资完成情况、单位年度工作完成情况、单位年度计划投资额完成情况。

四、天工系统的进化方向

天工智能化管理平台的开发和投入运行,积极推动了当地政府的工作转型,提升了工作效能。通过一段时间的试运行,天工系统提高了各个部门对项目的谋划水平和管理水平。

截至2020年6月3日,天工智能管理系统中已经上线140个项目,包括重点工作9项,重点项目7项,"八大战役"项目54项,以及建设类项目43项,指标类项目27项。被"天工榜"亮牌的单位有21家,亮牌项目有39项,亮牌榜总数731张,包括红牌7张、绿牌724张;亮灯榜涉及单位33家,亮灯总数为240盏,分别是绿灯211盏、蓝灯21盏、黄灯0盏、红灯8盏。

遂昌天工智能化管理平台在以后的升级进化当中,应该加强如下几个方面的功能。

(一)在项目设置和流程图制作时加强人工智能辅助设计

天工系统投入使用时间不长,各方面的数据收集还在起步阶段,确定项目以及安排节点和计划的时候人工成分较多,智能化较少,大部分工作还是在线下完成的,线上以手工设置为主。现在数字技术发展日新月异,人工智能等新技术运用方兴未艾,党的十九大报告中也提出要加强社会治理"智能化"水平。在未来,平台可以结合县域项目和工作数据,甚至全国的大数据进行大数据分析,自动划分节点、分配工作、调配人员,再通过人工审核调整。

(二)加强与其他各部门的政务系统共享数据

天工系统目前审批数据和材料还是以打包上传为主,缺乏联动性,将来可以跟已有的政务系统实行对接和数据共享,对个人和单位的考核结果也可以与人事考评系统共享数据,使干部数字评价与人事考评系统无缝集成,利用干部成长指数从德、能、绩三方面进行考核,为后续项目建设人才库。数字治理的关键在于数据,数据的活力在于共享,只有打破系统之间的数据壁垒,减少数据转换的环节,才能真正进行智能化管理。

（三）在开展重大关键项目和干部考核时采用"区位链＋政务服务"技术

项目和工作的智能化管理过程有如分布式账本技术的实现，分布式记账由分布在不同地方的多个节点参与记账管理。天工系统也由多节点参与处理事务，节点之间相互联系验证。未来可以采用区块链的私有链或者联盟链形式。项目参与者的考评结果也可以采用"区块链＋政务服务"形式，形成永久的记录。

五、天工模式的推广和展望

天工系统在遂昌具体项目和工作中的应用结果表明：智能化平台可以通过数字化方式，对每一个项目和工作进行分解、梳理，形成多线程的智治政务"流水线"。智能化平台可以通过任务数字化、事项标准化、全程可视化，实现任务颗粒分解、流程标准规范、跨域协同作战、进度全程晾晒、指令快速到达、督查精准有力、政策集成推送、数据实时采集、绩效比对分析、干部数字评价10项主要功能，达到工作推进实时、实效，跨越、跨域，精准、精锐，聚合、聚力，智控、智治，比赛、比选的目标。

天工系统为政务智能化管理提供了新的平台和思维，引发了我们对政务管理工作新模式的思考和探索。天工智能化管理平台推动了项目工作管理从部门向平台迁移，将传统的项目管理模式整合为综合管理平台。项目智能化管理平台正在成为政府数字治理的一种新模式。利用天工系统的开发模式和使用经验，可以在政务智能化管理平台的开发设计上制定标准化体系，并推广到其他地区的政务智能化管理中。数字治理需要创新治理理念，开发数字治理的新技术、新平台，可以将县域平台的优势重组，转化为全域综合治理能力。

参考文献：

[1] 郭强,郭伟.管理工作流程化的思考——以中国海关管理干部学院为例[J].办公室业务,
   2016(6):48,71.

[2] 骆小龙,邱雁,顾霞,等.基于政务云的水利工程建设全过程管理平台研究[J].水利信息化,
   2019(5):59-64.

[3] 彭澎,梁显佳.整体性治理视角下中国跨域公共治理转型:问题讨论、动力机制与推进策略
   [J].广西社会科学,2020(1):47-54.

［4］孙欣.政府投资项目管理模式[J].科技信息,2007(32):317.

［5］王少泉.新时代我国数字政府治理平台建构分析[J].中共山西省直机关党校学报,2018(4):36-40.

［6］王鑫,于秀琴,朱婧.数字治理视角下县级政府治理现代化的评估体系研究[J].中国行政管理,2019(12):47-50.

【作者】

陈鉴,遂昌县委党校教师

政府治理现代化评估体系的构建研究

——基于浙江省数字治理实践

胡俊青

党的十九届五中全会通过的《中共中央关于制定国民经济和社会发展第十四个五年规划和二〇三五年远景目标的建议》,对加快转变政府职能做出重要部署,为全面加强政府建设、完善中国特色社会主义制度、推进国家治理体系和治理能力现代化指明了方向、提供了行动指南。近年来,"数字化"和"信息化"时代的到来为治理现代化的实现带来了机遇和挑战。习近平总书记指出,要实施国家大数据战略,加快建设数字中国。数字治理是国家治理现代化的内在要求,数字治理能力的提升能够为国家治理现代化提供新的支撑。国家、省、市、县、乡五级机关,省域政府上接国家,下接市、县、乡,起着承上启下的作用,是国家宏观管理与微观管理的纽带。在全面推进"放管服"改革工作的背景下,省域政府所承担的责任越来越大,需要办的事情越来越多。省域政府的治理水平影响着"放管服"改革工作的整体推进。

近年来,浙江省作为中国革命红船起航地、改革开放先行地、习近平新时代中国特色社会主义思想重要萌发地,提出要重点健全"六大体系"、打好"省域治理现代化十招",明确提出要"争当省域治理现代化排头兵,成为展现中国特色社会主义制度优越性的重要窗口"。现阶段全面推进省域政府的治理现代化成为国家治理现代化的关键环节,政府治理现代化的评估工作作为"风向标"和"指挥棒",能够帮助诊断政府治理现代化的水平,查找问题及成因,从而引领政府治理向着现代化的方向继续探索与提升。那么,在数字治理背景下,浙江省域政府治理现代化的现状如何? 其逻辑起点是什么? 浙江成为"省域治理现代化排头兵"的途径有哪些方面? 浙江省域政府治理的价值主张、逻辑架构是什么? 浙江省政府治理现代化有哪些评估主体,具体指标维度是什么? 因此,在数字治理背景下,有必要聚焦省域政府治理现代化的内在逻辑、能力支撑和评估体系等问题,对其进行进一步研究与探讨。

一、省域政府治理现代化评估的研究述评

(一)省域治理现代化的研究

省域治理现代化包括治理理念、治理方式、治理工具、治理路径的现代化。黄保才研究了省域治理现代化过程中的台州经验。[1]徐越倩、李拓以 31 个省、市、自治区为对象,运用因子分析、聚类分析等方法对 2018 年各省市政府治理水平进行了测度。[2]葛燕研究了增强省域治理现代化的四大支撑能力。[3]吕德明立足省域治理现代化,探究如何推进基层社会治理改革。[4]王建红、冉莹雪基于浙江抗击新冠肺炎疫情的经验与启示,探索大数据时代下的省域现代化治理。[5]鲜有学者研究省域政府治理现代化的评估体系构建问题。由于浙江在全国率先提出了高水平推进省域治理现代化的目标,数字治理成为浙江争当推进省域治理现代化排头兵的核心竞争力所在。因此,本文从数字治理视角入手,研究浙江省政府治理现代化的评估体系,以期为省域政府的现代化治理提供一点思路。

(二)政府治理现代化评估的研究

政府治理评估最早是由外国学者开始研究的,如加布里埃尔·A. 阿尔蒙德(Gabriel A. Almond)等主张用行政体系、行政过程和政策结果作为政府治理的评估标准。进入 21 世纪,诸多学者开始了这个方向的相关研究。俞可平结合国际社会的研究成果和中国的实际开发出了中国治理评估框架。天则经济研究所开发了中国省市公共治理指标指数。汪仕凯研究了国家治理评估的指标设计与理论含义。[6]李文彬提出,治理能力现代化评估应该确立公民本位、社会复位和政府归位的"三位一体"评估理念等。[7]李靖、李春生等基于吉林省的实例研究了我国地方政府治理能力评估及其优化策略选择。[8]计晓峰、张海龙探讨了我国政府治理评估的问题、现状,政府治理评估的主体及其构成,以及政府治理评估的主要步骤。[9]王鑫、于秀琴等在数字治理背景下初步构建起新时代数字治理环境下县级政府治理现代化的评估体系。[10]在现有研究中,省域政府治理现代化评估方面的研究几乎没有涉及。2020 年 8 月 18 日发布的《中国城市数字治理报告(2020)》显示,杭州超越北京、上海、广州、深圳,在数字治理指数上位居全国第一。数字治理是浙江争当推进省域治理现代化排头兵的核心竞争力所在。基于此,有必要从数字治理视角入手,研究省域政府治理现代化评估体系的问题。

（三）数字治理背景下政府治理评估的研究

"数字治理"的重点在于治理方式的数字转型；"政府数字治理"强调政府作为治理主体以数字化方式进行治理，政府作为主体，数字是手段方式，落脚点最终在治理层面；"数字政府治理"则强调治理手段的数字转型和政府存在方式的革新，即数字政府的建设。"数字治理""政府数字治理"和"数字政府治理"三者之间是互相支持、融合的关系，共同支撑了数据时代政府治理现代化的实现，直接融入政府治理的相关评估工作中，提高了评估效率。目前我国的数字治理在政府治理评估领域的相关研究主要应用于政府绩效评估，如庄国波、顾萍、杜永红等在大数据背景下对政府绩效和精准扶贫绩效的评估。[11—13]

综上所述，我国数字治理和政府治理现代化融合研究已有相关成果，但主要探讨不分层级的政府治理现代化及其评估框架构建，缺乏对省域政府的关注和聚焦；主要探讨数字治理对治理现代化的直接推动和重塑，缺乏对政府治理现代化评估工作的深入融合研究。因此，本文聚焦省域政府治理现代化，运用数字治理价值观和方法论尝试构建省域政府治理现代化的评估体系。

二、浙江省域政府治理现代化的逻辑起点和现状分析

（一）数字治理背景下浙江省域治理现代化的逻辑起点

1. 贯彻五大发展理念，深化政府治理现代化

创新、协调、绿色、开放、共享的新发展理念引领着经济社会的高质量发展和政府治理现代化。推动经济社会健康持续发展，推进国民经济和社会实现创新、协调、绿色、开放、共享发展，这必然要求对作为上层建筑的制度体系、体制机制进行改革调整，构建更加有利于新发展的制度平台和制度空间。这是全面深化改革的根本导向。我们必须贯彻五大发展理念，高水平推动省域治理现代化，坚持以人为本，充分体现人民意志，通过数字赋能改革上层建筑的制度体系、体制机制，提高区域治理现代化水平。

2. 协同式"大治理"模式

"大治理"是指系统地、普遍联系地而非孤立地推进省域政府治理，要妥善处理各领域、各方面、各环节治理之间的关系。强化数据治理，推进智能应用全覆盖，可以较好地实现社会建设与经济建设同步、平安幸福与民生改善共进、客观指标与群众感受相符。

如何深化数据治理,建立数据库,实现全覆盖,成为治理现代化必须回答的问题。"大治理"协同的力量辅以数字赋能作用,可以形成多个主体互补互助、多方协作的良性治理结构。

3.制度效能

制度的生命力在于执行。大数据、智能化对于制度优势向治理效能转化有着积极而重要的影响。借助大数据引领社会体系走向善治,需要关注两个层面的问题,即保持底线与向高端看齐。大数据、智能化可以促进智能决策,即在海量数据和不确定环境中自主决策和科学决策。通过数据赋能强化制度执行力,加强对制度执行的监督,切实把我国的制度优势转化为治理效能。近年来,衢州市十分重视大数据的开发和运用,依靠大数据有效提升了地方治理能力,在"放管服"改革特别是"最多跑一次"改革中走在全国前列。

(二)数字治理背景下浙江省域政府治理现代化现状分析

省域治理现代化是时代发展的必然要求和必经之路。习近平总书记在浙江考察时充分肯定浙江省域治理方面的积极探索,从全局性、战略性高度为浙江推进省域治理现代化提供了正确指引。学习贯彻习近平总书记考察浙江的重要讲话精神,必须全面对标"努力成为新时代全面展示中国特色社会主义制度优越性的重要窗口"的新目标、新定位。数字治理背景下,浙江省政府治理现代化现状主要表现在以下几个方面:一是平安浙江、法治浙江的建设顺应了人民群众对美好生活向往的需求。以"平安浙江"护佑安全与稳定,用"法治浙江"捍卫公平与正义,让平安与法治贯穿省域治理现代化的方方面面。二是先发优势不断转化为领跑优势,彰显治理效能。浙江省全面建设的特色基层治理体系包括党建统领、人民主体、三治融合、四防并举、共建共享、新时代"枫桥经验"、"最多跑一次"改革等,切实把矛盾解决在萌发状态。三是运用前沿技术进行数字化变革。数字化在浙江省域治理中的作用十分突出,为治理现代化注入了变革力量,利用大数据、云计算、区块链和人工智能等尖端技术来促进治理方法和理念的创新,为推进省级治理的现代化注入了新的动力。

三、数字治理背景下浙江省域政府治理现代化评估体系的研究

(一)数字治理背景下浙江省域政府治理现代化评估的价值主张

习近平总书记强调:"推进国家治理体系和治理能力现代化,要大力培育和弘

扬社会主义核心价值体系和核心价值观,加快构建充分反映中国特色、民族特性、时代特征的价值体系。"由此看出,价值观建设对于国家治理现代化很重要,而省域政府治理现代化评估首先需要有正确的价值理念导向和战略引领。省级人民政府是国家一级行政区政府,承办中央领导人指示、党中央和国务院文件在省贯彻落实的行文工作。省域政府直接面向各州、市人民政府和省直各部门、各单位,其服务的范围和服务质量是随着人民日益增长的美好生活需要的变化而动态变化的。省域政府治理现代化及其评估工作的主要价值理念就是成为人民服务的服务型政府。

以人民为中心,为人民服务,就是把评估的权力和评估工具交到广大人民群众的手中,让人民来诊断省域政府治理是不是以人民为中心,是不是在为人民服务。数字治理恰好可以提供数据处理平台和数据分析,如数字治理支持的手机端 App、微信公众号、自媒体等,都可以将触角深入千家万户,实现云评估。数字治理使得对以往"看不见、摸不到"的价值理念的评估成为可能,省域政府也可以实时关注评估结果,不断改进工作、提升能力,让为人民服务的价值理念落到实处。

(二)数字治理背景下浙江省域政府治理现代化评估的逻辑架构

在国家治理体系和治理能力背景下,省域政府治理现代化有三个核心要素:一是省域政府治理体系现代化,即由单一省域政府为治理主体转为多元治理主体以及与之匹配的治理机制、治理架构和机构设置等。多元治理主体主要由省政府、市场主体、社会组织构成,各司其职、优势互补、无缝衔接,最终实现多元主体协同治理的现代化治理体系。二是省域政府治理能力现代化,主要体现为治理主体的治理能力能否满足省域政府实现治理现代化的需要,如整合资源的能力、应急处理能力、驾驭和使用数据的能力等。三是治理效果现代化,就是政府各项治理数字化的程度和质量是否能够真正地让人民满意,即对治理最终效果的综合评价。

随着大数据时代的到来,数字治理已经成为政府治理现代化的重要载体和重要依托。数字治理不仅仅停留在方法论层面,更体现了现代治理价值中对数据的认知和驾驭。数字化将是未来治理的主要模式。数字治理背景下,浙江省政府治理现代化评估的逻辑架构包括管理架构、业务架构和技术架构三个层面(见图1)。

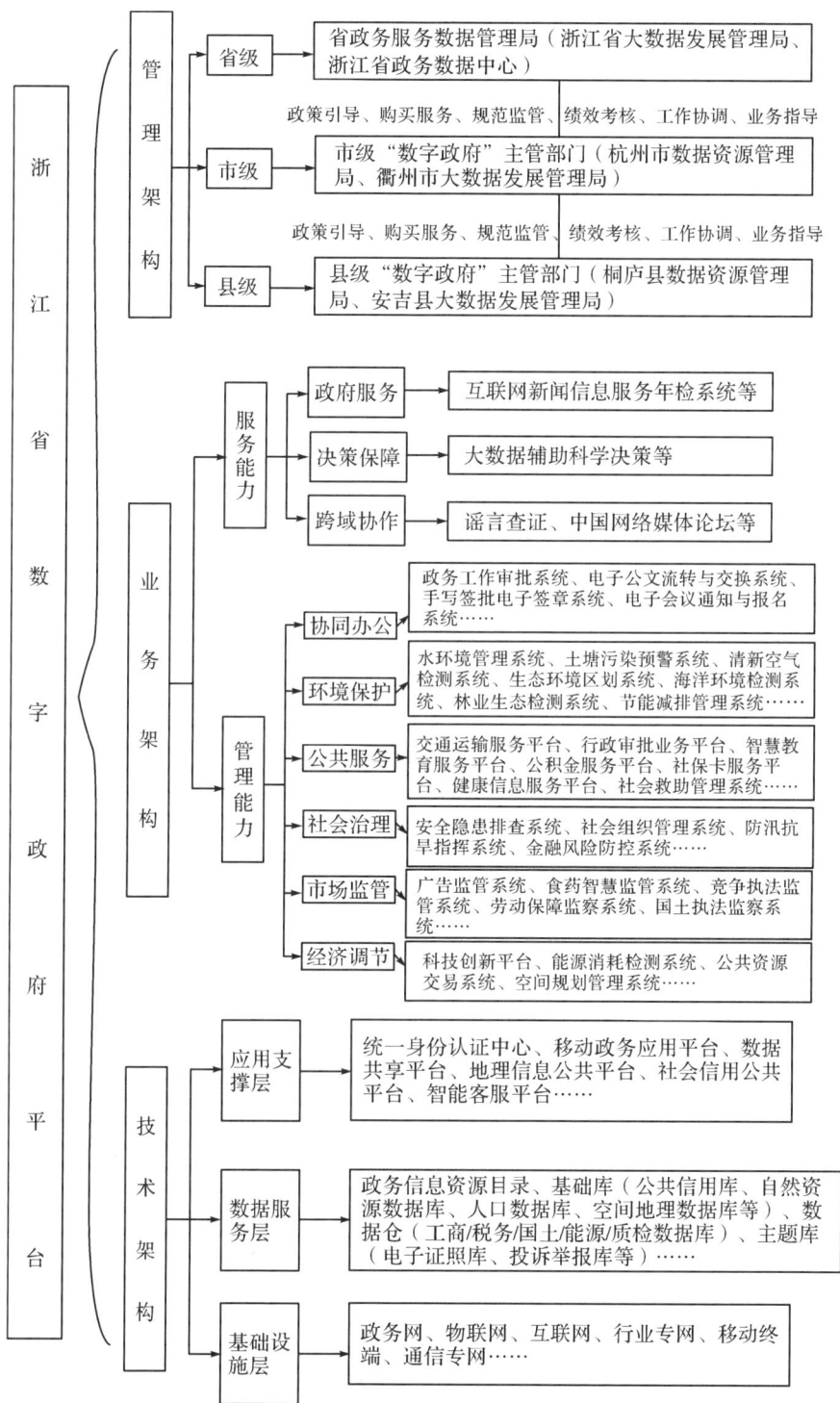

图 1　数字治理背景下浙江省政府治理现代化逻辑架构

由此可见,数字治理背景下省域政府治理现代化评估就是利用数字治理理念和工具,对省域政府在经济、政治、文化、社会和生态文明等社会的公共事务与公共利益的治理体系、治理能力、治理效果进行综合评估,并对其数字化程度和质量进行客观评价,从而全面评估省域政府治理现代化水平,为省域政府全面推进和落实政府治理现代化提供参考,最终贯彻落实为人民服务的价值理念,及时缓解并逐渐消除人民日益增长的美好生活需要和不平衡、不充分发展之间的矛盾。

(三)数字治理背景下浙江省域政府治理现代化评估主体

直接或间接参与政府治理评估过程的个人、团体或组织,就是政府治理结果的评估主体。实践证明,对政府治理的结果进行评估时,由于多元主体所采用的评估切入点、信息采集方式、指标设计体系不同,呈现出不同的评估结果。所以,选择合适的评估主体以及各个评估主体之间的结构对政府治理评估尤为重要。政府多元治理模式是新时期行政体制改革的需要。简政放权的提出,要求政府向公民、社会放权,而多元评估主体在很大程度上可以采纳来自公民、社会的意见。最后,多元评估主体的合理构成可以提高政府治理评估体系的科学性,提高政府治理评估的科学性和公信力。治理评估的主体应当是一个多中心的治理评估主体,即以公民参与为主体,公民、政府、社会相结合的有机整体。

(四)数字治理背景下浙江省域政府治理现代化评估指标维度

省域政府治理是一个由多个要素综合集成、协同运作构成的系统工程。结合数字治理背景下省域政府治理现代化评估的静态、动态指标和数字化评估标准,对评估指标体系维度的阐释如下(见图 2):浙江省域政府治理现代化建设质量评估最终落脚于效果评估,即结果评估。结果评估主要有浙江省域政府治理现代化评估和浙江省域政府治理现代化效果两个关键要素。浙江省域政府治理现代化评估是全方位、立体化评估,包括人民群众评估、同级政府评估和国家机关评估。人民群众评估主要考察人民群众的参与度、认可度、满意度以及主体地位的体现度;同级政府评估既包含同级政府内部评估,也需引入外部同级政府评估;国家机关评估采取权威机构、权威专家评估的方式。浙江省域政府治理现代化效果主要体现为"三个现代化",即组织系统结构的现代化、政府治理者素质的现代化、政府治理方式方法的现代化。组织系统结构的现代化主要是在职、责、权方面的动态结构体系中，工作任务进行分工、分组和协调合作的精细化程度；政府治理者素质的现代化主要体现在治理者的治理理念、治理目标、治理素养是否能够及时缓解并逐渐消除人民日益增长的美好生活需要和不平衡、不充分发展之间的矛盾；政府治理方式方法的现代化主要是指是否能够应用科学管理方法和科学技术方法。

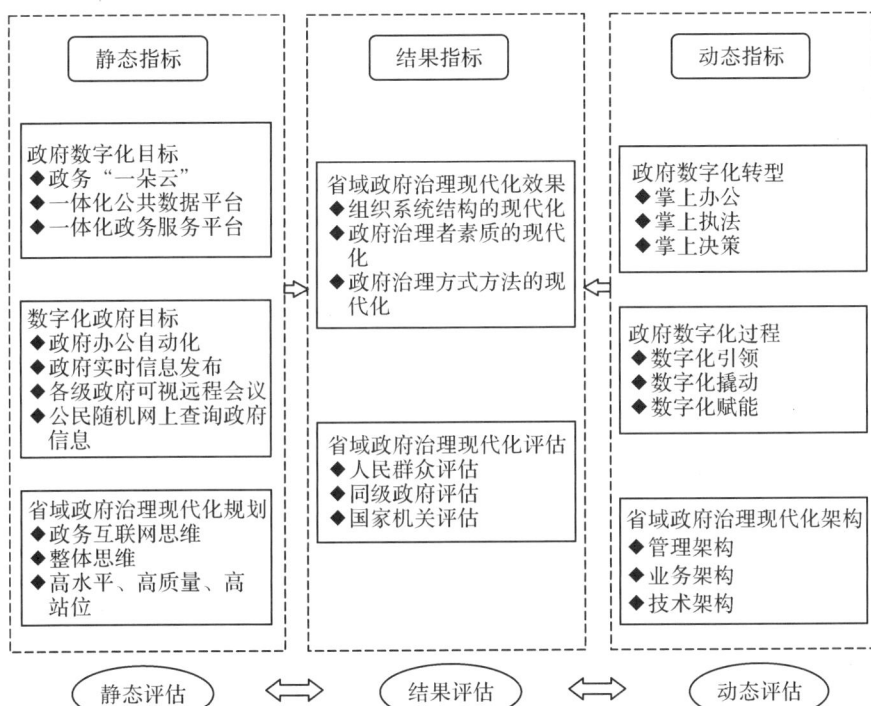

图 2　数字治理背景下浙江省政府治理现代化的评估系统模型

四、数字治理背景下推动浙江省域政府治理现代化发展的途径

（一）加快政府数字化转型

从历史维度看，科技进步曲线与政府变革曲线基本同步，技术进步带来的技术秩序的变动改变着政府治理的理念、方法和工具，使得政府治理的逻辑和运行流程发生转变。IT（internet technology）时代的到来使得政府的智能化革命势在必行。以人机互动、高度智能化为主导特征的 DT（data technology）时代已经到来，使得

数据洪流汇聚成数字治理的基本趋势。在数字时代,政府治理水平与经济运行能级具有紧密的关联。政府不直接参与技术的研发,但在数字技术体系的发展成型中发挥重要作用,并为数字经济的健康发展做出一定贡献。政府在利用数据资源过程中衍生出新的数字生态系统。在数字政府的建设中,人们将萌发更多的社会需求,社会治理体系形成以政府为主导的多元治理单元集,以社会需求为驱动形成交互敏捷的治理机制。在社会治理发展的历史实践中,数字时代背景下多元社会主体和社会力量日益分担了治理的任务,科技进步赋能政府治理,政府数字化转型是治理发展的基本趋势和必然要求。

(二)提升经济治理能力

经济治理的理想化状态是实现经济利益和民生福祉最大化,推动经济实现量的合理增长和质的稳步提升。要把建设现代化经济体系作为战略任务,把提供精准、有效的政策供给和制度供给作为关键路径,把提升科技治理能力作为重要保障,为经济社会发展赋能,打造高质量发展的动力系统。例如,浙江应对新冠肺炎疫情中采取的疫情防控和经济社会发展措施,确保了蔬菜、肉蛋奶、粮食等居民生活必需品的供应和经济社会正常运转,对有序推进复工复产表现出了强大的经济治理能力。

(三)加快制度优势转化

省域治理现代化对政府职能转变提出了更高的要求。浙江省"最多跑一次"改革秉承"八八战略"的治理宗旨,是引领改革创新、推进省域治理现代化的关键路径。浙江推广运用网上办、掌上办、邮寄办、电话帮办等便利化服务,从政务服务走向公共服务、经济管理、社会治理、民主法治实践,形成了系统集成、协同高效的整体效应。要坚定不移走中国特色社会主义社会治理之路,善于把制度优势转化为治理效能,充分发挥党总揽全局、协调各方的作用,强化"大数据治理"理念,在确保个人信息安全的前提下,提升智慧决策、智慧治理、智慧服务水平,加快推进基层社会治理现代化,加快把制度优势转化为治理效能。

(四)提升数据治理能力

数据治理水平反映出政府、社会适应新时代、新环境的能力。浙江的数据治理水平位于全国前列,以"最多跑一次"改革为抓手,运用"互联网＋"、大数据、云计算等现代信息技术,通过统一的云平台、政务平台、大数据平台,实现了部门之间的数据共享,打破了"信息孤岛"和条块分割,使很多事情可以"一网通办"。大数据、云计算、人工智能的广泛运用有效减少了各领域治理的死角和盲区,通过政府数字化转型有力推进"最多跑一次"改革覆盖面和深层次,自觉主动顺应以信息技术为主导的信息数字化,对政府职能进行综合性和全面性的数字转型重塑,推进政府部门工作流程再造,加快形成即时感知、智能运行、合理决策、监管服务的数字化治理形态。

(五)提升公共服务能力

群众的获得感、幸福感、安全感是国家层面、省域层面、市域层面以及县级层面治理现代化的立足点和切入点。要坚持治理以人民为中心,并发挥人民群众在治理中的主体作用。由于公共物品具有外部性,提供公共服务是政府的基本责任和职能,是共建、共治、共享的要求。公共服务能力要对标高水平全面建成小康社会目标,利用大数据、云计算、人工智能动态调整基本公共服务标准,围绕制约高质量发展、老百姓反映强烈、影响走在前列的突出问题,狠抓补齐突出短板和薄弱环节,确保民生特别是困难群众的基本生活得到有效保障和改善,让浙江省在数字治理背景下实现政府治理现代化水平更高质量。

五、结论与展望

本研究关注省域政府治理能力的评估,基于浙江省数字治理实践构建政府治理现代化评估体系,明确了省域政府治理现代化的价值取向是为人民服务,讨论了数字治理背景下省域政府治理现代化的评估框架、评估主体和评估的主要维度。由于研究篇幅有限,文章只是初步提出了数字治理背景下省域政府治理现代化评估的框架结构和评估指标的维度,未来还需继续将每一个维度进行细化分解,设计详细的分级指标完善评估维度,并实际应用于评估工作进行检验,逐步修正,最后得出一套比较健全的评估体系。

数字治理背景下浙江省域政府治理现代化,建设数字政府,有以下几点思考:一是建设数字政府是经济迈入高质量发展阶段带来的新命题,经济增长模式的变迁、经济结构的升级和发展方式的转变要求治理体系和模式的转变与升级。浙江在高质量发展之路上步伐稳健,经济效益好、产业结构优,既为治理现代化打下了良好的经济基础,也对治理现代化提出了从高速度模式向高质量模式、从增长型社会向现代成熟社会转变的高标准。二是社会网络化、数字化、智能化趋势提出了新的省域政府现代化要求。互联网技术的广泛应用加速了社会结构、社会发展模式、社会价值观念的改变,治理模式也必然发生变革。这些趋势带来了更为多元、松散的社会环境结构,表面上看削弱了政府职能,实则是要求在监管领域加强政府职能,不断强化全社会的责任意识和诚信意识,以现代化的治理夯实社会基础。尤其是在浙江,新一轮信息技术革命及信息经济发展迅速,对治理体系创新提出新要求的同时也带来了新机遇。三是社会转型加速倒逼治理结构的颠覆式变革。当前,我国正处于社会转型加速期,随着数字化浪潮来袭,社会转型之快超乎人们想象。在从社会管理向社会治理转变的过程中,不平衡、不充分的发展问题依然较多,共建、共治、共享目标的实现要求治理结构产生颠覆式变革,治理愈发强调多元主体之间的多向度协商与合作,以便达成对社会公共事务的有效治理。

参考文献:

[1] 黄保才.为省域治理现代化贡献台州经验[N].台州日报,2019-11-25(3).

[2] 徐越倩,李拓.我国省级政府治理现代化水平的测度与评价[J].中共杭州市委党校学报,2020(3):59-65.

[3] 葛燕.增强省域治理现代化四大支撑能力[J].浙江经济,2020(3):33-35.

[4] 吕德明.立足省域治理现代化 推进基层社会治理改革[J].群众,2020(7):61-62.

[5] 王建红,冉莹雪.大数据时代下省域现代化治理探索——基于浙江抗击新冠肺炎疫情的经验与启示[J].浙江树人大学学报(人文社会科学),2020(4):31-37.

[6] 汪仕凯.国家治理评估的指标设计与理论含义[J].探索,2016(3):146-152.

[7] 俞可平.中国治理评估框架[J].经济社会体制比较,2008(6):1-9.

[8] 李靖,李春生,董伟玮.我国地方政府治理能力评估及其优化——基于吉林省的实证研究[J].吉林大学社会科学学报,2020(4):62-72.

[9] 计晓峰,张海龙.浅析政府治理的评估[J].农村经济与科技,2017(24):11-12.

[10] 王鑫,于秀琴,朱婧.数字治理视角下县级政府治理现代化的评估体系研究[J].中国行政管理,2019(12):47-50.

[11] 庄国波,时新.大数据时代政府绩效评估的新领域与新方法[J].理论探讨,2019(3):166-171.

[12] 顾萍.大数据背景下提升政府绩效评估的机制与路径[J].中国统计,2018(5):13-15.

[13] 杜永红.大数据背景下精准扶贫绩效评估研究[J].求实,2018(2):87-96,112.

【作者】

胡俊青,中共衢州市委党校教师

政府数字化建设中的技术与制度互动研究

——以"无证明城市"改革为例

应小丽　袁　霏

一、问题的提出

党的十九届四中全会提出,建立健全运用互联网、大数据、人工智能等技术手段进行行政管理的制度规则,推进数字政府建设,加强数据有序共享。[1]以大数据为核心的现代信息技术的快速发展,加快了政务服务的数字化,推动了政府数字化建设的进程,也为行政审批制度的深化改革提供了良好的技术手段。技术嵌入治理,建设数字化政府,提升数字化运用能力,不但是时代发展的要求,也是实现政府治理改革的必要条件。目前,发达国家正在努力通过信息技术来构建透明、责任、高效、公民本位的政府,大力建设数字政府;为实现公共事务的数字化,各级政府开放政府数据并加强数字化参与,制定并出台了一系列政策战略、行动指南。与发达国家相比,我国对数字化政府的研究起步较晚,具体的实践也是近几年发展起来的,相关基础设施建设处于初级阶段,距离成熟还需要一定的时间。但这也指明了未来政府改革的方向势必是新兴技术与治理的深度结合。

随着"放管服"改革的开始,各地展开的政府数字化改革不在少数,其中运用的信息技术种类繁多,但当前政府数字化建设依旧存在"信息孤岛"、数据共享困难等一系列问题,群众对改革的部分成效并不完全满意。这不仅仅是单纯的技术问题,实际上也是新兴技术与治理制度之间的融合和摩擦问题。未来如何让信息技术与已有政府治理制度相协同是解决政府数字化建设中相关问题的关键。那么技术究竟是如何与制度互动的,未来怎样的技术与制度互动关系能够挖掘出技术的潜在力量,促进政府数字化建设良性发展并充分发挥我国的制度优势?

二、文献综述与分析框架

在技术与制度的研究上,国内外学者主要呈现出"技术决定论""制度决定论"和"技术与制度互构论"三种不同的态度。

(一)技术决定论

技术决定论者的核心观点是,技术相对于制度是第一性的,技术创新决定制度变迁。技术决定论最早由美国制度经济学家凡勃伦(Veble)提出。他认为,技术是自主的,技术优先于制度,技术创新必然会导致制度的变迁;技术具有二重性。Orlikowsk 提出,它既是一种客观技术,也是一种被赋予社会意义的客观技术。技术虽然可能不会决定制度的变迁,但触发了制度的变迁。埃吕尔(Ellul)在此基础上提出,技术发展最终将会产生"技术国家",技术的内在逻辑会代替政治行动。在我国,技术决定论不乏拥护者,但主要从其应用角度出发。从技术治理在政府治理的过程中的作用出发,孟天广认为,要提高政府治理效率,必须高度重视技术的作用。何包钢在研究协商民主会议时提出,协商民主会议作为一种治理技术,有效地推动了我国基层民主的政治建设。郎友兴通过对浙江人大代表履职服务平台的案例研究,发现该平台为非制度化的网络政治参与提供了制度化渠道,技术作为一种治理工具作用于制度,相对于制度来说具有优越性。综上,足以发现技术在现代社会中具有重要作用。然而,技术决定论有其局限性。在技术日益发展的今天,其带来的环境、生态等问题日益严重,这是技术决定者无法单纯通过技术来解释的问题。

(二)制度决定论

制度一般是一系列用以规范生产、交换和分配的基本政治、法律、社会准则和规范。制度决定论者认为,制度是第一性的,制度规则决定技术的发展。制度决定论源于新制度经济学派。诺斯(North)认为,引起经济增长的原因应该从制度中寻找,而非技术因素。技术受制度支配,为制度服务提供手段,制度需求决定技术发展的方向,科技制度是制度对科技发展方向的具体要求。在技术与制度的关系中,制度建构了技术系统并赋予技术系统以意义。制度决定论在我国取得了较大的发展。林毅夫在审视中国传统政治制度与科技发展时发现,绵绵不断为传统中国输送优秀人才的科举制度在一定程度上抑制了人们对科学技术的向往,这直接导致了我国近代科学技术水平远落后于西方发达国家。吴敬琏也提出国家新兴产业的发展不取决于政府的投资和技术开发,而是要有一整套有利于技术发展的制度安排。技术运用于各类政府事务中是"技术吸纳政治"的过程,这需要以国家权力、政府治理理念与机制等多方面的转变为基础。制度是推动治理变革的关键因素,要以制度现代化推进国家治理现代化。综上,制度决定论者的核心观点就在于社会发展中,制度安排的作用要重于技术自身的作用。但是制度决定论也有其局限性:制度并非一日建成的。技术更替一日千里,而制度更替则一日百里,制度变化是远落后于技术变化的。同时,制度决定论也无法解释为什么工业革命没有首先发生在各类制度领先的古代中国。

(三)技术与制度互构论

无论是技术决定论还是制度决定论,都有其一定的局限性。由此,技术与制度互构论逐渐进入相关学者的视野。

马克思和恩格斯从生产力和生产关系角度出发辩证看待这个问题。技术属于生产力范畴,制度属于生产关系范畴。技术与制度相互依赖、相互影响,但技术与制度并不是平等的。在马克思定义的生产力与生产关系中,生产力与生产关系的地位不是平等的,存在先后次序,技术相对于制度具有优先性。技术属于实践范畴,缘于人类政治生活所需,由生产关系和生产力水平决定的技术与政治相结合已成为实然的存在并发展着。技术推动了制度的变革,制度也推动了技术的变革。"制度—技术"型治理模式是信息时代国家追求治理技术精细化和治理机制高效化的一种具体体现,在一定程度上契合了复杂性治理的现实需求。对此,邱泽奇教授提出,良好的技术治理应该是技术和制度的同步变革、相互增效。它们的关系是一个技术提供方和技术使用方相互建构的过程,必须同步进行协同,只有这样才能既为技术创新创造公平、稳定的环境,又运用技术进行自我革命,形成优势互补、相互协作的良性互动关系。

(四)技术与制度互动关系分析框架

技术与制度的发展框架如下:根据技术与制度在互动过程中的强弱关系,将其分成如图 1 所示的四个阶段。弱技术—弱制度阶段主要是政府数字化建设初期,技术和制度均为原始状态作用于改革之时。该阶段主要表现为改革中的诸多技术与制度问题。由于技术的自发性和制度的滞后性,强技术—弱制度阶段会先于弱技术—强制度出现,这两个阶段主要表现为宏观的技术与制度安排的出现,推动改革前行。强技术—强制度阶段则表现为更加有针对性的技术发展和制度发展,推动改革大幅前进并取得一定的成果。这也是下文案例的叙述逻辑。

技术	强技术—弱制度	强技术—强制度
	弱技术—弱制度	弱技术—强制度
		制度

图 1　技术与制度的发展阶段

技术与制度的发展框架如图 2 所示。技术与制度在政府数字化建设中的互动关系大致可以分成四个闭环:弱技术—弱制度阶段,新的技术和制度都处于萌芽阶段,主要由原有技术和制度作用于政府数字化建设;强技术—弱制度阶段,技术开发者在原有的技术与制度基础上,研发出新技术 X 应用于数字化建设,并经由技术使用者的应用和反馈更新技术 X;弱技术—强制度阶段,技术发展到达一定的瓶颈,需要制度的介入,制度制定者制定制度 Y 应用于数字化建设;强技术—强制度阶段,制度制定者制定出更细化、更具针对性的制度 Y,作用于技术使用者、技术开发者、政府数字化建设,在新制度的基础上,技术开发者更新技术 X 进一步应用于政府数字化建设。

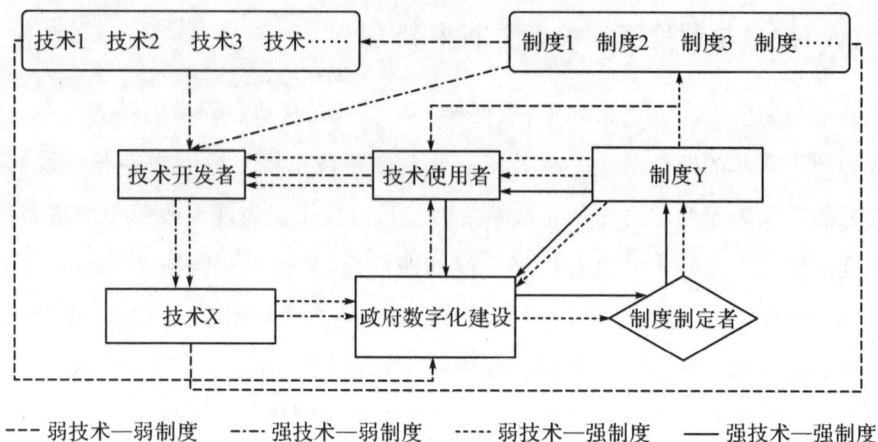

图 2　技术与制度的发展框架

── 弱技术—弱制度　-·- 强技术—弱制度　····· 弱技术—强制度　── 强技术—强制度

三、"无证明城市"改革的案例分析

（一）"无证明城市"改革简介

"无证明城市"改革发源于金华,是在"放管服"改革和"最多跑一次"改革背景下,地方政府立足于民众进行的一场刀刃向内的证明材料梳理和取消的自我改革。针对群众办事需要反复跑多个部门开具证明才能办理事项的现象,金华市政府开启"无证明城市"改革。2018 年,金华义乌正式开始"无证明"改革的试点工作,从梳理证明文件的必要性入手,将各部门事项的证明材料直接取消或间接取消,无法直接取消的则以大数据平台为支撑,进行各部门数据共享,或部门查验或告知承诺来取消证明。同年 8 月,义乌正式建成"无证明城市"。

义乌"无证明城市"改革的先行经验,为金华全市铺开"无证明城市"改革奠定了基础。2019 年 2 月,"无证明城市"改革在金华全域范围内正式开展。截至 2019 年 2 月底,各地区、各部门已直接和间接取消证明材料 2001 件。2020 年 7 月,金华"无证明城市"改革被列为首批全国法治政府示范项目。

（二）"无证明城市"改革缘起与发展

无证明城市改革必须要解决好三大问题:一是技术,二是制度,三是让技术与制度相匹配。由此,按照技术与制度在改革中的强弱关系和应用能力的不同,可大致分为如下几个阶段。

1.弱技术——弱制度:"无证明城市"改革的现实困境

自 21 世纪初,电子政务工程开启以来,各类信息技术、网络技术被应用于我国政府服务之中,提高了政府的办事能力和效率。其主要针对政府内部办事的电子化,至于取消群众办事遇到的诸多证明,还存在一定的现实困境。

(1)部门间缺少信息共享渠道。各部门在日常的工作中通过正规的业务办理收集了大量的数据信息,可直接用于内部事项办理。这些信息被顽固地锁在部门内部,成为"信息孤岛",无法与其他部门共享。各部门信息联系中断,导致群众办理事项时必须在各个部门之间开证明。

(2)缺少统一信息提取平台。各部门信息使用平台的不一致加剧了信息获取的烦琐度,在一定程度上催生了各种证明。目前各部门都有自己的办事平台,基层工作人员在办事之时往往需要登录数个平台才有可能将各种数据查询的证明收集完整,这大大降低了工作效率和准确度。

(3)规范性制度约束不足。缺乏完善的规章制度是各种证明长久存在且开具烦琐的重要因素。完善的规章制度是群众和基层工作人员按章办事的必要条件。在缺乏规章制度和服务准则的情况下,群众办事只能凭借各部门工作人员的建议在各单位之间来回奔跑,基层工作人员也只能凭权限来办事。

2.弱技术——强制度:"无证明城市"改革的制度基础

"四张清单一张网"建设和"最多跑一次"改革为"无证明城市"改革夯实了基础。金华市在梳理办理事项流程和证明材料的基础上,织就政务服务一张网,在删减行政审批事项以提升服务效率这件事上下功夫。除特殊情况不能在网上直接办理的事项外,其他一律在行政审批平台搭建的政务服务网上进行,由此,市级行政审批事项削减比例达 54.5%。[2] 除了织就政务服务网之外,金华市还推进了责任清单的"强身",公布了市本级 39 个部门的主要职责、具体事项和相关部门直接边界,让群众办事找部门更清晰。"四单一网"建设为金华市深入进行行政服务审批改革打下了良好的基础,不仅让群众办事更清楚,也给政府部门减轻了负担、明晰了职责。尽管在"最多跑一次"改革之后,各事项办理流程被重新梳理,办事证明材料被进一步明确,但群众办事依旧需要自己跑各个部门开具证明。

3.强技术——弱制度:"无证明城市"改革的技术基础

大数据技术的发展与政务服务的结合为"无证明城市"改革提供了技术基础。

金华市政府构建起"无证明城市"改革的数据共享模型,利用大数据技术搭建起全市统一的数据查询核验系统,首先依托"一窗受理平台"进行大数据采集,实现多个跨部门审批服务事项的综合;接着"纵向"利用浙江省大数据局"基础数据库";然后横向依托义乌市公共数据共享平台。[3] 利用大数据技术,金华市整合、归集、共享、开放公共数据资源,打破"信息孤岛",顺利实现部门间的数据共享,让证明从"脚尖"跑出来到"指尖"点出来。

大数据技术应用于政务服务网站建设,为打通各部门信息创造了条件,但仍旧存在技术壁垒。在数据共享推进过程中,政务大数据共享的技术壁垒主要有标准不一、平台叠加、接口不通等。有些地方和部门信息收集基础条件较好,对大数据技术的认知水平也较高,容易形成数据共享的共识;而有些地方或部门原有信息基础较差,若要将信息系统进行升级改造,需要花费大量的时间、资金和精力,因而推进数据共享积极性不够。"最难攻克的还是我们目前技术有限。"金华市改革协调小组组长在谈到这个问题时说道。如果强制实行整齐划一的推进策略,可能会遭到一些地方和部门或明或暗的抵触,这就直接在很大程度上阻碍了取消证明的进程。

4. 强技术—强制度:"无证明城市"改革的技术与制度安排

大数据技术针对性的升级换代是"无证明城市"改革的关键要素。针对实际运行过程中存在的数据标准不一、多平台叠加等问题,金华市政府加紧升级数据校验系统。一方面将省大数据局及各部门自身的信息系统统一连接,利用省级1300多个数据共享接口和部门系统接口实时调取数据,建成上连省级、下接乡镇(街道)、部门联通的数据共享体系;另一方面,针对安全和网络问题,金华市大数据局不断提升数据校验系统的安全性和稳定性,减少基层断网的现象,让基层政务服务更加顺畅和便利。由此,从原来的各部门互不共享的"数据鸿沟"状态转变成顺利在平台上进行"数据共享"。

两张清单制度是"最多跑一次"改革向"无证明城市"改革纵深推进的重点核心任务。将金华全市近3000项事项放到取消清单和保留清单两个筐子里并不是难事,但要将它们尽可能地往取消清单里丢却是难事。金华采取的是"拉网式"的深度清理,通过在3个横向的政府机关、公共服务民生机构和金融机构,3个纵向的市级机关、镇街和村(社区)中对无依据的6类证明进行清理[4]的同时,以清单方式列出原办事所需相关证明材料,并指出新的获取方式——直接取消、告知承诺、数据查询和部门查验,由此,634 项证明可以通过直接取消的方式实现"无证明",占总数的 23.2％。[5]

告知承诺制和城市信用体系建设是"无证明城市"改革削减证明的有力一拳。在证明材料无法直接取消或通过后台核验直接获得时,以公民信用为载体的告知承诺制是群众免予提交证明的有力举措。信义是金华人民一直坚守的精神品质。在"信义金华"建设的推动下,金华市在城市信用综合指数排名中逐年上升,2019年在全国城市信用监测月报中位列地级市 35 名。公民凭借自己的信用值,向办事机构申请承诺所办事项真实、有效,事后由政府部门核查,若事项为假,则撤销所办理事项,同时将对公民个人信用产生重要影响。由此,以告知承诺和部门事中事后监管为途径削减证明达 409 项。

容错免责制度是"无证明城市"改革必不可少的一环。容错免责制度能够让政府办事人员在处理群众需求或需灵活办事时不必担心事后的风险和责任,从而提升为群众办事的积极性和服务意识。这保证了群众办事最多跑一次的实现且保障了告知承诺制的顺利实施。

监督制度是"无证明城市"改革最好的维护和倒逼机制。为此,"跑一次办不成"专窗应运而生。群众能将办事中跑一次服务中心办不成的事反馈到专窗,形成自下而上的监督模式,以补充自上而下改革中的不足。同时,监测点和暗访也形成自上而下的监督模式。由此,监督"无证明城市"改革落到实处,并倒逼其走向更深层次。

四、"无证明城市"改革中技术与制度的互构逻辑

技术与制度在政府数字化建设中缺一不可,具有相对独立性,但其互动关系决定了政府数字化建设的方向和成果。技术的二重性决定了技术能够被应用于政府治理中,并提高治理效率和治理效能。在政府的数字化建设中,作为嵌入型技术的大数据技术在信息共享、功能整合、府际协同等政府数字化环节中发挥了积极的作用。制度是政府数字化建设的重要变量,在相关实践改革中发挥必不可少的基础性作用。一个好的制度系统能为政府改革提供合法性地位,并为改革和实践赋予权利、指明方向和规范方式,对改革具有正向作用。由此,本文提出了如图 3 所示

的技术与制度互构逻辑。

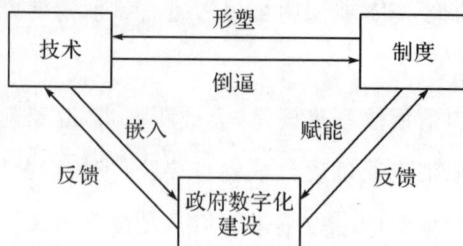

图3 技术与制度的互构逻辑

值得注意的是,在技术与制度的互动过程中,技术与制度的发展具有一定的先后性。技术发展的自然属性和制度变迁的滞后性决定了这一先后性,技术发展先于制度做出反应,制度发展又为技术发展塑形,推动其进一步发展。由此,技术与制度不断互动发展,推动政府数字化建设向纵深走去。

(一)技术嵌入政府数字化建设

1.技术嵌入政府信息共享

互联网技术为解决信息共享问题提供技术支持。政府内部数据孤岛现象一直以来限制着各部门的信息共享程度。数据被局限于各部门内部,无法被串联,导致数据沦为死物,无法发挥其应有的价值,最直接的后果则是群众在办理事项时必须自己反复到各部门开具证明。搭建统一的数据服务平台是政府数字化建设的核心,统一各部门数据,并将各部门数据系统接入统一的数据服务平台,工作人员在处理事项时便无须向群众索要证明事项,转到可直接提取信息的数据平台。这解决了部分信息共享问题,但信息是敏感的,具有保密性,数据无法全部被拿出来直接共享。

2.技术嵌入功能整合

大数据技术为解决信息和功能零散问题提供高效路径。各部门信息系统不一、功能不同、格式不一,由此,即使部门愿意拿出数据来共享,也面临着无法被标准化接入统一的数据服务平台,需要工作人员在多个系统间来回切换的现实问题。大数据技术有针对性的发展整合能力为解决各部门信息零散问题提供了可能。大数据技术将公共数据资源进行一定程度的归集和整合,再统一接入数据服务平台,由此解决各部门、各系统标准不一的问题,实现工作人员数据查询的快捷操作。

3.技术嵌入部门间协同

信息技术为解决部门间协同问题提供可行的解决方案。部门内部的无法协同是导致群众需要跑各个部门开具证明的直接因素,也是限制政府数字化建设的关键问题。随着"浙政钉"、OA系统等政府内部工作交流技术的出现,这一问题被逐渐解决。部门核查证明事项正是利用了"浙政钉"等内部交流途径解决了敏感数据无法直接共享的问题。证明事项从群众的"脚下跑"变成了工作人员的"指尖跑",从群众跑几天的证明变成了指尖短至几分钟的证明。

综上,可以发现,合理利用各类技术能够解决政府数字化建设中诸如信息壁垒、部门协同困难等问题。值得注意的是,工具理性能够为政府数字化建设提供多种可行路径,但技术并不是决定性因素,在运用技术提升政府治理能力的同时要避免技治主义的倾向。

(二)制度赋能政府数字化建设

1.制度赋能大数据技术

大数据技术能够被运用于政府数字化建设的基础在于制度,制度决定了技术能否在政府治理领域大展身手。制度整合技术能力,将合适的技术应用于治理和改革中;同时制度也为技术在此过程中的发展和应用指明方向,充分保障技术在改革中顺利运行。

2.制度赋能政务行动者

政务行动者是连接改革技术和改革成果的中介环节,一切技术与制度都必须要政务行动者来实施。制度赋能政务行动者体现在两个方面:一是保障政务行动者的权利。现实情景中,政府工作人员按照规章制度来给群众办事,一系列与改革相匹配的规章制度能够赋予工作人员和部门更多也更清晰的权利和责任,让工作人员敢做事,也让部门敢拿出数据来分享。另一个是赋予政务行动者权利。群众无法直接办事的很多原因在于,工作人员害怕承担证明不足带来的后果。而容错免责制度和告知承诺制的结合很好地保障了工作人员的权利,让工作人员不但能去做,还敢去做一些事情。

综上,可以发现,一系列良好的制度与规范能够保障技术在政府数字化建设中的顺利运行,也能够给政务行动者提供权利的保障。值得注意的是,制度理性能够为政府数字化建设提供保障和规范作用,但并非其中的决定性因素。在运用制度来推进数字化的进程中,必须注意规避制度主义的风险。

(三)技术与制度互构决定政府数字化建设

1.技术倒逼制度发展

技术的自然属性决定了技术的进一步发展必须要有制度的介入。技术总是在不停发展之中,推动政府治理效能和能力的提升,但是制度的刚性在技术发展到一定阶段时会限制技术的进一步发展。当技术的发展以及政府治理的嵌入达到一定程度时,不合适的陈旧制度必须被更新,与之匹配的行政法规、监督条例等必须补位。技术需要制度的规范和引领,因而倒逼制度做出反应。技术与制度的互动促进制度能更好地为技术服务于政府数字化建设服务,规避单纯的制度主义带来的局限性。

2.制度形塑技术发展

制度为政府数字化建设指明技术发展方向,为技术在政府治理中能顺利发挥作用保驾护航。技术是有弹性的,技术发展是杂乱无序的,制度的刚性能够很好地为政府数字化建设塑造合适的技术轮廓,让技术提供更具针对性的服务。两张清单制度、容错制度、监督制度等为技术在政府数字化建设中的位置和功能指明它应做出怎样的发展和更新。制度的不断完善和变迁推动了技术在制度框架下的不断更替,发展出因时、因地、因需的数字技术。技术理性和制度理性的结合,可以促进技术的良性和高效发展,规避单纯的技治主义带来的技术风险。

五、结语

本文尝试从技术与制度的互动过程出发,探究政府数字化建设中技术与制度的作用和互动关系。在对金华"无证明城市"改革中,技术与制度的发展实践进行分析时发现,技术与制度在政府数字化建设中发挥了不可磨灭的作用,但它们均不能算是数字化建设的决定性因素,技术与制度的结合与互动才是政府数字化建设的关键。技术嵌入政府数字化建设之中,对信息共享、功能整合、部门协同产生影响;制度赋能政府数字化建设,给予大数据技术和政务行动者权力和能力;同时,技术倒逼制度向前发展,制度对技术产生形塑作用。政府数字化建设是未来很长时间内政府提高治理效能和治理能力的重点之一。理顺技术与制度在其中的作用和逻辑有助于提高政府数字化建设效率,是大数据时代提升国家治理能力和效能的必然要求。"无证明城市"改革是政府数字化建设的金华答卷,对技术与制度的深度开发破解了金华行政审批制度向纵深前进的难题,让金华营商环境、法治政府建设走在全国前列,为其他地区政府数字化建设提供了优秀样本,也为浙江成为中国特色社会主义制度优越性"重要窗口"贡献了金华力量。

参考文献:

[1] 中共中央关于坚持和完善中国特色社会主义制度 推进国家治理体系和治理能力现代化若干重大问题的决定[N].中国艺术报,2019-11-06(1).

[2] 江南.浙江推进"四张清单一张网"改革:政府更高效百姓更满意[EB/OL].(2016-09-28). http://cpc.people.com.cn/n1/2016/0928/c64387-28745234.html.

[3] 义乌市:打造"无证明城市"[N].浙江日报,2019-03-12(8).

[4] 傅柏琳.义乌在全省率先实现"无证明城市"[EB/OL].(2018-08-17). http://www.yw.gov. cn/11330782002609848G/a/zxyw/mryw/201808/t20180817_2737846.html.

[5] 叶梦婷.金华推进"无证明城市"改革深化"最多跑一次"[N].浙江日报,2019-07-30(14).

【作者】
应小丽,博士,浙江师范大学法政学院教授
袁霏,浙江师范大学行政管理专业硕士研究生

市域基层治理体系和治理能力
现代化的衢州样本研究

金正帅

当前经济社会发展转型过程中面临的问题与挑战,最为集中地反映在基层乡村和城市街居,基层治理面临着严峻挑战和转型压力,需要一种新的适应变革的治理模式。

近年来,衢州市在市域治理方面开展了大量的探索与创新,形成了一系列行之有效的实践成果。如大力推进智慧治理,"互联网＋政务服务"走在全省前列,"最多跑一次""最多跑一地"改革领跑全省并向多领域延伸;"雪亮工程"全国示范;"互联网＋社会治理"全国领先,"基层治理四平台"全面建成,发挥效应;"村情通"等创新做法扎根基层;"全科网格"向"全民网格"拓展;加快形成党的领导全面、体制机制简约、运行管理高效、多方协同治理、群众办事便捷的共建、共治、共享的基层治理新格局,不断提升基层治理体系和治理能力现代化水平,全力打造中国基层治理最优城市。进一步推进衢州市域基层治理体系和治理能力现代化,要正确处理好改革与依法行政的关系;加快推进协同治理的"整体性政府"建设;加快推进个人、企业、项目全生命周期便利化改革,推动相关事项"一件事"联办;加快建设完善大数据"政务云",实现数据互通共享;加快"城市大脑"建设,将其应用到市域治理的各方面、全过程。

一、基层治理体系和治理能力现代化的理论基础

1989 年,世界银行概括当时非洲的情形时首次使用了"治理危机"一词。此后,"治理"便被广泛地用于政治发展研究中,特别是被用来描述后殖民地和发展中

国家的政治状况。近年来,各国学者对治理理论的研究,逐渐超越了其最初的领域和范围。

所谓治理,指的是在人们生活的共同体中,为着共同的目的和公共利益,各种不同的权威主体通过运用权力去引导、控制和规范各种活动,从而最大限度地促进公共利益。治理是根据一套规则运转的持续行为过程,基础是合作、协调,而不是管制和控制,目标是促进公共利益。

基层治理是一个政治制度框架或政治结构之中最基层的权力运作过程。在这个过程中,各种不同的行为者都是参与主体,他们遵循特定的制度规则和程序,以合作、协商的方式持续地推进公共利益,是推进国家治理体系和治理能力现代化的基础所在,直接关系到人民群众的生产和生活,决定着党执政的社会基础和执政能力。基层治理的落脚点在基层,着眼点在治理。基层治理是管理方式的变革,从简单的控制、主导转向合作与伙伴关系。

我国的基层治理主要是指在中国经济社会政治制度机构之中,在乡镇、村以及城市街居的管理层级中,不同的行为主体如党、政府、社会组织、个人围绕本地区的利益,通过协商合作等方式实现公共利益最大化的政治过程。

现代治理强调多元性、平等性、透明性、回应性与协作性,强调民主、法治与科学精神的统一。这种变化首先意味着从单一中心到多个中心的转变,实现政府、市场和社会等多重力量的合作共治。

有关基层治理能力,人们一般强调基层国家权力对上级政策的执行能力,以及对基层社会的整合、渗透和资源提取等方面的能力。这些方面的能力固然重要且必要,但它们更侧重于政府单面向因素,轻忽了市场、社会的角色及其与政府之间的合作共治。实际上,正是多元主体的合作共治能力集中反映了现代治理体系及其能力的大转型。

推进基层治理体系和治理能力现代化,一是要统筹机构编制资源,整合基层的审批、服务、执法等方面力量,把相近的职能整合到一个部门或平台上来,做到优化、协同、高效;二是实行扁平化和网格化管理,把条的管理与块的治理协同起来;三是明确政策标准和工作流程,改进政务和信息公开的体制机制,创新服务流程和服务方式;四是打破信息壁垒,通过更科学、更便捷的信息网络技术全面优化和提升服务能力。

二、基层治理体系和治理能力现代化的实践诉求

（一）乡镇（街道）"单薄"的管理职权与繁重的工作任务不匹配

在基层治理的实践过程中，基层政权治理社会和服务人民群众的职责在增加、任务在加重，"上面千条线，下面一根针"成为普遍写照。长期以来，人们将基层定位为政策执行者，往往赋予的任务和责任多，管理权力和资源少；支出压力大，可用财力少；行政效能低，管理成本高；管理模式与政策法规不配套，职责监督缺位。所以，其总体能力有限。"超载"的责任，使基层政府在履职时力不从心，更谈不上主动回应，提供精准化、精细化的服务了。根据民政部这几年对全国乡镇基层政权和城市街道社区建设情况的调查，基层政权普遍面临的困难是，权责不统一、事权大于职权，经费不足、财政运行困难，人员有限、干部能力不足等。治理所需的人财物、权责利等资源"横向不到边，纵向不到底"，无法顺畅地输送到基层，治理和服务无法真正惠及群众。"一横一纵"让治理效果打了折扣，需要加强统筹协调，推动治理和服务重心向基层下移，把更多资源下沉到基层。

基层公共事务管理中的条块分割统筹难、职责交叉协调难现象比较普遍。乡镇（街道）统筹协调与部门派驻机构"两张皮"、统筹不力、步调不一、资源力量分散、推诿扯皮、衔接不畅导致治理碎片化的问题普遍存在，上级职能部门看重手中的职权，往往是放了事务，不放权力，权力包揽的多，责任承担的少，甚至"责任甩锅"，乡镇"流汗又流泪"。

当前，乡镇干部普遍感到压力大、责任重、风险高，主要原因是"属地管理"被滥用，在城镇建设、交通安全、综合执法等多领域存在县、乡职责边界模糊不清的现象，以及分工模糊、运行不畅、"看得到管不着，管得着看不见"的顽疾。国土属地责任、环保属地责任、信访维稳属地责任，一些职能部门本应是责任主体，现在却成了督查主体，考核也往乡镇压。例如，土地违法买卖、拆除违章建筑等责任在乡镇，执法权却在自然资源和规划、综合行政执法等部门。由于执法力量有限等客观原因，县级部门不能及时发现和查处违法行为，乡镇处于基层工作前沿，虽发现问题，但没有执法权，难以有效处置违法行为，疲于应对，苦不堪言。

（二）部门之间协同整合有限，信息资源共享少

实现基层治理体系和治理能力现代化，建设人民满意的服务型政府，还面临各种体制机制障碍。各部门之间协同整合有限，部门间信息资源共享少，形成一个个"信息孤岛"，各自为政，缺乏整体协调，治理和服务的成本高、效率低，既限制了各部门服务能力的提升，也给人民群众到政府部门办事带来许多不便。工作推诿多，和衷共济少，为群众排忧解难少，常常相互扯皮甚至相互掣肘，导致党和政府服务民生的一些好政策落不到位，一些好事没办好。公共权力部门化、部门权力利益化、部门利益合法化等体制弊端给"技术融合、业务融合、数据融合"带来现实羁绊。制约发展的体制羁绊、机制束缚、利益藩篱，体制机制的不适应、不协调，技术上的信息壁垒普遍存在。

三、市域基层治理体系和治理能力现代化的衢州创新实践与成效

2018 年，衢州市提出基层治理战略任务，全力打造中国基层治理最优城市，为"中国之治"的基层之治提供衢州标准、衢州方案、衢州样本，做深、做好"互联网＋政务服务""党建＋基层治理"两大文章，通过"制度设计＋技术支撑"，着力构建以基层治理"四大五加"（大党建统领、大联动治理、大数据应用、大融合推进，"网络＋网格""线上＋线下""制度＋技术""公转＋自转""共性＋个性"）为主要内容的体系架构和"主"字形运行架构，加快形成共建共治共享的基层治理新格局，不断提高市域基层治理体系和治理能力现代化水平。

衢州市"全面提升基层治理现代化"获得"2018 年度中国十大社会治理创新"奖，入选"改革开放 40 年地方改革创新 40 案例"，向全国分享市域基层治理体系建设实践经验。2018 年 11 月，国务院办公厅对在国务院第五次大督查中发现的典型经验做法给予表扬通报，其中衢州"最多跑一次"在列。衢州"雪亮工程"获评全国政法综治智能化建设创新案例，受到中央政法委高度肯定，并在全国推广。衢州市政府数字化转型 2018 年度考核全省第一，荣膺"2018 年度中国十佳营商环境示范城市"。2020 年 2 月，"衢州数字化社会治理标准化试点"列入国家标准化管理委员会下发的"第六批社会管理和公共服务综合标准化试点项目"。

"党建统领＋基层治理"体系经受了抗击新冠肺炎疫情、打赢防控阻击战、发展总体战大战大考的实践检验,为实现"两手抓、两手硬,两战赢、两领先",向省委和全市人民交出一份高分答卷,贡献出独特的制度力量。

(一)党建统领活的灵魂、一根红线贯穿始终,"三个三"基层党建工程全面推进

党建统领基层治理这套体系,最核心的是坚持"党建统领活的灵魂、一根红线贯穿始终"。从"三"到"王"到"主","三个三"基层党建工程是关键,是核心,是灵魂,是基础,是强大的政治和组织保障。其中,"三大主体工程"即落实乡镇(街道)主体责任、发挥村(社)组织主体作用、激发党员群众主体意识,重在解决"责任在谁、谁来落实"的问题,是基层治理的"牛鼻子";"三个全覆盖"即组团联村全覆盖、网格支部全覆盖、党员联户全覆盖,重在解决"怎么落实、落实什么"的问题,是基层治理的"主载体";"三大指"即乡镇(街道)党(工)委的服务指数、村(社)党组织的堡垒指数、党员的先锋指数,重在解决"怎么考核、谁来考核"的问题,是基层治理的"指挥棒"。在抗击新冠肺炎疫情中,每一个主体都成为打赢抗"疫"这场人民战争的力量之源,真正筑起联防联控、群防群控、严防严控的铜墙铁壁。

目前,中组部已经把衢州列为全国城市基层党建示范市。衢州市着眼于全领域建强、全区域提升,从标准化规范化体系化入手,制定出台"周二无会日"、组团联村(社)服务、网格党支部(党小组)建设、党员"1＋N"联户等 10 个规范性文件,形成了一揽子的配套制度体系。

(二)资源整合,着力构建"王"字形的基层治理运行机制

全市统筹整合联动、跨界打通融合、扁平一体高效,做到系统集成、整体推进,着力构建"王"字形的基层治理运行机制。"王"字形的架构使得整个体系条条相连、块块相通,真正形成回路闭环,让大党建统领大联动治理真正"联"起来。

"顶线"代表县级资源力量,关口前移、重心下移,资源下沉、权力下放,力量统筹、协同联动。全市综合执法、市场监管、国土、规划等部门共 1000 余名派驻人员下沉为乡镇(街道)模块、平台干部,实行"双重管理、属地为主",年底考核以乡镇(街道)为主。

"中线"代表乡镇(街道)资源力量,条块联动、块抓条保,属地统领、捆绑考核。

以乡镇(街道)模块化改革和基层治理"四平台"建设为载体,统筹县乡资源力量,创新构建起跨层级、跨部门、跨领域的"基层大部制",推动乡镇工作从"单兵作战"向"集团作战"转变,提升统筹协调能力,构建权责清晰、功能集成、扁平一体、运转高效、执行有力的基层治理体系,形成统一指挥、联合执法、联动治理的新模式,着力破解乡镇(街道)"看得见的管不着",职能部门"管得了的看不见"的问题。

"底线"是村居级资源力量,深耕网格、做实网格,一长三员、四力共用。村(社)两委干部担任网格长,街道、部门干部担任网格指导员,村(社)党员、居民担任专职、兼职网格员。

"竖线"是线上线下联动指挥,重点借助"雪亮工程""城市数据大脑2.0"等技术支撑优势,搭建信息集成平台、联动指挥平台,形成了"市县大联动中心+乡镇综合指挥室+四个平台+村社全科网格+村情通式智能手持移动终端"的技术链条,建立、完善分析研判汇总、流转催办督办、三色预警、绩效评估等机制,为政府科学决策提供依据,实现事件处置有序、高效。

(三)全面推广"村情通+全民网格"的治理模式

2020年1月1日,《衢州市城乡网格化服务管理条例》正式施行,这是全国首部网格化服务管理地方性法规。衢州市在做实"底线"上下功夫,以组团联村、网格划分、网格支部、一长三员、党员联户、考核考评"六个规范化建设"为抓手,推动与规范社会秩序、执法法律法规、服务民众生活相关的管理资源下沉到底,确保全科网格标准化规范化建设落地落实。衢州坚持"一村一组团",市县两级部门力量全面下沉到村(社)一线,组建1588个联村(社)服务团,扎根网格开展服务;在村党支部基础上全面建立网格(支部),两委干部全部入格服务;积极发动全村(社)党员力量,全面推行党员上门联户包事制度,全市73624名党员参加联户服务,发挥先锋模范作用,为民服务解难题。全市1579个村(社区)共划分网格4243个,成立专业市场等各类专属网格140个。全市乡镇干部组团联村4422人,村社两委入格9613人。由乡镇(街道)统一管理的38099名网格长、专职网格员、兼职网格员、网格指导员、入格组团成员遍布其间,形成了"小事不出格、大事不出村,事在网中办、人在格中走"的基层治理格局。

"最多跑一次"改革向基层延伸,落实网格代办服务,更好地服务群众。2018年以来,衢州市全面推广应用"村情通+全民网格"式"乡村智理"掌上移动App智能应用平台。全市近 70 万群众关注并参与其中,家庭覆盖率达 80% 以上,真正打通了基层治理"最后一米";把村里大大小小的事情都装进去,就好比是一个线上的"行政服务中心",动动手指办事;乡镇(街道)群众办事"最多跑一次、跑也不出村",累计办理事项 10.6 万件,办事效率提高 50%,村社网格上报事件信息办结率达 98.7%,基层治理成效显著。

在抗击新冠肺炎疫情这一特殊的基层治理第一线,亮身份、当先锋、做表率,以城乡网格为作战单位,发挥"三联工程"三个全覆盖、乡村红色网格联队等作用,把工作做到每家每户,成为疫情防控的宣传员、信息员、战斗员和服务员。带头宣传疫情防控知识,带头劝导群众不串门、不聚会、不聚餐,动员更多的群众主动参与到疫情联防联控工作中,及时掌握常住人口、返乡人员和流动人口的实时情况,确保排查管控"不漏一户、不漏一人",筑起一道道严密的基层卡口和防线,为及时全面地阻击疫情、全面夺取抗"疫"胜利提供了可靠保障。

(四)共建、共治、共享,人民群众获得感、幸福感和安全感显著增强

人民立场是我们党的根本政治立场。推动人的发展,激发人的力量,尊重人的价值,是所有过往成绩的逻辑起点,也是所有改革创新的价值起点。只有实现好、维护好、发展好最广大人民群众的根本利益,才能最大范围地凝聚共识、最大限度地激发力量。市域治理不是"独角戏",而是一场"大合唱"。推进市域治理现代化必须以广大人民群众利益为逻辑起点,以人民群众根本利益为归依。"王"字加一点就是"主"字,这是基层治理的最高标准、最高境界。党建统领基层治理最根本的是坚持以人民为中心,为了群众、发动群众、依靠群众、服务群众,让人民群众有更多获得感、幸福感和安全感。为达到"主"字最高标准、最高境界,衢州市走好新时期党的群众路线,尊重群众意愿,厚植民意基础,打牢基础、筑牢"底盘",尊重群众主体地位,发挥好人民群众的主体作用,激发群众主人翁意识,发挥群众主观能动性,激发创新伟力,解决好群众最急最忧最盼的紧迫问题,想群众所想,急群众所急,解群众所忧,在服务中治理,在治理中服务,实现管理变治理、民主促民生,真正体现人民群众主体地位,真正让人民群众当家做主。

(五)"最多跑一次"改革领跑全省并向多领域延伸

衢州以"最多跑一次"改革为牵引,撬动社会全领域、深层次变革,从群众和企

业办事需求出发,构建规范统一、数据驱动、共建共享、协同创新的"数字政务服务"新模式,持续打造"无证明办事之城""掌上办事之城"和"信用示范之城",力争创全省、全国政府数字化转型的先行区和示范区,让数据多跑路、让群众少跑腿,打通基层治理"最后一公里",以"干部辛苦指数"换"群众幸福指数",不断提高人民群众获得感与满意度。2018 年 1 月,"多审合一""测验合一"改革做法得到李克强总理的批示肯定;"房电水气联动过户"做法得到时任副总理马凯的批示肯定;时任省委书记车俊、省长袁家军等浙江省领导先后十多次对衢州市"最多跑一次"改革作出批示肯定。2018 年 8 月,在国家发改委对全国首批 22 个营商环境试评价城市测评中,衢州位列北京、厦门、上海之后居第四。

实现"一网办、一窗办、异地办,一证办、网上办、掌上办",疫情发生以来,作用更加凸显。目前,市本级 1368 项政务服务事项,除省明确作为例外的 6 个事项外,已全部实现"最多跑一次";进驻中心事项 1321 项,占所有事项的 96.6%。2017年,"一窗受理、集成服务"成为浙江省"标配"向全省推广。2018 年向"无差别全科受理"提升,目前市本级纳入"无差别受理"事项 2100 项,群众满意率达到 98.7%。2019 年,市本级 2988 个政务事项 100% 实现网上办理"零跑腿",名列全省第一;2700 个政务服务事项实现移动端掌上办理;全年网上(掌上)累计办件量 170 万件,占总办件量的 63.58%;市本级 172 个涉企事项和 226 个民生事项已经实现"一证(一照或一码)通办",实现率 100%,全省第一;一般企业投资项目开工前审批"最多 100 天"在全省率先全面实现。2019 年 6 月,浙江省投资项目在线审批监管平台 3.0 版在衢州率先上线试运行,真正实现了全流程审批"最多 90 天"。2019 年11 月全面推行"全市通办"改革,至 2020 年 1 月底,市场监管、卫健委、公安、资规等20 余个部门 900 余事项全市通办,仅市本级"全市通办"办件量就达到 13.4 万件。全面创建"无证明办事之城"。截至 2019 年底,市县两级累计取消证明材料 1279件,明确通过书面告知承诺予以替代的证明材料 234 件。2019 年,衢州全力扩大"最多跑一次"改革覆盖面,向公共服务、司法服务、中介服务、公共场所、机关内部等领域延伸扩面,确保聚焦到市域治理的关键领域、关键环节,覆盖到群众生产生活的方方面面。

四、进一步推进衢州市域基层治理体系和治理能力现代化的对策

(一)正确处理好改革与依法行政的关系

法治思维、法治方法和法治方式是推进任何一项改革的法宝。"最多跑一次"改革,再造政府流程必须以依法行政为前提,无论是对原有流程的梳理还是对新流程的设计,抑或是具体哪些数据开放,哪些数据不开放,哪些数据可以共享之类明确的界定和清单,都需要对前置条件、程序等进行合法要件的审查。应运用法治思维拟定改革的科学内涵,借助地方立法明晰行为规则,通过严格执法抓责任担当,利用法治评估提高改革绩效。同时,改革中一些行政审批职能、流程的调整归并、委托授权,需要对地方性法规或地方性政府规章进行调整和完善,有的需上报上级废止修改,破解改革的瓶颈约束,正确处理好改革与依法行政的关系,全面推进改革向纵深方向发展。

(二)加快推进协同治理的"整体性政府"建设

"最多跑一次"改革不是追加式的改进或修修补补的改良,不能简单地依靠减少几张申报表、缩短个别环节来提高办事效率。它是一种理念的变化,是机制的调整,最终导向体制的调整。体制的调整主要是政府机构的改革,这是必然的趋势。应突破传统体制机制障碍,激发经济社会发展活力,提升治理体系和治理能力现代化水平,倒逼政府部门从各自为政转变为协同作战,变"部门化政府"为"整体性政府",实现"一个平台""一个政府"整体对外提供服务;不断推进更大的放、更好的管、更优的服。整体性治理突出职能整合、部门协同,强调发展新的信息系统,充分利用网络优势,重视治理的合作可能,运用多种政策工具实现目标。其重点在于突破部门割据局面、重塑行政事项流程。技术性和程序性改革固然重要,但更为关键的还是作为制度层面的体制改革本身,这就是从"最多跑一次"改革到行政体制改革突破再造的关键所在。

（三）加快推进个人、企业、项目全生命周期便利化改革，推动相关事项"一件事"联办

聚焦项目、企业和个人全生命周期，打破部门行政壁垒和数据壁垒，部门联动、系统贯通、协作互信，推动政府业务流程再造和数字化转型，推进政务服务信息化、标准化和信用体系建设，按照"办理一整件事"的角度重塑业务流程，推动相关事项联办，让办事主体不仅"只进一扇门"，而且"只到一个窗、办成整件事"，解决群众多部门跑、多环节办、多材料交的烦恼，进一步提升市场主体的办事体验感，让人民群众早享受、多享受改革带来的便利，有更多的获得感。例如，把个人一生中生老病死等阶段婚育、教育、就医、就业、住房、出行、优抚、老年、死亡等事项串联成"一件事"，经过协商与整合，联动办理。所涉及的部门全部按照联办要求，所涉事项及人员100％进驻行政服务中心，实行无差别受理，提供一站式服务。"一窗受理、一表申请、内部流转、限时办结"联办，设计联办表格，带动相关领域的各部门实现"减事项、减次数、减材料、减时间"，实现群众和企业办事从"跑部门"向"跑政府"转变。

（四）加快城市大脑建设，应用到市域治理的各方面、全过程

构建政府、企业、社会机构协同的联合创新机制，创新数据应用，促使城市大脑从单点到融通的突破，应用到市域治理的各方面全过程，让数据真正用到城市管理和民生痛点的解决之道上。由市大数据发展管理局牵头制定《城市大脑建设管理规范》，制定"城市大脑"建设地方标准，加快建设完善大数据"政务云"，建立健全政府信息共享的激励机制、监督考核和评估机制，进一步完善政府数据共享的工作规范，逐步扩大数据共享清单的实施范围，促使信息共享成为常态。新推出一系列惠民应用，全面提升"雪亮工程"应用于"最多跑一次"改革、四个平台和全科网格建设，开发出"城市数据大脑2.0"版人脸识别等多项应用；争取通过5G基础设施的建设向智慧城市升级，深化大数据、云计算、物联网、人工智能、区块链等技术与城乡治理领域的融合，赋能基层社会治理、服务供给、产业创新、民生改善，助力打造新型智慧城市，使衢州的智慧治理改革成果更加丰硕。

围绕"防输入、防集聚"和"物流、人流、商流"，实施精准、严密、智慧的点穴式管控，精密智控疫情输入风险，精准推送信息，让数据思考代替人力奔波，用"网眼"监控代替"人眼"盯防，用大数据"找到人"，用大系统"管住人"，用大平台"看好门"，用

大网络"守好门",提高管控效能,有效降低战"疫"成本、扩大战"疫"战果,基于大数据的科学化、精准化、高效化判断为疫情防控决策提供强大支撑,为坚决打赢防控阻击战发展总体战提供强大的数字智慧支撑。

参考文献:

[1] 陈家刚.基层治理:转型发展的逻辑与路径[J].学习与探索,2015(2):47-55.

[2] 黄娟.困境与出路:民间志愿服务组织的志愿失灵研究——以湖北省×义工协会为例[D].武汉:华中师范大学,2018.

[3] 焦亦民.当前中国城市基层治理问题及对策研究[J].中国行政管理,2013(3):58-61.

[4] 林尚立.基层组织:执政能力与和谐社会建设的战略资源[J].理论前沿,2006(9):5-8.

[5] 吴理财,杨桓.城镇化时代城乡基层治理体系重建——温州模式及其意义[J].华中师范大学学报(人文社会科学版),2012(6):10-16.

[6] 徐文光.全力打造中国基层治理最优城市——在新时代"枫桥经验"衢州论坛上的主题演讲[N].衢州日报,2018-09-04(1).

[7] 肖棣文.以社会治理体系创新促进城市基层社区党组织建设——基于顺德党代表工作室制度实践的分析[J].岭南学刊,2014(4):65-69.

[8] 俞可平.中国治理变迁30年(1978—2008)[J].吉林大学社会科学学报,2008(3):5-17.

[9] 袁方成.国家整合与社会融合:城乡基层治理发展趋向与对策[J].国家行政学院学报,2013(3):83-87.

[10] 杨晓红.社会组织参与社会治理模式及其动因分析[J].行政科学论坛,2017(4):41-46.

【作者】

金正帅,中共衢州市委党校教师

智慧治理在整体治理工作中的应用探究

——以龙港基层"智治"为例

顾　威　卫　达　洪晓雪　郝　凯

一、整体智治概述

"整体智治"包含两个关键词："整体"和"智治"。"整体"即"整体治理"，强调治理主体之间有效协同合作，治理主体包括政府机关、社会团体、公众群体和市场机构等。"智治"即"智慧治理"，强调治理主体对智慧技术的深度运用。"整体智治"不是"整体治理"与"智慧治理"的简单加法，而是两者的相辅相成。"智慧治理"为"整体治理"提供技术保障，支撑治理主体工作有效展开；以创造公共价值、提升治理有效性为目标的"整体治理"为"智慧治理"指明方向。所以，"整体智治"指的是各级政府部门通过深度运用智慧技术，推动治理主体之间的有效协商合作，实现高效、务实、精准的社会治理。

（一）整体治理概念

整体治理的关键在于政府内部机构和部门的整体性运作，管理由分散向集中、部分向整体、破碎向整合转变。整体治理理论主要包括：其一，整体性治理强调需求、预防和结果三方导向。整体性治理的出发点是公民的利益需求，注重结果导向和问题解决，注重把"公共问题的解决"作为政府运作的逻辑起点，促进公共利益并预防各种社会问题的产生。其二，整体性治理的首要因素是协调整合机制。活动、协调与整合在整体性治理的理论中占据核心地位，整合是整体性治理中最核心的概念，尤其是整合碎片化问题，既涵盖行政部门上下层级间、内设部门间基于业务工作流程的整合，也扩展到政府与企事业单位、社区、公民之间的合作。其三，整体治理理论的解决方案是借助信息技术和网络技术。信息技术在政府治理和政务服务中发挥越来越大的作用,有利于推动电子化决策和电子化法务,加强部门之间的合作和沟通,推进公共治理向透明化、整合化方向发展,并且有助于实现科学决策。

　　整体治理的作用体现在以下几个方面:其一,整体治理对我国大部制改革起到深刻的启示意义,表现在行政理念上回归公共属性,在组织结构上强调协同整合,在公共供给方式上允许多元化参与,在技术手段上注重智慧数字技术的应用。其二,我国政府预算体制的碎片化、分散化和条块化需要整合的治理方式和思维模式。这就需要以公众需求为导向,以数字技术为治理手段,以整合、协调与使命感为治理策略,建构整体性政府预算治理模式。其三,整体治理一般用以解决政府部门间跨界治理问题,对政府合作治理公共事务具有重要的应用价值及思想启发。

(二)智慧治理概念

　　智慧治理是指依托和运用智慧技术手段,在政府部门主导下,市场、社会和个人三方积极参与,共同降低社会事务成本、提高社会事务效率、优化社会事务体验的过程。智慧治理是推进国家治理体系和治理能力现代化的客观要求,也是新时代创新和加强整体治理的根本途径。

　　智慧治理能够突破和创新传统基层管理工作方式,创建良好的基层治理环境,促进高效的基层治理工作。作为基层治理的重要组成部分,智慧治理强调充分利用智能技术达到基层治理的目标任务。从本质上来讲,智慧治理就是通过智能技术在整体治理过程中的参与,真正实现多元共治和协同互动的作用。

　　智慧治理提升整体治理的科学化。其一,提升政府决策能力。通过运用大数据、区块链、云计算、人工智能等新兴信息技术,对政府现有大数据进行充分挖掘、分析、匹配、存储,借助数据中枢技术、物联可视化技术,发挥动态数据的决策判断与辅助支持的作用,实现政府决策从主观的"经验决策"向客观的"科学决策"转型。其二,提升政府执行能力。通过智慧综合数据管理服务中心,加快实现政府职能的互联化、数据化、移动化,使线上业务协同与线下职能整合有机统一,推动政府组织结构向网络化和扁平化发展,实现跨地区、跨部门、跨层级的业务协同。

　　智慧治理提升整体治理的智慧化。其一,提升政府监管能力。整合智慧综合数据管理平台、云计算与大数据,实现全域资源发现、管理和全流程业务管理,充分发挥信息技术优势对政府整体治理的数据支持、传输支持和连接支持。其二,提升政府预防能力。通过对动态结构化和非结构化数据的实时监控,运用人工智能学习和物联可视化技术绘制舆论热点图像,剖析重大突发事件的先导因素,整合关联节点,进而感知舆情动态、分析潜在风险、预测危险趋势,提高政府对突发事件的感知、预测和防范的能力,推动治理模式由事后应对向防范源头转型。

智慧治理提升整体治理的精细化。其一,提升社会治理精准程度。通过加强对社会交互多方数据的实时收集、分析和处理的工作,及时获取多样化、个性化的社会需求,强化对公众需求分析的聚合和细化能力,进而深化政府公共服务供给侧结构性改革,提升政府的精准服务能力与主动服务效率。其二,提升社会治理参与程度。凭借政务服务平台实现政府信息和数据公开获取渠道与"最多跑一次"服务整合,拓宽公众办事渠道、咨询路径和社会参与程度,提升公共服务的透明度、即时性和参与度,加强对多方参与的智能化引导与智慧化管控,促进多元主体协同共治治理格局的形成。

(三)整体智治要素

1. 智能化平台

建设智能化平台是实现整体智治的重要基础。当前很多党政机关已经建设或正在开发建设自己部门的电子政务平台、政务公开网站,作为智慧治理的重要抓手,但在实现不同智慧治理系统应用、相关业务的融合操作方面,存在"数据孤岛"现象。急需打造跨部门的数据共享、流程再造和业务协同平台,使政府服务方式从"碎片化"转变为"一体化",群众和企业办事从"找部门"转变为"找政府"。

2. 数字化技术

从传统管制向智慧治理转变。基层社会治理政策在治理决策上,应发挥数据在政府治理能力现代化中的作用。更好地利用物联网、大数据、云计算、人工智能等数字化技术加速形成即时感知、主动服务、科学决策的新型治理形态,推动决策更加科学、服务更加高效、治理更加精准。

3. 标准化数据

大数据技术是现代社会进行整体智治的重要支撑手段。大数据分析是以实际数据作为基础的,数据质量对分析结果有很大影响。数据好坏可以反映基层单位治理水准高低,同时有效的数据也可以推动基层单位治理水平和治理质量实现提升。现在很多基层单位在实现智慧治理方面依旧存在问题。在日常工作中,不能及时认真地将工作资料进行数据化保存,导致数据丢失、数据不准确的问题。基于此,基层单位要注重自身规范制度的建设,实现数据采集、处理工作的常规化,保障数据的准确性、可用性以及真实性。

(四)整体智治必要性

应在继续推动发展的基础上,着力解决好发展不充分、不平衡问题,大力提升发展效益和质量,满足群众在经济、生态、文化、政治、社会等方面日益增长的需要,更好地推动人的全面发展、社会全面进步,整体智治是必经之路。

1.整体智治促进人和社会全面发展

整体智治应顺应信息技术发展的潮流,把握智慧治理的趋势。实现人的全面发展及社会的全面进步,须解决我国社会发展中出现的许多问题,如创新不多,发展不充分、不平衡,发展效益和质量不高等。对于以上所提到的问题,整体智治可以提供更多元、更灵活的解决方法。在"互联网+"方面,在一定程度上克服行业、区域的信息不对称,推动公共资源进行合理配置,解决区域发展不平衡问题;在电商网络和技术赋能方面,可以有效解决偏远地区脱贫问题;在卫星通信和智能终端方面,可以有效地对自然环境和自然资源进行全时段监测,促进绿色发展。综上所述,整体智治具有深入性、广泛性和全面性,可以为各领域问题提供创新实践的方法和工具。

2.整体智治提升现代政府治理能力

政府治理能力是政府发展公共利益、解决公共问题、管理公共事务的各种能力总和,发展智能技术可以为提升政府治理能力提供技术支撑。其一,提升整合能力。数字政府以数据开放、融合、共享为基础,打破过去政府部门间的"信息孤岛",助推政府部门间的协作。同时,数字政府不仅需要以政府数据为依据,更需要政府数据和社会、市场数据进行融合,真正形成"政府大数据"。这在很大程度上提升了政府的协调整合能力。其二,提升服务能力。目前各地在充分运用云计算、大数据等信息技术推进政府数字化转型的过程中,纷纷涌现出如"秒批""不见面审批""'不打烊'网上政府""最多跑一次""一网通办"等具有创造性的实践,有效提升了服务效能,降低了交易成本,创新了服务模式。其三,提升应急管理能力。化解防范各类风险、维护社会繁荣稳定是政府部门的重要职责,应急管理也就成了政府部门的重要工作,要依靠智慧技术手段提高应急管理的专业化、精细化、科学化、智能化水平。数字政府是政府治理和信息技术相结合的产物,数字政府建设可以进一步提升政府应急管理能力。

3.整体智治提高基层治理工作效率

随着信息技术的发展,整体智治作为一种智慧治理方式应得到广泛的应用。我国实现了从农业社会向后工业社会的转变,提高了资金、物资等流动速度。这种转变使得利益冲突增加和价值观分化的问题在基层部门的表现逐渐增加,基层部门出现了"任务重,时间紧"的工作现状。通过整体智治在基层治理中的应用,可以很好地解决以上问题,进一步提高基层治理的工作效率,实现从"人治"到"智治"的转变。

二、龙港市现状

(一)整体现状

龙港地处鳌江入海口南岸、东海之滨,位于长三角经济区、海西经济区两大国家战略的交汇处,南北毗邻苍南、平阳两个人口大县。1984 年建镇以来,龙港历经从小渔村到农民城、从农民城到小城市、从小城市到撤镇设市的三次历史性跨越。2019 年,龙港撤镇设市,同年 9 月 25 日龙港市正式挂牌成立。全市辖区面积183.99 平方千米,下辖 102 个城乡社区,常住人口 38.2 万人。按照"大部制、扁平化、低成本、高效率"的要求,全市共设立 15 个党政机构、6 个直属事业单位;不设乡镇、街道,设立非独立法人、无独立编制的 9 个片区工作办公室,实行分片集中办公。龙港市正以建成"国家新型城镇化综合改革示范区"为总目标,打造"活力创新城、高端产业城、现代智慧城、幸福宜居城、平安善治城"。2019 年实现工业总产值430 亿元,其中规上工业总产值 219.7 亿元,城镇和农村常住居民人均可支配收入分别为 58860 元和 31047 元。

(二)治理规则及现状

围绕基层治理体系和治理能力现代化建设,积极探索精简高效、便民利民的"市管村居、分片服务"扁平化基层治理模式,构建"模块化服务＋网格化治理"片区治理体系,通过部门职能下放、力量下沉、公共服务事项端口前移,推动社会治理和服务重心向基层下移,实现片区治理民主化、规范化,打造具有全国示范意义的基层治理龙港样板。

1.组织架构

结合历史沿革、区域特点、城市总体规划等综合情况,并按照"市管村居、分片服务"的扁平化管理要求设立 9 个片区,作为模块化集成服务的基层治理平台,它们是无固定编制的非独立法人机构。每个片区管理服务 7—21 个村(社)、管理服务人口 2 万—13 万不等。在市级层面设立基层治理委员会,负责片区人员编制及派驻,统筹协调片区基层治理事务。每个片区设立党工委,并构建便民服务、综合执法、市场监管、综治工作、党建服务五个工作模块。党工委委员职数 7 名,设书记1 名、副书记 1 名(由专员兼任),书记按正科级配备。设基层治理专员 4 名,按副科级配备,兼任片区党工委委员。具体组织架构如图 1 所示。

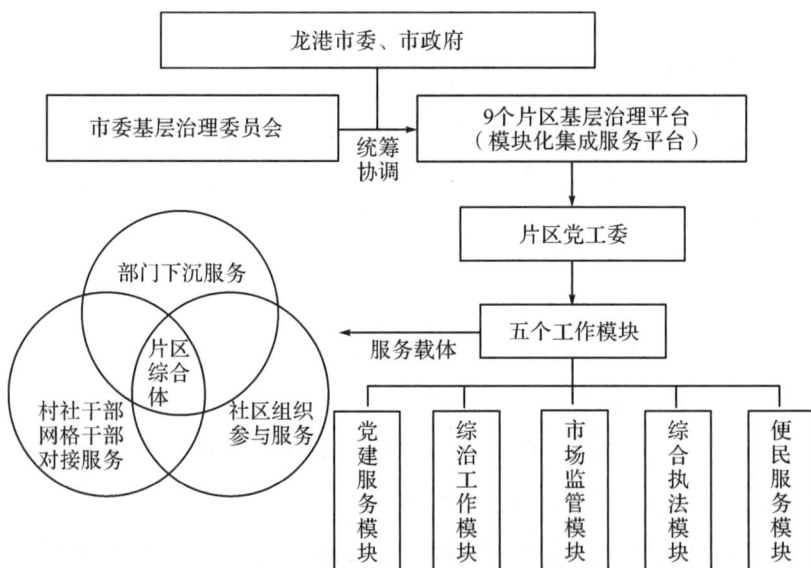

图1 片区组织架构

2.片区职能

按照经济建设职能上移,社会治理服务职能下沉的原则,厘清片区工作职能,梳理部门延伸片区便民服务事项清单、政府购买服务事项清单、市直管村(社)事项清单。对于基层一线接触多、涉及面广且任务重、由片区直接管理更有效的各类事项,原则上可下放到片区,做到权随责走、费随事转。市委、市政府以权力清单、责任清单、负面清单等形式明晰职能部门与片区的权责边界。

片区主要职能：①负责指导所辖村（社）组织、非公企业等党的组织建设、制度建设及群团组织建设，抓好自身党组织建设。②负责片区生产安全、消防安全、公共卫生安全、信访维稳、矛盾调解等社会管理工作。片区承担规下、限下企业和个体工商户及出租房的生产安全、消防安全排查整改职责，对拒不整改的出租房，上报市安委会，由安委会牵头组织整改。③负责片区"五个模块"调度管理和基层网格工作。相关审批与执法部门落实服务管理延伸的主体责任。④负责片区和部门下沉人员考核管理。⑤负责片区建设项目政策处理。⑥负责美丽乡村建设、城乡环境综合整治及片区环境综合整治等相关的小型民生服务项目建设，预算纳入相关职能部门，片区对具体项目有建议权及相关经费支出审核权。⑦督促村（社）落实上级布置的各项工作任务。⑧协助职能部门做好所辖区域农业农村、宣传、统战、民族、宗教、禁毒、教育、文化、卫生、民政、体育等工作。⑨完成市委、市政府交办的各项中心工作任务。

3. 工作模式

按照"重心下移、属地管理"原则，将市级部门力量下沉到片区，在基层一线开展执法、管理、服务。政法、公安、市监、综合执法等部门要结合平安建设及综治工作、市场监管、综合执法等平台建设需要，确保有足够的力量下沉到片区。其他职能部门要确保三分之一以上的力量下沉到片区。建立机关干部、公职人员下片区、村（社）服务积分制度。

4. 服务模式

创建9个标准化的片区服务综合体，包括便民服务大厅、网格社情会商中心、协商议事厅、矛盾调解室、文体活动室等；同时，通过政策扶持、购买服务、孵化培育等形式，吸纳医疗卫生、社会救助、居家养老、法律援助、心理咨询、家政服务、培训教育等准公益类和公益类社会组织入驻。这既是片区落实模块化服务和行使社会治理职能的阵地，又是群众协商议事、表达诉求、享受公共服务和村社干部对接服务、化解矛盾的开放性共建共治共享的平台。

5. 管理模式

优化片区网格设置，强化网格员力量配置。除窗口人员外，在片区从事管理服务工作的所有干部都要统一纳入网格组成网格工作团队。建立面向网格员的奖励惩罚机制,加强网格员管理队伍建设,充分发挥网格员深入基层治理作用。利用数字化技术,建立治理区域全覆盖,形成有效畅通的信息收集、流转、处置、反馈机制。

(三)信息化现状

1."龙港智慧城市项目(一期)"情况

"龙港智慧城市项目(一期)"内容为"121",即"1"是一个数据底座,"2"是城市基层治理一体化信息平台和智慧城管与智慧执法平台两大应用,"1"是一个龙港智慧城市智能运营中心。具体建设内容如下。

数据底座:主要内容是硬件统筹(集约化建设边缘计算中心)、数据统筹(建立龙港数据分中心,打破数据孤岛)、视频统筹(全市社会类视频数据存储中心)、接口统筹(具备为智慧应用提供统一接口的能力,智慧应用侧可自行调用)。

两大应用:①城市基层治理一体化信息平台主要建设城市联动运行子平台和基层社区综合服务子平台等。两个子平台覆盖龙港基层治理中心和9个片区的城市基层治理业务,为城市治理提供信息化支撑。一是联动子平台将建设集事件动态汇总展示、可视化流程跟踪和指挥调度及音视频融合系统三大模块。二是基层社区综合服务子平台利用信息化手段,采集村居实有人口信息、实有房屋信息和车辆信息等常态更新维护,实现流动人口、重点人口、智能停车和访客管理、六小门店管理等功能。②智慧城管与智慧执法平台主要建设业务管理子平台和基础支撑子平台等。具体功能包括待办案件、案件列表、案件上报、立案审批、不予立案、案件移交、调查取证、事先告知、陈述申明、听证、处罚决定、处罚履行、结案归档、自由裁量规则设置和相关文书的定制等。

龙港智慧城市智能运营中心:充分整合、挖掘现有数据资源,并将各项关键数据进行综合展现,数据来源于相关委办局建设的基层治理、智慧城管、智慧执法等数据,支撑总体态势、经济发展、城市治理、公共安全四个专题。

2.龙港行业部门情况

龙港各行业部门共有业务系统123个,其中使用省、市下放业务系统103个,自建业务系统7个,沿用苍南县业务系统13个。

应用方面:目前龙港市只有7个自建系统,各单位主要使用省、市提供的业务系统进行业务处理及管理工作,但部分系统账号未能与苍南县进行分离,造成业务系统混乱或者无法使用问题;同时部分委办局使用原苍南县建设的系统,现存在暂停使用、原有数据无法获取等问题,对业务造成了一定影响。

硬件方面:龙港市各部门均未建立独立的机房,将统一使用温州市云资源平台,同时龙港市将建设一个边缘数据中心以及电子政务外网。物联网感知设备应用不广泛,目前仅有环保部门建设了部分大气自动监测点,农村农业局建设 10 个农业土壤检测点、5 个温湿度分析监测点,所有物联设备分散管理,未形成统一采集和智能应用。

三、龙港市存在的信息化问题

龙港创建全国首个全域整体智治示范城市,开展"大部制＋扁平化＋整体智治"县域集成改革省级试点,以整体智治实现成本更低、效率更高的目标。目前龙港整体智治还存在一些问题。

(一)"数据孤岛"现象严重

当前龙港市缺乏基层治理的物联传感感知设备,无法实现自动记录并上传数据到信息化平台,数据收集出现脱节,即产生"信息孤岛"。并且由于缺乏统筹规划,各业务部门围绕自身服务管理需求,各自为政开展系统建设,导致面向基层的工作条块分割,缺乏信息交互和业务协同,延伸至社(片)区网格使用的信息化平台不断增加,各业务部门信息化应用水平参差不一,对整体推进基层信息系统建设和数据资源融合带来一定难度。

(二)基层治理平台缺失

随着社会环境的变化和国家职能的调整,基层治理普遍存在"人少、事多、任务重"的现象,急需由"人治"向"智治"转变,但有些业务系统分散存在,关联性不强,业务协同性不高,导致没有统一的治理平台来统筹管理使用。同时,个别干部思想上与时代不同拍、行动上与转型不同步,虽然对"互联网＋"讲起来头头是道,但在基层治理时仍然使用传统的治理手段。例如现有信息系统的录入还多局限在 PC 端,利用移动终端开展一线工作的普及率不高,社区工作者在信息搜集过程中,多使用纸质文档,或利用笔记本先行手工记录,再返回工作电脑前录入,这种采集方式易出现数据丢失、失真等问题。

（三）智能管理水平不高

现在社会治理主要以人工管理为主，智能化程度不高，对于有效的工作方式缺乏创新性调整、对于新兴技术手段与方法缺乏认识和理解，导致基层治理一方面呈现出"全员出动、加班加点"的工作状态，另一方面却存在效率不高、效果欠佳的现实。如平安城市方面，智能摄像头部署不足，前端监控设备缺乏智能分析能力，无法对重点人员、流动人口和车辆信息等进行精细化管控。

（四）基础设施建设薄弱

目前智慧基础设施规划建设难以满足社会经济发展的需要，出现了城市基础设施投融资体制存在缺陷、城市智慧基础设施投入不足、科技创新力量薄弱、智慧治理的顶层设计与基础设施规划匹配度不够、运营管理和维护效率低下等问题，难以真正体现智慧基础设施对城市整体布局和长远发展所应起到的先导作用。

四、建议

龙港在整体智治方面，应以推进基层治理现代化为方向，业务协同和数据赋能为关键，建设智能感知、智能管理的城市大脑为核心，通过数字赋能、整体智治，全力构建"一张智网管全域"新模式，不断提高龙港城市治理社会化、法治化、智能化、专业化水平，助力打造国家新型城镇化综合改革示范区。主要有以下四个方面的建议。

（一）建设"城市大脑"，编织线上智能管理"一张网"

打造"八个一"体系建设。加快龙港本地数据融合，推进数据资源开放利用，实现数据的统一归集和管理，建成"一个公共数据龙港分平台"，通过温州市公共数据平台实现数据共享和开放应用。统筹规划建设城市物联传感"一张网"，推进在视频监控、照明路灯、停车位、烟雾报警、道路井盖、地下排水、城市空气质量等城市基础设施上部署物联网感知设备，统一接入平台，提升公共安全、城市管理、道路交通、生态环境等领域的智能感知水平。依托龙港空间地理底图和各类图层信息，形成空间地理综合数据库，建设统一的龙港市 GIS 三维地图，推动各部门以城市运行

"一张图"为基础,统筹地理信息应用建设。汇聚时事新闻、政务服务、公共服务、社区服务和特色服务资源,建设"一个市民统一服务平台"。打造一个集城市日常事件管理和应急指挥于一体的运行指挥中心,实现城市事件日常治理的协同和紧急状态的联动指挥。建设集数据集成、动态监测、决策分析、成果展示等功能于一体的"数字驾驶舱",推动城市治理模式从被动式、应急式向主动式、预警式转变。统一建设"一个工具箱",可满足快速搭建应用场景需要,提升应用开发效率和降低应用开发成本。建设一套"软硬结合、点线面兼顾、多维防护"的安全防护保障体系,为"城市大脑"提供纵深信息安全保障。

(二)聚焦"高效处置一件事",编织线下自治共治"一张网"

1.做实网格治理

在省、市推广的基层治理综合信息平台3.0版系统的基础上,自主研发个性化的城市基层治理一体化信息平台,并积极向上争取解决数据互通和考核问题;优化调整大网格设置,将原102个网格整合到30个左右的大网格,进一步做强大网格"三五成群"团队的力量,强化大网格督查考核,明确网格责任清单,确保大网格建设落到实处、务实管用、取得实效。

2.做深综合治理

进一步推动市网格指挥中心与市直部门、片区网格信息会商处置平台、基层站所、12345热线、群众举报App等治理功能融合,优化信息流转程序,提高流转处置效率,各类信息直接报送到市网格指挥中心研判派单联动处置,加快实现从小联勤转向大联勤;与此同时,强化考核抓手,市委授权市网格指挥中心一定的考核权,考核成绩占比部门、片区年终考核10%,倒逼部门、片区认真履职,高效率开展处置工作,真正实现"网格吹哨、部门报到"。全面选拔培养专业的信息化人才梯队,实现"一专多能、全岗都通"。

(三)借力"一张智网",推进全市域、全领域智能管理

整体智治应遵循迭代式建设原则,先对部分领域进行试点建设,再逐步向其他领域拓展,不断提高政务管理、政务服务效能,提升整体智治水平,最终实现城市治理和公共服务领域的全覆盖。

1. 经济运行领域

整合宏观经济数据、产业数据、企业数据、工业园区数据等,导入经济分析模型,从经济发展、产业变迁、企业表现等多方面展示区域经济态势,为政府决策管理、招商引资提供支撑。完善国土空间基础信息平台,以"多测合一"为基础,强化业务协同,形成多场景应用、多部门协同、高质量智慧化的市域空间治理数字化平台。

2. 社会治理领域

对接省、市"基层治理四平台"、智慧村社通等平台,开发龙港城市运行平台和智慧村居服务平台,推动基层事务在线运行、协同处置、闭环管理。推进社会矛盾纠纷化解平台建设,完善矛盾纠纷化解线上线下联动机制,实现群众反映诉求、化解矛盾"最多跑一地"。建设综治云管控平台,建立重点人员动态信息档案库,构建管控全覆盖、措施全落地、结果全监测的"精密智控"体系。加强公共安全视频图像、数据在基层治理、智慧城市、应急救援等领域的应用,深化应用"智慧应急一张图"系统,实现全市应急联动,提高应急管理能力。推进智慧消防建设,全面推进消防物联网应用,构建警民互动和快速灭火救援指挥体系。全面推广公共信用信息在行政管理、社会生活、公共服务和市场交易领域的应用,加快推动"信用有价"落地。

3. 城市智管领域

结合龙港城市管理改革创新发展,打造城市管理业务全覆盖、流程全监督的综合执法信息化平台,实现"一支队伍管执法"。结合行业管理需求,完善智能视频抓拍、智慧环卫、智慧市政设施、智慧路灯、智慧园林等系统,提升管理效能,实现城市管理要素、城市管理过程、城市管理决策等全方位的数字化与智慧化。结合图像与视频精准识别技术,及时发现"跨门经营""流动摊贩"现象,提升市容秩序管理水平和城管执法效率。

4. 智慧交通领域

整合交通、公安、规划、城建、城管的 GIS(地理信息系统)、电子标签、视频数据,形成指挥调度、交通管控、执法纠违、交通安全风险隐患动态研判等一体化智能应用,提升交通管理服务水平。推动运载装备智能化升级,在出租车、公交车、长途客车、危险品运输车上推广安装智能安全管理装置。利用互联网技术、GIS 定位技术、物联网技术等,建设智慧停车管理系统,实现车位信息查询、车位预定、线上计费、自动缴费或先离场后付费等功能,提升车位利用率最大化的停车体验。

5.智慧生态领域

依托大气、噪声、污染源、水资源、机动车尾气等环境数据采集网络,建设环境综合监测监控一体化系统,形成集中统一的环境监控预警平台,为环境质量预测预警、形势分析研判和科学决策提供更有力的支撑。推进扬尘治理综合管理系统建设,实时采集建筑工地现场视频监控、交通卡口车牌抓拍、渣土运输车 GPS 等数据,建立数据分析模型,为开展大气环境治理、标化工地管理等提供技术支撑。深化应用"美丽水乡云管家",动态监测和预警全市水环境质量变化,为水流域治理提供全面、真实、直观的数据支撑。加强垃圾分类监管,建设垃圾分类数字化应用,做好垃圾分类全方位指导和智能监管。

6.民生服务领域

建设龙港市教育专网(城域网),提升教育管理服务科学化、智能化水平。推进龙港数字医共体建设,实现医共体内医疗机构医疗服务、公共卫生服务全线贯通。推进"5G+"云诊疗,推广"混合门诊"服务新模式,实现普通诊室具备远程诊疗功能。建设智慧体育平台,整合社会体育资源,推进体育馆、游泳馆、公共文体场地设施等在线预约预订。统一建设城市级移动应用门户,架设政、社、企、民互动桥梁,为百姓提供政务服务、公共服务及第三方社会服务等应用资源。

7.政务服务领域

加快政务服务 2.0 建设,全力推进网上办、掌上办、自助办,实现更多办事事项"零跑腿申请、不见面审批"。加大电子证照应用,推出一批政务服务事项"刷脸可办""智能秒办""无感智办",提升群众办事体验。对接惠企政策直通车、"企业码",建立企业综合服务平台,整合各部门涉企服务事项和系统,实现涉企事务"一站式"服务。归集全市各部门审批和服务全过程数据,通过数据统计分析,比较各地各部门办事效率,为政务服务提速增效提供数据支撑。探索构建以政务场景咨询为核心的 AI 服务体系,在政务客厅、新时代文明实践中心、规划展示馆、城市文化客厅等场所,适当安排智能机器人讲解员,提升龙港的新城市形象。

(四)加强信息化基础建设,夯实数字化支撑体系

1.打造"双千兆宽带城市"

推动网络连接增速,推进家庭千兆覆盖、商务楼宇万兆进楼建设工作,移动通信

网络、固定宽带网络接入能力均达到 1000Mbps,用户感知速率均达到 150Mbps。推进 5G 先导和深度应用,规模部署 300 个 5G 基站,实现全国首个县域 5G 全覆盖。

2. 打造泛在网络体系

有序推进各类物联网传感设备在新型信息基础设施上部署,推进实现城市无线 WIFI、5G 微基站、充电桩、智慧照明、环境监测等各类设备集成,打造龙港本地物联网生态圈,为"城市大脑"提供泛在的实时感知数据。加快部门专网、系统整合,做好与苍南专网系统割接。

五、总结与展望

综上所述,整体智治作为推动智慧城市发展的重要动能,是数字技术赋能高质量政府治理的现实旨归,是治理理念在实践领域的深化革新。本文简述了"一张智网管全域"的内容,详细介绍了基层治理一体化信息平台。该平台可以改善基层治理工作现状,不断提升工作效率,贯彻落实党的十九大精神,为其他地方实现智慧治理提供了思路。

政府数字化转型是一项复杂的"治理变革"整体性工程,是伴随科技革命而递进升级的永续过程。未来的智慧治理模式将呈现出向数字化互动式转变的趋势,为开放、参与、合作的多元化和多层次基层治理提供技术保障。因此,它涉及数字化转型下的政府职能、组织机构、权力边界的划分与重构,关乎智慧政治共识塑造和制度创新,必然有效驱动基层治理现代化能力的提升。随着政府数字化转型进程的稳步推进,需要基层政府具备制度逻辑、公共管理逻辑,科学掌控技术逻辑的数字"智慧",主动步入技术治理"蝶变"的创新升级期,厚植基层数字化时代的综合竞争力,赋能高质量发展。

整体智治要实现全领域全覆盖。目前"一张智网"先行推进 7 个领域建设,在后期的建设中需继续完善平台,逐步向其他领域拓展,不断提升"整体智治"水平,同时做好后期管理,保证平台有效运行。在工作持续上,更加注重建管治并举,着力形成规划、建设、管理的良性循环。配备专业队伍,充分了解群众以及政府的需求,不断更新平台,并且掌握好平台的运转情况,一旦发现问题应第一时间进行解决,保证平台持续运行。当前,正值争夺 5G 技术制高点的关键"窗口期"。可以预见的是,5G 的规模化商用将推动移动互联网扩展到物联网领域,必将引发一场更大范围、更深层次的数字化转型浪潮。对于基层政府而言,必须抓住 5G 技术产业创新和融合应用探索的历史机遇,全方位实现基层治理的数字化转型。

参考文献:

[1] 龚艺巍,谢诗文,施肖洁.云技术赋能的政府数字化转型阶段模型研究——基于浙江省政务改革的分析[J].现代情报,2020(6):114-121;128.

[2] GIL-GARCIA J R. Towards a smart state? Inter-agency collaboration, information integration and beyond[J]. Information Policy,2012,17(3/4):269-280.

[3] 胡象明,唐波勇.整体性治理:公共管理的新范式[J].华中师范大学学报(人文社会科学版),2010(1):11-15.

[4] 李云新,韩伊静.国外智慧治理研究述评[J].电子政务,2017(7):57-66.

[5] LETAIFA S B. How to strategize smart cities:revealing the smart model[J]. Journal of Business Research,2015,68(7):1414-1419.

[6] MILAKOVICH M E. Digital governance:new technologies for improving public service and participation[M]. London:Routledge,2011.

[7] SIX P, LEAT D, SELTZER K, et al. Towards holistic governance:the new reform agenda [M]. London:Red Globe Press,2002.

[8] 汪洋.智慧政府治理能力构成要素分析[J].中小企业管理与科技,2016(11):106-107.

[9] WALTERS D. Smart cities, smart places, smart democracy:form-based codes, electronic governance and the role of place in making smart cities [J]. Intelligent Buildings International,2011,3(3):198-218.

[10] 徐顽强."数字政府"与政府管理体制的变革[J].科技进步与对策,2001(11):25-27.

【作者】

顾威,温州大数据局局长

卫达,洪晓雪,郝凯,温州大数据局工作人员

以"整体智治"创建云上民情集聚回应系统

——基于余杭区南苑街道的经验

冯　涛　郭玉飞　方梓任

党的十八大报告就加强和创新社会管理提出"畅通和规范群众诉求表达、利益协调、权益保障渠道"要求。为了贯彻落实这一要求,各地开展了丰富的民情集聚回应机制创新实践。然而,民情的充分集聚、积极回应并不等于基层治理就能有效满足群众所需、解决群众难题。事实上,既做到积极回应,又能有效解决问题,是社会治理的世界性难题。[1]多地调查发现,民情集聚整体性与问题回应及处置的局部性是造成上述问题的重要原因。具体来说,群众诉求表达以及政府民情集聚已基本实现了集成,但问题的分类、回应乃至处置仍然归属不同主体、不同部门。[2]科学分类、合理分工固然重要,但是,群众反映的小事、实事往往"小而散",多涉及不同主体、不同部门,长期以分类、分工为主的治理模式捉襟见肘。[3]我们必须要以专家会诊、多方集成的思路来开展工作。那么,在现有的政府职责体系基础上,如何才能协同各个部门、各个主体间关系,同时做好分工负责和统筹施策,缓解民情集聚整体性与问题回应、处置局部性之间的矛盾?

2020年3月31日,习近平总书记考察杭州城市大脑运营指挥中心,指出"从数字化到智能化再到智慧化,让城市更聪明一些、更智慧一些,是推动城市治理体系和治理能力现代化的必由之路"。总书记的重要指示为解决这一治理难题开出了一剂良方,即以数据共享为基础,既要保障群众知情权、参与权、表达权和监督权,又要完善跨部门、跨主体协作体系,在合理分工基础上以一个整体政府的形式有效回应并解决群众切身困难。

杭州市余杭区南苑街道是"杭州市城市大脑余杭平台"街镇数字驾驶舱建设试点单位。该街道以数据驾驶舱为载体,创新云上民情集聚回应系统,基本实现了集聚信息、回应民情和解决问题的全流程一体化目标,初步做到了基层治理回应性和有效性的有机兼容。

一、云上民情集聚回应系统建设经验

南苑街道云上民情集聚回应系统是一个由集成系统、共享系统、交互系统、议事系统等子系统构成的有机体。

建立集成指挥中心,构建集成系统。2020 年 9 月,南苑街道建成总面积达 225 平方米的新指挥中心,硬件设施齐全,软件配套完善,可以同时容纳 30 余人进行后台操作。指挥中心兼容智安小区、楼宇智慧消防、智慧管家、雪亮工程视频监控等运行,基本实现城建、消防、城管、治安等多部门的可视化、联动指挥一体化。集成系统旨在打破行政职责界限,打造无缝隙政府,为整体治理创造基础条件。

建立云端共享平台,构建共享系统。南苑街道在各部门现有平台和数据收发情况摸底调查的基础上,全面梳理不同阶段数据的来源、使用、收集和汇总情况,有序划分数据的类别、功效等内容,积极对接各平台、各主体、各部门,疏通数据收集及共享渠道,并进行云端集中汇总处理。共享系统旨在打破各平台间的数据壁垒,以数据共享、协同治理解决治理碎片化之痼疾,为达成"整体智治"创造软件支撑。

建立政社交互平台,构建交互系统。数据不可只停留在平台上,线上功能必须要解决线下实际问题。南苑街道依托微信、钉钉等大众软件,创建街道、社区、群众三方交流平台,具有交办工作、收集民意、解答政策等功能。群众通过系统反映问题,社区接收了后台自动派单后即可立即进行处理,群众只需通过手机平台的反馈,就可掌握社区网格办事效率。交互系统旨在打破线上线下藩篱,最大可能解决信息不对称问题,切实保障群众知情权和监督权。

建立"云板凳"模式,构建议事系统。"板凳议事团"是南苑街道长期推广的线下民主评议机制,受到各界充分肯定。但是,传统议事协商模式在人员规模、场地限制、统一时间、参与便利性等方面都存在瓶颈,为了扩大民主议事人员参与容量,激发群众参与内在动力,街道将"板凳议事团"从线下搬到线上,创建"云板凳"新型场景。议事系统突破以往当事人以及其他群众必须到现场的地域限制,节约了时间和交通成本,有效加强了群众的参与权和表达权。

各个子系统功能既各有侧重,又相互兼容。一方面,交互系统、议事系统重在广泛听取民意、吸纳民智,扮演了入口角色;集成系统、共享系统重在促成跨部门、多主体的协同体系,旨在解决问题,发挥出口功能。另一方面,集成系统、共享系统、交互系统、议事系统并非各行其是,在无缝对接、相互兼容的基础上生成云上民情集聚回应系统。交互系统是群众反映问题、追踪办事流程、监督办事效率的平台,议事系统则具备群众评议、表达功能。群众诉求加上现有的考核激励措施,基层各部门、各主体必须主动借助集成系统、共享系统,形成合力,有效回应并解决现实问题。云上民情集聚回应系统成效逐步显现,运行至今,各类纠纷警情化解率由原来的 49.64% 上升到 89.58%,纠纷调解群众满意率达 91.48%。

二、云上民情集聚回应系统新在何处

云上民情集聚回应系统是以"整体智治"理念创新基层社会治理的一大实践成果。相比现有的民情集聚回应机制,云上民情集聚回应系统有着显著的独特性和创新型。具体表现为以下几个方面。

1."部分智慧"向"整体智慧"转变的整体构架创新

针对民情集聚整体性和问题回应、解决局部性的矛盾,南苑街道主动统筹各单位、各部门智慧平台,对原本单一功能的智能设备进行升级和整合,有机对接云上民情集聚系统,实现向"整体智慧"转变。针对"数据停在平台上,信息留在屏幕上"问题,云上民情集聚回应系统的功能设计与硬件配套都是以解决线下问题、现实问题为导向,注重"信息广泛集聚—民情及时回应—问题有效解决"三位一体的全过程目标,以一个智慧的整体政府有效回应并解决群众切身困难。

2."各自为政"向"全面作战"转型的体系布局创新

整体治理并非否认合理分工。云上民情集聚回应系统包含四个目标不同、功能各异、自成体系的子系统。集成系统、共享系统、交互系统、议事系统相互兼容、有机对接,并以此形成云上民情集聚回应系统。此外,针对群众诉求"小而散"的特征,基层政府内部各单位、各部门将以数字技术为主线构建协同体系,从以往"各自为政"升级为"全面作战",打造综合的集成化、数字化平台,应对群众反映的各类问题。

3. "群众智慧"和"技术智慧"兼容的智慧要素创新

云上民情集聚回应系统是技术智慧和人的智慧有机结合的产物。具体来说，技术智慧表现为数字技术、信息手段贯穿民情集聚回应及问题解决的全过程，以及数字技术引领构建主体间、部门间协同共治的工作体系。另外，以往的民情集聚机制重在广泛关注舆情并及时排查问题，群众处在被动地位，民间智慧贡献不大。与之不同的是，云上民情集聚回应系统则是通过"云板凳"议事会等新场景，充分听取民意、摄取民智，有力推进公共决策及基层治理的民主化和科学化。

4. "集中力量办小事、办实事"的治理理念创新

习近平总书记指出"群众利益无小事"。云上民情集聚回应系统超越传统"集中力量办大事"的思维，以群众"小事、实事"为导向，既协调好政府各部门、各单位资源和力量，充分发挥好整体政府的优势，又主动发掘民间智慧，激活民间力量，通过社会力量协同政府开展各项社会治理工作，从而达到"集中力量办好群众的小事、实事"目标。总之，云上民情集聚回应系统以群众为中心，通过"云板凳"等多种新的运用场景，保障群众知情权、参与权、表达权和监督权，以吸纳群众智慧和力量来提升基层政府社会治理能力和水平。

三、云上民情集聚回应系统建设经验的启示

云上民情集聚回应系统是当前基层社会治理"全面数字化转型"的范例，有一定启示性。具体来说：

1. 坚持以群众为中心，以问题为导向

相比于战略意义重大的国家大事，群众诉求反映更多的是身边小事、琐事。云上民情集聚回应系统正是从小事、琐事出发，较好地发挥了社会问题、社会风险的分析和研判功能；坚持以人为本，依法调解社会纠纷，切实解决群众难题，以提高群众满意度来实现社会问题的"源头治理"。[4]

2. 建设回应性政府，提升基层社会治理能力

公共管理学界提出了回应性政府理念。[5]政府应以解决公共问题、社会问题为责任，构建稳定、可持续的回应机制，并具备有效回应社会所需的回应力和解决社会问题的能力。[6]云上民情集聚回应系统以问题"集聚、回应和解决"为一体[7]，体

现以民为本、服务导向、及时回应、依法治理的特征。

3.建设智慧型政府,提升基层整体治理能力

智慧化、数字化技术是云上民情集聚回应系统的必要条件,也是获得成功的关键要素。依托现代技术手段,基层政府基本能够协调好局部与整体、民主与集中、虚拟与现实等关系,做到部门职责分工与协同的统一,群众诉求多元与问题回应及处置的统一,切实减轻基层负担,提高治理有效性。

4.以顶层设计为基础,重视"唯实唯先"落地

余杭区大力推进区级数字驾驶舱大动脉、大神经建设。事实上,"云板凳"、政社交互平台等应用场景模块是整个智慧政府系统的"毛细血管"和"神经末梢"。不同于传统治理模式,在"整体智治"场景中,任何一个板块或局部都享有充足的创新空间。[8]云上社情民意集聚回应系统正是"整体智治"新场域中基层创新的产物。

参考文献:

[1] 张成福.责任政府论[J].中国人民大学学报,2000(2):75-83.

[2] 冯涛,郁建兴.社情民意集聚回应与社会管理创新——基于宁波市海曙区白云街道的研究[J].中共浙江省委党校学报,2013(3):79-85.

[3] 金祖睿,金太军.基层政府治理的碎片化困境及其消解[J].江汉论坛,2020(1):48-53.

[4] 卢芳霞.从"社会管理"走向"社会治理"——浙江"枫桥经验"十年回顾与展望[J].中共浙江省委党校学报,2015(6):64-69.

[5] 何祖坤.关注政府回应[J].中国行政管理,2000(7):7-8.

[6] 于君博,李慧龙,于书鳗."网络问政"中的回应性——对K市领导信箱的一个探索性研究[J].长白学刊,2018(2):65-74.

[7] 钟洪亮.从碎片化到一体化:回应性治理的民生实践[J].南华大学学报(社会科学版),2008(4):46-48.

[8] 余敏江.整体智治:块数据驱动的新型社会治理模式[J].行政论坛,2020(4):76-82.

基金项目:2016年度教育部人文社科项目"小城市政府城市治理绩效的测量、影响因素及作用机制研究:基于浙江省小城市试点镇样本"(16YJC630021)。

【作者】

　　冯涛,浙江财经大学公共管理学院副教授

　　郭玉飞,浙江财经大学公共管理学院教师

　　方梓任,浙江财经大学公共管理学院硕士研究生

电子政务创新发展：智慧政府与数字治理

李文明　　吕福玉

联合国经济和社会事务部发布的最新报告说，世界各国在电子政务发展方面取得了积极成就，但为了落实 2030 年可持续发展议程，各国还应继续努力改善电子政务并在线提供公共服务。

实际上，自党的十八大以来，我国电子政务进展快速。《2020 联合国电子政务调查报告（中文版）》的数据显示，我国电子政务发展指数从 2018 年的 0.6811，提高到 2020 年的 0.7948，排名比 2018 年提升 20 位，取得历史新高，达到全球电子政务发展"非常高"的水平。其中，作为衡量国家电子政务发展水平核心指标的在线服务指数上升为 0.9059，指数排名大幅提升至全球第 9 位，国家排名位居第 12 位。分析发现，本次联合国电子政务调查报告中我国在线服务全球排名的大幅提升，与我国不断深化"放管服"改革和大力推动全国一体化政务服务平台建设的决心与行动密不可分。从市场规模观察，2018 年，我国电子政务市场规模为 3060 亿元，同比增长 9.74%；2019 年，我国电子政务市场规模保持高速增长，市场规模近 3366 亿元；进入 2020 年，尤其是随着新冠肺炎疫情应对的常态化，我国电子政务的在线服务与市场规模，都达到了前所未有的发展水平。然而，不得不指出的是，处于转型期的我国电子政务，面临着"数据孤岛"、成本高昂、安全威胁、效率低下、监管缺失等痛点。[1]

国家电子政务专家委员会副主任、中央党校（国家行政学院）电子政务研究中心主任王益民指出，目前，我们正处于"计算无处不在、网络包容万物、连接随手可及、宽带永无止境、智慧点亮未来"的新时代，电子政务需要创新模式，满足公众对低成本、便捷化、均等化公共服务的迫切需求。[2]本文认为，电子政务创新发展的有效路径，在于智慧政府与数字治理。

一、电子政务的发展轨迹与创新前提

电子政务最早起源于美国。1993年,美国前副总统戈尔(Gore)领导的全国绩效评估委员会所提供的美国国家绩效评估报告(NPR)中首次使用了"电子政务"这一概念,意指政府利用信息与通信技术[3],通过不同的信息服务设施,对政府机关、企业、社会组织和公民,在其更方便的时间、地点及方式下,更好地履行其职能,更有效地达成治理目标,更好地为社会与公民提供公共服务。也就是说,电子政务本质上是,政府机构在管理与服务的过程中,运用信息及通信技术,沟通政府机关之间以及政府与社会各界之间的联系,并向公众提供全方位的信息与公共服务的新型运作方式。

(一)电子政务的发展轨迹

电子政务的基本定位是,政府借助信息技术,为公众提供更好的服务。自20世纪90年代以来,世界各国陆续推出电子政务,留下了大同小异的发展轨迹。一般而言,一个国家电子政务的发展,大致经历了以下几个阶段(见图1)。[4]

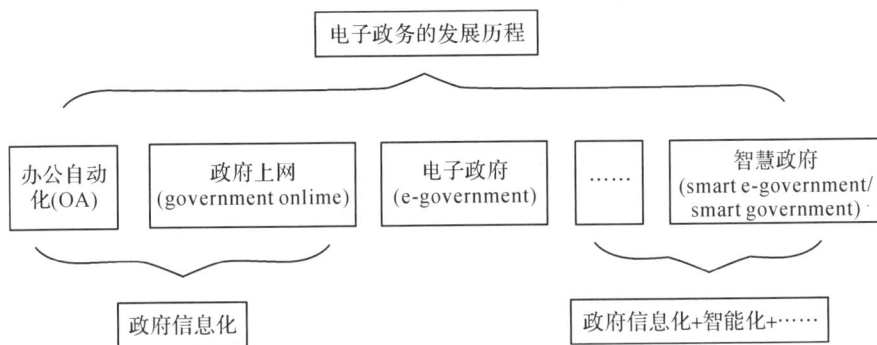

图1 电子政务发展的不同阶段

首先,作为政府信息化的起步阶段,世界各国无一例外地经历了从"办公自动化"到"政府上网"的历程;其次,便是"电子政府"的建设,要求实现利用现代信息技术建成的跨越时间、地点、部门边界的"虚拟政府",发展至今,已开始突出智能化及服务化的政府信息化——"智慧政府"的建设进程。[5]

中国互联网协会常务副理事长、国家信息化专家咨询委员会委员高新民提出,

数字政府与数字治理

中国电子政务建设可以分为四个阶段(见图2)。

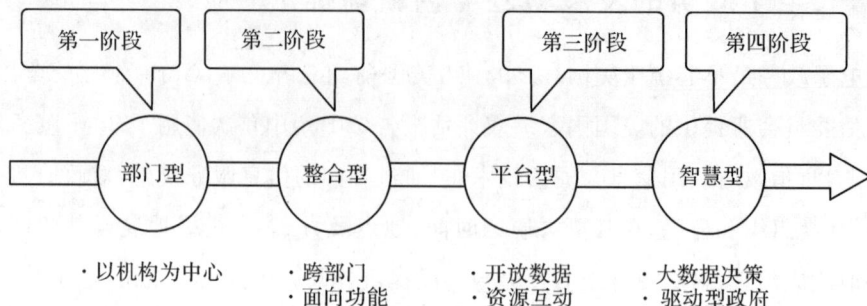

图2　中国电子政务建设的四个阶段

第一阶段以机构建设为中心,称为部门型;第二阶段以面向功能的跨部门合作为中心,称为整合型;第三阶段以开放数据、资源互动为中心,称为平台型;最后阶段,则是以大数据决策为中心的驱动型政府,称为智慧型。

清华大学公共管理学院电子政务实验室主任、清华大学国家治理研究院执行院长孟庆国,则将世界电子政务演进历程分为电子化、网络化、数据化、智能化等四个阶段。[6]

由上可见,无论以全球化视野考察世界电子政务的演进历程,还是关注本土化操作划分中国电子政务的发展阶段,抑或是比较中外电子政务的异同寻求其个性与共性,均将其发展趋势指向了智能化、智慧型乃至智慧政府。

(二)电子政务的创新前提

未来,世界电子政务的创新实践,将是跨区域、全天候的服务型政府新模式。因而,需要进一步强化电子政务理论体系构建,并在此基础上,探索将大数据、云计算、物联网、区块链、人工智能(AI)、虚拟现实(VR)、增强现实(AR)等更加广泛的信息技术应用于电子政务以开展价值共创的可能性与影响机理,应用案例研究等实证方法,探讨电子政务领域出现的新现象与新问题。[7]

在这方面,新公共服务理论的确拥有可供借鉴的观点与方法,但若在理解上稍有偏差,则可能陷入误区。例如,新公共服务理论认为,政府的职能是服务,而不是掌舵。这一观点便不能理解为政府只是提供服务,而无须行使掌舵职能。实际上,这应理解为,政府不是简单地以"掌舵"的方式提供公共服务,而是作为服务的提供者和参与者,通过"共享式公共治理"的形式,为公民提供公共服务。[8]

由此可见，电子政府与电子政务是应用比较混乱的一对基本概念。要分辨这两个概念，首先需要辨别政府与政务的内涵。[9]政府一般指国家权力的执行机关或国家行政机关，主要职能在于经济调节、市场监管、社会管理和公共服务等。政务则有广义与狭义之分。广义的政务，泛指各类行政管理活动；狭义的政务，则主要指政府部门的管理与服务活动。可以发现，政府与政务，是两个紧密关联但并不相同的概念——政府是政务活动的行为主体，政务则是政府行为，即政府所从事的管理、服务等活动。两者之间区别显著，显然不能混为一谈。

因此，电子政务的创新发展，有必要将政府与政务之间的恰当区别与合理界定作为前提，在注重发挥政府主体作用的同时，致力于切实提升其管理与服务水平，以全面推进国家治理体系与治理能力现代化。

二、智慧政府的基本理念与域外经验

智慧政府（smart government）一词临近 20 世纪末才被创造出来。[10]这里之所以用"智慧"而不是用"智能"来修饰与限定"政府"，首先在于"智慧"拥有情商，可以调整"智能"的智商与能商的正确发挥，或控制其智商与能商恰到好处地发挥作用。其次，"智慧"强调人性化，遵循以人为本的路子。正因为如此，人文社科学者在技术专家研究智能城市（intelligent city）与智能政府（intelligent government）之后，名正言顺地加入进来，共同研究智慧城市（smart city）与智慧政府解决方案。事实已经并将继续证明，只靠技术，不可能解决所有问题。只有运用"互联网＋"思维，才能建立"线上"智慧政府。

（一）智慧政府的基本理念

按照王益民先生的说法，在电子政务发展史上，曾出现过"虚拟政府""移动政府""数字政府"等相关概念，但其核心始终是充分利用基于互联网的信息技术，提升政府管理与服务的综合效率与水平。[11]从这个意义上说，与传统电子政务相比，"智慧政府"这一理念更具有即时感知、高效运行、科学决策、主动服务、智能监管、开放协同和韧性兼容等特征。

作为以"互联网＋"为代表的新兴信息技术进步与政府信息化应用创新发展的必然结果，智慧政府属于电子政务发展的高级阶段或曰高级形态，旨在实现政府职能的数字化、网络化、智能化和精细化，即通过将政府服务与智能 IT 技术整合，使公民能够随时随地利用任何设备方便地获取政府服务、参与政府活动并与政府交流。可以说，智慧政府勾勒了未来政府的崭新图景[12]：智慧网络办公平台、智慧政务服务、智慧规划和智慧政策。其首要目标是形成智慧产业，最终目的则是使居民共享智慧生活。智慧政府将实现扁平型网络结构、分权化、无缝隙的政府，这就意味着公众参与、公众与政府之间的互动、责任政府等。这些内容均系民主政治的重要内涵或要素，因而构成实体概念。

综合目前的研究成果，智慧政府可以定义为，以互联网为基础设施，深度运用大数据、云计算、物联网、移动互联网、区块链等信息技术，提高政府在社会管理、宏观调控、市场监管、公共服务、环境保护等方面的智能化水平，打造高效、敏捷、便民的新型政府。[13]

在国家行政学院教授汪玉凯看来，智慧政府就是基于公共属性所构建的智能化政府[14]：就属性而言，体现六个"公共"——代表公共利益、行使公共权力、管理公共事务、提供公共服务、维护公共秩序、承担公共责任；从本质观察，体现感知、融合、共享、协同、智能"五位一体"的政务治理系统；在内涵上，实现"两个提高"——提高个人便捷感、安全感、获得感、公正感和幸福感，提高政府公共政策能力、社会治理能力、民生服务能力、自身约束能力和促进经济增长；在建设路径方面，通过现代信息网络技术的应用，特别是大数据、云计算、移动互联网、物联网和区块链，打造新的网络政府形态，最终建成整体政府、开放政府、协同政府。概括地说，智慧政府的核心要义是实现管理智能化、服务智慧化。这一理念并不仅仅局限于"互联网＋政务服务"，关键是后端数据的互联互通。也就是说，后端要建立一体化的大数据中心，并基于大数据做出决策。只有这样，前端的管理与服务才能更加到位。

在我国现有的政治生态下，智慧政府建设应当在价值层面形成服务导向的共识，在组织层面借助信息技术为政府权力边界与结构调整提供可持续的驱动力与约束力，在行为层面让数据在决策、执行、监督等各个环节发挥基础性作用，从而确保治理行为的民意导向、法治导向和绩效导向。[15]在此过程中，必须在数据整合的基础上，进一步完成流程整合与服务整合，从边际成本递增、边际效益递减的官僚组织形态，转变为边际成本递减、边际效益递增的扁平化组织体系。[16]

（二）智慧政府的域外经验

作为一种治理形态，智慧政府就是以 IT 为手段，以政府职能转变为思路，向行政相对人提供高效、精准、个性化的公共产品与服务。[17]在这方面,全球电子政务发展指数排名靠前的国家已进行了一些成功的探索。

英国从2009年开始,率先实施"智慧政府战略",目标是提高政府的责任与透明度。[18]2013年,英国政府将24个部级部门的在线服务整合到英国政府网站统一平台gov. uk上。2015年,启动"政府即平台"工程,旨在创建一套可以共享的组件、服务设计、平台、数据等,使每个政府部门的线上服务都可以使用。[19]目前,英国政府致力于实现电子政务"默认数字化",即线上服务简便、易操作,公民与政府便捷互动。与此同时,建立数据发布基金,帮助公共机构解锁数据。英国政府的目标是,到2020年,更好地利用数据,为推动数据战略与进一步提升政府透明度提供支持。在具体操作上,英国政府数字服务局(Government Digital Service)融合"以人为本"(user-centric design)与"敏捷方法"(agile methodologies)的理念,提出制定《政府服务设计手册》,把满足使用者需求视为最高指导原则,要求英国政府部门在设计政府数字服务时,以"深挖用户需求"(discovery)、"建立模型"(alpha)、"打造端对端服务"(beta)和"绩效考评与完善"(live)4个阶段,取代以往规划、分析、设计、测试到上线的传统开发流程。

英国数字服务局专业打造电子政务的做法,相继为美国、澳大利亚等国所借鉴。在美国,公务员工作量的20%来自重复性工作。如果利用人工智能(AI)技术,帮助公务员处理重复性工作,则可能节省20%的时间成本。为提高政府效能,美国政府提出建设智慧型政府,希望能为公众提供更加便捷、智能的服务。[20]2014年,美国成立美国数字服务局(United States Digital Service, USDS),以重新塑造公众与政府之间的互动体验为职责,协助各政府部门打造简单、有效的政府服务。澳大利亚则于2015年设立数字转型办公室(Digital Transformation Office, DTO),全力改善政府的数字服务,其宗旨与英国数字服务局的目标如出一辙——做真正重要的事,提供更简单、更清楚、更快速、更人性化的公共服务。韩国政府也顺应信息时代的新潮流,提出智慧政府建设方案,使韩国电子政务水平得以处于世界前列。[21]

(三)智慧政府的具体落地

随着云计算、物联网、移动互联网、大数据等新一代信息技术的发展,各国"互联网+电子政务"建设,正朝着数字化、智能化、人性化的方向发展。智慧政府建设,成为各国"互联网＋电子政务"发展的重要内容之一。信息技术发展,为政府工作变革提供了新的机遇与挑战,传统的管理与服务模式亟须创新。基于新一代信息技术的智慧政府,成为时代的呼唤。智慧政府,可以实现智慧政务与服务、智慧管理与治理、智慧规划、智慧决策等目标。智慧政府的域外实践启示我们,可以通过以下五个方面,推动智慧政府建设落到实处。

第一,深化政府结构改革,消除体制、机制方面的阻碍因素,建立更加适合"互联网＋电子政务"的功能结构与运行机制。

第二,着力构建不同部门的权力清单、责任清单、负面清单以及一体化的社会管理公共服务网,为民众提供一个权责清晰、功能明确、协同共享的政务服务系统,提升民众对政务服务的满意度。

第三,在确保信息安全的前提下,开放共享政府公共治理与政府服务方面的海量信息,真正发挥大数据、云计算等信息技术的巨大价值。

第四,基于宏观决策、民生服务和市场监管,打造多部门有效协同的综合性应用系统。

第五,加快推进民主法治建设,为政务信息化发展提供有利的法治环境。

作为电子政务升级版,智慧政府将以公民需求为导向,深度运用大数据、云计算、物联网等信息技术,对现有治理资源进行优化重组,实现政府组织结构以及运行流程的持续改进,为公民提供无缝隙、智能化、个性化公共服务的政府治理模式。[22]这种模式的实质与核心可以概括为数字治理。根据新公共服务理论,智慧政府需要加快数字治理的进程。

三、数字治理的技术生态与操作方略

"治理"一词源于希腊文。在其最初的含义中,有操纵、引导的意思,用于指统治国家的具体活动,即同国家公共事务有关的管理与政治活动。[23]与一般管理活动相比,它更强调政治上的控制、引导和运作,更多地与权力、利益、责任、义务等相关联,强调在一个既定领域内利益相关者的权责分配结构及其互动关系。自20世纪90年代以来,"治理"的应用领域不断拓宽。正如全球治理委员会所指出,治理是相互协调的过程,是一种持续的互动。"政府治理"一词,则在20世纪90年代末由中国学者在引入"治理"概念的过程中频繁使用,并在中国语境下被赋予特定含义，即指政府行政系统作为治理主体，对社会公共事务的治理。[24]这一含义体现了政府与社会之间关系的变化，不失为现代公共治理过程中对政府行为的理性定位与科学回归。

(一)数字治理的一般概念

数字治理也叫电子治理。作为产生于电子商务与电子政务之后的概念，它是数字时代全新的、先进的治理模式。[25]在广义上，数字治理是指在数字技术的支持下，整个社会运行与组织的形式，包括对经济与社会资源的综合治理；在狭义上，则是指在政府与市民社会、政府与以企业为代表的经济社会之间的互动和在政府内部的运行中应用数字技术，易化政府行政及简化事务处理程序，并提高其民主化程度。[26]本文主要针对狭义的数字治理来展开讨论。

狭义的数字治理，可以借助"三个主体""两个层次"来理解与实现："三个主体"，分别是政府、市民社会和以企业为代表的经济社会；"两个层次"，分别是政府与市民(G2C)、政府与政府(G2G)、政府与企业之间的互动(G2B)和政府内部运作(IEE)。

数字治理是新技术革命推动的结果，也是世界经济社会发展的需要，主要遵循SMART治理模式，即简易的(simple)、道德的(moral)、负责任的(accountable)、回应性的(responsive)、透明的(transparent)善治模式。它将改变治理主体之间的互动方式，改变传统社会的固有价值链，形成新的全方位、立体化的价值网络，对政府善治产生深远影响。数字治理是数字时代全新的治理取向。它坚持民主与公平，重视信息技术对公共部门的作用，追求工具理性与价值理性的统一。在全面实施依法治理的过程中，不仅需要预防与抵制"人治"的各种弊端，还离不开利用"技术中立"的特性，通过数字治理的方式与手段，实现相对客观的技术治理。实际上，法律本身就是由人制定并为人服务的，"人治"亦非一无是处。如果能够引入数字治理的技术中性，法治化的愿景当更加可期。

(二)数字治理的技术生态

在信息化与网络化所催生的全新数字治理时代，政府治理逐渐发展出了整体治理、透明治理和智慧治理等模式，使现代公共管理在新公共管理改革之后，掀起了第二次改革浪潮。

当前，从国家战略与政策部署现状看，中国的"互联网＋政务服务"战略推动数字治理,离不开以大数据、云计算、移动互联网、物联网、区块链等为代表的整个信息社会的大背景(见图3)。[27]

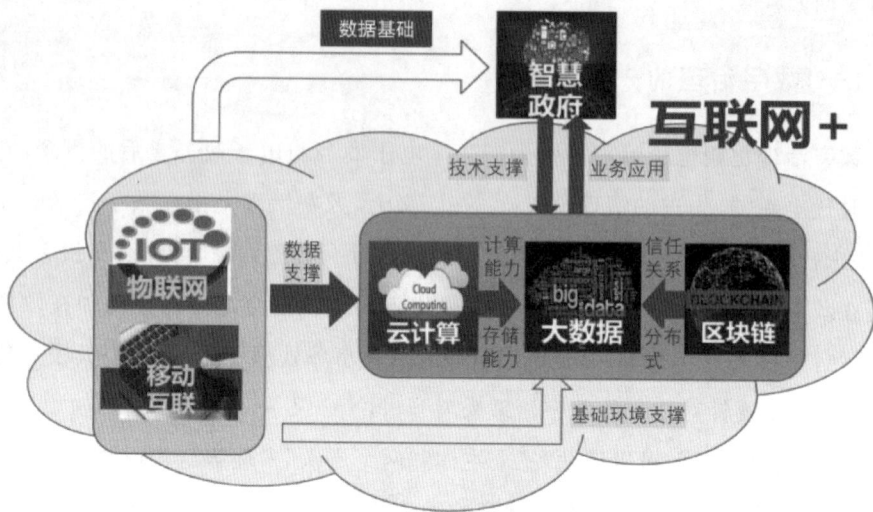

图3 数字治理面临的信息技术生态

首先,大数据时代的来临,对数字治理产生了重大影响。[28]政府部门应立足于大数据背景,突破原有的职能转变、机构调整的路径依赖,加强对数据潜在价值的充分挖掘与合理利用,在治理理念与治理工具上寻求变革,积极建构智慧治理的新模式,发挥大数据作为数字治理函数这一重要变量在国家治理过程中的积极功能与驱动作用,不断提升公共决策水平,大力提高公共管理效益,明显改善公共服务质量,切实增强社会治理能力,有效改进应急管理技能,全面推进民主政治发展,高度强化国家主权安全。[29]总之,必须充分发挥"大数据×"的倍增效能,积极打造智慧型企业、智慧型城市、智慧型政府,从而不断迈向智慧型国家。

其次,云计算在数字治理过程中的应用,集中体现在政务云的建设与利用上。政务云是由政府部门主导,专业技术服务机构实施,通过虚拟化等云计算技术,为各级政府部门提供基础设施、支撑软件、应用程序功能、信息资源、运行保障和信息安全等服务,实现政务信息资源共享与业务协同的电子政务综合性服务云平台。政务云可提供随时获取、按需使用、随时扩展、按使用付费的云计算服务,为优化前端的管理与服务,提供坚实的后端数据与信息资源支撑。按照《国务院办公厅关于印发〈政府网站集约化试点工作方案〉的通知》(国办函〔2018〕71号)要求,就是要从用户需求出发,不断完善信息资源库,推动跨网站、跨系统、跨层级的资源相互调用与信息共享互认。

最后,基于区块链技术的数字治理,形成区块链电子政务。链塔智库(Block Data)《2018中国区块链电子政务研究报告》显示,目前,我国共有17项区块链电子政务应用,涉及政府审计、数字身份、数据共享、涉公监管、电子票据、电子存证、出口监管七大细分场景。未来,区块链电子政务的发展趋势是移动化程度加深、全人群覆盖、更加智能化和跨境化增强。具体而言,一是通过身份认证系统的建立,为公共服务与政府管理工作的开展奠定基础;二是利用区块链不可篡改、全历史记录的特质,联通不同机构之间的信息资源。[30]此外,由于联盟链比公链更适合于政务场景,我国可以大力发展区块链政务 App。不仅如此,由于基于区块链的智能合约技术可以为不同人群设计不同解决方案,有助于同云计算、人工智能等技术相互融合,推动智能化水平不断提高,并在此基础上构建跨境政务联盟链,用于处理国际事务。

(三)数字治理的深层拓展

数字治理促进会提出,数字治理是指 ICT 技术起着显著作用的治理过程。数字治理的实施,实际上包括传统的电子政务与新兴的电子民主两大方面。

1.电子政务

电子政务主要包括电子行政与电子服务两个方面[31]:电子行政(e-administration),是将现代信息技术整合到政府管理之中,利用信息通信技术完成信息加工,以改善政务活动过程与政府部门的内部工作;电子服务(e-services),则指改进公共服务的提供,为公民提供广泛的有用信息,以增加政府的透明与义务,包括提供政务活动信息,并提供可供选择的政府服务。在这方面,我国的电子政务,尤其是在线公共服务,已经取得了不俗的业绩。

2.电子民主

电子民主(e-democracy)指政府与公民之间包含各种形式的电子通信交流的过程与结构。电子民主专业组织——苏格兰国际数字民主中心(International Teledemocracy Centre)主张,电子民主的目标是加强民主进程,通过利用IT技术,创新性地改善民主决策过程,特别是利用电子协商与电子请愿(electronic petitions)，增强公民的政治参与。英国的设计对话组织(Dialogue by Design)，则将电子民主归结为利用计算机增强民主化的过程。[32]狭义的电子民主可以看作支持公众参与的一系列技术服务。它既是实现民主的新手段——一个民主工具的集合，也是一种新的民主形态。作为工具集合，其价值在于降低民主过程的成本，提高公众参与、协商和自主管理的能力；作为民主形态，其意义不仅在于提高原有民主过程中信息处理的效率，而且在于形成新的民主过程，其中最突出的莫过于网络所提供的直接对话机制。

世界经合组织(OECD)认为，政府在政策、立法和执行中的电子民主，主要涉及信息、协商和主动参与三大环节。这三大环节依次推动电子民主的深化，成功的关键则在于政府与公民的平等参与和利益各方的伙伴关系。从被动的信息获取到公民主动参与的转变，被视为电子民主的显著特征。具体体现为：①告知公民，即追求公民与政府获取公共信息的公平性与广泛性。②代表公民，即强化当选政治任务的代表性作用，增进公民同当选者的接近，以及当选代表参与电子民主的能力开发。③鼓励公民投票，即鼓励公民参与投票过程，激励合法争论与观点沟通，交流选举监测经验等。④与公民协商，既包括政府发动的同公民双向交流与互动的协商过程，也涉及选民与当选者之间旨在增加决策过程中公民参与的协商过程。⑤促进公民参与，即"公民—政府"间伙伴关系、"选民—当选者"的同盟联合，共同拥有决策权；以行动、专业、兴趣、相互依赖和信任等为纽带，加入各种专门社团；开发个人与团体主动参与的技能；为公民社会、自愿组织和企业创造条件，使知识与信息的生产更快捷、交流更自由。

可以说，在电子民主方面，中国还有很长的路要走。根据中国国情，相比西方的"选举式民主"，"治理民主"更强调选举之后的权力监督与治理绩效。[33]换句话说，单纯的西方选举式民主并不符合中国历史文化传统与发展阶段要求，而治理民主及其所追求的国家治理体系和治理能力现代化，方能较好解决中国的实际问题。数字治理的拓展方向正是以治理民主为宗旨的电子民主。

(四)数字治理的主要抓手

世界银行数字治理促进会针对发展中国家在数字治理中普遍存在的信息"失灵"现象，依据其对实践的总结与研究，提出了简单、适用的五种数字治理信息服务模式，即广播模式、关键信息流动模式、比较分析模式、电子倡议(或动员、游说)模式和交互式服务模式。参考这样的模式,可以明确数字治理的主要抓手。

1. 从政府有形之手、市场无形之手到自组织的第三只手

作为 2009 年诺贝尔经济学奖获得者之一,美国政治经济学家埃莉诺·奥斯特罗姆(Elinor Ostrom)研究发现,在很多公共经济事务治理当中,尤其是在涉及跨主权、跨经济主体的全球性公共经济事务中,比如在控制全球变暖、防治水污染、反恐等问题上,"自组织"有很多市场竞争与政府管制所不能带来的好处。因此,在政府有形之手与市场无形之手之外,将出现第三只手,也就是"自组织"。德国理论物理学家哈肯(Haken)认为,依据进化形式的不同,可以把组织分为他组织和自组织两类:如果一个系统靠外部指令而形成组织,就是他组织;如果不存在外部指令,系统按照相互默契的某种规则,各尽其责而又协调地自动形成有序结构,就是自组织。例如,区块链就适合利用算法与数据规则,赋予自组织这一"第三只手"以更大的能力,在跨主权、跨经济主体的全球性公共经济事务治理中发挥独特的价值与作用。[34] 有鉴于此,基于算法与数据规则的数字治理,不仅可以弥补政府有形之手与市场无形之手的不足之处,还可能在出现政府失灵或市场失灵乃至发生政府与市场双重失灵的情形下,发挥自组织保持与产生新功能的能力。

从技术驱动的电子政务转向数据驱动的数字治理,应基于治理思维的转换,即从"如何借助技术来帮助解决治理问题",转换为"如何提高数据的利用能力来提升治理效益"。对此,应把握这样几个要点:第一,不仅要关注政府自身数据,还要更加关注同治理过程相关的数据;第二,数字治理不仅包含数据议题,也包含传统电子政务的内容;第三,数字治理可以对新的发展与挑战做出回应;第四,数字治理有助于议题回归治理本身。[35]

2. 从"两微一端"到"三微一端"

随着移动互联网技术的普及,数字治理已经从微博、微信和客户端的"两微一端",发展到包括微视频在内的"三微一端"。

微视频又称视频分享类短片,俗称短视频,指通过个人电脑(PC)、智能手机、摄像头、数码摄像机(DV)、数码相机(DC)、动态图像(MP4)等多种视频终端摄录、上传互联网进而播放共享的,短则 15 秒,长不过 30 分钟,内容广泛,视频形态多样,涵盖小电影、纪录短片、DV 短片、视频剪辑、广告片段等视频短片的统称。短小、快捷、精悍与大众参与、随时随地随意,构成微视频的最大特点。实际上,微视

频是将照片所擅长的"决定性瞬间"动态化、影像化,并配上合适的音乐或效果音响,构成视听兼备的冲击性短片,同网友分享有声有色、有形有范的生活场景与特定心境,在网络特别是手机上的传播效果相当不错,颇受年轻人青睐。如今,作为最重要的短视频平台之一,专注年轻人音乐短视频的社区抖音,已成为政务传播的新阵地。不少政府机构纷纷选择入驻抖音开设账号,并将其作为重要的宣传阵地。目前,入驻抖音的政务号已超过 200 家,涵盖旅游、公安、共青团、法院、地方政府、文化等主要机构类型。

一般来讲,微博的重点价值在于信息公开、政策解读与舆情引导,微信更倾向于便民服务的输出,客户端(App)属于面向特色服务的推送、在线服务与深度用户的在线参与,微视频则专注于服务引导与样板操作。[36]例如,"安徽消防"就曾通过微视频与视频直播,向公众讲解、演示救灾防灾知识,从而有效提升了公众的自防自救能力。由此可见,微视频不仅可用于政务信息发布,还可以用于国家或地方形象展示,并为民众提供政务服务的具体引导,展演各类办事流程的操作样板,展示民众对相关问题的形象反馈等。

在数字治理过程中,应让"三微一端"践行各自所长的信息资源与服务内容输出路径或模式,并同政府门户网站、政务服务网、政务服务大厅和热线电话等政务服务入口,对应不同的政务服务类型、内容和用户定位,构成立体化的服务网,以实现精准化、个性化、透明化和界面友好的政务服务。

大力培育发展"三微一端",首先要以公众需求为出发点,以民生问题、热点问题、难点问题和疑点问题为切入点,从内容与形式上充分满足公众需要。其次,发挥"三微一端"的互动优势,构建政府与公众之间顺畅无阻的沟通渠道,为决策与信息公开、调研等工作提供基础条件。再次,建立全方位的入口与渠道,将"三微一端"同电视、短信、电邮、热线电话、广播等手段相互融合,提升覆盖率,并将"三微一端"同社会其他平台相互嵌入,以方便公众使用。最后,以整体政府的思维,整合各部门的"三微一端",以合理的分工协作,为社会与公众提供日益良好的政务服务。[37]总之,数字治理的要义在于与时俱进地采用新技术、新媒体、新渠道,为智慧政府建设提供全方位支持,让电子政务实现可持续的创新发展。

参考文献：

[1] 搜狐网.2018中国区块链电子政务研究报告发布,17项应用七大细分场景[EB/OL].(2018-10-08).https://www.sohu.com/a/258222196_114346.

[2] 张懿."智慧政府"助力政务"化学反应"[N].文汇报,2018-02-06(1).

[3] 顾丽梅.信息社会的政府治理[M].天津:天津人民出版社,2003.

[4] 王舒月.由韩国"智慧政府实施计划"看中国电子政务的发展[J].图书情报工作网刊,2012(12):31-38.

[5] 高新民.云服务和电子政务新阶段[EB/OL].(2014-05-28).http://www.ciotimes.com/Egovernment/92945.html.

[6] 2017年内地与香港、澳门特别行政区电子政务研讨会在清华召开[J].电子政务,2018(1).

[7] 王咏,胡广伟.服务主导逻辑下的电子政务服务——概念模型、关键要素及特征分析[J].现代情报,2018(5):17-24.

[8] 张锐昕.电子政府与电子政务[M].北京:中国人民大学出版社,2011.

[9] 张志清.电子政府建设与研究的几个基本问题[J].武汉科技大学学报(社会科学版),2006(3):44-46.

[10] 张锐昕.电子政府概念的演进:从虚拟政府到智慧政府[J].上海行政学院学报,2016(6):4-13.

[11] 张懿."智慧政府"助力政务"化学反应"[N].文汇报,2018-02-06(1).

[12] 关静.智慧城市中的智慧政府:核心特征与目标设定[J].长白学刊,2013(3):70-74.

[13] 翟云."互联网+政务服务"推动政府治理现代化的内在逻辑和演化路径[J].电子政务,2017(12):2-12.

[14] 曹飞,吴頔.上海从电子政务到建设卓越智慧政府[N].解放日报,2018-02-26(1).

[15] 周盛.走向智慧政府:信息技术与权力结构的互动机制研究——以浙江省"四张清单一张网"改革为例[J].浙江社会科学,2017(3):37-43.

[16] 刘耀,谢华清.地区电子政务及其发展环境的阶段模型[J].深圳大学学报(人文社会科学版),2005(5):57-61.

[17] 陈彦仓.智慧政府建设的现实、目标和进路[J].大连干部学刊,2018(1):36-41.

[18] 庞宇.英国电子政务的发展转型及经验启示[J].电子政务,2018(2):62-70.

[19] 刘琼,王宇.如何从第三到第一,解码英国电子政务的转型之路[N].人民邮电报,2017-06-09(8).

[20] MELLOULI S, LUNA-REYES L F, ZHANG J. Smart government, citizen participation

and open data[J]. Information Polity,2014,19(1):1-4.

[21] KIM S T. Next Generation e-government strategies and asks for the smart society—based on Korea's case[J]. Journal of E-governance,2013,36(1):12-24.

[22] 周盛.走向智慧政府:信息技术与权力结构的互动机制研究——以浙江省"四张清单一张网"改革为例[J].浙江社会科学,2017(3):37-43.

[23] TYNDALE W. The works of Tyndale[M]. London:Ebenezer Palmer,1831.

[24] 王浦劬.国家治理、政府治理和社会治理的含义及其相互关系[J].国家行政学院学报,2014(3):11-17.

[25] 徐晓林,周立新.数字治理在城市政府善治中的体系构建[J].管理世界,2004(11):140-141.

[26] BACKUS M. E-governance and developing countries[J]. IICD Research Brief,2001(1):47.

[27] 翟云."互联网+政务服务"推动政府治理现代化的内在逻辑和演化路径[J].电子政务,2017(12):2-12.

[28] 张峰.大数据:一个新的政府治理命题[J].广西社会科学,2015(8):133-138.

[29] 陈潭.作为提升国家治理效能的"大数据×"[J].华中科技大学学报(社会科学版),2015(4):7-8.

[30] 侯衡.区块链技术在电子政务中的应用:优势、制约与发展[J].电子政务,2018(6):22-30.

[31] 陈祥荣.信息社会的电子治理[J].中国行政管理,2008(A1):69-72.

[32] RILEY T B, RILEY C G. E-governance to e-democracy:examining the evolution[J]. CCEG International Tracking Survey Report,2003,3(5):31.

[33] 高京燕.信息经济学视角下推进国家治理能力现代化的思考[J].中州学刊,2016(10):17-20.

[34] 算力智库研究院."区块链+政务":数字政务时代"奇点"临近[R].新财富,2018-09-05.

[35] 黄璜.对"数据流动"的治理——论政府数据治理的理论嬗变与框架[J].南京社会科学,2018(2):53-62.

[36] 陈彦仓."互联网+政务服务"提升政府服务能力研究[J].前沿,2017(11):71-76.

[37] 柳卫民.网络舆论特征新解及发展趋势剖析[J].云南行政学院学报,2015(2):95-98.

【作者】

李文明,温州商学院传媒与设计艺术学院教师

吕福玉,四川轻化工大学经济学院教师

"低小散"工业园区生态性危害
调查及治理机制研究

——以余姚市小曹娥镇工业功能区为例

肖颖映

自 2013 年党的十八届三中全会召开以来,以习近平同志为核心的中共中央把生态文明建设摆在治国理政的突出位置。2014 年 4 月,我国修订完成了《中华人民共和国环境保护法》,这是对 1989 年版本 25 年后的新修,被称为"史上最严"的环保法。党的十九大报告确立了 2035 年实现生态环境根本好转、"美丽中国"的目标。2018 年 3 月,第十三届全国人大一次会议通过了《中华人民共和国宪法修正案》,把生态文明和"美丽中国"写入《中华人民共和国宪法》,这为生态文明建设提供了国家根本大法遵循。2019 年 6 月 6 日,中共中央办公厅和国务院办公厅联合印发了《中央生态环境保护督察工作规定》,就规范生态环境保护督察工作,压实生态环境保护责任,推进生态文明建设,建设"美丽中国"等内容做了全面而细致的部署。以上陆续出台的政策法令不断强化了环境保护和生态文明建设在国家发展战略中的重要地位。

我国工业园区建设已走过 30 多年的历程,在积极的招商引资政策之下,各级政府对工业园区内的企业实施税收、土地方面的优惠政策,吸引大量企业投资。然而,过快的工业园区建设也导致严重的环境污染,大量"低小散"工业园区在规划布局机制、环境监管机制和环境风险防控机制方面存在缺陷,再加上地方政府唯GDP 价值的政绩观导向和政府管制理念的错位,使得工业园区单纯追求经济指标,由产业聚集的集中地变成了污染排放的集中地,园区内企业污水偷排、直排,大气污染物的无组织排放现象时有发生,污染治理设施成为应付检查的表面工程。

一、小曹娥镇"低小散"工业功能区发展现状

小曹娥工业园区是余姚市域内最具层次多样性的工业园区域,同时集国家级开发区(中意宁波生态园)、高污染电镀园区和普通乡镇工业功能区这三类工业园区发展于一身。后两者归属于小曹娥镇政府管理,也是本文的研究对象,被界定为工业功能区。它们不同于国家级或省级开发区,没有诸如工业园管委会这样正式的园区管理机构,产业发展水平较低,园区规模较小,布局分散碎片化。小曹娥镇是环杭州湾产业带先进制造业的重要集聚地。全镇共有企业708家,其中2000万元规模以上企业43家,规模企业产值占工业总产值比重为80%以上,主要涉及金属加工、化工、小家电、微电机、食品、电镀六大产业。

(一)产业规划历史

小曹娥镇最初的工业园是较为无序的规划,有人来投资了就开始划地,东一块西一块地开发,布局分散且无序。之后国家规划提升,对于工业园区的名称与定位趋于规范,开始分等级划分工业园区,哪些属于国家级、省级工业园区,哪些属于乡镇工业功能区,都进一步划分明确。对于工业园区的产业导向也进一步分类,初步按照工业类别形成了一定的产业集聚。以电镀行业为例。以前余姚市有70多家电镀企业,基本上每个乡镇都有三四家,布局极为分散,导致电镀企业的污染也弥散各处,有的电镀企业甚至开办在水源保护区附近。例如,曾经有一家电镀企业旁边有冰棍厂,电镀企业的废水排到江里,然后冰棍厂抽江里的水上来做冰棍。后来余姚市政府对电镀行业进行整治,推动电镀企业进行合并、搬迁,现在的电镀厂都搬迁到小曹娥镇滨海工业区或海涂工业区,进行集中管理。虽然目前小曹娥镇的海涂工业区承受着电镀行业产生的空气污染问题,但较为专业的产业特色和产业规划有效抑制了特殊行业生态性危害的扩散。

(二)国土空间规划政策

余姚市在国土空间规划方面提倡"多规融合",要求统筹协调生态、农业、城镇三类空间("三区")和生态保护红线、永久基本农田、城镇开发边界三条控制线("三线"),以存量优先、空间优化的原则保障发展,合理布局城镇体系、产业发展、公共

设施等各类空间要素,走生态发展、绿色发展之路。以前生态环境专属于环保部门,现在不仅仅是环保部门,还关系到国土、林业、水利等相关部门,因为这些部门也有自己的红线设定。另外,宁波市委、市政府组织编制了宁波市"三线一单"划定方案,"三线一单"即生态保护红线、环境质量底线、资源利用上线和生态环境准入清单。"三线一单"属于生态环境分区管控的一项基础性工作,下一步将为规划、项目环评以及生态环境保护管理提供支撑,提高生态环境参与综合决策、促进高质量发展的能力。

(三)环境监管机构

小曹娥镇工业园区的环境监管机构为宁波市生态环境局余姚分局,下设监察大队、环境监测站和8个基层环保所。余姚市3个正式的大型工业园区有正式的工业园区管委会机构,可执行一定的园区环境监管职能。小曹娥镇"低小散"的工业功能区则没有正式的管委会机构,其环境监管职能主要落在了生态环境局的基层环保所和工业功能区所在的小曹娥镇政府工贸办公室身上。

(四)环保检查与行政执法

工业园区环境监管按级别管理,具体分为国控、省控、市控和县控4级管控。监管级别不同,管控频次也不同,有些是一个月现场检查两次,有些是一个季度一次。小曹娥镇对于工业功能区的常规化环保检查一般是基层环保所定期抽查,或者与乡镇工贸办联合检查,以及企业委托第三方自测的检查模式。另外还有专项性的环保检查,一种是交叉检查,有跨乡镇的如管理小曹娥的突然检查黄家埠工业区,目前也在探索跨区域的交叉检查,如宁波市和绍兴市的交叉检查。还有一种专项性检查是按类型检查,比如某个月对所有的电镀企业进行一次"双随机"检查,被抽查单位和抽查人员都是随机的;还有跨部门"双随机"检查和跨行业"双随机"检查。

环保检查之后就是相应的行政执法行为,执法是环境监管的最后一道防线,是不得已而为之,不是环境监管的目标。目前,相关环保法律的处罚力度越来越大,以前的罚款20万元封顶,现在不封顶,有些情况严重的企业可能会罚款上百万元,当然这种情况较少,但是从这方面反映出法律层面的重视。以前是一个情况罚一次,现在如果发现企业因为各种原因偷排污染物,则按日计罚,每日20万元,直到企业整改好。另外,现在对企业的处罚不仅仅是罚钱,还会将违规违法企业拉入环保整治黑名单,这就涉及企业信用问题,从而影响到企业的贷款与融资,对企业的生存与发展造成威胁。最为严重的后果就是受到刑法处罚,对出现环保事故的企业企业法人进行判刑。

二、小曹娥镇"低小散"工业园区生态性危害

(一)空气污染

"水和空气都有污染,水污染控制得好一些了,因为有污水处理厂嘛。以前的电镀企业布局很分散,现在都统一管理了。但是怎么说呢,对周边的河流还是有影响的,以前河里有小鱼小虾,现在都消失不见了;空气污染就比较严重一些了,越靠近电镀企业工业园区,空气越差,天空都是灰蒙蒙的,颜色都明显不一样,而且有一股难闻的味道。"

——小曹娥镇双潭村村民

"之前这里北边有个食品添加剂厂,只要风一大,就会有很大的气味飘过来,我们都可以闻到。"

——小曹娥镇曹一村村民

承接了大部分电镀行业的小曹娥镇工业功能区,其空气污染问题是小曹娥镇治理工业园区生态性危害的重难点。相对于废水的集中处理和专业运营,大多数园区的废气治理由入驻企业自行运营管理,园区集中污水处理站产生的废气多为无组织排放。废气排放缺乏科学的监测管理体系,有效的有组织排放治理技术不成熟,无组织排放源多、面宽、量大,排放底数不清,工作基础薄弱,收集治理难度大。另外,对工业园区空气污染的监管力度严重不足,园区对企业废气排放的监管仅局限于设施是否正常开启的层面。以小曹娥镇电镀工业园区为例,由于余姚的小家电产业和模具产业比较发达,因此对于电镀工业的需求较大。电镀工业园区是电镀企业从事生产的聚集地,园区内不仅电镀企业多、车间多、生产线多,而且所用化学药品和试剂(包括添加剂)种类也很多,因此必然会有较多的废气产污环节和大气污染物。目前,余姚的电镀工业园区集中于小曹娥镇的海涂工业区和滨海

工业区内。在现场调研时,工业园区附近区域空气呈肉眼可见的淡蓝色烟雾状,靠近园区也可闻到较刺激的味道,可见区域内空气污染较为严重,而距离电镀园区几百米处还有村庄。

(二)工业固体废弃物处理不当

"现在我们还有一块在推的就是工业垃圾,城管部门关注的是生活垃圾,这个问题不大,一般采取焚烧措施,但是工业垃圾就没办法焚烧,像油漆桶这类垃圾,有一部分是供应商回收的,还有一些没有人回收的就丢弃,扔到生活垃圾堆里面,又不能烧,又不能填埋,所以我们的办法就是集中收集,在每个乡镇搞一个收储地,目前正在搞试点推行。工业垃圾分为两块,一块叫作危险废物,另一块就是普通废物,困难就在于普通的工业垃圾面广量大。"

——生态环境局余姚分局规划科

工业固体废弃物主要是指工业垃圾。与生活垃圾直接焚烧或填埋处理不同,工业垃圾不能直接焚烧或填埋处理。工业固体废弃物主要分为危险废物和普通工业废物两类。《中华人民共和国固体废物污染环境防治法》对于危险废物有着非常严格的处理规定,实施分级分类管理,建立信息化监管体系,并通过信息化手段管理、共享危险废物转移数据和信息。对于违反危险废物处理方法情节严重的,要追究刑事责任。危险废物有国家危险废物名录管理,加之余姚危险废物企业源集中且有限,其处理还在掌握之中。更为困难的是对普通工业废物的处理,普通工业废物面广量大且分散,如油漆桶这类工业垃圾。调研发现,小曹娥镇工业园区部分企业存在违法倾倒工业垃圾的现象。有居民反映,有电镀企业将电镀产生的重金属污泥利用夜间偷运至杭州湾海塘边挖坑填埋,这种直接填埋电镀污泥严重污染土壤及地下水。另外,在生态环境局信息公开网上也检索到工业固体废弃物违规排放的行政处罚记录,比如小曹娥海涂工业区随意堆放危险废物案,不设置危险废物识别标志案,园区内擅自倾倒工业固体废物案和工业固体废物扬散、渗漏案等。

（三）企业自行排污漏洞

"有些厂里的污水还是存在的，他自己处理不了就要排出来啊，混在生活污水里面，污染问题就来了。比如这边有好几家榨菜厂，榨菜水流到河里，那河里的水必定是会受到污染的。有些村民就会向村里反映，但是企业会给村里一些好处，开始几天会停止排污，过几天风头过去了，又会和之前一样排放，断断续续地，事情就这样不了了之了。"

——小曹娥镇村民

以小曹娥镇工业园区的王龙集团为例。王龙集团涉足化工、食品添加剂、纸业、包装等多行业，目前是全球规模最大的食品防腐剂山梨酸和山梨酸钾生产企业。由于园区早期规划不足，王龙集团的污水未能纳入小曹娥工业园区的管网做统一收集与处理，仅由王龙集团自行处理后直接排放。为了弥补规划不足，余姚市政府相关部门曾专门探讨王龙集团的污水处理管线接收并网问题。讨论方案是，将企业管线并入同在小曹娥镇工业园区内的余姚市城市生活污水处理厂，但由于工业污水和生活污水混合处理难度大，该方案没能通过执行，该集团污水还是由其预处理后自行排放。王龙集团多次被当地 NGO 举报将污水直排入海，每次缴纳罚款后又继续开工，整改结果是将原有管道及排放区域用沙土和石块掩盖，并将管道进一步延伸到更隐蔽处，还是直排污水。随着工业园区不断拓展，相应的治污设施建设却未能跟上发展速度，类似王龙集团这种单独处理污水的企业不在少数。另外，污水处理厂收纳污水也存在漏洞，工业园区虽然要求入园企业进行预处理后再排入污水处理厂，但有的企业入园后却不再对排放的污水进行预处理，直接排入集中污水处理厂，甚至是城市污水处理厂，造成污水处理厂严重超设计负荷运行，给稳定达标运行带来很大的问题。

三、"低小散"工业园区生态性危害产生机理

（一）风险社会理论——工业园区规划布局决策失败

1986 年，德国著名社会学家乌尔里希·贝克（Ulrich Beck）在《风险社会》一书

中首次提出"风险社会"的概念。贝克说,风险是与人类共存的,但只是在近代之后随着人类成为风险的主要生产者,风险的结构和特征才发生了根本性的变化,产生了现代意义上的"风险"并出现了现代意义上的"风险社会"。风险社会体现在两点:一是风险的"人化",随着人类活动频率的增多、活动范围的扩大,其决策和行动对自然和人类社会本身的影响力也大大增强,从而风险结构从自然风险占主导逐渐演变成人为的不确定性占主导;二是风险的"制度化"和"制度化"的风险。[1]风险社会是指这样一个时代,社会进步的阴暗面越来越支配社会和政治,人类面临着威胁其生存的由社会所制造的风险,如工业发展所造成的生态性危害。风险社会理论的内容之一就是从生态风险角度透视风险社会,如贝克从生态环境与发展的关系切入,把风险理解为技术应用对环境造成的威胁。贝克的生态主义风险社会研究视角向我们展示了工业主义下生态风险的可能性和危害性。

工业生态风险的不确定性与工业社会的决策失败会导致严重的环境后果,正如"低小散"工业园区布局规划决策与环保设施规划决策的失败会带来一系列的生态性危害问题。在产业规划方面,首先,"低小散"工业功能区普遍缺乏特色产业导向,不少乡镇工业功能区产业定位不明确,缺乏主导产业,也缺乏产业特色。乡镇工业园区内行业类别多,各企业之间的产业关联性差,不能形成有效的产业链,项目连带效应未形成,园区内产业未形成集团优势和产业特点。其次,乡镇工业功能区不易招引大项目,产业规模和层次与国家级、省级经济开发区存在明显差距。招商引资普遍存在引进项目小、产业档次低、技术含量低、投资回报低的问题,不少园区产业布局低水平重复,制约了区域竞争力。

在土地规划方面,首先,大多数乡镇工业功能区是依托原来一些老企业、老厂区建设的,原有工业企业与居民、商业网点混杂,出现"园中有村,村中有园"现象。企业与居民容易产生矛盾,不仅影响工业企业发展,而且影响居民的正常生活。其次,一些工业园区选址未充分考虑本地区资源禀赋、生态支撑条件和人口分布现状,片面强调地理位置优势和产业优势,在一些地理位置好、生产条件优越的区域层层创办工业园区,或是在具有相似生产条件禀赋的区域重复建设同类型工业区,造成园区数量过多、规模偏小、分布碎片化、环保基础设施不全,导致资源分散、技术层次低、污染集中、生态性危害风险加大。

(二)社会性管制理论——工业园区环境管制失败

管制是指为弥补市场失灵,政府的行政机构依据一定的法规对企业行为的干预。它分为经济性管制和社会性管制,前者是政府对特定行业如自然垄断行业和金融业的干预,后者是政府为了保护广大的消费者、雇工及公众的健康和安全而对产品和服务、广告、工作场所以及环境的质量进行的管制。[2]日本学者植草益认为,社会性规制是"以保障劳动者和消费者的安全、健康、卫生、环境保护、防止灾害为目的,对物品和服务的质量和伴随着提供它们而产生的各种活动制定一定的标准,并禁止、限制特定行为的机制"[3]。社会性规制理论讨论了规制的方法。规制的主要方法包括:①禁止特定行为;②营业活动限制;③执业资格制度;④标准认证和检查制度;⑤收费补偿制度;⑥信息公开制度。[4]对工业园区的监管主要属于社会性管制中的环境管制范围,包括对工业园区企业的环境准入标准设定,对园区企业环境影响评价标准的监督执行,对企业违法违规行为的惩处,强制企业信息公开披露等。其中,工业园区环境管制的核心制度有工业园区区域环境影响评价管理、工业园区区域风险评价管理、工业园区污染物排放总量管理、工业园区环境准入管理、工业园区环境重点源管理等。[5]

"低小散"工业功能区环境管制失败表现在两个方面。

第一,缺乏正式的园区管理机构,环境监管能力不足。调研访谈小曹娥镇政府工贸办公室人员时了解到,余姚市工业功能区没有正式的管委会机构,只是每个乡镇设立了一个园区综合服务中心。综合服务中心是乡镇工贸办公室的下属机构,设置在园区里,为园区企业提供基础性的服务,但不具备行政执法的权力。综合服务中心工作人员只有3—5人,需要服务整个乡镇的工业功能区,因此,综合服务中心对于这些工业功能区的综合管理,尤其是园区的环境管理是比较缺位的。综合服务中心和工业功能区都没有专门的环境监管机构,无法直接对接上级环保部门。

第二,工业园区环境管制制度执行不力,环境监管力度低。比如环境影响评价制度执行不严格,一些老企业、老厂区与居民区和商业点混杂在一起,其安全防护距离达不到环境影响评价标准,因此无法制定环境影响评价报告,无法通过正常的环评流程。同时,有些新园区、新企业在建设过程中未能完全按规划的环境影响评价的要求来严格执行,对项目可能造成的环境影响估计认识不足。环保检查和环境执法力度较低,以罚代管难奏效,污染企业在缴纳罚款后又继续开工,行政处罚的威慑力较低。由于考虑到地方经济发展,所以没有完全执行"按日计罚"的严格标准。

(三)整体性治理理论——工业园区整体性治理缺位

整体性治理理论的主要思想包括"重新整合"和"整体性治理"。其中,重新整合的内容主要包括:逆部门化和碎片化,大部门式治理,重新政府化,恢复或重新加强中央过程,极大地压缩行政成本,重塑一些有公务支撑功能的服务提供链,集中采购和专业化,网络简化。整体性治理的内容主要包括:互动的信息搜寻和提供,以顾客为基础和以功能为基础的组织重建,一站式服务提供,数据库的建立和运用,重塑从结果到结果的服务,灵活的政府过程,可持续性。[6]有学者将整体性治理理论概括为"以满足公民需求为主导的治理理念,以信息技术为治理手段,以协调、整合和责任为治理策略,促使各种治理主体协调一致,实现治理层级、功能和公私部门的整合,以及碎片化的责任机制和信息系统的整合,充分体现包容性和整合性的整体型政府运作模式"[7]。

"低小散"工业园区的特征就是工艺低、规模小、分布散,其分布碎片化不成规模效应,造成"低小散"工业园区环保设施建设率和利用率都非常低,从而导致工业园区企业污染物处理不达标。从整体性治理的视角来看待"低小散"工业园区的规划布局和监管体系。目前"低小散"工业园区需要进一步整合规划,将具有相同产业特征的若干园区兼并整合为一个规模较大且具有鲜明产业特色的园区,或者按照生态化园区建设思路重新整合现有工业园区规划布局。另外,在园区治理结构中,不同的部门有着不同的利益,各部门为了部门利益可能采取截然相反的政策和措施,如供地审批涉及多个环节多个部门,需要经过项目立项、规划选址、规划准予、施工许可、土地预审、地价核定、环保评价、供地确定等多个环节和多头管理,审批手续繁、周期长、效率低。这就需要有足够权威的组织机构或者个人来统筹协调各参与主体的决策和行动,涉及一套协调、整合、沟通、信任、责任等方面的运行机制。整体性治理采取沟通、协商、谈判等整合、协调的运行机制,通过整合部门边界,协调各方利益,最终实现整体利益(见图1)。

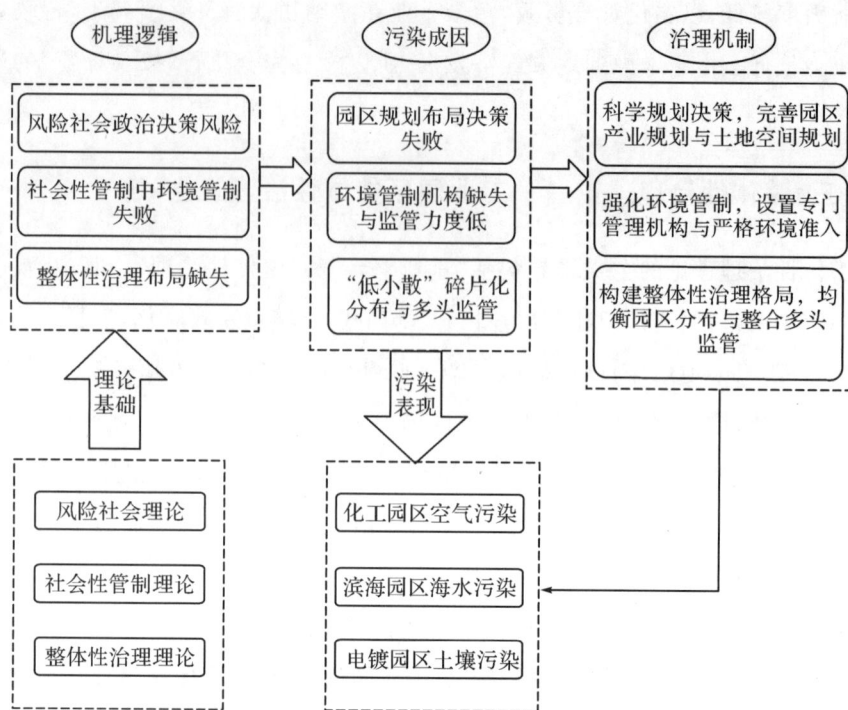

图1　机理逻辑

四、小曹娥镇"低小散"工业园区转升路径

(一)科学规划决策,完善园区产业规划和土地空间规划

1.明确园区产业定位,优化产业规划布局

与省级工业园区不同,"低小散"乡镇工业功能区难以招引国内外大项目。应坚持从实际出发,明确区域产业定位;立足民营经济,注重培育特色优势产业,进而发展产业集群,使之成为乡镇工业功能区的主要产业基础。[8]第一,开展园区内企业摸底调查,主要调查企业的行业类别、生产规模、生产工艺、产排污状况以及与之相关联的企业和行业。对调查结果按行业进行分类梳理和汇总,找出与重点行业关联性强的行业,控制弱势或关联性差的行业,突出优先发展的行业和发展方向。第二,可以与周边国家级、省级开发区产业布局对接,实施"特色竞争"战略,明确产业定位,努力培育富有特色的两三个主导产业,并延伸产业链,做大做强一批主业

突出、竞争力强、关联度高的优势骨干企业,逐步形成产业集群比较优势,提高工业功能区的竞争力。[9]第三,突出招商引资,形成外力推动型的产业升级局面;注重引进高技术含量、高成长性、高产业关联度的项目,引进清洁生产型、税源涵养型和就业容量型的项目。

2.土地空间规划布局优化

扎实开展土地整理,确保耕地占补平衡,一方面做好农用地调整,另一方面做好闲置地盘活,开发利用低坡丘陵和滩涂,增加土地供应量。同时,要优化乡镇工业功能区的用地方式,最大限度地提高土地利用效率,严格执行省规定的建筑容积率、投资强度和产出率等控制指标。各地应根据实际情况,细化控制标准和实施办法。[10]另外,规划的优化调整要充分论证园区边缘地块和敏感区域的功能规划,论证边缘地块和敏感区域附近的环境敏感目标及有关保护对象的相关管理要求。敏感区域(如园中村、园内河等)的规划,要考虑敏感目标的保护与拆迁,结合行业特征设置卫生防护距离和大气防护距离。要做好边缘地块的规划,建设一定带宽的防护植物林隔离带,物种要本地化、多样化、层次化、季节鲜明化。[11]

(二)强化对"低小散"工业园区的环境监管

1.成立园区管理机构,强化环境监管能力

在进一步整合"低小散"工业功能区规划布局的基础上,可以在较大规模工业功能区或几个工业功能区产业集群的区域成立正式的园区管理机构,并赋予园区管理机构一定的行政审批权和行政监管执法权。园区管理机构可以整合当前乡镇工贸办公室和基层环保所关于区域内工业功能区日常管理和环境监管的职能,这样就能使园区规划布局与环境监管协调整合;同时应制定园区管理制度,充实管理人员,以此来加强工业功能区的环境监管能力。

2.严格环境准入,加大环境监管力度

第一,对于园区环境准入的条件,主要考核单位工业增加值的废物排放量、处理处置率、综合利用效率以及相应的环境管理制度实施状况。通过单位产值能耗、水耗等资源生产力评价指标反映企业资源利用效率、清洁生产的执行情况以及土地集约利用程度,特别是针对土地资源利用,对入园企业进行严格把关。第二,入园项目在环境影响评价阶段,应当充分论证园区公共污染防治措施是否满足项目

污染物处理的需要,严格规定各项目应自行配套的环保措施;实行园区污染物排放总量控制,将园区总量控制指标和项目总量指标作为入园项目环境影响评价审批的前置条件。另外,要加强环境监管,严格执法。一是理顺管理体制,由地方政府环保主管部门成立园区环保分支机构,纳入园区管理机构的正式行政部门中。二是创新监管方式,对工业园区开展环境信用评价、环境信息公开,接受公众监督。三是加大执法力度,严肃查处园区内违反环境影响评价和"三同时"规定,擅自开工建设、投产以及逃避环境监管违法排放污染物等行为。[12]

(三)"低小散"工业园区治理纳入整体性治理理念

余姚市"低小散"工业功能区日常管理和生态性危害治理涉及园区管理机构、市发改局、市工信局、市自然资源局、市生态环境局等市政府职能部门。实际管理中,必然会产生诸多碎片化和效率低下问题。结合整体性治理理论,针对上述存在的问题,首先应当对市级参与园区管理的职能部门进行统筹整合,发挥整体合力。如在市政府层面,成立工业功能区开发建设工作领导小组,由市长任领导小组组长,分管工业的副市长任副组长,上述市发改委、生态环境等部门的主要负责人任小组成员。这样可以在宏观上统一协调全市工业功能区土地空间规划、产业规划、环境规划、行政审批、行政监管与行政执法等方面的重要决策。其次,在成立工业功能区正式管理机构的基础上,可以下放一定的行政审批权和行政执法权给园区正式管理机构,以便更好地对工业园区进行日常管理和环境监管,因为园区审批权的缺失使得园区企业入驻时需要经过层层上报手续,企业落地成本高;园区执法权的缺失使得园区管理机构对企业违法违规生产行为的制约力较弱。另外,应建立统一的园区信息系统。加大部门项目信息整合力度,全力推进数据共享。同时,建立和完善园区网络信息技术平台,将园区内所有的项目、工地、企业等数据录入网络信息技术平台。

参考文献:

[1] 乌尔里希·贝克.从工业社会到风险社会(上篇)——关于人类生存、社会结构和生态启蒙等问题的思考[J].王武龙,译.马克思主义与现实,2003(5):60-72.

[2] 程启智.国外社会性管制理论述评[J].经济学动态,2002(2):25-27.

[3] 植草益.微观规制经济学[M].北京:中国发展出版社,1992.

[4] 占飞燕.社会性规制理论综述[J].湖北行政学院学报,2007(S1):259-261.

[5] 扈学文,李艳萍,乔琦,等.我国工业园区主要环境监管制度研究[C]//中国环境科学学会,
2015 年中国环境科学学会学术年会论文集:第一卷,2015.

[6] 竺乾威.从新公共管理到整体性治理[J].中国行政管理,2008(10):52-58.

[7] 曾凡军,韦彬.后公共治理理论:作为一种新趋向的整体性治理[J].天津行政学院学报,2010
(3):59-64.

[8] 周必健.积极引导乡镇工业功能区有序发展[J].浙江经济,2007(4):37-39.

[9] 叶美峰.乡镇工业功能区建设的思考[J].政策瞭望,2007(7):50-51.

[10] 周必健.积极引导乡镇工业功能区有序发展[J].浙江经济,2007(4):37-39.

[11] 杜渊.浅析乡镇工业园区的主要环境问题与对策[J].资源节约与环保,2015(2):166.

[12] 董晓东,梁林佐,杨俊峰.工业园区环境保护问题及对策建议[J].环境保护,2014(24):
56-57.

【作者】
肖颖映,浙江财经大学公共管理学院研究生

动态异质性、兼容性与特色小镇可持续竞争力

——浙江北部两个小镇的故事

冯　涛　郭玉飞　方梓任

对于中国而言,特色小镇概念是一舶来物。美国格林威治镇、法国依云镇、瑞士达沃斯镇等已非新鲜事物。这些小镇的成功可归因于其不可替代、难以复制的个性化元素。中国的特色小镇发端于浙江,并向全国推广,现已是中国新一轮城镇化的重要支撑。特别是,党的十九大报告提出"以城市群为主体构建大中小城市和小城镇协调发展的城镇格局",特色小镇将成为这一新型城镇化格局的重要节点。如果将特色小镇内嵌于腹地、都市区、城市群等复杂的外围系统中加以讨论,面对现代都市文明和市场化浪潮冲击时,它们是否具有可持续竞争力,或者说,特色小镇可持续竞争力的构成要素是什么?

围绕这一问题,我们首先梳理已有文献来研究特色小镇为什么会产生于当下的中国;然后从异质性和兼容性两个方面讨论特色小镇可持续竞争力构成要素问题,提炼本文的理论框架;接着重点讲述海宁皮革时尚小镇的故事,通过与其接壤的桐乡毛衫时尚小镇进行对比,验证并丰富研究框架的理论发现;最后对特色小镇可持续竞争力进行研究总结,并从政府与市场、社会的关系,以及治理创新角度来回应动态的异质性和兼容性协调问题。

一、已有研究的评述:特色小镇为什么会产生于当下的中国

在中国,小镇已有 1400 多年历史。早在唐朝就有数量众多的中心集镇遍布于农村地区[1],深刻地影响着中国的历史发展进程。1949 年后,小镇,即乡镇成为中国农村地区最基层的行政单位。可以说,正是这些不计其数的乡镇构成了广袤的

中国农村。[2]改革开放后,中国各地,特别是东部沿海地区经历了农村工业化,不仅吸纳了大量的农村剩余劳动力[3],而且部分传统乡镇由此成为工业重镇,同时还催生了较多的新兴乡镇[4]。如果把小镇嵌入在更为宽泛的外围环境中,还可以看到,小镇位居"城之尾、乡之首",既在解决中国农业农村问题中发挥着不可或缺的作用[5],又是当下中国城镇化与乡村建设的关键节点[6]。

几十年来,中国小镇取得了丰硕的成绩,但也遇到了瓶颈:小镇数量多,规模小;每个小镇各有特色,但主导产业单一,工业居多,因制造业走下坡路,小镇发展停滞不前[7];镇域范围内中小企业为主,规模以上企业偏少,财政创收乏力[8],小镇债务风险、土地财政等问题日益加剧[9];乡镇政府处在中国科层体系最底层,人事、财政、权力资源不足,与经济发展体量不相匹配,造成"小马拉大车"困境[10]。从城镇化视域来看,小镇其实并未分享到中国城镇化的成果。[11]究其原因,长期以城市发展为导向的政策倾斜阻碍了小镇的健康成长。[12]大城市发展明显快于小城镇,而且"城市病"症状已然显现。[13]事实上,这并非中国特有的现象,19世纪美国城市的增长数据也反映了类似情况。与小城镇相比,大城市集聚力强,发展迅速,占据了大多数城镇化成果。[14]大城市快速扩张必将遇到极限[15],土地、环境等资源日益稀缺,成本不断增加[16]。根据经济学常识,城市理应发生大规模的产业和人口外迁[17],即"逆城市化""郊区化"过程,进而造就一个由大中小城市和小城镇共筑的都市区新版本[18]。

理论上,中国大城市扩张的极限也将为小镇发展带来新的机遇,但事实并非如此。有研究从制度、经济、社会和生态四个维度来解读小镇遇到的障碍。具体来说,基层财权不独立,低端制造业主导的产业结构创收受限,小镇财政收入拮据,公共设施投建乏力,整体环境品质低而有碍于人才引入,财力单薄、人才稀缺又将阻碍产业转型,产业粗放、公共设施不足势必引致生态问题。[19]因此,多数小镇集聚力弱,竞争优势不显著。[20]如何提高小镇的可持续竞争力?综合成长障碍分析,不难发现,产业结构转型和政府管理体制改革是两大突破点。

围绕这两大突破点,地方政府积极试点创新。浙江省首创"小城市试点镇"改革,旨在通过强镇扩权来缓解"小马拉大车"矛盾。但是,现行体制下,这场改革只是由省级政府推动的县级政府向部分经济强镇下放行政权[21],仅仅是政府内部权限的调整,尽管有助于乡镇政府的经济社会管理,但无法从根本上解决小镇竞争力问题。而后,浙江省提出了发展特色小镇战略。特色小镇的理论基石是产业集群理论,即以某一主导产业为基础,空间上集聚相关支撑机构和人才,从而形成强大的竞争优势。[22]有研究认为,特色小镇培育成功的关键在于产业集聚性和生活宜居性。[23]另有学者通过对特色小镇绿色发展模式的研究,提出发展绿色产业、倡导绿色消费和开展绿色管理等理论原则。[24]无疑,生产、生活和生态是特色小镇的三大功能,但生产是核心,特别 2017 年底国务院四部门出台《关于规范推进特色小镇和特色小城镇建设的若干意见》明确提出"产业建镇"原则,立足要素禀赋和比较优势,以特色产业为核心,兼顾特色文化、特色功能和特色建筑。

特色小镇不是传统的"镇",它独立于市,但又非行政区划单位。而且,《关于规范推进特色小镇和特色小城镇建设的若干意见》还明确了"市场主导"原则,即政府引导、企业主体、市场化运作,企业是特色小镇的载体。但是,也有研究持不同观点,认为特色小镇其实是企业家、政府在中国的新实践,尽管小镇由多元力量驱动,但是政府仍是最主要的力量。[25]然而,还有不少研究与上述观点相左,认为特色小镇并非行政意义上的"镇",行政束缚少,反而容易运营和推行。[26]传统的建制镇凭借财政软约束优势,不大可能发生破产。[27]但事实证明特色小镇并非这样,2016 年浙江省已出现了个别特色小镇出局现象,陕西咸阳等地还出现了特色小镇破产现象。

可以看到,与一般的建制镇相比,特色小镇更加直面市场化浪潮,将从市场化带来的要素流动和优化配置中空前获益,但也不得不为此担负起更大的责任。产业是小镇的核心,要实现竞争优势首先就要确保产业的"特色性",即异质性。但是,特色小镇又不同于以往的产业园区,除了特色产业这一核心外,还要兼容生产与生活、生态的关系,只有这样,才能持续这种竞争优势。特色小镇内嵌于复杂的外围系统中,两者的兼容性将构成小镇可持续竞争优势的重要方面。基于这样的认识,我们将从动态的角度观察异质性和兼容性关系,搭建特色小镇可持续竞争优势的理论框架。

二、特色小镇持续性竞争优势理论框架:异质性与兼容性

一般而言,组织所掌握资源和能力的异质性将会造成组织间绩效差异性。[28]也就是说,组织相对于其他组织的竞争优势建立在其所拥有的异质性资源和关系基础上[29],特色小镇也不例外。那么特色小镇如何才能通过异质性来占据绩效制高点呢？根据资源基础理论,当组织采用一种独特的、能够创造价值、难以被竞争对手复制的战略时,便会拥有持续性的竞争优势。[30]因此,特色小镇要实现持续性竞争优势首先就要具备和掌握有价值、稀缺、不可替代和难以复制的资源与能力。

在中国,政府之于特色小镇的确立起到了关键作用,但是,这不是随机选取的过程,而是根据各地经济、文化、区位等资源禀赋条件做出的决策。[31]资源禀赋条件是动态可变的,产业结构与资本有机构成也将随之发生变化。[32]特别是,以块状经济为基础的乡镇产业结构单一,处于生产链末端和价值链低端,进入门槛低,可复制性强,竞争优势难以持续。因此,建设特色小镇,也即产业升级过程,传统第二产业将从过去低端制造业向创意、设计等高端产业转型,同时还将衍生出旅游、文化、服务等第三产业。值得一提的是,在部分依托传统文化或自然资源优势而建的特色小镇中,传统三产也将向技术含量高、价值创造力强的高端服务业转型。

当前,特色小镇都内嵌于由腹地、都市区等要素构成的外围系统中。在多元主体共存的空间中,小镇要实现竞争优势首先要确保其"特色",即相对于系统内其他主体的异质性优势。但是,还应看到,特色小镇竞争优势不只是取决于差异性、不可复制性,还与它和外围系统的兼容性密切相关,即与外围其他主体的交流、互动,集中表现在特色小镇生产、生活与生态等各个方面(见图1)。

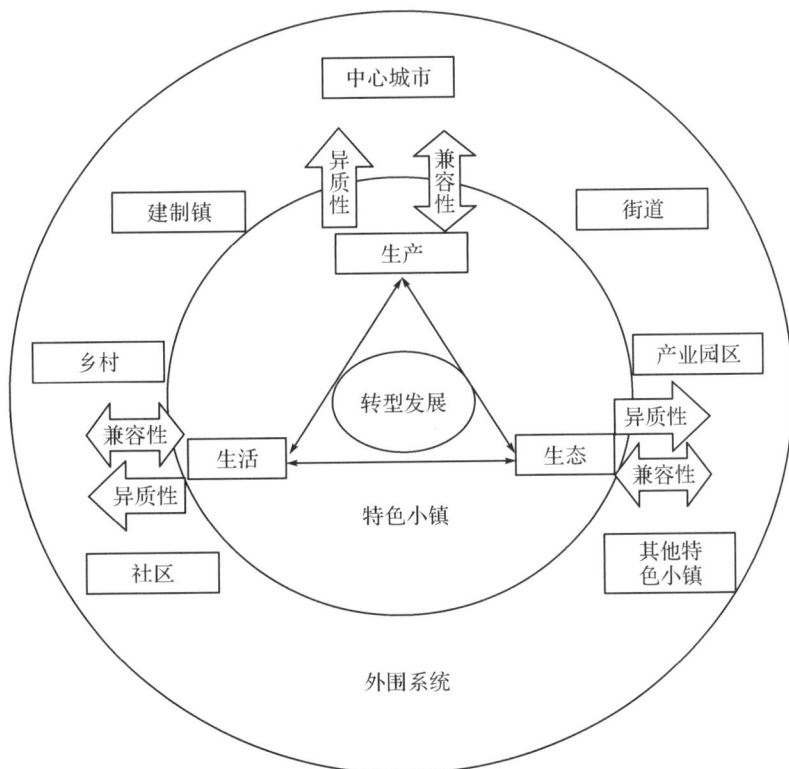

图1 动态异质性与兼容性理论框架

数字政府与数字治理

生产的兼容性离不开产业的差异性。可以说,正是产业的异质性,特色小镇才能避免与邻近主体的同质化竞争;同样,只有优势资源的不可复制与不可替代,各个主体之间才需要发生功能互补与要素流通。生活的兼容性与产业的异质性密切相关。生活兼容性首先意味着小镇"职住一体"的功能,产业差异性又决定了特色小镇将会集聚专业人才,并由此而形成具有专门生产生活功能的个性化社区。但是,社会生活的多元性、需求的多样性决定了特色小镇社区功能绝非孤立、封闭的存在,它还包括小镇与周围腹地,尤其是与相邻的建制镇、街道、社区等主体生活功能的互补。可以说,与周围腹地在居住、消费、娱乐、文化等方面的资源共享与交互是实现特色小镇生活功能的重要前提。生态兼容性同样也与产业异质性息息相关。生态兼容性意味着小镇范围内生态与生产、生活的统一性,生产的空间布局、设施建造首先要符合生态、生活要求;反过来,生产又将为生态、生活提供必要的技术支持和财力保障。所以说,生态的兼容性不是生产让渡于生活、生态,也不是生产凌驾于生活、生态之上,而是生产与生态、生活在小镇建设中达到新的平衡。不仅如此,生态兼容性还与小镇外围系统紧密关联。一方面,特色小镇生产、生活、生态布局必须与外围整体的生态条件相一致;另一方面,产业转型,特别是二产中衍生出旅游、创意、文化等新兴产业发展,又离不开周围腹地生态资源的支撑。

不难发现,对特色小镇及其生产、生活、生态等要素的讨论不能只停留于抽象层面,而是要将它们置于特定的产业结构、资源禀赋条件以及外围系统中。生产是核心,是维系特色小镇存在与发展的基础;离开生产维度,对生活、生态的讨论将失去现实意义。生产不仅为生活、生态发展提供必要的物质支持,而且随着产业的转型升级,特别是第三产业的兴起,生活、生态本身也将演化成一种新的产业形态。从动态角度来看,重新配置资源与能力是实现组织持续竞争力、有效应对迅速多变的外部环境的重要条件。[33] 如果说,特色小镇的可持续竞争优势表现为资源的异质性,那么,在现今市场竞争激励、信息技术日新月异的局面下,这种异质性将取决于技术及产业的革新速度。从系统角度来看,特色小镇内嵌于腹地、都市区等要素构成的外围系统中,两者存有较强的交互性、兼容性。可以说,特色小镇异质性的内涵不是由它自身决定的,而是取决于外围系统整体的生产、生活与生态状况,以及现实的经济社会需求。而且,无论是生产、生活还是生态,都必须通过与外围系统的交流与互动来实现功能互补与资源配置。总之,特色小镇必须紧密依托外围网络,才能为自身的生存与发展获取养分与能量。

三、浙江北部两个小镇的案例研究

这些理论预设是否与现实情况相符呢？为此,我们将选择案例进行研究。浙江是中国特色小镇的发源地,海宁皮革时尚小镇与桐乡毛衫时尚小镇同属浙江第一批省级特色小镇,它们相邻而建,都坐落于杭州都市区内,可以说,两地有着极为相似的经济、文化、区位条件。下面将在重点讲述海宁故事的基础上,与桐乡经验展开比较研究。

(一)海宁故事的讲述

皮革时尚小镇坐落于海宁市。海宁是嘉兴市下辖的一个县级市,毗邻杭州、上海,地理位置优越,经济发达,2017 年全市 GDP 高达 886.07 亿元。根据《2017 年中国县域经济百强白皮书》,海宁市位列全国县域经济第 18 名。皮革时尚小镇2017 年贸易成交额达 145 亿元,年接待游客达到 700 万人次。

海宁地处中国东南部,属于亚热带季风气候,年均气温 15—18℃,浙江及其相邻的上海、江苏、安徽等地居民事实上对皮革服装需求量不大。此外,中国皮革原料主要产自内蒙古、新疆等北部、西北部边疆省份,与浙江相距甚远。可见,海宁皮革既缺乏充足的消费市场,又缺乏邻近的原料产地,竞争优势不显著。那么,为什么皮革时尚小镇会在海宁建成?

海宁皮革业有着悠久的历史。早在 1926 年,当地商人胡振芳创建了双山皮厂,并成为当时中国皮革业的"黄埔军校"。1949 年后,海宁长安镇建有一集体企业——长安皮革服装厂,产品以出口为主。中华人民共和国成立后直到改革开放前,中国公有经济占有绝对优势,私营经济几乎消亡;同时,以重工业为主的产业结构长期压制着中国的消费品市场,造成了改革开放初期消费品市场需求量的大幅度反弹。20 世纪 80 年代初,民营经济日趋活跃。海宁市长安、周王庙等镇兴起了一批皮革制造企业主。这些企业规模较小,多以家庭作坊形式开展生产,但在海宁个别乡镇形成了一定程度的企业集群。

生产制造初成规模,但销售形式落后,直到 20 世纪 90 年代初,皮制品销售主要采取个体企业自行推销的方式。为此,1993 年,海宁市政府决定建造专门的皮革市场,名为"浙江皮革服装城",相应地成立了皮革城管委会。1994 年,海宁中国皮革城举办了首届中国皮革服装展销会。这是中国皮革业最早的专业展销会,之后每年举办一次,2000年更名为"海宁中国皮革博览会"。20世纪90年代中期,海宁皮革市场基本成型,但遇到了严重的产品质量问题,以次充优、假冒伪劣问题突出。于是,政府牵头开展打击劣质皮,两年后明显好转,挽回市场声誉。由于商户大规模增加,原先的皮革市场空间不足,2005年进行易地搬迁,入驻当前的海宁中国皮革城。

海宁中国皮革城是皮革时尚小镇的重要载体。早在1998年,海宁皮革市场管委会下成立浙江皮革服装城投资开发公司。2007年该公司进行资本化改革,成立上市公司,即现今的海宁中国皮革城股份有限公司,它是中国海宁皮革城的主体单位,也是现下皮革时尚小镇的创建牵头单位。直到2015年正式被确定为浙江省首批特色小镇,海宁中国皮革城一直致力于小镇的奠基性工作。如前所述,2000年开始,每年举办一次海宁中国皮革博览会,通过名品展览展示、设计大赛、行业专题研讨、技术交流等形式扩大影响,引导中国皮革业走品牌化、精品化、国际化道路。另外,海宁中国皮革城还将旅游业融入传统商贸业中,开创购物旅游新模式。特别是2005年,它利用皮革城搬迁机会,加大旅游设施建设,2007年正式被确定为"国家4A级旅游景区"。事实上,海宁中国皮革城已成为长三角地区一大特色旅游购物中心;同时,依托钱江潮这一旅游资源,与盐官观潮胜地管委会等单位合作举办活动,现如今"去海宁观潮,到皮革城购物"已成为长三角地区游客的热门话题。

2015年正式启动创建海宁皮革时尚小镇。小镇位于海宁中心城区西侧,规划面积3.5平方千米,建设面积1.52平方千米,包括创意核心区、时尚产业园、总部商务区、产贸连接带等部分,力争将小镇建设成为世界级的皮革时尚策源地和贸易服务中心。特色小镇成立后,皮革时尚小镇通过产业转型升级,不断扩大小镇的"外溢效应",一方面继续深化以往的品牌建设、会展活动,扩大小镇影响力;另一方面,深耕传统皮革商贸,从以冬季皮革服装为主向包括箱包、汽车皮革内饰、皮革时尚家居等产品在内的更全面、更高端的商贸业转型升级,唱响小镇"四季歌";更为重要的是,小镇通过制定行业质量标准、发布皮革市场指数等工作,扩大小镇的业内影响力和权威性,逐步成为全国,甚至全球同行的重要参照系。

不同于传统商贸城,特色小镇以生态、生产、生活"三生融合"和产业、文化、旅游、社区"四位一体"为建设理念,规划建设了一批水路网交通绿化项目,以及安置房、公共租赁住房、会展中心、开元名都酒店等一批配套工程。为了提升旅游景区品质,小镇2017年筹办首届全国民间灯彩博览会暨"硖石灯会"彩灯艺术节,引起包括央视在内的全国媒体的关注与报道。

（二）两个小镇故事的比较

海宁的历程在一定程度上回应了"为什么皮革时尚小镇会选择建立在消费市场和原料产地都不占优势的海宁"这一问题。海宁经验的成功在于,它长期保持着产业的异质性,这种异质性不是静态不变的。改革初期,国内轻工业市场需求剧增。基于制革业传统优势,海宁诞生了一批民营企业主,并初步实现企业集群。1992年邓小平"南方谈话"、1994年中共十四大正式确定中国市场经济地位,而此时的海宁已经开始筹建专门的皮革市场,并通过展会等形式扩大影响,不再局限于单纯的制造业,开始向商贸、展会经济转型。可以说,这在当时的浙江,甚至全国都是非常独特的。假冒伪劣产品猖獗往往是市场经济初期的常见问题,20世纪末的中国也不例外。当地政府就此发起了一场声势浩大的整治活动,保住市场声誉,增强消费者认同感,海宁皮革市场在信用领域再次领先一步。与改革初期相比,21世纪轻工业市场趋向饱和,特别是随着全球化的发展以及中国加入WTO,大量国外制品进入中国市场,对本国产品带来巨大挑战。海宁化挑战为机遇,适时推动传统皮革商贸业转型,不只是皮革服装,箱包、皮革汽车内饰、皮革时尚家居等都出现在皮革城的展厅内。

可以看到,海宁一直保持着动态的异质性,正是这种异质性造就了海宁皮革商贸业在同行中的可持续竞争优势。但是,我们还未回答"为什么皮革时尚小镇可以在海宁落成"。无独有偶,海宁的邻市桐乡至今为止还保留着数个大型的、经济效益较好的皮革市场。进入展厅,桐乡与海宁极为相似,有着类似的皮革制品,它们都可以唱响"四季歌"。但是,为什么桐乡的皮革市场未能演化成特色小镇?

从动态的异质性来看,1978年后,桐乡与海宁的皮革业转型有着很长的一段重合轨迹。然而,21世纪后,海宁不同于桐乡,它的皮革业不再只限于商贸,逐渐向时尚、创意设计、会展、文化等高端领域转变。此外,它还依托钱江潮、名人故居等腹地的旅游资源不断向旅游业靠拢,打造"旅游+购物"新业态。不仅如此,皮革行业质量标准、皮革市场指数也由这里向全国甚至全世界发布,海宁已成为全球皮革行业的信息枢纽。2015年,在正式确立特色小镇后,又投建了安置房、公共租赁住房、开元名都酒店等配套项目,为吸纳专门人才、形成专业人才社区奠定了物质基础。

上述文字展现了皮革时尚小镇"生产、生活、生态"相兼容的一面。正是这样的有机兼容才使得海宁不只是停留于贸易市场的状态,而是向特色小镇演变。其实,从理论上说,桐乡也完全可以做到。那么,桐乡为何不采取相似的做法呢? 除了皮革市场外,桐乡也有本土的专门市场——毛衫市场。与海宁相似,桐乡也遵循着动态的异质性轨迹来推进毛衫贸易业的转型升级;而且,21世纪以来,也同样融合了当地旅游、文化资源,实现"生产、生态、生活"的兼容。为此,桐乡毛衫时尚小镇和海宁皮革时尚小镇于同一年被确定为浙江省级特色小镇。

前面故事在一定程度上反映了理论预设的内容,产业是特色小镇的核心,正是异质性的产业促成了相邻的两个特色小镇;异质性是动态变化的,只有当它的变革速度不低于外部环境变化时,才能维持小镇的可持续竞争优势;生产是核心,但并非特色小镇的全部,要建成小镇,生产还要与生活、生态不断相融,由此造就与生产相应的生活社区和生态环境。从另一面来看,上述文字又反映了兼容性的内容。特色小镇的异质性内涵取决于相邻主体的差异性,只有差异性的产业,才能避免同质化竞争,为不同特色小镇的存续、发展、互动提供条件;动态性是相对于外部环境而言的,事实上,异质性的动态变化就是为了实现特色小镇与外围系统的兼容;当然,特色小镇建设本身就是生产与生活、生态相兼容的过程。

如果继续挖掘海宁故事,还可以看到皮革时尚小镇与海宁中心城区腹地、杭州都市区,以及更宽泛的外围系统都有着异质与兼容并存的关系。从生产角度看,随着传统皮革商贸业的升级,特别是引入旅游、创意、文化等产业,举办国际知名的专业竞赛,以及发布行业权威数据,海宁已成为中国皮革业的标志,由此产生巨大的集聚力。为此,产自海宁周边,甚至华北、西北等原料省份的皮制品不断涌入小镇。特别值得一提的是,以皮革时尚小镇的名誉和信用为担保,海宁中国皮革城还为各类商品打上专门标记,作为产品质量保障的标志。同时,海宁中国皮革城凭借自身的知名度在全国范围内分设连锁市场,再加上在线平台,现已形成以皮革时尚小镇为总部,遍布全国各地的市场网络和销售渠道。特色小镇与外围系统生产领域的兼容性在一定程度上缓解了"海宁消费市场和原料产地都不占优势"的困境。

从生活角度看,皮革时尚小镇现已容纳了大量的商铺所有者、经营者、设计师、研究人员、公共管理者等社会成员。特色小镇也正在规划建造一批公租房、人才公寓等配套设施。但是,实地调研发现,多数小镇成员仅将小镇作为工作场所,生活则另居别处。特色小镇规划面积仅3.5平方千米,除去生产和生态用地外,生活用地极为有限。皮革时尚小镇坐落于海洲街道(23.2平方千米),海洲街道及其相邻的硖石、海昌街道乃是海宁中心城区的三大街道,不仅有着充足的居住资源,而且集中了大量的教育、医疗、购物等资源,加上交通便利,通勤成本低,选择周围腹地居住并不违背"职住一体"原则。可见,在生活领域,皮革时尚小镇与外围系统,特别是海宁中心城区腹地有着较强的兼容性,这不仅缓解了小镇配套设施不足等困境,反过来,要避免重复建设,实现资源节约,也必须充分参照腹地各类现实条件。

从生态角度看,海宁中国皮革城早在 2007 年就被确立为"国家 4A 级旅游景区",这是皮革时尚小镇成立的必要前提。但当面对传统商贸业自我转型升级,特别是要打造"旅游+购物"新业态,镇域范围内的生态资源难免显得捉襟见肘,不得不依托外围系统的资源供给。正如故事中那样,小镇依托海宁钱江潮、名人故居等资源,将旅游与购物有机结合。另外,小镇所处的杭州都市区及其毗邻的上海都拥有丰富的生态资源。可以说,正是有了外围系统丰富的生态资源供给,才促成了"旅游+购物"模式。目前,皮革时尚小镇已成为长三角地区重要的旅游集散中心。由此可见,在生态领域,特色小镇与外围系统也存在复杂的兼容性。如果说自身良好的生态条件是特色小镇确立的内在要求,那么充足的外围生态资源则是特色小镇存续、发展不可或缺的土壤。

四、讨论与总结

我们从异质性和兼容性两个方面讨论了"特色小镇可持续竞争力的构成要素"问题。实际上,异质性和兼容性是特色小镇可持续竞争力的一体两面。产业是特色小镇的核心,小镇的竞争力首先取决于生产的异质性。从纵向角度看,异质性的优势首先取决于当地历史的或现实的资源禀赋结构,然而,要维持这种异质性优势,又离不开动态的技术革新和产业转型;从横向角度看,小镇的异质性取决于外围系统整体的经济社会条件,以及现实的市场社会需求。可见,特色小镇异质性内容的形成其实就是它与自身所处的时间、空间条件不断兼容的过程。反过来,兼容性也离不开异质性,兼容性首先意味着特色小镇范围内生产与生活、生态的重新组合,但是这种组合不是随意发生的。正如海宁故事中"旅游+购物"模式的形成,它必须以产业升级的动态异质性为导向,才能迸发出更新、更大的市场活力和社会动力。兼容性还意味着特色小镇与外围系统的交互统一。然而,特色小镇与周边腹地、都市区的交互正是以差异性为基础的,只有这样,才能避免重复建设和同质化竞争;同时,也正是因为这种异质性,特色小镇才可能有机嵌入城镇网络,并与外围系统在生产、生活和生态各领域实现功能互补和资源配置。

那么,异质性动态变化的驱动力是什么? 是什么因素促使异质性和兼容性的协调? 立足中国现实,政府在确立、规划与建设特色小镇过程中发挥着关键作用,但这并不意味着政府可以超越,甚至驾驭异质性和兼容性关系。相反,政府更多地要以资源禀赋状况、外围城镇网络结构等客观条件为基础做出可行判断。在浙江省多个较为成功的特色小镇调研中,我们发现地方政府更多地起到了"首推力"的作用,在小镇建设起步后,市场和社会力量更多地发挥着相应作用。比如皮革时尚小镇建设和经营的主体不是海宁市政府,而是海宁中国皮革城股份有限公司;同时,购买服务、合同承包、PPP等多种治理工具进入小镇投建中,但是,政府在市场监管和公共服务领域仍承担着重要职能。这实际上是政府通过重构自身与市场、社会的关系来实现制度变革和治理创新的过程。而且,与外围系统相比,地方政府治理改革能否先行一步,直接关系到小镇的竞争优势可否持续。所以说,政府治理创新实际上从属于动态异质性的范畴,小镇要确保可持续竞争力,政府治理必须及时转型升级。同时,实现特色小镇生产、生活、生态协调发展,以及小镇与外围系统的交互关系同样离不开政府的作用。从根本上说,要实现真正的内外兼容,地方政府治理创新不能仅限于小镇视域;相反,要突破传统城市与农村、本地居民与外来人口的二元格局,打破地方保护主义,实现全体社会成员享有平等的经济、社会权益。只有这样,特色小镇才能在平等、互利基础上与外围系统发生经济、社会及文化的交互关系,确保小镇拥有可持续竞争力。

参考文献:

[1] CHENG Y S. Local government and politics in China:challenges from below[J]. The China Journal,2004(52):118-119.

[2] ZHAO S. Township Governance and Institutionalization in China[M]. Singapore:World Scientific,2014.

[3] CHEN M, LIU W, LU D. Challenges and the way forward in China's new-type urbanization [J]. Land Use Policy,2015,55:334-339.

[4] FRIEDMANN J. China's urban transition[M]. Minnepolis:University of Minnesota Press,2005.

[5] 冯涛. 新型城镇化进程中的地方政府治理转型[M]. 杭州:浙江大学出版社,2014.

[6] 郁建兴,高翔,等.从行政推动到内源发展:中国农业农村的再出发[M].北京:北京师范大学出版社,2013.

[7] 顾朝林,赵民,张京祥.省域城镇化战略规划研究[M].南京:东南大学出版社,2012.

[8] GU C, LI Y, SUN S. Development and transition of small towns in rural China[J]. Habitat International,2015,50:110-119.

[9] SAICH T. The changing role of urban government[M]//SHAHID Y, SAICH T. China urbanizes: consequences, strategies, and policies. Washington, D. C: The World Bank, 2008:65-90.

[10] 徐越倩,马斌.强镇扩权与政府治理创新:动力、限度与路径——基于浙江的分析[J].中共浙江省委党校学报,2012(1):110-116.

[11] HEIKKILA E J. Three questions regarding urbanization in China[J]. Journal of Planning Education and Research,2007,27(1):65-81.

[12] LU M, CHEN Z. Urbanization, urban-biased policies and urban-rural inequality in China: 1987—2001, Chinese Economy,2006,39:42-63.

[13] 郁建兴,冯涛.城市化进程中的地方政府治理转型:一个新的分析框架[J].社会科学,2011(11)4-11.

[14] WEBER A F. The growth of cities in the nineteenth century[M]. New York: Cornell University Press,1967.

[15] 保罗·彼得森.城市极限[M].罗思东,译.上海:上海人民出版社,2012.

[16] LUISE M. Rural-urban migration and urbanization in Latin America [J]. Current Anthropology,1978,19:130.

[17] 巴顿.城市经济学:理论和政策[M].上海社会科学院部门经济研究所城市经济研究室,译.北京:商务印书馆,1984.

[18] DOWNS A. New visions for metropolitan America[M].Washington, D. C. : the Brookings Institution,1994.

[19] SHEN L, REN Y, XIONG N, et al. Why small towns can not share the benefits of urbanization in China[J]. Journal of Cleaner Production,2018,174:728-738.

[20] LAURENCE J, MA C, WU F. Restructuring the Chinese city: changing society, economy and space[M]. New York: Routledge,2005.

[21] 陈剩勇,张丙宣.强镇扩权:浙江省近年来小城镇政府管理体制改革的实践[J].浙江学刊, 2007(6):215-221.

[22] PORTER M E. Cluster and the new economics of competition[J]. Harvard Business

Review,1998,76(6):77-90.

[23] WU Y, CHEN Y, DENG X, et al. Development of characteristic towns in China[J]. Habitat International,2018,77:21-31.

[24] ZHANG Y. Green development model and cultivating path for characteristic small town[J]. Ecological Economy,2017,13:80-88.

[25] ZOU Y, ZHAO W. Searching for a new dynamic of industrialization and urbanization: anatomy of China's characteristic town program[J]. Urban Geography,2018,39:1-10.

[26] 卫龙宝,史新杰.浙江特色小镇建设的若干思考与建议[J].浙江社会科学,2016(3):28-32.

[27] MCGEE T G, LIN G C S, MARTON A M, et al. China's urban space: development under market socialism[M]. London and New York: Routledge,2007.

[28] PFEFFER M A, BARNEY J B. Unraveling the resource-based tangle[J]. Managerial and Decision Economics,2003,24:309-323.

[29] RUMELT R P. Strategy, structure, and economic performance[M]. Cambridge, Mass.: Harvard University Press,1974.

[30] BARNEY J B. Firm resources and sustained competitive advantage[J]. Journal of Management,1991,17:99-120.

[31] GUAN C, ROWE P. The concept of urban intensity and China's townization policy: case from Zhejiang Province[J]. Cities,2016,55:22-41.

[32] 林毅夫.中国的奇迹:发展战略与经济改革[M].上海:上海人民出版社,1999.

[33] TEECE D J, PISANO G, SHUEN A. Dynamic capabilities and strategic management[J]. Strategic Management Journal,1997,18:509-533.

基金项目:2016 年度教育部人文社科项目"小城市政府城市治理绩效的测量、影响因素及作用机制研究:基于浙江省小城市试点镇样本"(16YJC630021)。

【作者】

冯涛,浙江财经大学公共管理学院副教授

郭玉飞,浙江财经大学公共管理学院教师

方梓任,浙江财经大学公共管理学院硕士研究生

面向一体化的长三角农村公共服务
整体智治的实现机制

裴志军

区域公共服务具有强外部效应特征,其供给及空间分布事关区域居民生活质量和社会公平。区域公共服务一体化是区域内广大民众在共建共享发展中的获得感问题,与区域社会、经济、文化、制度等资源配置紧密相关。公共服务一体化是长三角一体化发展中最复杂、任务量最大、最亟待破解的领域。长三角农村公共服务一体化不仅是区域经济一体化的要求,还是全域乡村振兴的重要基础与载体。农村公共服务一体化不能立足于单一层面的固化改进,而要更多地依赖整体性治理的思维。长三角正在"加快构建新一代信息基础设施,推动信息基础设施达到世界先进水平,建设高速泛在信息网络,共同打造数字长三角"[1]。数字可以推动公共服务边界溢出地理边界,推进区域一体化进程。长三角农村公共服务要通过连接、开放、多元异构的智慧服务建设,打破原有的行政边界,推进长三角农村公共服务的整体智治。

一、基于行政边界的长三角公共服务差异化与碎片化

由于行政边界的存在,受传统治理模式和区域政府的地方主义倾向的影响,区域发展不协调、合作治理领域"公用地悲剧"等问题仍然存在。[2]在长三角的区域协调发展过程中,各区域间经济发展水平和社会治理理念不同,区域间公共服务还面临总体需求环境、供给方式和公共服务结构等诸多差异,以致区域公共服务碎片化严重。

(一)总体投入差异

长三角三省一市的经济发展程度决定了各省市在财政收入上存在很大的差距,财政收入直接影响了政府在基本公共服务领域的投入。江苏省、浙江省、安徽省、上海市对于公共服务的支出存在巨大的差异。

(二)投入结构差异

价值取向体现了政府的行政意识、施政方向和施政重点,地方政府有什么样的价值取向,就会有什么样的公共政策。地区政府的价值取向在某种意义上是公共服务结构差异的重要原因。江苏省、浙江省、安徽省、上海市的财政投入在结构上有显著的不同。

(三)投入绩效差异

公共服务绩效主要是对公共服务实施的情况进行评估。长三角三省一市由于受到供给模式、政策选择等因素的影响,不同地区在提供公共服务的过程中,存在效率差异的问题,同样的投入往往带来不同的产出。如在基础教育方面,上海地方财政教育支出占比明显低于浙江、江苏和安徽;在公共卫生与医疗方面,安徽地方财政支出占比高于浙江,浙江高于江苏,上海最低;在社会保障方面,安徽地方财政社会保障支出占比明显高于江苏、浙江、上海;在公共安全方面,浙江地方财政投入比重最高。

(四)分割性和碎片化

属地管理下地方政府权力的分割和功能的裂解造成了区域治理的地域分割,地方政府往往因为权力的分散和责任的分割而各自为政,割断了区域公共服务的整体性和关联性。[3]目前,长三角三省一市在公共服务上进行了初步的合作,但在合作的过程中仍然没有对分散的权力和分割的责任进行有效整合,在属地管理的惯性思维下,仍秉持管理驱动的治理逻辑,以自己的权力和责任为出发点,造成农村公共服务的割裂性与碎片化,主要表现为因行政边界而产生的利益碎片化和空间碎片化。

二、行政边界刚性下的长三角公共服务一体化困境

长三角三省一市间的公共服务合作供给是实现长三角公共服务一体化的关键。目前,地方政府的政策和行为还将在较长一段时间内继续作为处置本区域各种资源的决定性力量[4],政府仍然是公共服务合作供给的关键因素和主要推动者。因此,长三角农村公共服务一体化在现实中因行政边界、属地管理原则的存在,缺乏利益共享协调机制、信息共享机制、协商沟通与争议处理机制、区域政策的协同性,是农村公共服务差异化、分割性与碎片化问题形成的主要原因。

(一)缺乏利益共享协调机制

利益共享是地方政府间合作治理的起点,也是公共服务跨区域合作供给的基本规则之一。[5]利益共享就是指从各主体的利益诉求出发,对共享所带来的收益进行公平、合理的分配,其实质就是以各主体在共享过程中的投入和贡献大小为依据,对因共享而产生的收益进行合理分配,提高共享各方的积极性。[6]在长三角公共服务一体化的实践中,由于缺乏利益共享的协调机制,"属地性"的价值取向引致地方保护主义策略以及边界性任务的职能特征还较为显著。由于缺乏利益共享协调机制,在信息不对称和机会主义的共同作用下,为谋求利益最大化,三省一市在处理非竞争性和非排他性的公共事务时,往往是"分工不协同",只注重局部利益,忽视了区域发展的整体利益,以免本区域利益外溢。同时,地方干部考核升迁与区域发展挂钩,进一步限制了公共服务区域一体化的进程。

(二)缺乏信息共享平台

跨行政区域之间的信息公开,可以增加跨区域合作共建的可预测性,最大限度地减少由于信息封闭而导致的合作风险。[7]由于缺乏信息共享平台,在跨区域协同过程中,各区域政府为了政绩目标,通过强化本地方的地位和作用来获得信息的时效性,同时有意识地抵制或排斥共享机制的运行,难以实现跨行政区划间的各种政务信息自由流通。审视长三角公共服务一体化的进程,可以发现,三省一市客观上存在着发展不平衡现象,各自对于长三角公共服务一体化的利益诉求不同,利益实现能力也不一样,存在着以各自行政区划为界的地方本位主义,由此导致相互间的

信息沟通很难真正做到坦诚、畅达。信息资源不能共享,在很大程度上阻碍了公共服务跨区域合作供给和公共服务区域一体化的有效进程。

(三)缺乏协商沟通与争议处理机制

在公共服务合作供给中,各地方政府的财政实力、战略定位、发展速度与潜力、社会文化环境等都不相同,必然意味着公共服务的利益诉求和需求偏好存在差异,这必然导致地方政府之间的分歧和矛盾。建立在全面参与基础上的对话与协商机制可以最大限度地消解公共服务合作过程中可能出现的分歧和矛盾,促进合作共赢价值理念快速形成。[8]长三角三省一市在公共服务一体化的进程中,由于缺乏必要的跨区域协商沟通与争议处理机制,没有形成能够反映各方利益、愿望和诉求,畅通和拓宽各方利益的表达渠道。在长三角公共服务一体化推进过程中,对各方的权利、责任、义务的设定,应遵守的规则,违反公共服务一体化推进应承担的责任,违反公共服务一体化而产生冲突的协调协商机制等都未有明确的规定与制度,就造成了行政边界、行政壁垒的存在,造成了公共服务碎片化、分割性等问题。

(四)缺乏区域政策的协同性

区域政策是指政策主体在特定区域秩序和空间结构的基础上,采用各种政策手段,以实现政策目标的行动或行动方案。区域政策协同就是区域各个政策主体在政策认同和政策执行上达成一致性和相互配合。在长三角公共服务一体化中,三省一市政策协同的自觉意识影响制度制定的行为模式,政策协同需要行政主体围绕公共事务和公共问题,着力用规则的方式为公共管理提供行为模式和法律后果,为公共管理活动直接营造刚性环境。然而,有关长三角公共服务一体化方面,未见现有法律框架对区域政策协同性进行明确的规定。虽然跨区域发展及区域一体化得到极大的重视,但是区域公共政策过程仍然呈现出明显的碎片化特征。长三角三省一市农村公共服务相关政策也是如此,如三省一市的公共服务标准和评价指标不同,尚缺乏促进区域政府公平竞争的法律依据,跨区域协同的组织体系还不完善。

三、整体智治:长三角公共服务一体化的实现可能

随着通信技术的发展和数字时代的来临,数据在社会生活中的应用越来越广

泛,大数据、云计算等新技术将重塑政府治理的模式。数字技术、移动通信等技术的发展与普及,为数字时代的政府与社会之间的交流与互动提供了全时间、跨空间的平台和机制;大数据、云计算等数据采集、存储和分析技术的成熟与推广,为政府决策提供了基于超量信息的数据分析方案。[9]因此,要"运用大数据促进保障和改善民生,坚持以人民为中心的发展思想,让百姓少跑腿、数据多跑腿,不断提升公共服务均等化、普惠化、便捷化水平,抓住民生领域的突出矛盾和问题,强化民生服务,弥补民生短板"[10]。整体智治是政府通过广泛运用数字技术,推动治理主体之间的有效协调,实现精准、高效的公共治理[11],为长三角农村公共服务的差异化、分割性与碎片化问题的破解提供了新思路。

(一)整体智治推进了公共服务的全面变革

互联网、大数据、多媒体、遥感等信息技术的突飞猛进,为数据的传播、平台的建设提供了技术支撑,也为推动公共服务整体智治打下了基础。整体智治通过"理念创新＋技术创新＋流程创新＋体制机制创新"的全方位变革,以大平台、大数据、大系统、大集成为战略导向,以数字化、协同化、透明化、智慧化为实施路径,以跨部门、跨系统、跨地域、跨层级高效协作为重要支撑[12],对公共服务的思维、公共服务的理念、公共服务的战略、公共服务的资源、公共服务的技术等相关因素进行最大化集成,从而撬动公共服务智能化。数字政府可以通过云计算和大数据,再造服务和治理流程,重建后台职能,基于数据重新分配公共服务资源,使其得到更合理的使用,并通过构建数字平台,将用户需求、供给、对策等融为一体,形成新的政府治理模式。[13]

(二)整体智治推动了公共服务流程的全面再造

整体智治借鉴整体性政府整合与协同的思路,强调跨部门之间的协作和信息共享及以客户需求为基础的组织重建,探索公共服务改革和公共服务权责碎片化的重新整合、公共服务体制机制的系统优化和流程再造、政务服务全面数字化变革[14],通过提高各公共服务主体的关联性和互通性,从单一目的、分散的服务模式发展成为一个综合统一的整体型服务模式,从主要以政府网站提供信息服务的单项服务阶段,开始迈向实现跨地区、跨部门、跨层级的系统整合,提供一体化网上公共服务的整体服务。大数据、云计算、区块链和人工智能等新一代信息通信技术是整体智治的支撑和引擎,丰富的数据和产生于物联网的信息资源、线上到线下的融合,将大大增强公共服务的可及性。[15]

(三)整体智治改革了公共服务供给模式

整体智治强调政府不是简单的提供信息、服务的平台,而是由传统以部门为中心的模式向以公民为中心转变,注重运用以公众为中心的双向互动的治理方式,让公众自主选择与政府互动的形式。[16]基于整体智治的公共服务模式,公共服务的决策不再依赖于直觉的判断和主观经验,而是借助数据平台进行数据汇集、数据分析、数据呈现等,通过对公共服务的多维度、多层次的需求分析,提取社会公共需求的种类、层次和细分项目,了解不同群体的需求差异,捕捉与感知公众的真实需求,以此克服传统公共服务中权威决策单一、独断的弊端,降低公共服务决策的风险与成本,提升公共服务的成功率与有效性。[17]因此,整体智治在于用"重新整合""数字化变革"和"以需求为基础的整体主义"指导公共部门为公民提供更加便捷、更加精准的公共物品与服务。[18]

(四)整体智治推进了公共服务的开放供给

整体智治是一种"开放"的治理模式。具体来说,开放性体现在两个方面:一是信息或数据的开放。数据信息开放有利于释放数据活力,提升数据价值。整体智治模式下,政府的自我封闭状态将在数字时代被彻底打破,公众可以查询和监督各种数据信息,更多地实现自我服务。[19]政府通过数据开放,优化资源配置,重塑行政权力运行流程和模式,有效打破组织壁垒和信息壁垒,提高政府治理能力和公共服务质量,进而增进公共利益。[20]二是服务资源开放。整体智治可以解决公共服务主体间相互封锁和低水平重复建设的问题,各种公共服务资源可以根据经济社会发展规律和区域公众的需求真正流动起来,在流动中实现公共服务资源的效益最大化和公共服务区域的均等化。

(五)整体智治化解了公共服务信息屏障

大数据具有多样性、复杂性、时效性、快速变化、数据量巨大等特征,可以推动信息系统相互兼容和数据实时共享,提高社会治理的匹配性、精准性及有效性。[21]政府主体间数据共享是为缓解管理过程中的信息不对称,通过扩大数据源进行远距离、跨时空的治理场景还原,实现公共服务的精准性与有效性。整体智治对数字技术的广泛使用,突破了信息传递的空间限制,有助于治理主体在不进入实际治理场域的情况下了解治理活动,及时发现治理需求。[22]以数据共享和资源整合为基础,区域政府间合作治理时,各区域通过公开、真实、有效的信息共享,对公共服务信息资源进行重新分配,将原本由其掌握的不同结构、不同功能的信息在区域间共享,政府部门通过组织再造、建立公共服务主体的协作关系,实现职能部门的"重新整合"、服务再造等回应性实践,主动为民众提供符合其需求与期望的精准服务。[23]

四、基于整体智治的长三角公共服务一体化实现机制

推进整体智治的长三角公共服务一体化,需要构建基于"区域整体"的服务价值机制、基于"共建共享"的服务发展机制、基于"一体化"的服务资源整合机制、基于"区域辐射"的服务绩效评估机制。其中,服务价值机制是核心,服务发展机制是手段,服务资源整合机制是路径,服务绩效评估机制是关键。

(一)基于"区域整体"的服务价值机制

整体智治离不开"区域整体"价值导向的引导。"区域整体"价值导向对农村公共服务合作供给有着重要的作用,不仅能促进公共服务沿着维护、发展公共利益的正确方向运行,也能促进农村公共服务达成区域整体利益最大化,推动公共服务促进区域经济一体化,为公共服务一体化消除隔阂、相互信任、平等合作,形成一致共识和合力的行动归引。公共服务"区域整体"观的价值在于实现地方理性和整体理性的有机耦合,促进区域公共利益的最大化。基于"区域整体"的长三角农村公共服务需要从区域层面建立一整套数字化的公共服务体系,以弥补纵向层级公共服务体系的缺陷,其主要内容应包括三省一市合作主体的权利义务关系、公共服务的范围和方式。

"区域整体"促进了公共服务的公共信任和公共精神的形成。公共信任和公共精神是公共服务的关键。基于公共信任和公共精神,三省一市通过互联网、大数据、多媒体等现代技术手段进行持续的沟通与协调,防范政策冲突,是推进三省一市农村公共服务一体化的应有之义。"区域整体"是一种有效促进区域协调发展的

原则,不仅可以约束地方保护主义行为,还能构成公共的责任或共同责任,可以解决因区域事务界限模糊而导致的责任推诿"搭便车"等问题。它摒弃了传统的"内向型行政"和单边行政的弊病,奉行"区域性行政"和合作治理观,把大量跨行政区划的正外部性公共问题纳入自身的管理范围,从而实现区域公共事务和公共问题的整体性解决与治理。

三省一市要有"区域整体"观,要站在整个区域与社会和谐发展的高度,转变地方政府狭隘的地方保护主义思维,摒弃行政区行政边界观念,打破区域间的行政组织壁垒,提升区域协调发展中的整体性治理思维,以现代信息通信技术为支撑,将政府碎片化功能进行重新整合,从区域这个全局高度来推进三省一市农村公共服务共享。基于"区域整体"的公共服务,三省一市需要形成整体智治的责任理念,以区域公共利益和社会公共利益为价值取向,认同区域公共服务的整体智治,承担起相应的区域社会发展责任。

(二)基于"共建共享"的服务发展机制

区域公共服务一体化归根到底是区域公共服务成本与收益的问题,成本与收益问题是区域公共服务一体化核心症结所在。区域公共服务一体化供给成本从何而来,一体化供给后的公共服务如何在整体区域范围内进行合理配置,怎样发挥地方政府的合作积极性,这些问题的解决都有赖于公共服务共享机制发挥作用。公共服务支出效率具有较强的空间正溢出效应,一个地区的基本公共服务会受到周围地区基本公共服务溢出作用的综合影响。应从地区整体的角度出发,通过互联网、大数据、人工智能等现代技术,建立一体化的公共服务体系。因为,三省一市间经济发展、社会治理以及人文环境等方面的差异明显,加之省市之间行政管理体制分割限制,在公共服务一体化中难免会出现各方合作积极性低、实施动力不足、履行职责不到位等问题。[24]因此,需构建基于"共建共享"的服务发展机制,该机制包括合理的成本分摊、公正的服务配置和有效的合作激励机制。

成本分摊,即三省一市都应为一体化公共服务支付成本,但三省一市公共服务一体化的成本不能均摊,应根据三省一市在公共服务中的受益情况进行差额摊派,这既可以保证服务配置的公平性,也可以调动公共服务一体化的积极性。根据三省一市的经济基础、资源要素、成本投入等因素,做到成本非均衡分散。[25]因此,基于财政差距,可考虑三种解决方案:一是均摊部分的财政支出由中央转移支付承担；二是安徽省免于财政贡献，由上海、浙江和江苏均摊；三是安徽省的财政分担部分低于其他三个省市，剩余部分由上海、江苏和浙江均摊。服务配置机制，即以平等、互利、共赢为前提，三省一市通过规范的制度配置公共服务。通过建立横向财政转移支付制度，形成受益者付费、利益受损者得到合理补偿的运行机制，使公共服务一体化中承担高成本的一方获得相应的利益补偿，缓解地区间公共服务的不平衡问题。激励机制，即三省一市在农村公共服务一体化中难免因考虑成本而存在执行偏差，要建立强度足够大的正向激励机制，使正向激励给公共服务的效益大于其行为偏差所省下的成本，能够改变三方因服务配置问题而产生的不合作行为，从而发挥激励的导向作用。

（三）基于"一体化"的服务资源整合机制

整体智治要求区域政府之间进行资源和功能一体化整合，目的是在整体区域内提供一体化的公共服务。加强区域间的分工协作，促进具有不同地理位置和公共服务要素的区域形成分工合理、功能整合的集体行动，是"一体化"服务资源整合的核心要义。三省一市在公共服务中可以通过互联网、大数据、人工智能等现代技术，建立"一体化"服务资源交换平台，不断提升三省一市间公共服务要素流动的可能性，将公共服务从本地延伸至本区域。要把"区域公共服务一体化"作为描述、分析和制定公共服务政策的基础而加以整体统筹考虑，在此基础上明确界定区域公共服务的范围和加强区域公共服务能力建设。为推动区域公共服务资源的共建共享，提升区域整体的公共服务能力，应基于区域"一体化"公共服务的思维，通过5G、大数据、人工智能、云计算、区块链等为标志的新一代信息通信与数据技术，引导和保障各种公共服务资源和公共服务要素在三省一市间有序流动、优化配置，减少三省一市间相互封锁和低水平重复建设的问题，以提高公共服务资源和要素的有效利用率。

由于公共服务显著的公共性与外部性，加上各个行政区各自为政，存在明显的行政壁垒和地方保护主义，严重阻碍了公共服务资源和公共服务要素的自由流动与合理配置，妨碍了公共服务政策的整合与制度的接轨，制约了公共服务一体化进程。[26]因此，为避免跨区域公共服务资源和要素过度集聚或者过度分散，三省一市应围绕共同面对的公共服务问题和目标，基于区域整体，以大数据平台建设为基础，对以前由分立的职能部门分散持有和管理的数据信息进行整合，制定"一体化"

的跨区域公共服务资源规划,对公共服务资源与要素进行优化。同时,因为存在区域公共服务的外部性问题,三省一市还应签订公共服务共建互享契约,构建利益补偿机制,帮助承担更多成本的地区,以提升各区域参与资源整合的内在动力,推进跨区域资源整合、互补与共享的良性互动。服务资源整合机制要能确保三省一市对于稀缺公共服务资源和要素配置能力的提升,减少区域内重复建设和资源浪费,在节约、高效的资源利用中提升三省一市资源禀赋优势互补能力。

(四)基于"区域辐射"的服务绩效评估机制

借助大数据平台,构建区域一体化的公共服务绩效评估机制。

一是在政府绩效评价中,建立考核综合指标体系,全面注重政治、经济、社会的均衡发展,注重地方的可持续发展能力,注重地方的历史性影响与跨域辐射力,注重地方的区域影响力。因此,在三省一市政府评价中,必须创新绩效考核与评估方式,如弱化单个省(市)及其管辖的下级政府的绩效考核评估,强化一体化的区域整体绩效考核,设立一套可量化的绩效考评标准,把促进跨行政区公共服务一体化水平作为重要依据,区域可持续性与区域辐射力成为政府评价的重要内容,实现多元激励相结合。

二是在公共服务绩效评估机制中,借助数据挖掘技术,将对邻近区域的可持续发展和公众福利的影响作为绩效考核的参考,对公共服务一体化等方面的指标予以考核,打破"辖区人"观念和"一亩三分地"思维,以"相互承认,彼此信任,平等互利,合作共赢"为出发点,营造公平、正义、包容的良好利益共享氛围,以期实现最广泛区域公共利益。对于公共服务一体化进程中地方政府的职能、公共服务一体化中负外部性的补偿问题等合作绩效,一并纳入评价体系。加强评估与监督可采取三种方式进行:一是由一体化进程各方共同组成监督小组,对一体化的协作情况进行监督。二是成立单独的监督机构,保证机构的独立公平性,对一体化进程进行客观、公正的评价;对一体化进程进行评估与监督,逐渐完善相应的标准,确保合作的效率和效果。三是在官员政绩考评中,建议对三省一市政府官员合作绩效进行考核,将公共服务三省一市一体化评价结果纳入领导干部绩效考核体系。从公共服务一体化的高度树立官员合作意识与合作精神,打破制度化壁垒形成的流动障碍,确立官员公共服务一体化的主体性和主动性。明确公共服务一体化中应遵守的规则、违规行为的认定、违规后应承担的责任,对合作中的非规范行为做出惩罚性的制度设计,对违反合作规则、阻碍公共服务一体化推进的机会主义者予以充分惩罚。对公共服务一体化的执行全过程进行监督,对部门、单位履职尽责不到位和违反规划的行为,严格实施追责问责。

参考文献:

[1] 中华人民共和国中央人民政府.中共中央、国务院印发《长江三角洲区域一体化发展规划纲要》[EB/OL].(2019-12-01).http://www.gov.cn/zhengce/2019/12/01/content_5457442.htm.

[2] 余璐,戴祥玉.经济协调发展、区域合作共治与地方政府协同治理[J].湖北社会科学,2018(7):38-45.

[3] 周伟.优化与整合:地方政府间区域合作治理体系重构[J].理论探索,2016(4):69-75.

[4] 杨文军.跨行政区划政府协同扶贫攻坚初探[J].国家行政学院学报,2014(2):117-120.

[5] 周伟.优化与整合:地方政府间区域合作治理体系重构[J].理论探索,2016(4):69-75.

[6] 田艳平,冯垒垒.区域合作、利益共享:区域协调发展的基础[J].学习与实践,2015(1):36-43.

[7] 崔浩,张蕾.跨行政区域协作共建美丽中国的动因机制构成[J].学理论,2018(1):25-27.

[8] 周伟.优化与整合:地方政府间区域合作治理体系重构[J].理论探索,2016(4):69-75.

[9] 鲁迎春,唐亚林.数字治理时代养老服务供给的互动服务模式:特质、问题及其优化之策[J].南京社会科学,2020(7):51-59.

[10] 中华人民共和国中央人民政府.习近平主持中共中央政治局第二次集体学习并讲话[EB/OL].(2017-12-09).http://www.gov.cn/xinwen/2017-12/09/content_5245520.htm.

[11] 郁建兴,黄飚."整体智治":公共治理创新与信息技术革命互动融合[J].人民周刊,2020(12):73-75.

[12] 刘淑春.数字政府战略意蕴、技术构架与路径设计——基于浙江改革的实践与探索[J].中国行政管理,2018(9):37-45.

[13] 蒋敏娟,黄璜.数字政府:概念界说、价值蕴含与治理框架——基于西方国家的文献与经验[J].当代世界与社会主义,2020(3):175-182.

[14] 韩兆柱,马文娟.数字治理理论及其应用的探索[J].公共管理评论,2016(1):92-109.

[15] 蒋敏娟,黄璜.数字政府:概念界说、价值蕴含与治理框架——基于西方国家的文献与经验[J].当代世界与社会主义,2020(3):175-182.

[16] 蒋敏娟,黄璜.数字政府:概念界说、价值蕴含与治理框架——基于西方国家的文献与经验[J].当代世界与社会主义,2020(3):175-182.

[17] 鲁迎春,唐亚林.数字治理时代养老服务供给的互动服务模式:特质、问题及其优化之策[J].南京社会科学,2020(7):51-59.

[18] 韩兆柱,马文娟.数字治理理论及其应用的探索[J].公共管理评论,2016(1):92-109.

[19] 蒋敏娟,黄璜.数字政府:概念界说、价值蕴含与治理框架——基于西方国家的文献与经验[J].当代世界与社会主义,2020(3):175-182.

[20] 刘淑春.数字政府战略意蕴、技术构架与路径设计——基于浙江改革的实践与探索[J].中国行政管理,2018(9):37-45.

[21] 刘淑春.数字政府战略意蕴、技术构架与路径设计——基于浙江改革的实践与探索[J].中国行政管理,2018(9):37-45.

[22] 郁建兴,黄飚."整体智治":公共治理创新与信息技术革命互动融合[J].人民周刊,2020(12):73-75.

[23] 鲁迎春,唐亚林.数字治理时代养老服务供给的互动服务模式:特质、问题及其优化之策[J].南京社会科学,2020(7):51-59.

[24] 贾德清,叶林.长三角区域一体化背景下的医疗卫生体制改革研究:整体性治理的视角[J].中共福建省委党校(福建行政学院)学报,2020(4):1-8.

[25] 唐德才,张瑛,李智江.长江经济带区域合作机制研究[J].现代管理科学,2019(4):67-69.

[26] 余璐,戴祥玉.经济协调发展、区域合作共治与地方政府协同治理[J].湖北社会科学,2018(7):38-45.

本文系沪苏浙皖"长三角高质量一体化发展重大问题研究"专项课题:面向全域乡村振兴的长三角区域农村公共服务跨行政边界合作研究(19CSJZX03Z)。

【作者】
裴志军,浙江财经大学公共管理学院副院长、教授

新时期高校二级学院"全员育人"模式探索与实践

黄卫华　　杨文超

习近平总书记指出："办好教育事业，家庭、学校、政府、社会都有责任。""全员育人"的理念就是指把育人队伍从传统的传授知识的任课教师、班主任扩大到学校里的全体领导干部、行政管理人员、后勤服务人员，以及家庭、社会、政府甚至包括学生自己，让他们都参与到育人工作中来，形成育人合力，建立协同育人制度，创新育人方式，形成人人参与的开放式育人格局。

一、"全员育人"与马克思主义人学理论

马克思认为，研究人性"首先要研究人的一般属性"[1]，这里的一般属性即指人的自然属性或生物属性。研究人性还要"研究在每个时代历史地发生了变化的人的本性"[2]，亦即人的社会属性。"在其现实性上，它是一切社会关系的总和。"[3]马克思这一概念的理论视角不仅仅是个人，还是在社会的高度上揭示人的本质属性。社会关系构成了人存在的基本前提和发展的根本动力。马克思在《资本论》中指出："通过协作提高了个人生产力，而且是创造了一种生产力，这种生产力本身必然是集体力。"[4]也就是说，分工合作所产生的合力最终转化为集体力。

教育是一种社会现象，也是一种社会科学。在教育过程中，首先要承认人的自然属性，人因肉体的存在维持需求，必须先满足吃、喝、住、穿等生物性需要。人们通过这些方式最低限度地延续自身或者他人的生命。所以，在教育中，我们应该承认教育对象的多样性，无论是天赋异禀还是大器晚成，无论是先天遗传还是由生物基因引起的性格的迥异，都是正常的，因为生物就是多样性的；同时，在教育过程中

要遵循人的发展的自然规律,遵循教育的阶段性、教育的层次性、教育的渐进性、教育的顺序性,让其自然发展,不能拔苗助长,否则会适得其反。人的社会属性在教育中体现得淋漓尽致,因为教育活动本身就是一种社会活动。教育是知识的传播、经验的传递,这其实就是在教会人们如何去开展社会实践活动。杜威(Dewey)在《民主主义与教育》中也谈道,"如果所沟通的知识不能组织到学生已有的经验中去,这种知识就变成纯粹言词,即纯粹感觉刺激,没有什么意义"[5]。从现实的人出发,就要求在教育过程中坚持以人为本,关注人自身的基本权利,关注人的现实生活,关注人的生活境遇、状态、命运,尊重人的创造性,促使教育不断地具体化、生活化,这样才能更好地提高教育的实效性。

马克思主义的人学理论和在物质资料生产中有关"集体力""合力"的论述和阐发,对"全员育人"具有突出的理论借鉴意义。全员育人,就是要注重对教育工作育人合力的开发,充分挖掘和利用不同层次、不同领域、不同方面、不同环节的育人资源,构建全方位、大的育人系统,发挥政府引导、社会促进、家庭配合、学校主抓的作用,调动学校内领导干部、专业课教师、辅导员、行政管理服务人员、朋辈导师等育人主体的积极性,深刻把握工作主体、对象、介体、环体各要素之间发生相互作用的内在"同一性",实现有效的要素整合,促成各部分力量的有机互动、融合创新,形成系统的联动效应和育人合力,致力于高校育人工作协同发展。1995年颁布的《中国普通高等学校德育大纲(试行)》首次将"教书育人、管理育人、服务育人"作为主要的德育途径提出,并明确指出"全体教职工都负有德育工作的责任"[6];2016年12月,中共中央、国务院印发的《关于加强和改进新形势下高校思想政治工作的意见》提出,要"坚持全员全过程全方位育人。把思想价值引领贯穿教育教学全过程和各环节,形成教书育人、科研育人、实践育人、管理育人、服务育人、文化育人、组织育人长效机制"。这一意见再次明确了全体教育工作者都负有育人责任。

二、高校二级学院"全员育人"工作中存在的问题

(一)理念理解不深刻,服务意识不到位

"全员育人"提出之后,虽然大家认为"全员育人"很重要,都在大张旗鼓地提倡"全员育人",但是对"全员育人"的理解还不够深刻,对"全员育人"的服务意识的理

解还不到位。在校外,很多人和机构还是认为学校是培养人的机构,自己与人才培养没有多大关系。有些父母会说,"我把孩子送入大学时,是健健康康的,现在变成这样,你们学校要负全部责任"。社会和家庭把育人责任习惯性地全部压在学校身上,就会对学校产生联动反应,学校在育才和安全方面,有时候会更加关注学生的安全,从而影响教育决策的实施。例如,有的学校和有的教师会出于学生安全考虑,对有些修不够学分又自称有"心理问题"的学生网开一面,让其顺利毕业,安全离开学校。在校内,部分教师和管理者认为,"全员育人"针对的是德育工作,涉及德育的所有教师、管理者、辅导员才是"全员育人"的工作者。他们对自己在学生成长中发挥的作用认识不到位,对自己负有的育人责任没有重视和履行。

(二)制度设计不科学,主体地位不明确

制度是用来规范人行为的规则、条文,保证了良好的社会秩序,是各项事业成功的重要保证。科学的、完善的制度能降低"风险"、坚持"勤政"、促进"发展"。目前,各高校、各学院没有对"全员育人"进行系统研究,没有深入分析本学院、本专业的实际情况,制定切实可行的管理办法,大多凭借自己主观的理解,结合网络有限的资料,制定粗略的实施方案,既没有明确学校内行政领导干部、导师、管理人员、后勤等各自的权利与义务,也没有发挥和利用社会、家庭育人合力,更没有科学、合理的考核奖惩激励制度。

(三)界限过于分明,缺乏沟通交流

"全员育人"队伍大致可以划分为三个阵营,即社会、学校和家庭教育人员。这三大育人队伍虽然同属"全员育人"的教育者,但各自分工不同、各司其职。社会阵营中,主要涉及学生实习、学生实践和社会环境的育人作用,是一个大学校、大课堂。然而,社会的关注点在学生毕业后,认为在学生成长过程中发挥育人作用的应该是学校。家庭育人作用主要体现在家教、家风上。父母是儿女的第一任教师,更是终身的教师。家庭是人的第一课堂,也是终身的学堂。家长的素养、家庭的环境与人一生的教养息息相关、处处相连。然而,在孩子上大学之后,家长普遍认为孩子已经成人了,学校与家庭和家长距离远,所以,没有必要再耳提面命、循循教导了。在学校内,专任课程教师的关注点更多在于专业性知识讲解和科研任务,育人的理念实际上是存在缺失的。二级学院的其他行政人员和职工虽然也有育人的任

务，但由于较少与学生接触，很难把握育人的现实状况，无法真正起到育人的作用。

（四）服务机制不合理，管理意识淡薄

管理育人和服务育人都是"全员育人"的重要方面。"全员育人"以育人为中心、以实现立德树人为根本任务，因此在对学生的管理上一定要体现和贯彻全员、全方位、全过程的育人思想，转换管理者角色的定位，多多理解、关爱、尊重学生，运用更多隐性、柔性的管理方法进行教育。有些二级学院管理育人的意识和理念较为淡薄，认为既然学生是被管理的对象，那么只要学生服从管理决策，就相当于完成了育人的任务。这更多地体现了管理者的上级地位，从而忽视了学生的主体地位。管理人员在执行育人任务时，往往会采取强硬的态度和方式，用强制要求甚至警告的方法使学生接受，有时可能会激化师生间的矛盾。从目前的育人现实来看，管理育人和服务育人都存在一定的强制性，管理和服务又太过分散，存在"走过场"的弊端。

（五）实践育人机制不健全，缺乏机制长效性

实践育人是"全员育人"的重要工作方法，在育人的实践过程中帮助学生树立正确的世界观、人生观和价值观，提高学生的认知能力和思想觉悟，提高知行合一的能力，使其更好地适应社会，从而达到育人的目标。高等教育已经进入一种"消费时代"，学生不仅仅是学习者，还是教育的消费者，有着更多方面、更高标准的教育诉求，其中既包括知识层面、思想层面的要求，也拥有更强烈的参与实践的意愿。然而，目前二级学院实践教育机制仍存在许多问题，基础建设还不健全，关键在于无法保证实践教育机制的长效性。要想在实践育人上取得良好的教育成果并形成积极的链性发展态势，就必须对其长效性进行有力保障。

三、新时代背景下，构建"五位一体""全员育人"体系的对策

"全员育人"要从人员开始进行整合，全体教育接触者、教育相关者、教育工作者都自发自觉地承担起育人责任，发动全部育人力量，包括学生自己也参与到育人工作中来。应做到教书育人、管理育人、服务育人、文化育人、环境育人，实现教育过程中师资、物资、空间的有机统一，形成全方位、全时段、全范畴的育人体系，最终

达到学生的全面发展(见图1)。

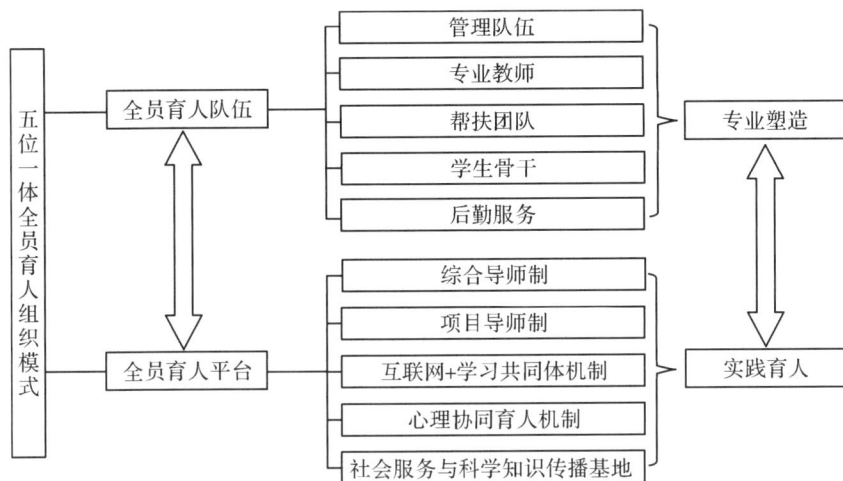

图1 五位一体全员育人组织模式

(一)以党委为领导核心,坚持党建引领育人

要实现各岗位协调联动,"全员育人"的效果,首先应坚持党委的统一领导,发挥党委的领导核心作用,实现党委对于高校二级学院育人工作的统筹决策和评估督导。要把党的政治和组织优势转化为育人优势,引领带动育人资源的统筹整合,精准设计不同的育人方式、育人载体,激发每一个党组织的育人功能,提高党建引领育人工作的精细化水平。不论是党政干部、专任教师,还是管理人员、后勤人员,其工作职责和"全员育人"的目标指向是完全一致的,要促进党建引领、思想政治教育、学生日常管理、校园文化建设、安全稳定等各个育人环节的交融渗透。

(二)打造综合导师、项目导师,建立导师制学习共同体

导师制起源于 14 世纪的英国,属于个人辅导制度中的一种。建立导师制大学生学习共同体,使学生从入学开始,就有相应的导师;导师要从学习、生活、工作等各个方面为学生做出指导,开展研究性学习,设置学习目标,合作发现问题、解决问题,开展专题讲座、学习沙龙、科学实验等项目,师生一起探索前沿问题,共同寻找感兴趣的课题,充分交流意见,分工合作,构建师生学习共同体。这种学习方式能够激发学习动力,促进师生合作,形成师生的良性互动。导师制的有效实施可以全

面构建"全员育人"的工作格局,充分调动教师工作积极性,优化校园资源配置,合理开展学业导学工作,使教学工作获得良好的工作效果。

(三)"线上十线下"并举,发挥科技作用

随着知识经济时代的到来,立足于网络发展的"线上育人"环境建设也显得尤为重要。一方面,通过网络可以做到育人和科技的相互协调与配合;另一方面,通过网络可以发挥社会资源的育人优势。著名教育学家朱永新在《未来学校:重新定义教育》一书中指出:我们今天觉得天经地义的学校生活,因为互联网,因为信息技术的发展,会在润物无声的改变中,发生翻天覆地的变化。在不远的未来,今天的学校会被未来的学习中心取代。未来的学习中心,没有固定的教室,没有领导机构。表面上看,可能有点像今天北上广的创业孵化器;它可以在社区,也可以在大学校园,甚至在培训机构。所以,要积极加强网络育人的相关建设,构建专业化网络育人队伍,打造"全员育人"主题教育网站,开展"线上"理论学习交流和育人工作,形成"线上"与"线下"并进的育人合力,提高"全员育人"的现实成效。

(四)重视心理健康教育,形成协同育人格局

对于大学生而言,学习知识、技能固然重要,但拥有健康的身心素质同等重要。近年来,大学生心理疾病的频发引起了高度重视。因此高校必须构建协同育人的格局,才能让家庭育人者放心,让社会育人者安心,让学校育人者舒心,从而发挥出心理育人的综合效应。心理育人在"全员育人"的体系中不是孤立的存在,而是会渗透、融入其他方面的育人工作中,各育人工作环节要充分挖掘心理育人元素的隐性指导作用,师生都应主动学习心理学相关知识,重新认识自己,也重新认识他人,教师调节育人心态、学生调整学习心态,全面提升心理育人的质量。

(五)完善管理服务体系,形成"教育场"

育人是高校的根本任务,我们既要强调教书育人的主线作用,也要重视管理育人、服务育人中所蕴含的隐性育人价值,构建管理育人和服务育人的工作体系,融入学生的日常生活和学习中,不断提高育人质量。搭建交互教育服务平台,广泛覆盖科研学术平台、思想政治教育平台、管理服务平台等,形成"教育场",构建全员参与、全员负责、全员互促的育人体系,确定管理育人与服务育人的内容、程序和标

准,丰富立德树人的现实载体、实践载体和服务载体,使社会、学校、院系、班级、家庭相互配合、协调运行。加强管理服务工作作风建设,切实提高服务质量,做到依法管理、热情服务,优化工作作风,切实为学生解决问题,积极为学生营造良好的生活环境和学习环境。

参考文献:

[1] 马克思.政治经济学批判[M]//马克思,恩格斯.马克思恩格斯全集:第 23 卷.北京:人民出版社,1975.

[2] 马克思.政治经济学批判[M]//马克思,恩格斯.马克思恩格斯全集:第 23 卷.北京:人民出版社,1975.

[3] 马克思.关于费尔巴哈的提纲[M]//马克思,恩格斯.马克思恩格斯选集:第 1 卷.北京:人民出版社,1995.

[4] 马克思,恩格斯.马克思恩格斯选集:第 2 卷[M].北京:人民出版社,2012.

[5] 约翰·杜威.民主主义与教育[M].王承绪,译.北京:人民教育出版社,2001.

[6] 中国普通高等学校德育大纲(试行)[J].中国高等教育,1996(2):6.

【作者】
黄卫华,浙江财经大学工商管理学院党委书记、副教授
杨文超,浙江财经大学工商管理学院党委组织员、校友办主任,讲师